陶富源文集

第7卷

唯物史观在当代

陶富源◎著

安徽师范大学出版社
ANHUI NORMAL UNIVERSITY PRESS
·芜湖·

责任编辑:张奇才　吴顺安
谢晓博　陈　艳
装帧设计:张　玲　王晴晴
责任印制:桑国磊

图书在版编目(CIP)数据

唯物史观在当代 / 陶富源著 .—芜湖:安徽师范大学出版社,2016.5(2024.7重印)
(陶富源文集;第7卷)
ISBN 978-7-5676-2285-2

Ⅰ.①唯… Ⅱ.①陶… Ⅲ.①马克思主义哲学—历史唯物主义—文集 Ⅳ.①B03-53

中国版本图书馆CIP数据核字(2015)第289688号

唯物史观在当代

WEIWU SHIGUAN ZAI DANGDAI

陶富源　著

出版发行:安徽师范大学出版社
芜湖市北京中路2号安徽师范大学花津校区　邮政编码:241000
网　　址:http://www.ahnupress.com/
发 行 部:0553-3883578　5910327　5910310(传真)
印　　刷:江苏凤凰数码印务有限公司
版　　次:2016年5月第1版
印　　次:2024年7月第2次印刷
规　　格:700mm × 1000mm　1/16
印　　张:23.5　　插页:2
字　　数:390千字
书　　号:978-7-5676-2285-2
定　　价:133.00元

出版前言

陶富源（1944.11.3—），江苏海安人，1969年7月毕业于北京大学哲学系，安徽师范大学马克思主义学院教授，博士生导师。曾任中国历史唯物主义学会常务理事、中国人学学会常务理事、国家社会科学基金学科评审组专家，终身享受国务院政府特殊津贴。获全国模范教师、省级教学名师、省十大杰出教师、省五一劳动奖章、安徽好人等10多项荣誉。主持和完成国家社会科学基金项目3项。独撰和合作出版著作、译作13部，发表论文240多篇，其中在《中国社会科学》《哲学研究》《马克思主义研究》发表论文20篇。获省部级教学科研成果一等奖、曾宪梓教育基金会高等学校教师奖三等奖等10多项奖项。

《陶富源文集》原10卷本，390余万字，于2016年5月由安徽师范大学出版社出版。2023年12月，陶富源先生又增加2卷本内容，并对原有10卷本进行修订，现为12卷本，470余万字。各卷的书名分别是《形上智慧论》《实践主导论》《终极关怀论》《哲学与马克思主义哲学》《青年马克思与费尔巴哈》《唯物辩证论与实践智慧》《唯物史观在当代》《政治文明的哲学观照》《精神家园的哲学守望》《面向世界的哲学沉思》《流年履踪的哲学随想》《学术论文写作通鉴》。

本套文集为陶富源先生从事马克思主义哲学研究50多年成果的结集，分别以哲学基本理论、马克思主义哲学基本理论、马克思人学基本理论、马克思主义辩证论、历史论、价值论、政治论、精神论等为主题，对学术界的既有成果给予了科学概括、论证和创造性理解、说明。本套文集视野开阔、时代气息浓郁、学术品味醇厚，全景式展现了一代哲学家的思想轨迹和学术贡献，从一个侧面反映了中国哲学理论研究的新进展和新成就，对推进中国哲学理论研究具有重要的学术价值。

由于收入本套文集的大部分作品为公开出版或发表过的，因此为了保留原作的本来面貌，除对个别文字、标点符号、部分参考文献作必要的技术处理外，对原文不作实质性改动。文集难免有文字讹错之处，敬请方家批评指出，以便今后重印时改正。

安徽师范大学出版社
2024年7月20日

总　序

哲学是时代的产物。

党的十一届三中全会开启了中华民族走向经济腾飞、文化复兴的伟大时代。这是一个古老民族从挫折中总结，于艰难中奋起，不断走向昌盛的时代，是一个解放思想、继往开来、锐意革新的时代。

沐浴着时代风雨，鼓荡起哲思才情，50多年一路走来，我共独撰和合作出版了著作和译作13部，发表学术论文240余篇，这些是我在哲学旅程中的一些思考和记录。在发表的论文中，有近半数的论文被《新华文摘》《光明日报》《中国人民大学复印报刊资料》《全国高等学校文科学术文摘》等转载、摘介和被多种著作所引用。

我信奉马克思主义哲学，因为它是指引人类走向彻底解放的真理，是科学的哲学。和一切科学一样，马克思主义哲学会随着时代的变化而发展。它的某些具体结论和具体原理，有的可能有错而被证伪，有的也会过时而被取代，但其基本原理具有持久的生命力，是不会从根本上被驳倒，被推翻，因而是必须坚持的。当然，马克思主义哲学的基本原理也要与时俱进，要经过不断改进、补充和丰富，从而能更系统、更全面、更正确地反映不断发展着的时代精神。

我这几十年来，除对自己留意以外，确也时时想到国家，想到社会，想到自己的责任，因而对治学始终持一种认真的态度，并以能为马克思主义哲学的宣传和发展尽自己的一点微力而感到欣慰。

承蒙学界朋友的鼓励和支持，我对多年来撰写和发表的部分文稿进行了梳理和审定，按相关专题，分成12卷出版。这12卷的书名分别是《形上智慧论》《实践主导论》《终极关怀论》《哲学与马克思主义哲学》《青年马克思与费尔巴哈》《唯物辩证论与实践智慧》《唯物史观在当代》《政治文明的哲学观照》《精神家园的哲学守望》《面向世界的哲学沉思》《流年履踪的哲学随想》《学术论文写作通鉴》。

收入该文集的个别文章在发表时因各种原因删减较多，现恢复原稿，这种情况已在文中作了说明。其余文章，除个别文字校正外，未作修改，以保持原貌。有少量文章是与别人合作撰写的，对此在书中也有标明。

本文集的出版，得到了安徽师范大学领导、安徽师范大学马克思主义学院领导的大力支持，得到了我的学生兼好友王平、陶庭马、汪盛玉、方芳、金承志、马和平、杨晶、张涛、黄友生、刘洋、毛加兴等的帮助，得到了我的家人的关怀，也得到了安徽师范大学出版社的鼎力相助。对各方的支持，谨此致以衷心的谢意。

陶富源

2024年6月20日

序 言

马克思、恩格斯创立唯物史观，这是他们对无产阶级和人类所作出的最伟大的贡献之一。唯物史观的创立，可以说，是人类历史观上一次壮丽的日出。

唯物史观彻底克服了那种用超自然的意志和力量来说明历史发展和社会生活的神秘主义历史观，也从根本上超越了以抽象的人性来说明历史发展和社会生活的人本主义历史观。它是立足于人的社会实践，特别是生产劳动来说明社会发展基本规律的科学理论体系。

唯物史观关注人，但唯物史观所关注的是现实的人，即在一定的人与自然、人与人的关系中，从事实践的、历史生成着的人，而不是人本主义历史观所理解的抽象的人。唯物史观关注从事活动的人，但并不停留于人的活动的层面，而是通过人的活动并在人的活动中发现历史规律。因此，马克思主义历史唯物主义的最伟大发现，不是对人的发现，也不是从观念、动机、个人行为的层面对人的活动的发现，而是对人的活动的社会规律的发现。恩格斯说过，“正像达尔文发现有机界的发展规律一样，马克思发现了人类历史的发展规律”[①]。可以说，如果离开了它所揭示的人类社会的一些基本规律，一般地谈论“人的发现”，或谈论“人的活动的历史创造”，那也就没有达到历史唯物主义的高度，甚至是返回了马克思主义以前的人本主义历史观。

历史唯物主义所揭示的人类历史的基本规律，就是社会基本矛盾运动的规律。唯物史观作为关于社会发展基本规律的理论，它为人们说明历史发展和社会生活提供了科学的方法，指明了历史发展的总趋势和无产阶级的历史使命，使社会主义从空想变成了科学，从而给予了世界无产阶级和广大人民群众信心和力量。

① 《马克思恩格斯文集》第3卷，601页，北京：人民出版社，2009年。

从唯物史观创立到现在170年来的人类实践有力地证明：唯物史观的基本原理是正确的，它对历史和社会发展规律的论述是科学的真理。它对资本主义制度的深刻剖析和猛烈批判，对今天所有为社会主义和资源公平分配而斗争的人们仍有指导意义；它对“全球化”的科学预言，为各国人民观察和面对世界的变化和发展指明了道路。总之，马克思主义唯物史观在其视野的深远宏大性上，显示着自己不可超越的崇高地位和无可替代的巨大价值。

诚然，马克思主义唯物史观必须随着科学和实践的发展，不断丰富自己的内容。就唯物史观的当代发展来说，不能离开两大背景，一是方兴未艾的生态化、信息化、全球化的人类实践；二是中国特色社会主义现代化建设实践。这两大实践使我们所处的时代，相对于以往发生了许多新的变化，从而呈现出一些新的特点：

第一，以信息技术为中心的新技术革命，以强大的推动力促进生产力的迅猛发展，从而影响社会生活的一切方面。科学技术已成为第一生产力，成为当今世界发展的主导力量。

第二，人的主体作用的突出发展，在给人类创造巨大物质财富的同时，也给人类的生存环境造成了破坏，生态恶化已成为人类面临的巨大挑战，发展绿色生产、进行绿色消费的生态化建设已成为当今世界的一大潮流。

第三，随着生产的全球性专业分工的发展，各国之间的经济、政治、文化的相互联系空前加深，从而使和平、发展、合作、共赢成为国际社会的一种强烈呼唤和明智选择。

第四，生产力发展的加速化和交往的全球化，使资本主义的基本矛盾已经明显地表现为世界范围的生产社会化与资本主义占有制的矛盾。国际性的贫富两极分化已成为当代资本主义基本矛盾的集中表现。

第五，资本的国际性和西方发达国家剥削重点的向外转移，把许多落后国家卷入了世界历史的进程，使一些落后国家先于资本主义发达国家走上了社会主义道路。但这些国家在社会主义建设中，遇到了十分复杂的问题，以至有些发生了重大的挫折和失败。在总结历史经验教训的基础上，社会主义国家正在通过改革开放，探索继续前进的道路，以达到自我完善和发展。资本主义虽然正在走向衰落，但其还有活力。因此，社会主义和资本主义两种制度进入了一个和平共处、协作和竞争的时期。

第六，中国特色社会主义建设开辟了人类实践的一片崭新天地。从生产力角度说，中国正在实现新型工业化，即以信息化带动工业化，以工业化促进信息化；从经济体制改革来说，我国正在建立和健全与现代市场经济相适应的现代企业制度和宏观调控体系；从经济发展的走向来说，既要发挥市场经济的优长，促进生产力和社会经济快速发展，又要实现社会主义的公平，即要把市场经济与社会主义有机结合起来；从社会发展与经济发展的关系来说，要坚持以人为本，全面、协调、可持续的发展观，要坚持物质文明、政治文明、精神文明建设，与和谐社会建设和生态文明建设的有机统一；在国际交往中，实行互利共赢的开放政策，坚定不移地走和平发展的道路。

可以预见，中国的发展和崛起，作为一个重大历史事件，其世界意义不仅将超越18世纪英国工业革命、1789年法国革命，而且会超越1917年俄国革命和19世纪末20世纪初美国的兴起。它对世界秩序的重组和人类历史走向将产生重大影响。

总之，当代人类实践进入了一个有史以来最伟大、最壮阔、最丰富的时代。在人类与自然的关系问题上，在经济全球化背景下人与人、人与社会、国家与国家关系的问题上，在人性及其合理性实现的问题上，在人类实践的发展动力和主体性开发的问题上，当代人类实践都提供了极为重要的经验教训和深刻的思想启迪。在这个意义上说，当代人类实践既为唯物史的现实运用提供了广阔空间，又为唯物史观的当代发展提供了强大动力。立足于当代全球化的人类实践，特别是立足于13亿中国人所进行的改革开放和社会主义现代化建设的伟大实践，在全球文明走向的问题上，特别是在推进中国社会主义文明建设的问题上，坚持和发展唯物史观，把社会主义建设事业不断推向前进，这将决定中华民族在21世纪的命运，并将决定中华民族在全球文明发展中的作为和对全人类的贡献。

收入本卷的文章，其主要内容是论述唯物史观的当代理解、运用和发展。具体来说，它包含以下四个方面：一是马克思主义生态观及其当代价值；二是现代生产力的本质内涵、构成要素、系统结构、运行规律和发展动力等研究；三是马克思主义社会基本矛盾理论及其发展研究。主要从主体向度论述了社会关系的形成方式、社会矛盾的自觉调节，以及社会主义的改革等理论问题；四是论述了我国社会主义初级阶段论、社会主义市场经济论、新技术革命条件下的阶级论，以及社会主义公正论等方面的问题。

陶富源

2015年10月20日

目　录

世界观、人类史观与历史唯物主义*

一、分歧所在

如何理解历史唯物主义，以及历史唯物主义与辩证唯物主义的关系如何，这是一个重要的、引起哲学界广泛讨论的问题。到目前为止，在这个问题上主要有四种观点。在这里把它们分别概括为“推广应用”说、“核心辐射”说、“狭义广义”说，以及“解释原则”说等。

推广应用说，是由斯大林于1938年为《联共（布）党史简明教程》写的第四章第二节《论辩证唯物主义和历史唯物主义》中提出来的。该观点认为，马克思恩格斯在创立自己的哲学时，先创立了作为世界观的辩证唯物主义，然后把它推广和应用到社会历史领域，从而创立了历史唯物主义。推广应用说曾经是一种比较流行的观点，改革开放以来，这种观点受到质疑，继而有论者分别提出了上述后三种见解。

核心辐射说，是郑庆林先生在1989年由南京大学出版社出版的《马克思主义哲学原理》中较为明确表述出来的。该观点认为，马克思恩格斯首先创立了作为人类史观的历史唯物主义。在这个基础上，以此为核心对其他领域进行辐射，总体上进行整合，从而形成了辩证唯物主义世界观。

狭义广义说，是俞吾金先生在《中国社会科学》1995年第6期发表的《论两种不同的历史唯物主义概念》一文中提出来的。该观点认为，有狭义和广义两种不同的历史唯物主义概念，前者适用于社会历史领域，后者对应于除自在自然以外的人的实践活动历史性展示出来的整个世界。广义历史唯物主义概念中的“历史”所标示的历史性与

* 原刊于《马克思主义研究》，2009（6）。

辩证唯物主义概念所蕴含的辩证性是完全一致的。辩证唯物主义就是历史唯物主义（广义的），它们是“同名词”。

解释原则说，是孙正聿先生在《哲学研究》2007年第3期发表的《历史的唯物主义与马克思主义的新世界观》一文中提出来的。该观点认为，马克思历史唯物主义是把“历史”作为解释原则或理论硬核的唯物主义世界观，而不是把“历史”作为研究领域或解释对象的唯物主义，即不是作为人类史观的历史唯物主义。在这种观点看来，离开人对世界的否定性统一过程的“历史”，就没有马克思的“唯物主义”，也没有马克思的“辩证法”。在马克思的新世界观中，“辩证法”和“唯物主义”是以“历史”为其解释原则和理论硬核而实现统一的。

梳理上述四种观点，我认为，这里涉及如下三个方面的问题：

一是，如何理解马克思历史唯物主义概念中的“历史”？它是指谓“人类历史”；还是指谓脱离人类历史的单纯的“历史性”或历史“解释原则”？人类历史与历史性、马克思人类史观与历史解释原则的关系如何？

二是，把历史唯物主义中的“历史”理解为“历史性”的广义历史唯物主义，或把历史唯物主义中的“历史”作为解释原则的历史唯物主义，并将其泛化为马克思主义的一般世界观理论，这是言而有据，还是过度解读？

三是，如果历史唯物主义只是一种人类史观，而非任何意义上的世界观理论，那么它是否具有世界观意蕴，它与通常作为世界观的辩证唯物主义的关系如何？辩证唯物主义能否脱离历史唯物主义而先行创立，从而成为推广应用说得以成立的理论前提；反之，历史唯物主义能否脱离辩证唯物主义而先行创立，从而成为核心辐射说得以成立的理论前提？

我认为，这些理论难题的解决及相关意见分歧的澄清，只有依据对马克思恩格斯世界观转变过程的正确把握和他们相关著作的科学解读，才是可行和可靠的。

依据历史与逻辑相统一的原则，通过对上述理论难题和意见分歧的研究和思考，笔者形成了以下三点认识：第一，马克思历史唯物主义是区别于自然史观的一种科学的人类史观，历史性或社会历史性是人类历史本身的一种属性；历史解释原则是以社会历史性为基础和坐标的解释原则。因此，历史性和历史解释原则都不能脱离马克思所理解的人类历史作抽象泛化的理解。第二，作为人类史观的历史唯物主义并非马克思的一般世界观理论，但它具有马克思世界观的意蕴。它是立足于实践，从社会角度或领域去展示人与世界总体关系的辩证主义的世界观理论。时下那种日益蔓延的将历史唯物主义与辩证唯物主义对立起来，甚至否认辩证唯物主义的观点是不可取的。第三，实践是马克思主义哲学的主导原则。马克思主义哲学是实践的唯物主义，即以实践为基础来理解和改造对象的唯物主义。实践唯物主义的世界观成果是辩证唯物主义，其历史观成果是历史唯物主义。此二者的根本观点是以实践原则为主导，在互为前提、相互支持中，同时形成的。下面就上述各点分别说明如下。

二、历史唯物主义是科学的人类史观

历史唯物主义的创立是马克思对人类的一个伟大理论贡献。众所周知，马克思、恩格斯共同创作的《德意志意识形态》（以下简称《形态》）首次对历史唯物主义进行了初步表述。此后这个理论在马克思1859年写作的《〈政治经济学批判〉序言》中获得了经典性的概括。也就在这一年，恩格斯在撰写的《卡尔·马克思〈政治经济学批判〉》一文中，首先使用了"唯物主义历史观"①这个术语来代替他们先前使用的"我们……的历史观"②这一说法。从此，他们创立的崭新历史观获得了一个规范的理论命名。此后，恩格斯还用"唯物史观"③"历史唯物主义"④等概念作为"唯物主义历史观"的同义语来使用。

那么，历史唯物主义概念中的"历史"指谓什么，是泛指还是特指；是关于人类历史本身的实在指谓，还是对应"历史性"的一种单纯的性质指谓（如广义历史唯物主义所理解的），或是作为历史解释原则的一种纯粹的认识功能指谓？要弄清这个问题，必须严格依据马克思恩格斯的文本，这里来不得半点的主观随意性。

---

① 《马克思恩格斯文集》第2卷，597页，北京：人民出版社，2009年。

② 《马克思恩格斯文集》第1卷，542页，北京：人民出版社，2009年。

③ 《马克思恩格斯文集》第3卷，320页，北京：人民出版社，2009年。

④ 《马克思恩格斯文集》第10卷，593页，北京：人民出版社，2009年。

历史在最一般的意义上说，是泛指一切事物的发展过程，既包括自然的发展过程，也包括人类社会的发展过程。前者被称之为自然史，后来被称之为人类史。在这个意义上，马克思恩格斯在《形态》中曾经说："我们仅仅知道一门唯一的科学，即历史科学。历史可以从两方面来考察，可以把它划分为自然史和人类史。"[①]但在接下来的文字中，他们又明确指出："自然史……我们在这里不谈；我们需要深入研究的是人类史。"[②]也就是说，作为对历史唯物主义系统表述的《形态》所深入研究的是人类史，他们创立的历史唯物主义是关于人类历史的历史唯物主义。为什么要确定这个研究主题，对此，马克思恩格斯有一个明确无误的说明。他们说："因为几乎整个意识形态不是曲解人类史，就是完全撇开人类史。"[③]

《形态》对历史唯物主义具体内容的展开，就是围绕着这个主题进行的。它开宗明义指出，"有生命的个人的存在"是"全部人类历史的第一个前提"[④]；生产满足人类生活需要的资料，"即生产物质生活本身"是"第一个历史活动"[⑤]；并进而概括地指出："这种历史观就在于：从直接生活的物质生产出发阐述现实的生产过程，把同这种生产方式相联系的、它所产生的交往形式即各个不同阶段上的市民社会理解为整个历史的基础，从市民社会作为国家的活动描述市民社会，同时从市民社会出发阐明意识的所有各种不同理论的产物和形式，如宗教、哲学、道德等等，而且追溯它们产生的过程。这样当然也能够完整地描述事物（因而也能够描述事物的这些不同方面之间的相互作用）。"[⑥]

从上面的引证中不难看出，无论是就研究对象，还是就具体内容来说，马克思历史唯物主义是关于人类历史的历史唯物主义，是立足于人类实践来揭示历史发展规律的科学的人类历史观。如恩格斯所指出的："正像达尔文发现有机界的发展规律一样，马克思发现了人类历史的发展规律。"[⑦]因此，那种否认历史唯物主义是一种人类史观的观

① 《马克思恩格斯文集》第1卷，516页，北京：人民出版社，2009年。
② 《马克思恩格斯文集》第1卷，519页，北京：人民出版社，2009年。
③ 《马克思恩格斯文集》第1卷，66页，北京：人民出版社，2009年。
④ 《马克思恩格斯文集》第1卷，519页，北京：人民出版社，2009年。
⑤ 《马克思恩格斯文集》第1卷，531页，北京：人民出版社，2009年。
⑥ 《马克思恩格斯文集》第1卷，544页，北京：人民出版社，2009年。
⑦ 《马克思恩格斯文集》第3卷，601页，北京：人民出版社，2009年。

点是没有根据的，是不能成立的。

当然，肯定历史唯物主义概念中的历史是关于“人类史”的一种实在指谓，并不否定以此为前提和根据的关于“历史性”和历史“解释原则”的确认，而只是否定那种离开人类历史，抽象谈论“历史性”或历史“解释原则”，并对之加以世界观泛化的观点。

广义历史唯物主义所谓的“历史性”或“实践活动的历史性”，并不能脱离实践活动的社会性而孤立存在。实践活动的社会性是指实践活动是社会地进行的；实践活动的历史性是指实践活动是历史地发展的。就二者的关系来说，正因为实践活动是社会地进行的，所以实践成果才能通过社会形式得以保存，得以进行历史的积累。新一代人相对于前一代人才能在更高的起点上进行实践，并用自己新的实践创造比前人更丰富的社会成果。可见，这里的社会性是历史地不断丰富的社会性，这里的历史性是以社会形式表现出来的历史性。因此，“历史性”从根本上说是“社会历史性”，它只是人类历史本身的一种属性，它归属于人类历史，要从人类历史来求得说明。因此，承认作为人类史观的历史唯物主义同时也就意味着对人化世界和生活于其中的人及其意识的社会历史性的承认。即它们都是人类实践的产物，是历史的产物，并随着人类实践活动的发展而发展。

不难看出，社会历史性不是抽象的超然于社会历史之上的存在。正如同不能离开过程本身去讲所谓过程性，离开系统本身去讲所谓系统性一样，如果脱离了人类历史这个根本，把历史性孤立地加以理解，那么这种所谓历史性也就成了非历史的抽象空洞，成了无本之木的虚妄。因此，不能像“狭义广义”说那样，把作为历史性理解的“历史”与作为人类史理解的“历史”截然区分开来，并用前者去涵盖后者，这样做是不妥的，是没有任何根据的，在逻辑上也是颠倒的。也就是说，对历史唯物主义作狭义广义的截然区分，这种做法本身就是不能令人赞同的。

另外，社会历史性，仅指社会历史发展的过程性，并非指世界的过程性。因此，这里的社会历史性只是世界的辩证性的纵向形态，即过程形态在社会历史领域的表现（除此以外，世界的辩证性还有其横向形态，即系统形态的表现)。所以列宁说：“辩证法包括历史性。”[①]可见，那种把“历史性”与“辩证性”等值理解的观点也是不可取的。

肯定人类社会的历史性，同时也是对历史解释原则的肯定。因为历史观与历史方法论是统一的。坚持这种统一，也就意味着，掌握人类社会的历史性，用以解释事物，也就转化成了一种历史解释原则。换句话说，历史解释原则只是社会历史性在认识功能上的一种实现和体现。在这个意义上说，所谓历史解释原则就是以社会历史性为基础和坐标的一种解释原则。它是把事物纳入具体的社会历史情境中去加以解释的原则。所以列宁指出：“在分析任何一个社会问题时，……把问题提到一定的历史范围之内”，这是“马克思主义理论的绝对要求。”[②]

因此，不能像“解释原则”说那样，脱离社会历史的具体内容，脱离一定的生产方式以及受其制约的社会经济和文化的发展，去孤立地讲历史解释原则，即把历史唯物主义中的“历史”看成单纯的解释原则。如果是那样，也就消解了社会历史观与历史方法论的统一。不仅如此，这种脱离人类历史的所谓解释原则也就成了没有历史内涵的空洞抽象。

总之，马克思历史唯物主义是科学的人类史观与科学的历史方法论的统一。那种脱离人类历史，对历史唯物主义概念中的“历史”作“历史性”或“历史解释原则”的抽象理解，在理论上只能是一种架空纤巧之举，无根附会之说，因而是立不住的，是没有意义的。正如马克思所指出的：就那些“从对人类历史发展的考察中抽象出来的最一般的结果的概括”来说，“这些抽象本身离开了现实的历史就没有任何价值”[③]。

三、历史唯物主义的世界观意蕴

马克思历史唯物主义作为科学的人类史观，并非马克思的一般世界观理论，但它又含有马克思主义哲学世界观的意蕴。

① ［俄］列宁：《对布哈林〈过渡时期的经济〉一书的评论》，44页，北京：人民出版社，1958年。

② 《列宁全集》第25卷，229页，北京：人民出版社，1988年。

③ 《马克思恩格斯文集》第1卷，第526页，北京：人民出版社，2009年。

哲学世界观是对人与世界总体关系的理性把握。

把握人与世界的总体关系，这是哲学世界观据以成立的根据，也是哲学世界观所统属的自然观、历史观、思维观、价值观和方法论等哲学子系统之作为哲学有机组成部分的必然要求。正因为如此，所以包括历史观在内的各个哲学子系统，也才具有了世界观意蕴。

历史观相对于哲学世界观所统属的其他子系统，在研究对象上无疑有其特殊性，但其中必然包含了普遍性。即它们都要从各自的角度或领域去研究世界的普遍本性。不然，它们就不能作为哲学学科的有机组成部分，也不能在研究对象上与具体科学划清界限。历史观无疑要研究人类历史，但这种研究并不同于人类历史科学的研究，它是把人类历史放到人与世界总体关系中，或如黑格尔所言，是把特殊置于“普遍的方式下”①去加以把握，是对人类历史的世界观意义上的研究。因此，历史观不是一般的关于历史的具体科学理论，而是关于历史的哲学理论，或曰世界观意义上的历史理论，是从社会历史角度或领域去揭示人与世界总体关系的理论。

人与世界的总体关系本性是什么，在马克思看来，这一总体关系的本性是唯物辩证性。马克思承认我们所处的世界是“物质世界”②。认为：“观念的东西不外是移入人的头脑并在人的头脑中改造过的物质的东西而已。”③世界上一切事物都处于普遍联系和运动之中。“它们互相演化、替换、转化。”④“在物质的固有的特性中，运动是第一个特性而且是最重要的特性。”⑤因此，马克思公开宣称自己是唯物辩证论者⑥。马克思的一个历史功绩就在于运用唯物主义观点批判改造了唯心辩证论的抽象能动论，以此为基础，创立了历史唯物主义，并由此展现了社会主义的远景。马克思恩格斯认为，社会主义就是“唯物主义运用到社会生活方面”⑦的体现。马克思还指出，他考察社会历史的

① ［德］黑格尔：《哲学史讲演录》第1卷，贺麟、王太庆译，93页，北京：商务印书馆，1959年。
② 《马克思恩格斯全集》第3卷，16页，北京：人民出版社，1960年。
③ 《马克思恩格斯文集》第5卷，22页，北京：人民出版社，2009年。
④ 《马克思恩格斯全集》第30卷（下），666—667页，北京：人民出版社，1975年。
⑤ 《马克思恩格斯全集》第2卷，163页，北京：人民出版社，1975年。
⑥ 《马克思恩格斯文集》第10卷，280页，北京：人民出版社，2009年。
⑦ 《马克思恩格斯全集》第2卷，165页，北京：人民出版社，1975年。

“实际方法”正是唯物主义“辩证方法”[①]。

由此可见，如果没有马克思恩格斯在实践问题上对以往唯物论和辩证论的批判继承，那么也就没有历史唯物主义的形成。同样，历史唯物主义作为唯物论和辩证论在社会历史领域的实际应用，它的创立也就使世界的物质性与辩证性及其统一，在社会领域获得了现实具体的展示。从而也就使历史唯物主义具有了辩证唯物主义世界观的意蕴，并使辩证唯物主义的创立获得了历史唯物主义的支持。

历史唯物主义所包含的辩证唯物主义意蕴，集中表现在以下三个方面。

第一，历史唯物主义关于现实的人的理论，不仅为历史唯物主义的自身展开提供了出发点，而且现实地展示了由自然、人、社会所构成的世界的系统联系。

什么是现实的人？现实的人是作为自然界长期发展产物的，具有生命的，在一定物质生活条件下进行物质生产的社会存在物。自然是人的前提，改造自然的生产活动是人得以形成的决定性因素，是人的存在方式，是人的社会形成的基础，是人和社会发展的根本动力。那种在时间上远离人类的自在自然，或人类出现以前的自然史，作为人类及其生存环境的产生史，它的各个发展阶段的成果及遗迹，通过人的实践活动，不断地、日益融入人们的现实生活中。这样也就使自在的自然逐渐转变成了通过实践展开的对人说来活生生的社会历史，即历史的自然。同样，人类历史作为自然史的即自然生成为人的这一过程的一个现实部分，也就成了自然的历史。这样，通过现实的人所呈现出来的就是这样一幅由自然、人、社会构成的世界系统的辩证发展图景。辩证唯物主义就是立足于现实的人，对这样一幅图景的理论表现。

第二，历史唯物主义关于社会存在决定社会意识，社会意识反作用于社会存在的原理不仅为唯物辩证地理解社会生活提供了理论根据，而且为科学说明存在决定意识，意识反作用于存在的辩证唯物主义原理提供了具体论证和现实展示。

至于什么是社会存在，目前学术界尚有不同认识。但有一点是公

① 《马克思恩格斯文集》第5卷，22页，北京：人民出版社，2009年。

认的，那就是物质资料的生产方式是社会存在的最基本内涵。生产方式是生产力与生产关系的统一。生产力是人与自然之间的物质变换，生产方式是人与人之间物质活动的交换。自然科学所反映的是作为人类活动的自然对象的属性和规律；社会科学所反映的是作为人类活动的社会对象的属性和规律。尽管自然科学所反映的对象是自然界本身，但其理论表现形式和社会科学一样，都是以社会实践为最终源泉的，也是社会历史的产物，因而它们都是社会意识的一种形态，都发挥着对人类实践的指导作用。因此，历史唯物主义关于社会存在与社会意识的辩证关系原理，不仅通过人的实践现实展示了自然和社会二者关系的唯物辩证性，而且以物质实践为基础生动说明了意识的形成以及意识通过人的实践变成物质力量的能动过程。这从而也就使辩证唯物主义关于存在与思维的辩证关系原理获得了深入、具体的说明和生动、现实的展示。

第三，历史唯物主义关于社会发展是一个自然历史过程的理论，不仅深刻说明人类社会的辩证发展，而且也从人类社会这个领域科学阐明了世界的总体过程理论。

人类社会的发展在归根到底的意义上是一个从改造自然的生产劳动中所形成的生产力和生产关系矛盾运动的过程。生产劳动是自然与社会相统一的中介。生产力就是劳动所体现的人与自然的物质变换关系，即作为主体自然的劳动者与作为客体自然的劳动对象的统一。这种统一的实体态就是劳动工具。这种统一的关系态，就是以劳动工具为标志的，在劳动中形成的“人化自然力”，即生产力。因此生产力也就是经过形式变化，获得社会规定性的，适合人需要的自然力。生产关系也就是生产劳动中所形成的，受生产力制约的社会物质关系。因此，生产力与生产关系的矛盾运动不过是在自然基础上通过劳动所创造的一种特殊运动，即社会历史运动。在这个意义上说，社会发展是一个通过人的实践活动来实现的自然历史过程。因此，社会发展是一个自然历史过程的理论，不仅从自然与历史的联系中说明了社会规律的特殊性，而且通过这种特殊性体现了人与社会规律与自然规律的一致性，因而也就从一个方面体现了人与世界总体关系的唯物辩证性。

总之，历史唯物主义是具有辩证唯物主义世界观意蕴的科学的人类历史理论。因此，不能把历史唯物主义与辩证唯物主义对立起来，更不能用历史唯物主义去否定辩证唯物主义。如果是那样，伤害的只能是作为一块整钢的马克思主义哲学。

四、辩证唯物论与历史唯物论根本观点的同时形成

在辩证唯物主义与历史唯物主义形成的时间上，推广应用说认为，辩证唯物主义形成在先，历史唯物主义创立在后；相反，核心辐射说则认为，历史唯物主义创立在先，辩证唯物主义形成在后。其实，这两种观点都是不能令人赞同的。原因在于，这两种观点都只是看到了辩证唯物主义与历史唯物主义之间相互依赖关系的一个方面，而忽视了另一个方面，并由此引出了偏颇的结论。因此，无论是推广应用说，还是核心辐射说，都是片面的。历史的真实是，辩证唯物主义与历史唯物主义的根本观点都是以实践为主导原则，在互为前提、互相支持中，同时形成的。

因为任何一种新哲学的创立，在开始时，都不是也不可能是以系统的理论形态一下子呈现在人们面前的，而总是先提出根本观点，然后再逐步完善为理论体系的。马克思、恩格斯在世界观转变的过程中也是先形成了辩证唯物主义和历史唯物主义的根本观点，在获得了这个前提的条件下，由于理论研究的分工和侧重点的不同，马克思此后的主要哲学贡献是使历史唯物主义理论体系化，而恩格斯则是在实现辩证唯物主义理论的体系化方面，作出了巨大的独特的贡献。为了能从经济生活上支持马克思关于《资本论》的写作，恩格斯曾在长时期中，不得不从事该死的经商活动，因而在时间上使辩证唯物主义理论的体系化滞后于历史唯物主义理论的体系化。

但是无论是马克思关于历史唯物主义理论体系化方面的贡献，还是恩格斯在辩证唯物主义理论体系化方面的贡献，都不是孤立进行的，而是在相互补充、相互验证、相互促进中完成的。另外，从总体上说，他们各自的贡献都是对他们共同创立的辩证唯物主义和历史唯物主义根本观点的展开、丰富和具体化。这些根本观点主要包括唯物观点、辩证观点、实践主导观点、个性自由、自由社会观点及其统一。

因此，不能因为历史唯物主义理论体系形成于辩证唯物主义理论体系之前，而如核心辐射说那样，把辩证唯物主义说成以先行创立的

历史唯物主义为核心进行辐射而形成的产物。实际上，历史唯物主义的创立，不可能脱离人与世界总体关系的科学理解，不可能脱离唯物论与辩证论相统一的科学世界观的支持。这是因为，人要认识自己所生活的社会，也就必然要了解社会与自然的关系，要了解人在世界中的位置。换句话说，任何历史观的创立都必然受到一定世界观的制约，必然要从一定世界观获得论证。在这里，马克思历史唯物主义的创立也不例外。

同样，也不能只看到辩证唯物主义对历史唯物主义单方面支持的一面，而如推广应用说那样，把历史唯物主义说成先行创立的辩证唯物主义在社会历史领域推广应用的结果。这是因为辩证唯物主义的创立也不能脱离对社会历史问题的科学理解，不能没有历史唯物主义的支持。原因在于，人总是立足于对自己所处的社会及其认识来理解人与世界的总体关系的。社会发展到什么阶段，人们对这个社会阶段的认识达到何种深度，也就从根本上决定了这个社会中的人们对人与世界总体关系的理解方式和理解程度。在这里，马克思辩证唯物主义创立也不例外。

关于辩证唯物主义与历史唯物主义同时形成这样一种见解，细究起来，也不完全是当代人的发现。在某种意义上说，恩格斯和列宁的有关论述已经涉及这一点，只是没有具体展开而已。

比如，恩格斯在谈到马克思的《关于费尔巴哈的提纲》（以下简称《提纲》）时就曾评论说，它是“新世界观的天才萌芽”[①]；同时又说，它是“历史唯物主义的起源”[②]。有的论者把这里的“新世界观”理解为“唯物史观”，我认为这是不妥的。恩格斯作为哲学素养极高的学者对“世界观”和“历史观”这两个概念是不会混用的。在我看来，这里的新世界观就是恩格斯对《提纲》作出上述评价时已经获得命名的“辩证唯物主义”或“唯物辩证论”世界观。

另外，列宁在谈到马克思哲学的创立过程时也曾指出：马克思是“离开黑格尔走向费尔巴哈，又进一步从费尔巴哈走向历史（和辩证）唯物主义”[③]。过去有的论者据此而把辩证唯物主义和历史唯物主义作

① 《马克思恩格斯文集》第4卷，266页，北京：人民出版社，2009年。
② 《马克思恩格斯全集》第39卷，24页，北京：人民出版社，1975年。
③ ［俄］列宁：《哲学笔记》，386—387页，北京：人民出版社，1974年。

等同的理解。我认为，作这种理解是说不通的。因为列宁在这里用的不是“历史（辩证）唯物主义”，而是“历史（和辩证）唯物主义”，以此作为历史唯物主义和辩证唯物主义的简称，来表示马克思离开费尔巴哈同时走向了历史唯物主义和辩证唯物主义。

那么，如何理解辩证唯物主义与历史唯物主义形成的同时性呢？这种同时性，不仅表现在上文所说的辩证唯物主义与历史唯物主义是在互为前提、相互支持中形成的这一点上，而且更为重要的，是它们都是以科学理解的实践为其主导原则展开的。

费尔巴哈曾说：“一种新的原则，经常是带着一个新的名称出现的，就是说，它将一个名称从低级的、从属的地位中提升到君主的地位，将它当成最高的称号。”①

费尔巴哈的这一见解是正确的。哲学是由一系列命题和范畴为环节构成的整体。哲学家总要选取一个命题或范畴作为自己哲学的主导原则，去整合和贯穿这个哲学体系中的其他命题和范畴。因此，某一哲学的主导原则是该哲学体系的普照之光，是它的核心和灵魂，是这个哲学体系与其他哲学体系相区别的根本标志。因此，在这个意义上可以说，真正的哲学变革，说到底也就是符合时代进步要求的哲学主导原则的转换。

马克思所实现的哲学变革，就根本点来说，也就是以贯穿自己哲学的实践主导原则取代了旧唯物主义的直观受动原则和唯心主义的抽象能动原则。马克思哲学的本质内涵就是实践的唯物主义，即以实践为基础来理解和改造对象的唯物主义。

这个对象如果是指人与世界总体关系，那么其理论成果就是作为马克思主义世界观的辩证唯物主义；这个对象如果是指人类历史，那么其理论成果就是人类史观上的历史唯物主义；这个对象如果指的是人，那么其理论成果就是科学的人观，即现实的人及其历史发展的科学；如果这个对象是指人的认识，那么其理论成果就是能动的革命的反映论。

因此，那种把实践唯物主义与辩证唯物主义对立起来的观点是不对的；把实践唯物主义理解为历史唯物主义的别称也是不对的；另外

① 北京大学哲学系外国哲学史教研室编译：《十八世纪末—十九世纪初德国哲学》，540页，北京：商务印书馆，1960年。

把实践唯物主义说成是实践本体论、实践一元论的观点，则更是错误的。

由上可见，科学实践观的创立及其向哲学主导原则的提升，是马克思辩证唯物主义诞生的突破口，同时也为历史唯物主义创立提供了一块奠基石。辩证唯物主义就是立足于实践，透过其物质性与辩证性及其统一，借助辩证思维，而对人与世界总体关系的理论把握。历史唯物主义则立足于实践，特别是生产劳动实践，对人与社会的发展规律的理论把握。

那么，马克思是如何实现对实践的科学理解的呢？应该说，这是一个极为艰难复杂的过程。如果仅从理论的角度说，这是马克思从哲学研究深入经济学研究，又从经济学研究上升到哲学研究的产物。这其中至少包括对黑格尔的劳动辩证论、费尔巴哈的感性唯物论，以及古典经济学家的劳动价值论等三个方面成果的批判继承、合理嫁接和综合创新。

费尔巴哈唯物论强调以自然为基础的人，强调人的感性存在，而不了解人的感性活动，因而历史在他的视野之外。以斯密、李嘉图为代表的国民经济学在理论上提供了从费尔巴哈的自然到历史的桥梁。国民经济学看到了劳动的社会经济价值。它认为，自然资源只有通过劳动创造才能变成社会财富。因此它承认生产、劳动是自己的主要原则和基础，劳动是社会财富的源泉。马克思在肯定这一理论成就的同时，又指出："劳动在国民经济学中仅仅以谋生活动的形式出现。""国民经济学把工人只当作劳动的动物，当作仅仅有最必要的肉体需要的牲畜。"[①]因而马克思认为："以劳动为原则的国民经济学表面上承认人，毋宁说，不过是彻底实现对人的否定而已"，"不如说是敌视人的"[②]。

与国民经济学对劳动的这种片面理解相反，马克思充分肯定了黑格尔劳动辩证论的思想。认为"他抓住了劳动的本质，把对象性的人、现实的因而是真正的人理解为他自己的劳动的结果。"但马克思又指出："黑格尔惟一知道并承认的劳动是抽象的精神的劳动"[③]。

① 《马克思恩格斯全集》第3卷，232—233页，北京：人民出版社，2002年。

② 《马克思恩格斯全集》第3卷，290页，北京：人民出版社，2002年。

③ 《马克思恩格斯全集》第3卷，320页，北京：人民出版社，2002年。

为了克服黑格尔劳动辩证论的抽象性，马克思以上述过程中已经取得的丰硕成果为基础，在社会历史意义上，坚持和发挥了费尔巴哈的唯物主义思想，认为自然界的物质性应当成为理解人类史物质性的前提，自然向社会生成的人类劳动是人的能动的物质活动，是人创造历史的活动，是人塑造和展示自己本质力量的活动。这样，通过哲学和经济学的研究，马克思也就实现了对劳动的物质性与辩证性、人本性与社会性的统一理解。

在马克思著作中，由于《提纲》第一次较为全面地阐明了科学实践观，第一次把实践原则提高为自己哲学的主导原则，第一次用"实践活动的唯物主义"[①]来说明自己的新哲学，因此，恩格斯评价《提纲》是"新世界观的天才萌芽"，是"历史唯物主义的起源"，是十分恰当的。这里的"恰当"包含两层意思：

一是《提纲》为马克思恩格斯创立自己的新世界观和新历史观确立了唯物主义的实践主导原则，这是十分重要、十分宝贵的；二是《提纲》只是为他们创立自己的新世界观和新历史观提供了唯物主义的实践主导原则，它作为"新世界观的萌芽"还有待发展，作为"历史唯物主义的起源"还有待展开。

此后，马克思恩格斯花了几十年时间来进行这项发展和展开自己哲学理论的工作。而作为这种发展和展开的第一本著作就是他们共同撰写的《德意志意识形态》。其理论成果就是具有辩证唯物主义世界观内涵的，作为科学人类史观的历史唯物主义。

① 《马克思恩格斯文集》第1卷，502页，北京：人民出版社，2009年。

论马克思主义关于社会的实践本质观*

近年来，马克思主义的实践主体性原则犹如和煦的春风，吹进了历史唯物主义理论的研究园地。过去那种脱离人的活动，把历史唯物主义变成某种客观主义的公式叙述的倾向，正在受到冲击。肯定社会本质的实践性，也就是肯定人的历史主体性。实践作为历史唯物主义的基本范畴，已经为人们所公认；社会生活在本质上是实践的，这一历史唯物主义的基本原理也开始为人们所重视。但是，如何在历史唯物主义逻辑体系展开的过程中，始终贯彻这一思想，也还有不少理论问题需要认真加以解决。比如，社会实践与社会存在的关系问题；人的主体活动与社会客观规律的关系问题，等等。而要正确解答这些问题，就离不开对马克思主义关于社会的实践本质观的学习和研究。鉴于此，本文来谈谈以下三个方面的问题。

一、马克思关于社会的实践本质观

社会的本质是什么？在马克思主义产生以前，在这个问题的解答上，长期被唯心主义思想所笼罩。比如，黑格尔认为，绝对精神是社会的本质，社会是绝对精神所派生的。这个派生过程：(1) 绝对精神先派生出“现实的理念”——国家。“国家是伦理理念的现实”，是“地上的神物”[①]。它是决定社会形成和发展的创造性因素。(2) 国家这个“现实的理念”再派生出有限的理念要素——家庭和市民社会。这就是黑格尔唯心主义关于社会的理念本质观。

马克思以黑格尔的社会本质观为批判对象，在对其唯心主义观点加以唯物主义颠倒的基础上，创立了历史唯物主义的社会本质观。

---

* 原刊于《江淮论坛》，1988 (6)。

① [德] 黑格尔：《法哲学原理》，范扬、张企泰译，253、285页，北京：商务印书馆，1979年。

马克思对黑格尔唯心主义社会本质观的怀疑，是从《莱茵报》时期开始的。这一时期的一系列斗争活动，使马克思从理论领域转入对经济领域的物质利益问题的探讨。他开始意识到，不能“用当事人的意志来解释一切”，而必须重视“各种关系的客观本性”[①]。从此，马克思开始注意探讨国家与现实经济关系的联系。马克思对这一问题思考的初步成果，通过对黑格尔法哲学的批判得到了阐发。

通过这一批判，马克思揭示了黑格尔颠倒国家与市民社会及家庭之间的关系的唯心主义实质。针对黑格尔的国家哲学，马克思指出："家庭和市民社会是国家的现实的构成部分，是意志的现实的精神存在，它们是国家的存在方式。家庭和市民社会使自身变成国家。它们才是动力。可是，在黑格尔看来又相反，它们是由现实的观念产生的。"[②]马克思对黑格尔法哲学的批判，从其发展趋势来说，是马克思用唯物主义研究社会生活所获得的第一个支撑点。市民社会决定国家，这个命题的提出，是马克思创立唯物史观的发端。

然而从总体上看，马克思当时还没有完成同黑格尔唯心主义历史哲学的决裂。一个明显的事实是，他仍然把市民社会理解为，“是意志的现实的精神存在”[③]。这表明马克思此时还无法对市民社会作出科学的解释。

1844年春天，马克思开始把自己的研究重点转向政治经济学，开始为自己的历史观寻找科学的论证。《1844年经济学哲学手稿》（以下简称《手稿》）对马克思主义关于社会的实践本质观的创立起了重要作用，它第一次表述了生产在社会生活中起决定作用的思想。马克思写道：“生产是人的能动的类生活。”又说：“对社会主义的人来说，整个所谓世界历史不外是人通过人的劳动而诞生的过程，是自然界对人来说的生成过程。”《手稿》揭示了劳动的自然基础，而且也初步提出了劳动的社会性问题。认为“活动和享受，无论就其内容或就其存在方式来说，都是社会的活动和社会的享受”[④]。这些观点比先前的市民社会决定国家的观点，大大地前进了一步。

---

① 《马克思恩格斯全集》第1卷，216页，北京：人民出版社，1956年。

② 《马克思恩格斯全集》第3卷，11页，北京：人民出版社，2002年。

③ 《马克思恩格斯全集》第3卷，11页，北京：人民出版社，2002年。

④ ［德］马克思：《1844年经济学哲学手稿》，58、92、83页，北京：人民出版社，2000年。

但是，《手稿》中的劳动概念还具有抽象的性质。它主要还是从自然的观点、人的类本质的观点，去规定劳动的，还没有把劳动理解为一定的生产力和生产关系的具体的历史的统一，还没有把它看成一种具有社会历史形式的活动。因此，《手稿》还不能从劳动的历史，从生产力和生产关系的矛盾运动的历史，来正确说明社会历史的本质，而只能借助于理想人性、人性异化、人性复归的费尔巴哈人本主义公式。

《手稿》中的这一缺陷，在《神圣家族》中有了初步的克服。《神圣家族》探索了历史发展的动力问题，第一次提出了把生产方式作为理解历史的现实基础的思想。马克思指出：如果“不把比如说某一历史时期的工业，即生活本身的直接的生产方式认识清楚”，就不能“真正地认清这个历史时期”①。并且正是从《神圣家族》一书开始，马克思着重研究了生产本身发展变化的规律，即研究生产力的发展和生产的社会关系之间有规律的联系。

这一研究通过对弗里德里希·李斯特的《政治经济学的国民体系》一书的第一卷的批判，而获得了突破性的进展。马克思把资本主义制度下发展起来的新的生产力，看作“由无产阶级所体现的新的社会制度的力量”②。马克思认为，无产阶级作为创造未来社会的主体力量，那么生产力就是创造未来社会制度的一种客体力量。马克思写道：“工业用符咒招引出来（唤起）的自然力量和社会力量对工业的关系，同无产阶级对工业的关系完全一样。今天，这些力量仍然是资产者的奴隶，资产者无非把它们看作是实现他的自私的（肮脏的）利润欲的工具（承担者）；明天，它们将砸碎自身的锁链，……炸毁资产者用以把它们同人分开并因此把它们从一种真正的社会联系变为（歪曲为）社会桎梏的那种锁链。”③

这些论述说明，马克思关于劳动实践的理论已经从纯逻辑的认识，最终变成了一种具体的历史的认识。劳动中所包含的生产力和生产关系这一矛盾的揭示，以及对生产关系一定要适应生产力发展的历史过程的考察，为唯物而又辩证地理解社会的本质提供了必要的理论支持。

正是在这个基础上，马克思在《关于费尔巴哈的提纲》中，才以

① 《马克思恩格斯文集》第1卷，350页，北京：人民出版社，2009年。
② 《马克思恩格斯全集》第42卷，258页，北京：人民出版社，1979年。
③ 《马克思恩格斯全集》第42卷，258—259页，北京：人民出版社，1979年。

凝缩的形式指出："全部社会生活在本质上是实践的。"[①]这一科学结论为观察和分析社会生活，提供了一个根本性的指导线索，是在全面的意义上对社会的本质进行了规定。人类社会起源于劳动，"人……能从事生产"，这是"人类社会和动物社会的本质区别"[②]。人类的历史归根到底是劳动的发展史。只有从劳动出发，才能科学说明"社会存在"和社会运动的规律。

二、社会实践是动态的社会存在

"社会存在"是马克思主义哲学所独有的范畴。它的形成过程，也是对黑格尔和费尔巴哈的存在范畴进行改造的过程。

黑格尔主张的存在是"理性存在"。在其哲学的逻辑体系中，黑格尔第一次把理性存在描绘为一个由抽象到具体，由贫乏到丰富，由低级到高级的辩证发展过程。在批判黑格尔哲学的过程中，费尔巴哈提出了感性存在的观点，他认为，黑格尔所主张的理性存在不是真实的存在，在理性的背后有感性的物质基础，就是"人和作为人的基础的自然界"。费尔巴哈所理解的感性存在，实际指的是处在自在状态的自然存在。费尔巴哈曾经明确地将自然存在作为存在的本质，认为"自然是与存在没有区别的实体"，"作为存在的存在的本质就是自然界的本质"[③]。

马克思在自己的思想转变过程中，不仅超越了黑格尔，而且也超越了费尔巴哈，他将感性存在与感性活动，与生产劳动联系起来，从而形成了社会存在这一范畴。

马克思认为，社会存在是在无属人规定性的自在存在的基础上，通过人的活动，而形成和展开的。自在存在，即人之前、人之外的自然界。这种存在是"纯粹"客观的，就其本身来说，虽然含有无限丰富的规定性，但因其尚未进入人类的认识和实践的领域中，因而它对人说来，还不是现实的。费尔巴哈所主张的存在就是这种就其原始性

① 《马克思恩格斯文集》第1卷，501页，北京：人民出版社，2009年。
② 《马克思恩格斯文集》第10卷，412页，北京：人民出版社，2009年。
③ 北京大学哲学系外国哲学史教研室编译：《十八世纪末—十九世纪初德国哲学》，599—600页，北京：商务印书馆，1960年。

来加以考察的自然界，因而他的关于存在的思想，就不可避免地带有抽象性和形而上学性。

马克思主张的社会存在，是由自在存在变化而来的，这样就坚持了社会存在的客观性，与黑格尔的“理性存在”划清了界限。马克思同时又认为，社会存在是把自在存在纳入人的活动，并通过人的活动所创造的属人的存在，它不是僵死的、被动的物质存在，而是实践主体为着生存和发展的需要，对物质世界进行改造的活动本身和活动的产物。因而社会存在范畴具有能动性的特点，这又和费尔巴哈的“自然存在”范畴划清了界限。

因为人类实践总是不断地在“自在存在”与“社会存在”的交界地带进行，因而“自在存在”又总是不断地向属人的存在，即社会存在转化。所以，应该把社会存在理解为一个不断变化生成和不断扩展开拓的过程。这是一个自然历史过程，也是一个人类活动的创造过程。因此，社会实践即动态过程的社会存在。

过去的哲学教科书和某些哲学论著中，存在着这样一个观点，认为社会存在就是社会历史领域的“物”。这一观点正确的地方在于，它坚持了社会存在的客观物质性，但其缺陷也很明显，那就是，它只看到社会存在的客观性的一面，而没有看到其能动性的一面，没有看到社会存在不是一般的“物”，而是人的活动所创造的属人的物。

诚然，如果不承认前者，那就不是唯物论，但仅仅承认前者，也并不是马克思主义的历史唯物论，而是退回到了费尔巴哈唯物主义的旧立场。马克思在创立自己的新世界观的初期，就已经超越了这种忽视人实践的、被动的直观唯物论。

马克思早在《关于费尔巴哈的提纲》中就指出，“从前的一切唯物主义（包括费尔巴哈的唯物主义）的主要缺点是：对对象、现实、感性，只是从客体的或者直观的形式去理解，而不是把它们当做人的感性活动，当做实践去理解，不是从主体方面去理解”，所以，费尔巴哈“不了解‘革命的’、‘实践批判的’活动的意义”[①]。

与之相反，马克思提出了从主体的角度，从主体活动的角度，去理解事物的历史唯物主义方法。这一方法体现了这样一个深刻的思想：

---

① 《马克思恩格斯文集》第1卷，499页，北京：人民出版社，2009年。

人及人的社会都是与主体的能动活动相联系的自然历史过程的运行系统。因此，只有从人的实践出发，才能科学说明人的存在和社会的存在。另外，也只有这样，才能科学地说明社会存在决定社会意识这个唯物史观的基本原理。

比如，没有开垦的土地是一种自然存在物，但不是社会存在物，作为社会存在物的土地，是与一定的开发方式、使用方式，即人的活动方式相联系的、作为其对象的土地。这种活动方式决定了土地的社会性，决定了人的相关的思想意识。又比如，不能以钱的多少来判断其人的思想素质，而只能从赚钱的方式、花钱的方式来判断其人的思想素质，因为这种人的活动方式决定他的思想。

只有把社会实践看成动态过程的社会存在，才是历史唯物主义所理解的社会存在，这样才能从根本上坚持社会存在决定社会意识这一历史唯物主义的基本原理，并从而与历史唯心主义划清界限。

三、社会规律是人的活动的规律

“社会生活在本质上是实践的”①。这一根本思想也为人们揭示和说明主体的能动性与社会客观规律性之间的关系提供了基础和可能。

社会生活表现为动态的历史过程。为了揭示这一过程的发展规律，马克思恩格斯集中注意力，着重考察了作为历史过程的决定性因素——人们的生产实践。

生产劳动作为人类主体改造自然的能动活动，它在历史上是不断产生，又在历史上不断消失的。既然以往的劳动活动不断消逝在历史的长河中，又怎样去理解这些劳动活动所构成的历史运动，并从中揭示出历史运动的规律呢？这里的关键在于，作为劳动活动结果的历史积淀一直被保留下来。这种积淀的形成过程，也就是历史的运动过程。

马克思认为，劳动活动在本质上是一种“对象性的活动”，劳动的实现也就是劳动的对象化②。劳动创造对象世界和产品的过程，也就是劳动作为主体活动，转化为客体存在的过程。因此，历史上的劳动作为主体活动已经消逝了，但它所创造的感性客体则可以保存下来。

① 《马克思恩格斯文集》第1卷，499页，北京：人民出版社，2009年。

② 《马克思恩格斯文集》第1卷，162页，北京：人民出版社，2009年。

这些感体客体，既是劳动的创造（对象或产品），又是劳动借以实现的手段（比如工具）。而作为劳动结果，又作为劳动延续的中介物质力量就是生产力；作为劳动结果，又作用劳动的社会形式的物质关系，就是生产关系。马克思说："任何生产力都是一种既得的力量，是以往的活动的产物。可见，生产力是人们应用能力的结果，但是这种能力本身决定于人们所处的条件，决定于先前已经获得的生产力，决定于在他们以前已经存在，不是由他们创立而是由前一代人创立的社会形式。"[①]马克思、恩格斯在创立唯物史观的过程中，不仅阐述了生产力和生产关系之间的辩证关系，而且在此基础上，阐述了经济基础和上层建筑之间的辩证关系。

总之，生产实践是马克思展开自己全部历史唯物主义理论的基础。实践显示了主体对客体的能动性，也就是历史唯物主义所表达的以生产力为标志的人，在一定的社会形式中对客观世界的征服和改造。在这个过程中，人处处以主体的姿态出现，按照自己的需要，追求自己的目的，追求自己的自由和幸福，这是一方面。

另一方面，实践也显示了客体对主体的制约性。人们创造历史的活动总是在客观规定性的范围内和前提下进行的，并不是他们随心所欲的。因此，实践既具有能动性的一面，又具有受动性的一面，即受客观制约的一面。

马克思从实践的能动性入手，揭示出历史总是人的历史，总是人为着追求自己的目的而创造的历史。又从实践的客观制约性入手，揭示出人们活动的规律，即社会历史发展的规律。由此说明，人的能动性、社会主体性和历史创造性等，并不是想象主体的，更不是任意的，而是受社会的客观规律（当然还有自然规律）制约的。谁不承认这一点，谁就会陷于唯意志论。同时，社会历史、社会规律也不是外在于人的，不是单纯客体的，它是通过人的活动而存在，而起作用的。人是历史的主体，社会规律是人的活动的规律。不承认这一点，也会陷入历史的机械论、宿命论。

从以上两个方面——客观规律制约下的主体能动性和主体活动中的社会规律性来看，实践的完整性就被真正地确立起来了。因此，社

① 《马克思恩格斯文集》第10卷，43页，北京：人民出版社，2009年。

会历史就是这样一个有规律的、人的创造性的实践过程。

马克思主义的历史唯物主义对于人的创造性与历史规律制约性的关系就是这样科学地阐明的。最明确的表达是马克思在《哲学的贫困》中的话。他说：只要“把人们当成他们本身历史的剧中的人物和剧作者”，就是回到了“真正的出发点”。“把这些人既当成他们本身的历史剧的剧作者又当成剧中人物”①。

这就是说，他们在历史舞台上演出，是按照一定的剧情（作为规律、作为必然性）在演出，因而他们虽然是历史的主体，但并不是为所欲为的自由意志的体现者。但是，剧情又不是别的什么神秘东西（如上帝和命运）为他们写成的，他们是剧作者。因而作为历史的主体虽不能为所欲为，历史却的确是他们所为，虽不是自由意志的体现，但他们的确又是按照自己的意志行事。

当然在实践中，人们的行为意志是以劳动目的为转移的。马克思在《资本论》中指出：人的劳动“不仅使自然物发生形式变化，同时他还在自然物中实现自己的目的，这个目的是他所知道的，是作为规律决定着他的活动的方式和方法的，他必须使他的意志服从这个目的”②。

这就是社会规律与自然规律的不同之处。社会规律和自然规律都是客观的，不以人的意志为转移的，但是自然规律可以离开人的活动而存在而起作用；相反，社会领域是人造的，社会规律存在和起作用的基础是在人的活动本身中，它提供了人类活动的客观性前提，决定了历史发展的大概趋势。但是绝不能因此而把历史看成按照某种固定公式自动实现的过程。西方的结构主义，就历史谈历史，认为“历史无主体”，这是非常荒谬的。经济唯物主义把历史唯物主义理解为只讲纯粹的经济规律的必然性，不讲主体活动的能动性，这也是片面的、错误的。

那么，社会规律的客观性和人的能动性是如何在人的实践中获得统一的呢？

马克思认为，人们生产物质财富的活动是自觉的、能动的，但是他们生产活动的社会结果，即人们之间形成的那些社会生产关系，人

---

① 《马克思恩格斯文集》第1卷，608页，北京：人民出版社，2009年。

② 《马克思恩格斯文集》第5卷，208页，北京：人民出版社，2009年。

与自然之间的客观联系的体现者生产力，作为既成的力量和现实，以及它们的运动规律，是客观的，不依人的意志为转移的，反过来又对人的活动发生作用。人类的历史就是在这个矛盾的对立统一中发展前进的。

首先，就先前实践与当下实践的关系来说，比如，经济因素和经济规律，它们是客观存在的东西，但同时又不是脱离人的活动的一种主宰历史的神秘力量。经济因素，它作为人的活动的前提，是前人实践的结果，作为人的现实活动的要素，又是经实践而改变的东西。正是在人类世代所构成的连续不断的历史活动中，经济因素的发展呈现出有规律的动态过程。可见，经济因素和经济规律对于人的活动的条件性和制约性，不过是人类以往实践所形成的条件性和制约性。由这种条件性和制约性所表现出来的环境对人的创造，实质上不过是人在创造环境的同时，对人自身的改造。这就是历史的主体创造性与历史的客观规律性在实践基础上的统一。

诚然，马克思在承认经济条件、经济规律在社会发展中的优先地位的同时，也承认文化的、历史的传统和心理等因素，对于历史的选择机制和推动作用。

其次，就群体活动与个体活动的关系来说，社会历史的发展不是个别人物活动的产物，而是“人们交互作用的产物”[①]。历史所以能够呈现丰富多彩的状况，是无数单个人的意志的相互作用，形成无数个相互交错的力量，无数个“力的平行四边形”[②]的结果。每一个人都按照自己的思想在活动（这些思想的形成，各有它的客观基础）。由于各个个人的主观愿望和努力方向各不相同，就像一条船上各个水手分别向不同的方向划桨一样，作为结果的历史进程不会符合哪一个人的愿望，而是按照“合力”的方向前进。虽然每个人的力量都对合力有所贡献，因而包含在这个合力里面，但是，对于每个人来说，其他人在各自意志支配下的行动，也是不以他的意志为转移的客观因素，因而合力所指示的运动方向，对于每个人来说，都具有客观性。

正如恩格斯所指出的：“无数的个别愿望和个别行动的冲突，在历史领域内造成了一种同没有意识的自然界中占统治地位的状况完全相

① 《马克思恩格斯全集》第27卷，477页，北京：人民出版社，1972年。

② 《马克思恩格斯全集》第20卷，618页，北京：人民出版社，1971年。

似的状况”，即“一般规律就表现在这些动力的相互作用中”[①]，“因而它们的动机对全部结果来说同样地只有从属的意义”。[②]这里所说的“合力”的客观性,以及合力所表现的社会规律的客观性，实际也就是群体的活动及其结果，对于每个人的个人意志来说的不可转移性。

最后，从个体活动本身来说，人类实践所创造的一切必然形式，都是个体的活动借以实现的必然形式，社会历史也是人类个体的发展史。个体劳动表现为社会劳动，个体劳动又都是社会总劳动的有机组成部分。个人是社会的，社会也是个人的。“由此就必然得出一个结论：人们的社会历史始终只是他们的个体发展的历史，而不管他们是否意识到这一点。”[③]因此，不是历史的主体作为工具，去实现历史的所谓目的，而是历史的主体借助于社会的必然形式、社会规律的必然性，去展开自己的活动。正如马克思所指出的：“他们的物质关系形成他们的一切关系的基础。这种物质关系不过是他们的物质的和个体的活动所借以实现的必然形式罢了。”[④]

只是在很长的历史时期中，人们对这种必然形式的认识，还处于盲目的状态。于是，这就在人们的头脑中形成了这样一种错觉，似乎不是作为主体的人借助于这些必然形式在实现自己的活动，反倒是这些必然形式作为超人的力量，在驱使人去实现某种客观的目的。认识上的这种颠倒，也是唯心主义历史观产生的一个原因。

历史唯物主义产生以后，从理论上结束了这种颠倒，认为历史上的人类实践所形成的一切必然形式，都是个人实践借以展开的必然形式。随着资本主义制度的消灭，和人类社会向共产主义社会的过渡，人们对这些必然形式的认识和利用，将会更加趋于自觉、趋于主动。正是以这种认识为根据，马克思指出：共产主义是以“每一个个人的全面而自由的发展为基本原则的社会形式”[⑤]。

总之，历史条件和历史规律对于人的活动的制约性，从历时性角度说，它表现为前人实践的社会结果，对于后人活动的制约性；从共时性角度说，它表现为群体活动的方向和结果，对于个体活动的制约

① 《马克思恩格斯文集》第4卷，301页，北京：人民出版社，2009年。
② 《马克思恩格斯文集》第4卷，303页，北京：人民出版社，2009年。
③ 《马克思恩格斯文集》第10卷，43页，北京：人民出版社，2009年。
④ 《马克思恩格斯文集》第10卷，43页，北京：人民出版社，2009年。
⑤ 《马克思恩格斯文集》第5卷，683页，北京：人民出版社，2009年。

性；而从个体活动的自身来说，则是表现为个体活动的必然形式，对于个体活动的现实内容的制约性。因此，社会规律归根到底是人的活动的规律。

社会生活在本质上是实践的。人们的实践既是客观的物质活动，又是能动的创造活动；既是对象性活动，又是社会性活动。只有从实践出发，才能科学地把“社会存在”理解为人的活动的物质存在，同时，也才能科学地把“社会历史”，既理解为有规律的物质运动过程，又理解为主体活动的能动创造。

论劳动与分工*

人和人类社会的形成和发展，都是在劳动及其发展的过程中实现的。劳动发展的重要内容之一，就是分工的发展。因此，科学揭示劳动及其分工的本质，就成为理解人和人类社会的关键。

一、劳动的本质

（一）古典政治经济学家和黑格尔论劳动

1. 古典政治经济学家的劳动价值学说

人们对于劳动现象的认识，在古代相当长的时期中，还处在对为数不多的各种具体劳动形式的直观描述上。随着近代资本主义的发展，人们对社会经济现象的研究最初是从流通过程出发的，后来才逐渐转移到对生产过程的研究，这样，才把对劳动本质的考察提到了首位。

在这一研究工作中，英国古典经济学家们作出了重要贡献。他们提出了劳动价值学说。最早提出劳动创造商品价值的是威廉·配第，他认为商品的价值取决于人的劳动。这里的价值是商品的交换价值，而不是使用价值或者财富。在财富意义上，他曾说，劳动是财富之父，土地是财富之母。在交换价值创造的过程中，参与劳动过程的自然力的价值只是以某种形式转移到了商品中，而新的价值的产生，却是劳动活动本身的结果。诚然，土地是劳动，特别是劳动的必要前提条件，则是不能否定的。

亚当·斯密继承并进一步发挥了威廉·配第的劳动价值学说，他的新贡献在于把生产价值的劳动推广到一切商品生产领域。他认为

* 原文来源于方永祥主编：《马克思主义哲学导论》，合肥：安徽人民出版社，1990年。与潘德荣等合撰。

“劳动是一切商品交换价值的真正尺度”[①]。但是，由于他未能区分出抽象劳动和具体劳动，因而也就不可能正确地揭示出新创造出来的价值的形成过程。

英国古典经济学的完成者大卫·李嘉图继承了先前劳动价值学说中的科学成分，他不仅认为价值是由劳动时间决定的，而且指出商品价值不仅包含了商品生产的直接耗费的劳动，而且还包括间接耗费的劳动，如工具的磨损等等。他还对直接劳动和间接劳动、简单劳动和复杂劳动、社会必要劳动等范畴作了分析。

英国古典经济学家的劳动价值学说，为马克思主义创始人的科学劳动观的创立提供了宝贵的启示。但是他们只是一般地谈论劳动的价值，而对创造价值的劳动本身却没有进行具体分析，没有明确区别具体劳动和抽象劳动。而黑格尔却在商品交换的事实中，看到了唯有以“抽象的普遍的劳动”为基准，抛开个人的特殊能力和欲望，才能使各自不同的特殊产品的交换得到实现。也就是说，劳动只有化为“抽象的、普遍的劳动”，才能创造交换价值。

2. 黑格尔的劳动生成人说

难能可贵的是，黑格尔没有像古典经济学家那样把劳动仅仅看作创造物质财富的活动，而是把劳动看作劳动主体——人的自我生成和完善的过程。黑格尔认为，动物向自然界索取食物，只是简单的否定，而人的劳动对于对象不仅是否定的过程，而且是新的对象的形成过程，人在其上打上了自己意志的烙印，从而产生了某种持久的东西，即人类的文明和文化。随着对象客体的发展变化，在劳动中，作为主体的劳动者——人自身也发生了相应的变化。人的语言、思维、丰富的观念和知识等等一切体力和智力的财富，都是在劳动过程中发展和完善起来的。只有在劳动中，人才成为真正的人。马克思对黑格尔的这一思想给予了高度评价，认为黑格尔伟大的地方就在于他把“人理解为人自己的劳动的结果”[②]。

然而黑格尔是一个唯心主义者，他从意识出发，把劳动当作一种“精神的样式”，是理性在世界上的一种展现，并认识自身的一种手段。

① ［英］亚当·斯密：《国民财富的性质和原因的研究》上卷，郭大力等译，35页，北京：商务印书馆，1972年。

② 《马克思恩格斯文集》第1卷，205页，北京：人民出版社，2009年。

黑格尔把人类的物质生产活动归结为理性的活动，就从根本上歪曲了劳动的性质。对他来说，劳动创造了人，只是意味着绝对精神为达到自我意识而设置了人。人，包括他的劳动，都是绝对精神自我发展的一个环节。因此，从整体上看，他的劳动观有两个明显的缺陷：首先是其固有的思辨性质，把劳动理解为纯粹理性的、精神的活动；其次是未能指出在私有制社会中，劳动被异化为摧残人、奴役人的劳动。这种劳动观的不足，都在马克思主义劳动理论中得到了克服。

（二）马克思关于劳动的科学定义及其意义

1. 马克思科学劳动概念的形成

马克思劳动概念的形成过程是从《1844年经济学哲学手稿》（以下简称《手稿》）开始的。马克思在《手稿》中，在批判继承国民经济学和黑格尔劳动观的基础上，从以下两个方面对劳动进行了考察。

首先，《手稿》从人与自然的关系的角度指出，人以外的自然界是人和人类劳动得以存在的前提。人的劳动过程是对自然界进行加工、改造的过程。在这里，马克思已经意识到劳动本质上是人类改造客观自然的物质活动。这个活动产生了两个结果。一方面是人在改造自然的过程中按照自己的意识改变着自然界的原始形态，而使自然界人化，成为“人化的自然”。另一方面，人在劳动中人化自然的同时，也认识自己，改造着自己的机体和认识能力，这就是使人的活动日益摆脱盲目必然性的束缚，使人自身的本质力量不断得到发展和完善。

其次，《手稿》从人和动物相区别的角度指出，动物的活动只是一种无意识的本能，而人的劳动由于是有意识的活动，便成为一种全面的活动，它能够以自己的活动改变自然界使之适合人的需要，因而是一种生产和创造性的活动。由于《手稿》把劳动规定为一种能动的物质性活动，这就为科学的劳动概念的形成开辟了一条新的道路。但是，马克思把劳动当作人的“自由的有意识的活动”①，这表明他的劳动仍然带有抽象的性质。不能把劳动仅仅归结为主体的能力或潜能的实现，它是沟通主体、客体的物质手段，而这种手段本身需要以劳动工具为媒介才能实现。因此，如果把人的劳动与生产工具结合起来考察，那

① 《马克思恩格斯文集》第1卷，162页，北京：人民出版社，2009年。

么它们就必然具体化为生产力的一定形态。因此，只有从生产力的高度来考察劳动，才能把劳动纳入社会——历史的范畴。

进一步完善科学的劳动概念，主要是在以后的《德意志意识形态》（以下简称《形态》）和《资本论》中完成的。《形态》阐明了劳动的物质内容就是“制造、使用工具”的“物质生产活动”，并且只有借助于物质的手段——工具，劳动才能成为物质的活动。《形态》中还进一步指出，劳动作为一种物质活动，不仅表现为人与自然的关系，而且表现为人与人的社会关系。这不仅是因为人类必须联合起来以集体的力量才能与自然力相抗衡，还因为每一时代的人的活动都必须以前人的活动为起点，包括继承前人劳动制造的工具、劳动经验和技能，才能有效地改造自然。

2. 科学的劳动概念形成的意义

在这里，劳动作为媒介，从纵和横两个方面表现了人们之间相互关系的社会性质。在马克思看来，表现在劳动过程中的自然关系和社会关系是相互制约的。劳动既是制造和使用工具改造自然物，满足人的需要的活动，又是在一定社会关系中进行的活动。从社会关系的角度考察劳动，这是《形态》在制定科学的劳动概念过程中所取得的突破性进展，也是创立唯物史观的重要环节。只有在社会关系中考察劳动，把劳动发展的不同形态同社会发展的不同形态结合起来，并把不同社会形态的发展归结于劳动发展的不同形态，才有可能把社会的发展当作一个自然历史过程，从而真正做到唯物主义地考察历史。可见，如果没有科学的劳动概念为基础，也就不会有历史唯物主义的创立。

《资本论》中正是这样阐述的。它一方面指出，“劳动首先是人和自然之间的过程，是人以自身的活动来中介、调整和控制人和自然之间的物质变换的过程”①；另一方面又指出，劳动过程“又是一个在特殊的、历史的和经济的生产关系中进行的过程，是生产和再生产着这些生产关系本身……即他们的一定的经济的社会形式的过程”②。这两个方面构成了劳动完整的规定性，即劳动者在一定的社会关系首先是生产关系下，利用劳动资料改变劳动对象使之满足自己需要的有目的的活动，这里的实质是生产力和整个社会关系的矛盾运动。

① 《马克思恩格斯文集》第5卷，207—208页，北京：人民出版社，2009年。

② 《马克思恩格斯文集》第7卷，927页，北京：人民出版社，2009年。

作为劳动的自然关系的生产力，实质是人与人相互关系的中介，人是在对自然的改造中与他人相联系的；另一方面，只有在人与人的关系中，才有也才能形成人与自然的关系。因而人对自然进行改造的活动本身就具有社会的性质。可见，这两重关系不仅互相制约，而且是互为中介和前提的。

我们一般地把劳动概念的定义表述为，劳动是人们在一定的社会关系下，制造和使用工具来改造自然物，使其适合于自身需要的有目的的物质活动。显然，这是一种狭隘的概念，即物质生产的意义上定义的劳动概念。毫无疑义，物质生产是人类社会的基础。但是，在定义劳动时，忽视了精神的劳动，不能不说是一种缺憾。

马克思在《手稿》中已经注意到从生产劳动的角度考察精神生产的问题，认为宗教、法律、道德、科学和艺术等等活动，都不过是生产的一些特殊的形态，并且受生产的普遍规律所支配。马克思、恩格斯在《形态》中也明确指出，整个世界的生产理所当然地要把精神生产包括在内，唯有如此，整个社会的生产才能称之为全面的生产。在《剩余价值论》中，马克思还进一步指出，只有对精神生产和物质生产进行历史主义的考察，才能理解精神生产的特征以及两者的相互关系。在物质生产发展过程中，精神生产也不断改变自己的形态，从而使本身呈现出一个客观的自然过程。

另外，从劳动的发展史来看，在原始状态的劳动中，处于萌芽状态的精神生产直接依附于物质生产，但自从进入阶级社会，体力劳动和脑力劳动发生分离，并由不同的人来担当以后，劳动就表现出两个前所未有的新特点。第一，就整个社会而言，脑力劳动的地位和作用迅速提高，形成相对独立的精神生产；第二，就每个劳动的具体过程而言，脑力劳动的因素也大大增加。就现代生产的发展来说，人的智力因素的作用已经具有了举足轻重的意义。

因此，具有普遍意义的劳动概念的定义应当表述为：劳动是人类利用社会形式创造自己的生活所必需的物质财富以及在此基础上创造精神财富的有目的的活动。

（三）劳动的特性

为了进一步说明劳动的本质，有必要分析一下劳动所具有的特性。

1. 劳动的客观性

即劳动是客观的物质活动。马克思主义依据进化论的观点指出："人本身是自然界的产物，是在自己所处的环境中并且和这个环境一起发展起来的。"[①]正是这一点决定了人及人的活动与客观世界的根本一致性。正是从这样一个根本点出发，马克思强调指出："没有自然界，没有感性的外部世界，工人什么也不能创造。"[②]可见，劳动统一于物质，物质世界作为整体先于劳动而存在，它是人类劳动的基础。物质的客观性，决定和转化为劳动的客观性。

第一，作为劳动因素之一的"人的目的"，也"是客观世界所产生的，是以它为前提的"[③]，"人在自己的实践活动中面向客观世界，以它为转移，以它来规定自己的活动。"[④]人的目的，无疑具有主观性，但它又不是纯主观的，随意制定的，而是主体的需要和客观的可能在观念上的综合。

第二，从主体来说，除了要面向客观世界制定出劳动的目的以外，作为主体的劳动行为，还必然表现为从事劳动的那些器官的紧张活动，表现为人自身的内在自然力的现实的发挥。

第三，劳动工具是人体器官的延长和外化物，它本身就是经劳动加工过的自然物质。

第四，劳动对象不论是天然存在的，还是经劳动过滤过的，都是天然的或经劳动改变了的自然物质。

第五，劳动过程是人与自然之间的物质变换过程。这里包含有两层意思：一是，劳动过程是人与自然界的物质相互作用的过程；二是，劳动过程是使人的劳动目的对象化、客观化，使观念东西转化为物质东西的过程。

第六，人的劳动活动，不是任意进行，不是可以为所欲为的，而是受客观规律所支配，要遵循体现规律的客观性。

总之，劳动的构成因素、劳动的过程以及劳动的结果，都具有客观性。由此可见，劳动是人们改造世界的客观的物质活动，但是，马

---

① 《马克思恩格斯文集》第9卷，28、29页，北京：人民出版社，2009年。

② 《马克思恩格斯文集》第1卷，158页，北京：人民出版社，2009年。

③ ［俄］列宁：《哲学笔记》，201页，北京：人民出版社，1974年。

④ ［俄］列宁：《哲学笔记》，200页，北京：人民出版社，1974年。

克思主义在承认劳动的客观性的同时，也十分重视人在劳动中的主体能动作用。

2. 劳动的主体能动性

劳动中，人与自然的相互作用，不是纯自然物之间的相互作用，也不是动物式的适应自然的本能活动，而是能动的创造性活动。

承认劳动的能动性，也就是承认人的能动性，劳动的能动性只是劳动主体的能动性在劳动中的发挥和表现。劳动者是劳动过程中诸因素的首要因素，他是劳动过程的设计者、发动者、组织者和承担者。人是生产劳动的主体。正如马克思所说："这种人不是用一定方式刻板训练出来的自然力，而是一个主体……是作为支配一切自然力的那种活动出现在生产过程中。"[①]因此，要说明劳动的能动性，就必须说明主体的能动性，要从主体人出发，研究人的需要、人的目的与人的劳动活动的关系。

需要是人类主体的首要因素。动物虽然也有需要，但人的需要不同于动物的需要。动物的需要是直接的肉体的需要，它是直接依赖于自然界得到满足的。而人的需要是在人类社会中产生和不断发展着的需要。动物只能本能地适应自然界，而人则能意识到自己的需要，意识到外界对象与自我需要的关系，并采取有意识的活动改造对象世界以满足自己的需要。

由此可见，人的需要在观念上不仅表现为自我意识，而且表现为对象意识和活动意识。以上这三种意识的综合，就集中地表现为人的活动目的的确立。

目的是人类主体的另一个重要因素。人的活动区别于动物的本能活动，就在于人是有意识地按照自己的内在尺度，改变事物的形式，并从中实现自己目的的自觉活动。目的是需要的主观反映，它是需要在观念上的实现和完成。目的以眼前的情境为契机，按照自己的需要，在观念上再造对象，这就是理想意图的创造。

理想意图是对现实的超越，是按照美的规则的要求，对未来的设计，但它又不是不着边际的幻想，而是需要与可能、目标与步骤在观念中的统一，它象征了人们的利益。目的作为需要和利益的反映，一

① 《马克思恩格斯全集》第46卷（下），113页，北京：人民出版社，1980年。

旦确立起来以后，就作为内在动机，从而也作为内在尺度，决定着活动的方式和方法，调动主客体方面的一切积极因素，在活动中实现自己的目的。

第一，人的目的一旦确立以后，就能建立人的行动的信心，激发行动的热情，坚定克服困难、夺取胜利的意志。这些，就是马克思所说的“是人强烈追求自己的对象的本质力量”[①]。这种力量是人追求自己目的的主观表现，是人的活动的精神力量，它直接表现为人们改造自然的积极性和创造性。

第二，目的性因素使人的活动具备了动物活动所不可能具有的主体性，从而使人的活动方式和性质得到了根本的提升。人不是像动物那样去适应自然界，而是通过劳动使自然界适应自己，不是单纯地利用自然界，而是按照自己的需要去设计、改造物质形态，重组自然物质，人成了对象性世界的主宰，对象性世界进入了与人的主体活动相联系的自然历史过程的运行系统。

第三，目的性因素作为人的活动的理性，驱使人在现实基础上选择和发展工具、手段。通过自己的脑力和体力器官的延伸，从而更积极、更成功地使自己的内在尺度对象化。在劳动中，发挥作用的劳动工具，不是一般的“物体”，而是人类主体系统的一部分，它是人的主体性的一种表征。人与工具的历史统一，表明了人在多大程度上支配着自然界。

第四，生产的主体能动性，还表现在对于劳动产品的享用上，这种享用不是纯消费性的，而是包含着积极性和开发性。这是因为被主体人创造出来的物品在消费过程中，不仅扬弃了客体的外在性，回到了主体，满足了主体原先的需要，而且更主要的是，消费又开发了人的潜力，创造了人的新的素质，具有这种新素质的主体，随之也就产生了新的需要。

由此可见，生产劳动是人的能动的活动，劳动目的的确立，劳动过程的组织和展开，都是人的能动性的发挥和表现，而劳动产品的被消费，又进一步开发和增强了人的能动性。

---

① 《马克思恩格斯文集》第1卷，211页，北京：人民出版社，2009年。

3. 劳动的社会历史性

对劳动的社会历史的规定，是马克思创立唯物史观的关键所在。马克思正是抓住这个关键，剖析了人类劳动的本质和规律，给劳动以社会历史的科学规定，从而揭示了人的社会本质和社会的实践本质。

所谓劳动的社会性，指的是劳动是社会地进行的；所谓劳动的历史性，是指劳动是历史地发展的。就两者的关系来说，正因为劳动是社会地进行的，所以劳动成果并不因某个人或某一代人的离世而消失，而是通过社会形式得以保存，得以进行历史的积累。另一方面，也正因为劳动是历史地发展的，所以新一代人又总是比前一代人在更高的起点上进行劳动，他们的劳动又具有了比前人更广阔、更丰富、更深远的社会性联系。所以，劳动的社会性和劳动的历史性是密切联系，不可分割的。这里的社会性是历史地不断丰富的社会性，这里的历史性是以社会形式表现出来的历史性。

劳动的社会历史性就其包含的内容来说，有两个方面：第一，人对自然的改造是通过分工、协作以集体的力量进行的。分工、协作这种社会性联系的发展，是劳动进步的杠杆。第二，在个体从事某些生产活动中，也体现了个人与他人的社会历史性联系。只有在这种联系中，个体才能从事生产劳动。

生产劳动作为人类主体改造自然的能动活动，它在历史上不断产生，又在历史上不断消失。然而这种劳动在历史上形成发展的联系，又总是作为劳动活动的历史积淀一直被社会地保留下来。这种积淀的形成过程，也就是社会的历史过程。

马克思认为，劳动活动在本质上是一种对象化的活动。劳动的实现，也就是劳动的对象化。劳动创造对象和产品的过程，也就是劳动作为主体活动，转化为客体存在的过程。因此，历史上的劳动作为主体活动已经消逝了，但它所创造的感性客体则可以保存下来。这种感性客体，既是劳动的创造（对象或产品），又是劳动借以实现的手段（比如工具）。作为劳动结果又作为劳动延续的物质力量就是生产力，作为劳动结果又作为劳动的社会形式的物质关系，就是生产关系。

劳动的发展史，也就是生产力和生产关系矛盾运动的历史，这也就是社会运动的历史。生产力和生产关系的概念既是对劳动概念的具体的历史的规定，同时又是对它的逻辑的展开。因此，劳动概念也就成为历史唯物主义的初始概念。

（四）劳动的结构和方式

1. 劳动的结构模式

人的劳动由创造物质财富和精神财富的生产活动两部分构成。在这两大生产领域中，又交叉着体力劳动和脑力劳动。这里应该消除一个误解，即一些论者往往认为物质财富和精神财富的生产活动，同脑力劳动和体力劳动是相对应的两对概念，往往不加区别地使用。当然，在进入阶级社会以后，在生产力还不很发达的阶段上，这种认识是有其合理性的。

在这个阶段上，从事物质生产的活动基本上是属于体力劳动的简单操作，而精神生产活动则为脑力劳动所专有。物质生产和精神生产的分离，实质是脑力劳动和体力劳动的分离，从而将社会分裂为对立的两极，被压迫阶级承担了全部的物质生产负担，而精神生产则成为有一定闲暇时间和文化教养的脑力劳动者所专有，成了他们的特权，它们归属于统治阶级。

随着社会生产的发展，精神生产活动与脑力劳动、物质生产活动与体力劳动由基本重合、一致的状况，日益向着相互区别和交叉渗透的状态发展。这一方面是由于科学和技术的发展，在物质生产活动中，科学知识越来越显得重要，以至培根喊出了那句至今还震撼世界的口号："知识就是力量"，而马克思更认为"科学的力量也是……另一种生产力"[①]。又说："固定资本的发展表明，一般社会知识，已经在多么大的程度上变成了直接的生产力。"[②]另一方面，由于精神生产的发展，已不再表现为纯粹的脑力劳动，不仅是自然科学，就是社会科学的某些领域，如心理学等等，也日益建立在实验的基础上。这就是说，从事精神生产的人，不仅要动脑，而且要动手。可见，物质生产和精神生产都是体力劳动和脑力劳动的综合性的产物。这可以表示如下图：

① 《马克思恩格斯全集》第47卷，553页，北京：人民出版社，1979年。

② 《马克思恩格斯文集》第8卷，198页，北京：人民出版社，2009年。

- 劳动
  - 物质生产活动
    - 体力劳动
    - 脑力劳动
    - ……物质财富
  - 精神生产活动
    - 体力劳动
    - 脑力劳动
    - ……精神财富

在这里，体力劳动和脑力劳动的区别，对于区分物质生产和精神生产已失去了决定性的意义，因为任何一种生产都融合了两种劳动。人类的劳动活动究竟属于哪一种生产领域，主要从这个活动的结果——产品（精神财富或物质财富）上来衡量。在现代的生产中，掌握一定科学知识，已成为劳动者的必备条件。在未来社会中，物质资料的生产者应当同时又是科学技术工作者。

劳动是社会主体的活动，要使劳动得以实现，需要把劳动的各种要素有机地结合起来，使之成为现实的生产过程，表现为社会的生产力。因而劳动的要素就是生产力的要素，物质劳动和精神劳动都是如此。物质生产活动的每一具体过程都是劳动资料、劳动对象和劳动者相结合的过程。不言而喻，精神生产的具体活动过程，也是上述三个因素的结合过程。在这里，劳动工具、劳动资料表现为仪器或其他设备以及各种知识资料，劳动对象表现为社会实践发展中提出的课题，劳动者则是从事精神生产活动的人员。人类历史的发展表明，物质财富和精神财富的生产，都是社会总劳动中不可缺少的重要组成部分。而且，随着现代科学技术的发展，即使是在物质资料的生产过程中，脑力劳动也将代替体力劳动成为社会的主要劳动形式。

既然社会生产包括了物质生产和精神生产两种形式，那么它们之间的关系就是相互作用、相互依存、相互促进的关系。但在不同的历史时期，它们的地位和作用是有区别的。物质生产和精神生产的关系实质上是劳动生产的内部结构问题。在前文已经指出，劳动的发展和完善本身是一个历史过程。在人类社会初期，物质生产与精神生产相比，前者占有绝对重要的地位。后者在历史发展过程中越来越显示出它的重要意义。

但是，就总体而言，物质生产离不开精神生产，精神生产也离不开物质生产，精神生产的发展是与物质生产的发展相联系的历史过程。

从思维的内容到形式，从知识的积累到人的抽象能力的提高，都是一定历史的产物，构成人类精神文明史的各个环节，都是同物质生产发展的各阶段相吻合的。当然，承认这一点，并不否认精神生产对于物质生产的相对独立性。物质生产是基础，精神生产的发展只有在这基础上才能实现。物质生产有着它遵循的内在规律性，精神生产也同样如此。在人类历史上，物质生产和精神生产并非永远是同步发展的。有些落后的民族能在理论上演奏第一小提琴，说明精神生产有它特有的规律性，而这也就表明了它的相对独立性，特别是它的能动性。

2. 劳动方式和劳动的历史形式

劳动要得以进行，需要将劳动的各要素按照一定的形式组合起来。这种劳动者与劳动客观条件的结合形式，就是劳动方式。与生产方式不同，劳动方式不含有生产关系的内容。虽然在现实劳动过程中，劳动和劳动客体条件的结合形式必然和一定的生产关系或所有制形式相联系，但它们又是有区别的。马克思认为，生产关系实质上表现为“个人之间的相互关系”，而劳动方式则表现为人们对于“无机自然界的一定的实际的关系”。因此，劳动方式乃是生产力的现实形态，表征着劳动主体与劳动对象的关系。

正因为如此，相对于生产方式，劳动方式具有某种纯粹的技术性质。正是由于这种性质，构成了劳动方式历史变革的特点。在人类历史上，劳动方式已经经历了三次历史性的变革。第一次变革是适合于人类躯体自然力的发挥的劳动方式的形成，它以使用简单工具的手工劳动为标志；第二次变革是使劳动者直接附着于机械装置的劳动方式的形成，它以使用机器为主的大工业劳动为标志；第三次变革是现代的人—机系统的指挥、监督取代劳动者的直接操作的劳动方式的形成，它以使用自动化机器体系为主的劳动为标志。在这种劳动方式中，人已被置于直接的生产过程之旁，技术发展的条件已经超越了人类机体的局限，同时又处于人类智力的直接控制之下。时至今日，劳动方式的发展又呈现出一种新的趋势，它预示着劳动方式的第四次历史性变革。在这种劳动方式中，科学将不再是纯粹的知识体系，而主要是人类的基本的实践活动，科学的研究及其运用活动的方式，将成为一种基本的劳动方式，从而真正体现出劳动主体的能动创造性。

如果着眼于生产关系来考察劳动，我们可以勾画出与劳动方式发展线索相平行的另一条线索——劳动的历史形式。劳动的历史形式是与社会制度的历史形式相吻合的。从原始社会开始，最初的劳动是原始共产主义劳动；进入阶级社会以后，在奴隶社会中，奴隶所进行的是无偿劳动；封建社会中，农民进行的是徭役劳动；在资本主义社会中，工人进行是雇佣劳动。我国目前的社会主义劳动是劳动的第五种形式，叫作社会主义劳动者的自主劳动。

由上可知，劳动方式和劳动的历史形式，其运行方向是一致的，但其发展阶段并不绝对对称。这是因为前者与生产力直接一致，后者则与生产关系相吻合，换句话说，生产力水平和社会制度形式也并不存在一种直接对应关系。社会制度比较高级的国家并不一定是生产力同样发达的国家；生产力发达的国家并不一定是社会制度高级的国家。由于我国劳动分工的不同方面和不同层次，事实上形成了不同层次的生产力综合系统，所以，应该审慎、灵活地选择多种劳动方式，以适应这种复杂的情况。

二、劳动的分工

（一）马克思分工理论的形成和意义

马克思的分工理论，对于历史唯物主义的创立，有着极为重要的意义。可以说，正是通过对分工的考察，马克思才探明了历史唯物主义的一系列重大原则问题，并勾画出社会基本矛盾的轮廓，创立了历史唯物主义。十分明显，分工理论是历史唯物主义的一个重要的基本理论。

1. 分工的含义

分工是一种复杂的现象。对于分工，马克思是从政治经济学和哲学（历史唯物主义）这样两个不同角度加以分析和论述的。当然，这两者有着千丝万缕的联系，前者构成了后者的基础，后者是前者的概括和升华。它们在内容上也有某些重合之处。两者的区别在于，政治经济学所研究的分工，是分析商品经济的一个前提，并且是在于说明物质生产过程的内部结构。而历史唯物主义考察的分工范畴，则主要是整个社会的基本分工，它力图阐明的是分工与生产力和生产关系的辩证关系，进而阐明它与整个社会经济形态的关系，并通过它从一个方面勾画出整个人类社会历史变迁的图景，进一步说明了生产力和生产关系的矛盾运动是历史发展的真正动力。

马克思主义经典作家对分工本质的揭示基本上是从生产力和生产关系两个方面入手的。从生产力方面，他们对分工的本质作了多层次的揭示。从静态说，分工是生产力诸要素的组合。分工最初就包含着劳动条件、劳动工具和材料的分配。从动态上说，分工是“到目前为止的一切生产的基本形式”[①]。从状态说，分工是“并存的劳动”，它包含着生产力的一定状态——生产力的专业化。此外，他们还从生产关系的动态和静态两个方面，揭示了分工的本质。就动态而言，分工是人与人之间的活动交换，是生产中人与人的社会关系，是一个本身就意味着形成一定经济关系的社会过程；就静态而言，分工是生产资料在社会成员之间的分配。

在马克思看来，分工作为人们在生产过程中的社会联系，作为一种能力和活动的互换，“直接导于生产，并且从本质上组成生产”。就其指向来说，包含两个方面，一是指劳动本身的划分和联合，从而使社会生产由不同的产业、部门、行业、企业、工序等构成的不同结构、不同层次交织在一起的复杂体系。二是指劳动者之间的职业划分和劳动协同，这是劳动者参与劳动的方式，表示人跟劳动职能之间的关系。劳动本身的分工是劳动者分工的客观基础，劳动者分工是劳动本身分工实现的前提。二者相互联系、相互制约，共同决定了生产的社会结合。

因此，可以简单地说，分工就是人们在劳动过程中的职能划分和社会结合的形成。

2. 分工理论是对异化劳动理论的扬弃

异化范畴在马克思的早期思想中占有很重要的地位，它直接来源于有着渊源关系的黑格尔哲学和费尔巴哈哲学。在黑格尔那里，整个思辨哲学体系是以异化为中介环节，完成绝对精神自我发展的三部曲；而在费尔巴哈那里，则是从人的抽象本性出发，继而是人的异化，即自己的本质异化为上帝的精神本质，最后是这种异化的扬弃，将异化

---

① 参见《马克思恩格斯全集》第20卷，314页，北京：人民出版社，1971年。

为上帝的本质归还于人，达到人的本性之复归，如此构成了人类发展的三阶段。青年马克思受到黑格尔和费尔巴哈的异化思想的影响，但又与他们有本质不同。在黑格尔那里，异化只是绝对精神的自我异化，因此构成精神的异化体系，在费尔巴哈那里，异化的主体是人，因此构成了人本主义的异化体系；而在马克思那里，异化的指谓是人的劳动，这就使他的异化理论在实际上具有了经济的性质，因此可以称之为经济的异化体系。马克思借助于异化劳动理论，揭示了资本主义社会中剥削和对抗性的关系，揭示了私有财产的本质，认为人要获得解放，必须克服劳动异化，消灭私有制，实现共产主义。以上这些都是很有价值的思想。但就世界观的总体来说，这时的青年马克思还未突破黑格尔和费尔巴哈的异化理论的束缚。

然而，从理论发展的内在逻辑来说，从异化劳动理论延伸下去，必然提出异化劳动的根源问题。对这一问题，《手稿》作了有益的探索。马克思指出："分工使工人越来越片面化和从属化"[①]，"一方面随着分工的扩大，另一方面随着资本的积累，工人日益完全依赖于劳动，依赖于一定的、极其片面的、机器般的劳动。"[②]在这里，马克思虽然还没有说明分工产生的原因，但分工理论的提出，其意义是巨大的。它使马克思走出了异化劳动理论的迷宫，为唯物史观的创立奠定了新的出发点。既然异化劳动根源于人类历史发展过程中出现的分工，那么异化的克服也将是一个历史的必然。这样异化劳动的产生和克服就不再单纯是对人性的呼声，异化劳动也不是一个人性论或伦理学的范畴，而是一个历史的范畴。当然要使这个新的立足点得到发展，还必须进一步说明分工产生的原因，即说明分工与劳动的关系，要从劳动出发来说明分工，并借助于分工来说明生产劳动。在马克思主义历史唯物主义的形成史上，马克思主义的分工理论正是对劳动理论的进一步深化。

3. 分工理论是对劳动理论的深化

马克思主义的分工理论与历史上一切旧的分工理论的根本区别，就在于马克思是从生产活动的内在联系上来考察分工问题的，而旧的分工理论则只看到分工与人的需要、利益、秉性以及和理性的关系。

① 《马克思恩格斯全集》第42卷，53页，北京：人民出版社，1979年。

② 《马克思恩格斯全集》第42卷，52页，北京：人民出版社，1979年。

马克思通过对分工问题的研究，发现生产活动有两个方面：生产力和生产关系。社会分工产生的原因，首先是生产力形成和发展的需要。在马克思看来，分工意味着把生产力的物质因素分配在不同的生产部门和个人手中，作为生产的组合因素，它使现实的生产力得以形成。另外，当人的劳动生产率还非常低，除了必需的生活资料只能提供很少的剩余产品的时候，生产力的提高，交往的扩大，国家和法律的发展，艺术和科学的繁荣，都只有通过更大的分工才有可能。

社会分工的产生经过这样两条途径：一是通过以前结合的分离而产生，如把生产各种使用价值而组织起来的整个社会劳动的过程分成为各部分，由这些部分慢慢独立化；二是通过以前分离的结合而产生，如通过建立横向联系，进行不同生产组织之间的交换。从社会的角度来说，正是通过分工，从而在生产力发展的一定水平上，形成了社会经济的基本结构，即产业结构。分工的发展，社会产业结构愈来愈社会化，这样又为生产力的进一步发展开辟了道路。

从劳动者的分工来说，分工形成了不同个人的种属能力。这种劳动力的社会结合所形成的社会生产力与单个劳动者力量的机械总和，有着本质的区别，这是一种集体力。马克思说："在一定的情况下结合工作日怎样达到生产力的这种提高：是由于提高劳动的机械力，是由于扩大这种力量在空间上的作用范围，是由于与生产规模相比相对地在空间上缩小生产场所，是由于在紧急时期短时间内动用大量劳动，是由于激发个人的竞争心和振奋他们的精力，是由于使许多人的同种作业具有连续性和多面性，是由于同时进行不同的操作，是由于共同使用生产资料而达到节约，是由于使个人劳动具有社会平均劳动的性质，在所有这些情形下，结合工作日的特殊生产力都是社会的劳动生产力或社会劳动的生产力。这种生产力是由协作本身产生的。"①

综合上述两个方面，可以看出，分工反映着生产过程中人们的共同活动方式，反映着社会劳动的各部门之间的组合形式，劳动者运用生产工具的专业化社会化程度，生产力发展水平的高低。所以马克思说："一个民族的生产力发展的水平，最明显地表现于该民族分工的发展程度。任何新的生产力，只要它不是迄今已知的生产力单纯的量的

① 《马克思恩格斯文集》第5卷，382页，北京：人民出版社，2009年。

扩大……都会引起分工的进一步发展。”[①]

马克思不仅通过分工来揭示生产力的具体的、历史的发展，而且还通过分工揭示出生产关系，特别是生产资料占有关系的具体内容。在人类历史上，生产资料的实际占有是通过劳动实现的。因为自然本来就没有占有者，主要是劳动创造了人们对自然的占有关系。“一块地方只是由于部落在那里打猎才成为狩猎地区；土地只是由于在那里经营农业才被看作个人身体的延伸。”[②]在原始社会，地理环境差异所引起的自然分工，形成农耕部落和游牧部落对于自然的不同利用关系，在同一氏族内部，由于人们在生理上的差别，所引起的从事不同劳动的自然分工，以及在此基础上的简单协作，创造了他们对生产资料的共同占有关系和产品的平均分配关系。

但是在原始社会末期，由于生产力的发展，具有某种固定性的分工慢慢侵入了生产过程。破坏着生产和占有的共同性，它使个人占有成为优势的原则。分工，一方面引起了劳动的分化，使人们承担不同的劳动成为可能，从而也带来了劳动产品的私有权，这样也就包含着这些产品转化为生产资料以后的私有权。另一方面也使氏族首领利用自己分工的有利地位占取别人的剩余劳动。因此，马克思恩格斯指出：“其实，分工和私有制是相等的表达方式，对同一件事情，一个是就活动而言，另一个是就活动的产品而言。”[③]分工所引起的各集团对生产资料的不同占有关系，使一部分人占有另一部分人的劳动成为可能，分工是私有制也是阶级形成的过程[④]。另外，在剥削私有制的前提下，企业内部的劳动者分工也造成了生产者在产品分配上的差别，形成了工资的等级制度。

随着生产力的现代化发展，社会生产分工的规模日益扩大，程序日益加深。因此，历史上在分工不发达的情况下所形成的剥削私有制，已经日益成为现代分工发展的障碍，于是用社会主义公有制代替私有制已成为历史的必然。社会主义公有制的建立适应了现代生产分工的日益扩大和加深的需要，它体现了社会主义社会人们利益的根本一致

① 《马克思恩格斯文集》第1卷，520页，北京：人民出版社，2009年。

② 《马克思恩格斯全集》第46卷（上），493页，北京：人民出版社，1979年。

③ 《马克思恩格斯文集》第1卷，536页，北京：人民出版社，2009年。

④ 参见《马克思恩格斯文集》第9卷，186–190页，北京：人民出版社，2009年。

性。但同时，在社会主义社会中，劳动本身的分工也形成了不同行业、不同企业相对独立的利益，这是其一。其二，劳动者分工仍然在一定程度上构成分配的基础，特别是构成工资行业差别和工资级别差别的基础。

由此看来，分工既直接表现了生产力的发展水平，又直接决定了生产关系。分工作为中介，它是联系生产力和生产关系的桥梁和纽带。在人类历史上，一般地说，生产力的发展是从基于科学技术发展基础上的生产工具的改革开始的。一种孕育着新的生产力水平的生产工具的广泛运用，使新的分工集团或旧有集团中新的因素得以形成和发展，从而打破了社会各种力量原先的平衡，于是各种生产关系和社会关系也会随之作出相应的调整。当这种调整是在原有生产关系可能容纳的范围内，即新的分工和新的分工集团在本质上并未超出或尚未超出旧的生产关系的界限，这种调整表现为生产关系的量变形式。这种量变表明该生产关系基本适应已经发展了的生产力。当这种量变逐渐积累到要超出该生产关系所能容纳的范围时，整个社会开始动荡起来，社会各分工集团的力量对比发生重大变化，代表新的生产力的分工集团为了本身的利益，要求冲破旧的生产关系，建立新的生产关系。于是，社会革命的时代到来了。

从上可知，分工作为联系生产力和生产关系的中介，不仅是它们联结、适应的环节，同时也是使它们相互脱节、发生矛盾的环节。生产力和生产关系就这样通过分工构成了它们之间既相适应，又相矛盾的辩证运动，从而推动社会发展。

（二）分工发展的过程、规律和前景

1. 分工的发展过程

作为生产的社会结合的分工，是一个不断发展的历史过程。马克思把这个过程划分为三个阶段：自然分工、自发分工（又称旧式分工）和自愿分工。

（1）自然分工

自然分工是生产的社会结合的萌芽形态。这种形态最初存在于原始社会中。自然分工是按性别和年龄的差别，在纯生理基础上及不同地域的自然差别基础上所形成的分工。比如，男性承担体力支出大而又具有危险性的工作，女性从事比较轻的在住地附近的劳动。又比如，靠山者为猎人，近水者为渔夫，草原形成牧民，沃野生成农人。自然分工，一方面体现了人受自然力的限制、统治；另一方面，又表现了人类只有在自然分工的基础上，共同劳动，共同消费，依靠这种社会结合的力量，才能求得生存和发展。原始社会后期，随着生产力的发展，出现了三次社会大分工，形成农业、手工业、商业等生产部门，出现了城市和乡村的分离，脑力劳动和体力劳动的分离。从此，自然分工发展到自发分工。

（2）自发分工

自发分工是建立在生产力有所发展，但又不甚发展，社会物质产品有所剩余，但又尚未丰富的历史条件下的劳动分工形式。这种分工是建立在人受社会条件自发的盲目支配下的分工，是与阶级对抗相联系的分工。

自发分工相对于自然分工，是一个历史的进步。奴隶制分工以及随后的封建制分工，都为财富的积累和科学文化的创造、发展提供了推动力。在资本主义生产关系中，经由工场手工业到机器大工业的发展，使生产的社会分工无论从内容到形式都比过去更加发展，生产的分工扩展到一切方面。从广度来说，它已突破了一个地区、一个国家的界限，从而形成了国际的分工协作。从深度来说，随着生产力的发展而出现了：第一，产业部门的急剧分化和独立化，形成并不断产生了强大的新兴产业部门。第二，企业生产分工愈来愈细，协作化程度愈来愈高。在现代生产中，最终产品往往由许多部门，成百成千家工厂的产品或零件组装而成，从而获得了显著的经济效益。第三，在自动化生产中，由于专业化分工、协作的发展，为生产的连续性提供了条件。马克思写道："如果说，在工场手工业中，各特殊过程的分离是一个由分工本身得出的原则，那么相反地，在发达的工厂中，起支配作用的是各特殊过程的连续性。"①以专业化分工协作为基础的生产的连续性，表明了社会生产领域的成熟程度，决定了劳动生产率高速度的增长。

自发分工除了有上述进步性的一面外，还有弊病和历史局限性的

① 《马克思恩格斯文集》第5卷，437页，北京：人民出版社，2009年。

一面。自发分工的每一步发展，既为生产力的发展开辟了道路，但同时被自发分工所决定的各种私有制关系又在一定程度上为生产力的发展设置了新的障碍。这表现在：

第一，正因为自发分工是与剥削私有制相联系的分工，所以，这种分工具有盲目性。这种分工是围绕剥削阶级的私利而展开的，它不是建立在对生产发展规律完全自觉的认识基础之上的。拿分工比较发达的资本主义社会来说，企业内部分工的有组织、有计划状态与生产的社会分工的无政府状态的矛盾，是资本主义社会本身无法完全克服的。

第二，因为自发分工是与剥削私有制相联系的分工，因而造成了劳动者发展的片面性。劳动者为了谋生，许多人不得不屈从于固定化的职业分工，从而严重挫伤了劳动者个人的生产积极性，压抑了个人的多种生产旨趣和才能的发挥，这样也就严重阻碍了社会和个人的发展。自发分上的上述两点缺陷，决定了自发分工必然要被自愿分工所取代。

（3）自愿分工

自愿分工，是联合的个人在自主地支配生产条件、生产关系和社会关系前提下的分工，它体现了人对劳动的支配和人的解放。根据马克思主义的观点，实现自愿分工的条件：第一，整个社会生产力的高度发展和物质产品的极大丰富。这是使少数人不至于利用对物的占有强制他人接受屈辱性、奴役性的固定分工的根本条件。同时，也是使劳动者不至于为谋取必需生活资料去接受这种奴役性分工的根本条件。第二，生产的社会化和交往的普遍化，这是消灭地区之间、民族之间的贫富差别，特别是消灭工农之间、体力劳动和脑力劳动之间、城乡之间的差别，实现对生产资料联合起来的社会占有的重要条件。第三，要消灭私有制、阶级和国家。因为它们是维护自发分工的社会力量和社会形式，而联合占有是实现自愿分工的社会形式。第四，具有全面发展的个人。这是实现社会的联合占有要求的个人必须具备的素质。只有具备了上述条件，人类才能自由自觉地驾驭自然力量和社会力量。这时候，分工的强制性才逐渐趋于消失，才会被自愿分工所取代。

2. 分工发展的规律

分工从自然分工开始的发展，经历了一个从低级到高级，从简单到复杂，从自发到自觉的历史过程。从这一发展过程中，可以抽出如下几点带规律性的结论。

第一，发展趋势从分化到整体化。

分工的发展是一个从劳动的分化到劳动的社会化、整体化的辩证过程。

劳动的分化，是通过越来越新的产业部门、劳动种类的建立表现出来的。劳动的社会化、整体化，表现为各种产业部门和各种劳动种类之间的结合、协作以及把它们联系为一个整体。劳动的分化和社会化、整体化，这两种趋势在劳动分工发展的不同时期，其作用是不同的。

在前资本主义社会的数千年中，劳动的社会分化是劳动分工占优势的趋势，或者说，这基本上是一个单方面进行的分解过程，直到工场手工业时期引起了生产过程的各生产工序的分化。在分化的同时也有整体化。但在这样的条件下，劳动的整体化也仅限于并不普遍存在的劳动产品的交换。产业革命发生以后，劳动分化和整体化的一般过程，突然改变了自己的性质。这表现在：

劳动的整体化已经不像过去那样仅限于劳动产品的偶然交换，而表现为各生产门类之间是内在地联系着，并相互渗透着。劳动的分化自身，再不是简单的继续对生产领域越来越狭窄的彼此分割，劳动的分化开始同时变为联系性的劳动整体化过程。比如现代化的运输事业、邮电事业、信息产业等等都不是引向对劳动的继续分割，恰恰相反，是引向有机的融合，引向劳动的统一体系。劳动的社会整体化，这是现代分工发展的必然趋势。

第二，发展主要动力从体力到智力。

分工的发展动力是一个主要依据体力到以智力为主的历史过程。

人类最初的劳动分工是以劳动者体力为基础的分工，两性间的自然分工是体力型分工的重要表现。在那以后，随着生产力的发展，劳动经验和技能的积累，生产工具的改进，生产过程中的智力因素逐渐增加，智力因素逐渐渗入劳动分工中，成为社会分工的一个基础。有了一定的农业知识，才可能发生农业与游牧业的分工；有了一定的手工操作知识，才可能发生手工业与农业的分工；同样有了一定的商业知识，才可能引起商业与手工业的分离。但是在前资本主义社会的数千年中，以体力型为基础的分工仍然占着优势，生产知识作为分工的一个因素仍然处于从属的地位。这与这些知识还处于感性经验的水平，还没有上升到科学理论的高度相关。近代自然科学产生以后，情况就根本不同了。科学成为近代以来新兴产业的基础。自然科学，特别是其基础理论的重大发现和突破，标志着人类认识自然、征服自然，已达到了一个新的高度，它往往引起技术上的革命，从而使一系列新兴产业涌现出来。在科学日益转化为生产力的今天，机器代替了部分人力，人口数量的需要退到次要地位，需要的是具有科学文化水平、生产技术和专业知识的劳动者了。

第三，发展方式由外在强制到内在自愿。

分工的发展是一种从对劳动主体的强制性状态向非强制性状态即内在自愿的过渡。

对于历史进程来说，这就是人类不断从必然走向自由，从必然王国进入自由王国的过程。原始社会中，劳动、分工状态的基本特征是人对人的依赖和对自然力量的屈从。劳动、分工受自然力的强制，而精神生产和物质生产的分离最根本的就是确立了阶级的统治。这一阶段上，劳动、分工的特征除了屈从自然力以外，主要的是人屈从于社会的力量，劳动、分工受到社会力量的强制。上面所说的“必然王国”正是指人类还处于上述两种状态中。当社会消灭了私有制和阶级，人类真正能够自觉地驾驭自然力量和社会力量的时候，劳动分工的强制性才逐渐趋向消失。它不仅是社会生活再生产的必要前提，而且还成为个人全面发展的手段。只有从这个时候起，人类才进入了自由王国，社会分工不再是社会成员构成自己劳动活动的天然分界线，而是劳动主体自由选择的结果。

3. 分工发展的前景

分工发展的规律展示了分工发展的前景。经典作家特别注意探讨和阐明劳动分工和劳动者分工的未来发展趋势。概括地说，劳动分工和劳动者分工在未来发展中，表现为两种相反的趋势：劳动本身的分工随着生产的发展越来越细；劳动者分工的强制性愈来愈弱，最后会被消灭。当然，劳动者自愿地和有选择地从事某种职业的现象还将长期存在。鉴于旧式分工的强制性，马克思曾经提出了消灭“自发分工”的观点。可是有的论者把这一观点理解为是主张消灭一切分工，这是很不对的。事实上，在现代社会中，没有分工，甚至造不出一根针来，更不用说其他了。

一般说来，对劳动分工的考察有三个方面。第一是劳动对象，第二是劳动活动，第三是从事这种活动的人，即劳动者。其中的任何一方都将在生产力的发展过程中日益发展。生产力的发展，开拓了许多新的劳动领域（劳动对象），由此而产生了许多新的活动形式（劳动活动），以及从事这种活动的人（劳动者）。分工日益发展的趋势已为人类社会历史的发展，尤其是现代社会的发展所证实。分工的未来发展，将为以往任何时代所不可比拟，因为它是和生产力的发展成正比的。

既然分工在私有制社会和社会主义社会、未来的共产主义社会中将随着生产力的发展而发展，那么在这两种不同的社会制度中，分工的性质就是有区别的。就分工本身而言，区别在于每一个具体的社会成员参与劳动的方式不同，而这一点正是由社会制度决定的。在私有制社会中，个人的分工是由他在社会生产中的地位强制性决定的，而在社会主义直至共产主义社会中，个人的分工将摆脱这种地位的强制性，而把分工建立在劳动者自己内在的、个性需要的基础上，把分工和个人的旨趣与个性结合起来。这样的分工是使个人的个性完善化，是使人得到全面发展而必不可少的一环。

可见，要反对和消灭的，是与私有制相联系的、把工人终生固定从事某种局部操作，使工人绝对服从、屈从于生产资料的那种旧式分工，因为它使工人畸形发展并成为机器的附属品。马克思称未来社会中的人是“不再屈服于分工的个人”，这说明他并不否认共产主义社会具有分工，而是强调人将不再屈从于分工。很清楚，未来社会不是没有分工,而是人们不再屈从于分工，这才是问题的实质所在。个人的全面发展只能理解为个人的潜能、才能、智慧与旨趣结合在一起得到最大限度的发挥，而绝不是说，个人会成为无所不能的上帝。作为共产主义初级阶段的社会主义社会，应该不断创造实现这一基础的条件。

现代生产力研究的意义与方法*

一、马克思主义的一个最基本原理

十一届三中全会以来，在马克思主义的光辉旗帜指引下，中国共产党领导中国人民在建设中国特色社会主义道路上，已经取得了伟大的胜利。把整个社会主义发展过程摆在生产力发展这个最终决定因素的基础上来考察，从而把经济建设作为党和国家一切工作的中心，这是我们获得胜利的一个基本经验，也是我们坚持马克思主义的一个根本方面。

众所周知，马克思主义是将整个人类历史进程提升到生产力的高度来认识的。正是从这样一个根本点出发，才揭开了社会历史之谜，从而创立了历史唯物主义。

原来，“在人们的生产力发展的一定状况下，就会有一定的交换……和消费形式。在生产、交换和消费发展的一定阶段上，就会有相应的社会制度、相应的家庭、等级或阶级组织，一句话，就会有相应的市民社会。有一定的市民社会，就会有不过是市民社会的正式表现的相应的政治国家。”①因此，“人们……的生产力——这是他们的全部历史的基础。”②并且随着生产力的发展和革命，必然要引起生产关系及整个社会上层建筑的变化和变革。

人类社会的历史，就是生产力和生产关系、经济基础和上层建筑矛盾运动的历史。其中，生产力的发展是整个社会发展的原动力。关于生产力历史作用的理论，不仅是马克思主义历史唯物主义的核心，

* 原文来源于陶富源主编：《现代生产力发展概论》，北京：中国展望出版社，1990年。

①《马克思恩格斯文集》第10卷，43页，北京：人民出版社，2009年。

②《马克思恩格斯文集》第10卷，43页，北京：人民出版社，2009年。

同时也是剩余价值学说的理论基础。马克思指出，剩余劳动、剩余产品以及作为其特殊表现形式的资本主义生产关系中的剩余价值的产生，都是生产力发展到一定阶段的产物。

由此可见，马克思对于人类的两大科学贡献——唯物史观和剩余价值学说的创立，都是建立在生产力理论的基础之上的。正是由于这两大发现，从而使社会主义从空想变成了科学。马克思就是通过对资本主义社会中生产力发展状况的研究，在此基础上，揭示了资本主义社会的基本矛盾，从而证明资本主义为社会主义所取代的历史必然性。一百多年来，一系列国家的社会主义运动和社会主义革命的胜利说明，马克思主义关于生产力是历史发展的最终决定作用的理论是完全科学的理论。只有坚持这一理论，才能坚持历史唯物主义和科学社会主义，从而也才会有社会主义革命的胜利。

然而现实的问题是，取得政权的工人阶级是不是还要坚持这个原理。应该承认，在相当长的一段时间里，我们对这个问题是不清楚的。我们没有真正地按照马克思主义的这个最基本原理，把生产力当作社会发展的最终决定力量，而在实际上是把生产关系当作这样的力量。不仅如此，有时甚至还把上层建筑的某些方面当作这样的力量。这种认识上的偏颇和失误，必然会影响到实践，从而导致了我国的生产力没有得到应有的发展。

无产阶级在夺取政权以后，必须把发展生产力作为社会主义的根本任务，这是马克思主义早已指明了的一贯的观点。

二、社会主义的根本任务是发展生产力

人们怎样才能创造一个新的社会呢？在马克思主义者看来，他们在自己的发展进程中首先必须创造新社会的物质条件，任何强大的思想或意志力量都不能使他们摆脱这个命运。无产阶级也不例外。所以《共产党宣言》指出："无产阶级将利用自己的政治统治……尽可能快地增加生产力的总量。"[①]列宁在十月革命以后也进一步指出："无产阶级取得国家政权以后，它的最主要最根本的需要就是增加产品数量，

① 《马克思恩格斯文集》第2卷，52页，北京：人民出版社，2009年。

大大提高社会生产力。”[①]马克思主义经典作家为什么要强调党和国家在社会主义历史阶段的主要任务是发展生产力呢？这是因为：

1. 为巩固社会主义制度提供物质基础

现代生产力是社会主义制度得以巩固和强大的物质基础。任何社会制度都是建立在一定的物质基础，即生产力发展水平之上的。马克思说，“财产公有”是“建立在因发展工业、农业、贸易和殖民而产生的大量的生产力和生活资料的基础之上，建立在因使用机器、化学方法和其他辅助手段而使生产力和生活资料无限增长的可能性的基础之上”[②]的。列宁也认为，“生产力状况”是“整个社会发展的主要标准”。他说：“从生产力状况来看，即按整个社会发展的主要标准来看”，“大工业……是社会主义经济组织的基础。”[③]列宁还认为，由于内外原因所促成的不得不开始社会主义革命的那个国家愈落后，要巩固新的社会制度也就愈困难。而要解决这个困难，“只有一种办法，那就是把我国经济，包括农业在内，转到新的技术基础上，转到现代大生产的技术基础上。”[④]由此可见，现代生产力是社会主义制度的物质基础和衡量的主要标准。如果像我们过去一段时间那样不讲生产力标准，而只讲所有制标准，认为一大二公，越大越好，越公越好，那是不符合社会主义要求的。正如邓小平同志所说，那样并不是“真的搞了社会主义”，并不是“够格”的社会主义。他说：“搞社会主义，一定要生产力发达。”因此，大力发展生产力，这是关系巩固和加强社会主义制度的重大问题。

2. 为人民生活幸福提供物质保障

社会主义的根本目的是为了使人民过上幸福的生活。社会主义取代资本主义，意味着“不仅满足社会成员的需要，而且保证社会全体成员的充分福利和自由的全面发展”[⑤]。《中共中央关于经济体制改革的决定》也指出：“社会主义的根本任务就是发展生产力，就是要使社会财富越来越多地涌现出来，不断地满足人民日益增长的物质和文化需要。”然而在“左”的错误盛行的时期，把生活水平的提高说成“变

① 《列宁选集》第4卷，623页，北京：人民出版社，2012年。

② 《马克思恩格斯全集》第42卷，373页，北京：人民出版社，1979年。

③ 《列宁全集》第41卷，72页，北京：人民出版社，1986年。

④ 《列宁全集》第40卷，156页，北京：人民出版社，1986年。

⑤ 《列宁全集》第6卷，218页，北京：人民出版社，1986年。

修”，“四人帮”还宣扬所谓“只长草的社会主义”，结果弄得不少生产队一个劳动日只能分到几分钱、一角钱，穷得连饭都吃不饱，可是有人却认为那是坚持社会主义。其实，哪有这种饿肚子的社会主义呢？这也从反面说明，只有坚持发展生产力的观点，坚持不断地满足人民日益增长的物质和文化生活需要的观点，才能坚持马克思主义的科学社会主义，这样的社会主义才是人民群众所需要、所欢迎的。

3. 为过渡到共产主义创造物质条件

社会主义要最终战胜资本主义，并为将来过渡到共产主义创造条件，归根到底具有决定意义的是创造出高于资本主义的劳动生产率。列宁说：“劳动生产率，归根到底是使新社会制度取得胜利的最重要最主要的东西。”[①]二次大战后，世界形势发生了巨大而深刻的变化。和平与发展成为当今世界的主题。在这种情况下，社会主义与资本主义之间的主要斗争形式，只能是和平竞赛，首先是经济竞赛，标志着这场竞赛胜负的是生产力发展的高低。毋庸讳言，社会主义国家在这一方面做得还很不理想，因而在相当程度上削弱了社会主义对于资本主义国家中广大工人群众的吸引力。所以，只有大力发展社会生产力，促进经济繁荣和人民幸福，才能生动地、切实地表明社会主义制度的优越性和进步性，而这将关系到人类的命运和前途。

总结历史的经验教训，集中到一点就是，在从生产资料所有制的社会主义改造基本完成到“文化大革命”结束的这二十年中，我们没有真正坚持马克思主义的生产力理论，没有把发展生产力作为社会主义的根本任务，致使人民生活没有得到应有的提高。十一届三中全会以后，经过拨乱反正，我们实现了伟大的历史性转变。

这个转变的根本标志是发展生产力已经被确定为全党工作的重心。在这样一个根本点上，我们已经回到了马克思主义的立场。由于我们紧紧把握住经济建设这个中心，十年来我国的国民经济持续稳定的增长，取得了举世瞩目的巨大成就，人民的生活也得到了显著的改善。事实说明，坚持马克思主义的生产力理论，大力发展社会生产力，这是我国亿万人民的根本利益所在，是建设社会主义强国的必由之路。

---

① 《列宁选集》第4卷，16页，北京：人民出版社，2012年。

三、坚持和发展马克思主义的生产力理论

为了大力发展社会生产力，搞好经济建设，就要研究生产力，研究生产力的现代化。为此，就既要坚持又要发展马克思主义的生产力理论。

1. 理论本身发展的需要

马克思主义的生产力理论，内容是极为丰富的。马克思对生产力的涵义、要素，生产力包括科学的力量，生产的社会结合方式，特别是对生产力的历史作用和发展规律等基本问题，都进行了开拓性的研究。马克思主义关于生产力的这些理论观点，为我们研究现代生产力提供了理论指南。因此，必须加强对马克思主义生产力理论的学习和运用，必须在这方面坚持马克思主义。

但是毋庸讳言，马克思对于生产力的研究，也受到了当时历史条件和无产阶级所面临的斗争任务的限制。为了为无产阶级夺取政权提供理论说明，马克思对生产力的研究，其侧重点并不是生产力如何发展，更不是社会主义制度建立后怎样进一步发展它，而是生产力的社会历史作用如何，并由此揭示出社会发展的客观规律性和无产阶级革命的必然性。今天我们要解决的任务已经与马克思时代不同了。

在我国，无产阶级夺取政权的任务已经完成，发展生产力已经作为社会主义的根本任务摆在我们面前。因此，生产力的研究对于我们今天来说，其侧重点已经不是对生产力发展的社会后果的研究，而应是对生产力发展的前因的探讨，即应该转到研究生产力发展的内在动力和外在的促进机制上。也就是说，马克思关于生产力研究的理论成果，主要表现在关于生产力的革命作用论，而我们面临的理论任务则是要创立关于生产力发展的动力机制论，当然这要付出艰巨的劳动。

2. 时代发展的需要

现代生产力在许多方面已经不同于马克思时代的生产力。比如，生产力所表示的人对自然的征服和改造关系，随着科学技术的发展，现在已经具有了全球的性质和规模，于是人类与环境、生产和生态等矛盾，作为尖锐的问题已经提到了当代人的面前。又比如，以世界交往为特征的全球化已经成为现代生产力发展的根本特点和基本趋势，

可以说，一个国家现代生产力的发展水平最明显地表现在该国对于国际分工协作的参与程度上。再比如，科学技术作为一般的生产力，这在马克思所处的资本主义早期阶段就已经被认识了。近几十年来，随着过去那种脑力劳动和体力劳动、精神劳动和物质劳动的分离局面逐渐趋向统一和一致，科学技术已经上升为第一生产力，因此，掌握科学技术的专家和科技人员已经成为生产力发展中最重要的因素。另外，随着生产的日益社会化、科学化，科学的生产管理已经成为现代化企业、系统工程和高技术密集部门进行良性运转的关键。而作为现代管理的一项内容的科学决策，则又是关键的关键。总之，现代生产力具有不少新的特点，需要我们鼓足理论勇气，去进行全方位的系统、动态的研究。

3. 我国现代化建设的需要

生产力的研究归根到底是为了服务于我国的现代化建设，服务于走出一条中国特色社会主义现代化建设道路。因此，必须从我国社会主义初级阶段的实际出发，研究中国现阶段生产力的特点，及其发展的具体办法和途径，要研究新技术革命条件下，中国生产力发展的对策。而这其中的许多问题，是从马克思主义著作中找不到答案的，需要我们通过深入研究、认真思索，贡献出自己的真知灼见，以满足实践对理论的要求。

总之，我们既要坚持马克思主义的生产力理论，毫不动摇地抓住经济建设这个现代化建设的中心，同时又要立足于中国的实际和当今世界的实际，去研究新情况、解决新问题，发展马克思主义的生产力理论，以加速我国的现代化建设。

四、现代生产力研究的方法论原则

为了有效地开展对于现代生产力发展的研究，这里首先要解决的是方法问题。这样说，不仅仅是因为方法问题十分重要，而且还在于过去沿用的有些方法，现在已经显得陈旧、落后，缺少时代气息，从而脱离了现代生产力发展的实际，因此，需要在方法论上来一个革新。对于现代生产力发展的研究来说，有以下几种方法论原则是必须遵循的。

1. 主体性原则

现代生产力发展的一个基本趋势就是，人的主体作用愈来愈重要，这集中表现在人的智力素质特别是科学技术素质的作用愈来愈重要。与此相联系，人的主体的能动性、积极性的作用愈来愈突出。从促进生产力发展的角度说，坚持主体性原则，就必须研究生产力中人的潜力的构成因素、结构及其历史演变，尤其是它在何种条件下，以何种方式才能汇入劳动创造之流而得到充分发挥。因此，也就必须研究影响劳动者积极性的方方面面，就必须凸现出主体的需要、利益、价值取向、理想实现等，对于生产力发展的作用，就必须研究在怎样的客观环境中，采取什么样的社会机制去唤醒和驱动人的潜能向动能转化，引导人们去进行创造性劳动，以及通过怎样的社会协调机制把个人劳动转化为社会劳动。总之，发展生产力，首先要着眼于，造就人们一种抗争于天、竞争于人的奋发进取的人格和力量，要建立一个对人的能力进行激励、引导和协调的社会环境和机制。

2. 历史性原则

生产力是历史地积累起来的人类进行生产活动的物质力量。这种力量作为一种历史地形成的既成事实，必然要影响和制约着生产力的现代发展。从总体上说，人们只能加速生产力某一阶段的发展，而不能完全超越生产力发展的某一阶段，这是生产力发展的一个历史逻辑，这也是我国还处于社会主义初级阶段的最基本的根据。因此，对于生产力现代发展的研究，必须贯彻历史性原则。即是说，不能脱离一定的历史条件，不应该割断历史的联系。有些同志喜爱把中国的生产力发展与西方一些发达国家进行横向比较，这种比较对于认识我国经济发展的差距，无疑是有好处的。可是有些论者往往忽视我国与一些发达国家生产力发展的不同历史起点，以及它们各自的历史过程，因而这种“比较”所得出的结论很难说具有学术价值和社会价值。有些论者正是从这种不适当的比较中产生了急躁情绪和急于求成的心理，于是想在一个早上改善我国生产力的落后状况。这种愿望不能说不好，但美好愿望代替不了客观实际。列宁说，良好的愿望可以把人引向地狱，这是令人深思的。过去我们在经济建设中所犯的“左”的错误，原因固然很多，但其中重要的一点是，忘记了生产力发展的历史继承性，脱离了生产力的历史发展所提供的现实基础，一味追求大干快上，结果必然是欲速则不达。这个教训是深刻的。

3. 系统性原则

生产力本身是一个系统。在现代化大生产中，构成生产力的因素日益增多，涉及的范围日益广大。这些因素之间的相互联系、相互依存、相互影响日益紧密和深刻。因此，对于现代生产力发展的研究，必须坚持系统性原则，只有这样，才能实现生产力发展决策的整体化、综合化和最优化。系统性原则的最一般要求，就是在整体中进行分析，又在分析中进行综合。具体说来，有以下两点：第一，系统研究所追求的不是单项目标，而是整体目标，是整体的结构和功能的优化。为此，任何单个因素的发展，都要放到系统整体中去权衡，研究系统整体对它的可接受性和相容性，研究它的地位和作用，评价其综合效果，以求达到消极影响最小，而积极效果最大。第二，强调系统配套，使系统中各层次各因素之间的比例适当、序度提高和运转协调，从而构成最大的综合能力。总之，生产力的发展不能指望采取一项措施、一项技术而奏效，而应该着眼于生产体系的组织结构、经济结构以及与之相联系的生态结构和社会、文化结构的整合和优化。

4. 价值性原则

这里的价值是指实用价值，是说生产力的研究，必须从我国社会主义初级阶段的实际出发，回答生产力发展中所提出的一系列现实问题，为科学的决策提供理论根据。当然纯理论的研究对于生产力的发展来说也是必要的，但是主要的还是要把理论研究和应用研究结合起来。即要从对生产力发展的理论研究，发展到对于生产力发展的政策、方针、方法、措施的研究。通过这种研究，切实地指导我们的经济建设，从而取得能够用来满足社会的物质和文化需要的产品和劳务。为了贯彻价值性原则，首先要从观念上和思维方式上来一个转变。具体说来，就是要克服重理论研究，轻应用研究；重宏观研究，轻微观研究；重定性分析，轻定量分析等片面观点。总之，在生产力发展的研究中，坚持价值性原则，就是要以提高经济效益为中心来进行研究，要通过研究，从理论上说明，怎样以小的代价，取得最大的效益。

5. 预测性原则

现代生产力发展的研究必须具有前瞻性。这是因为，当今世界科学技术发展迅速，产品更新加快，市场竞争激烈，没有科学预测，就不能在复杂多变的竞争环境中处于主动地位，就不能保持自身的发展和优势。随着人们的活动日益向生产的深度和广度进军，生产活动所产生的影响也日益扩大和深远。在这种情况下，没有预测就可能为一时一地的得失所左右，而看不到整体的、长远的利益和影响。总之，现代生产力发展的研究，必须具有面向世界和面向未来的开阔视野。

生产力的本质、要素与系统结构*

一、生产力的本质

人类的生产有四种：一是人自身的生产；二是物质财富的生产；三是精神财富的生产；四是社会规范的生产。这四种生产相互联系、相互作用，而构成“社会有机体”的统一的运动过程，形成人类社会生活的全部丰富内容。在不同的历史时期，由于社会内外诸因素的影响，每一种生产在社会有机体新陈代谢总过程中所起的作用是不同的。但是，在这三种生产中，物质财富的生产总是最基本的。正是在这个意义上，马克思认为：“物质生产的发展”是“整个社会生活以及整个现实历史的基础。”①

这里所要研究的生产，是物质资料的生产。所讲的生产力，也是指生产物质资料的生产力。当然，在下文的具体论述过程中，也会涉及人自身生产和精神生产及社会规范生产，但是，那也只是为了说明人自身生产和精神生产以及社会规范生产所具有的物质生产力功能。

那么，什么是生产力呢？所谓生产力是劳动主体改造、控制和保护自然，创造物质财富的现实物质力量。

生产力本质的这一规定，与过去通常所认为的定义，生产力是人类改造和征服自然的能力，是有明显区别的。

区别之一，生产力是一种现实的物质力量，而不是所谓生产能力。因为“能力”只是在可能性或潜在性意义上的，而不是在现实意义上的。马克思在1846年给安年科夫的信中指出：“任何生产力都是一种既得的力量，是以往的活动的产物”，又说：“生产力是人们应用能力的

* 原文来源于陶富源主编：《现代生产力发展概论》，北京：中国展望出版社，1990年。

① 《马克思恩格斯全集》第23卷，204页，北京：人民出版社，1972年。

结果。”[①]很显然，生产力不同于生产能力，而是生产能力发挥的现实结果。

生产能力作为一种潜在的力量要转化为现实的力量——生产力，这是需要条件的。在一般情况下，由于主客观条件的限制，一个社会所拥有的生产能力往往不能全部转化为现实的生产力。从客观方面来说，比如资本主义经济危机所造成的生产设备的闲置和劳动者的失业；又比如，我国在一个时期由于缺乏电力而导致的开工不足等等。从主观方面来说，计划的失误，管理的不善，劳动者的生产积极性受到压抑等等，这些都会影响生产能力转化为现实的生产力。

因此，衡量一个国家或一个地区的生产力水平，不是看它所拥有的生产能力如何，而是看它所表现出来的生产的现实力量如何。

区别之二，对生产力本质的上述规定，相对于生产力的传统定义来说，它体现了生产力的目的性和有用性。生产力不同于纯自然力，它不是一般的现实物质力量。纯自然力并不必然给人类带来所期望的幸福，而生产力是在人有目的的生产活动中对人有用的力量。马克思指出："生产力当然始终是有用的、具体的劳动的生产力。"[②]这里所谓"具体的劳动"，是指有具体目的的劳动，有使用价值的劳动。能被人住的房子，才是现实的房子，能被人穿的衣服，才是现实的衣服。这样的房子和衣服，才是物质财富。总之，生产力是一种能满足人的需要的，给人带来福利的现实物质力量。

区别之三，关于生产力本质的上述规定，相对于生产力的传统定义来说，它体现了人与自然的辩证统一性。人统一于自然界，人和其他生物一样是自然界的一部分，但人与自然界的统一性不是纯粹自然的，而是与人的社会实践相联系的，人是作为主体对自然进行改造和控制的力量出现的。但是这种改造、控制，不是人对自然界的任意索取，不是掠夺式的经营。恩格斯曾经就这一点指出："我们每走一步都要记住：我们统治自然界，决不像征服者统治异族人那样，决不像站在自然界以外的人似的，——相反的，我们连同我们的肉、血和头脑都是属于自然界和存在于自然之中的；我们对自然界的全部统治力量，

① 《马克思恩格斯文集》第10卷，532页，北京：人民出版社，2009年。

② 《马克思恩格斯文集》第5卷，59页，北京：人民出版社，2009年。

就在于我们比其他一切动物强，能够认识和正确运用自然规律。”[①]而旧的生产力定义，只讲人对自然的征服，不讲人对自然的保护，这是片面的、错误的。当今世界上，那种对自然界一味索取的盲目行动，已经在实践中造成了严重后果，致使环境污染、生态破坏成为一个全球性的问题。

二、生产力的要素

要进一步理解什么是生产力，除了要弄清生产力的本质以外，还必须具体了解生产力的基本构成要素。

研究生产力的要素，这里有两点需要注意的：一是不能像传统的二要素论、三要素论那样，只看到生产力中的“硬”要素，而必须从现代生产力的实际出发，不仅要看到生产力中的“硬”要素，而且要看到并突出生产力中的“软”要素。二是在方法论上，不应该采取孤立的、静止的方法，而应该采用发展的和系统的方法。基于这样两点认识，可以把生产力要素划分为劳动主体、工具系统、能源系统、基础设施、原材料、科学技术、生产信息、生产管理、现代教育等九项。

1. 劳动主体

劳动主体是直接或间接地进行物质资料生产和提供劳务的人。马克思在谈到资本主义社会的劳动者时曾经指出：“所有以这种或那种方式参加商品生产的人，从真正的工人到（有别于资本家的）经理、工程师，都属于生产劳动者的范围。”[②]又说：“随着劳动过程的协作性质本身的发展，生产劳动和它的承担者即生产工人的概念也就必然扩大。为了从事生产劳动，现在不一定要亲自动手；只要成为总体工人的一个器官，完成他所属的某一种职能就够了。”[③]因此，劳动主体不仅包括从事生产的体力劳动者，而且包括参加生产的脑力劳动者；不仅包括直接从事生产的操作人员，而且包括现代生产力条件下，从事第三产业的广大工作人员。

劳动主体是生产力系统的能动因素，具有想象力、创造力等高级

① 《马克思恩格斯文集》第9卷，560页，北京：人民出版社，2009年。
② 《马克思恩格斯全集》第26卷（1），147页，北京：人民出版社，1973年。
③ 《马克思恩格斯文集》第5卷，582页，北京：人民出版社，2009年。

功能。因此，劳动者成了发现、创造、发展和利用其他生产力因素的主体，其他因素的发展又反过来增加了劳动者认识和改造自然的力量。

2. 工具系统

工具系统是劳动工具经过手工工具阶段和普通机器的单机阶段而产生的机器体系，这种体系有两种形态，一是普通机器体系；二是智能机器体系：劳动工具或劳动工具系统是指置于劳动者与原材料、能源、信息等因素之间，把劳动者的活动传导给它们的中介体。因此，工具是反映生产力性质的综合性标志。它“更能显示一个社会生产时代的具有决定意义的特征。”[①]人类历史上所经历的石器、铜器、铁器三个阶段，标志了生产力的形成和初步发展；产业革命中，以工具机、传动机和动力机相结合的机械体系的产生，带来了生产力的飞跃发展；二次大战后，以电子计算机为核心的自动化工具体系的形成则是现代生产力的代表。因此，可以说，生产工具性质的每一次改进，都意味着人类控制自然的力量的进一步提高和增强。

3. 能源系统

能源是指作为劳动对象经过人类加工，能够产生能量的物质。开发和利用能源的系统称为能源系统。

能源是生产力系统得以运动的能量提供者，它是人的肌肉力的强化物。从生产力发展的角度看，最初，人类是以自身的肌肉力作为动力。摩擦取火的发明使草木柴薪等生物燃料成为能源。以后，畜力、风力、水力进入生产领域。18世纪，蒸汽机的发明和广泛使用，使人类第一次把矿物燃料转变为动力，并逐渐成为生产过程的主要动力。发电机、电动机等电器的发明和推广使用，使电子流成为现代生产的基本动力。由此可见，能源是生产力系统得以运动的物质基础，能源性质的每一次革命，都极大地推动了生产力的发展。

4. 原材料

它是指作为劳动对象经过人们劳动加工，具有形成产品实体或有助于形成产品功能的物质。从劳动加工的深度，可以把原材料分为天然材料和人类劳动创造的材料两种。从现实的经济生活来看，原材料是生产力系统中其他物的要素存在和发展的重要物质基础。例如，没

① 《马克思恩格斯文集》第5卷，210页，北京：人民出版社，2009年。

有钢铁等物件材料，机床的制造就根本谈不上；没有高纯度单晶硅和砷化镓等化合物半导体材料的发展，电脑的关键器件——大规模集成电路的制造就不可能。从世界新的技术革命的发展趋势看，原材料将起着愈来愈重要的作用。可以说，现代科学技术的成就，无一不依赖于原材料的特有功能和效用。

据统计，在公元前后期，应用的有11种天然材料，可是到了1976年止，世界上的各种原材料已达25万多种，到20世纪70年代末，已达到30万种。现在，材料品种之繁多，用途之广泛，不胜枚举，新材料的品种每年增长速度为5%。可以说，一个国家材料的品种和产量，是衡量一个国家生产力发展水平的标志之一。

5. 基础设施

它是指为其他生产要素的结合提供位移、提供工作和活动场所的设施。基础设施是社会生产各单位之间进行物质循环、能量传输、信息传递、人员交流的纽带，是社会分工和协作得到发展的重要物质保证。正是基础设施的存在和发展，才使生产力成了一个网络纵横、管脉交错的有机整体。现代生产力具有加速发展的趋势，生产单位中的物质流、能量流、信息流也必然具有加速运动的趋势。因此，为使现代生产力系统顺利地运行，必须建立发达的基础设施。

6. 科学技术

科学，是关于自然、社会和思维的运动形式和发展规律的知识体系，是实践经验的升华和结晶；技术，是人类为了同自然之间进行物质变换、能量运转和信息传递，根据实践经验和科学原理而创造的各种活动手段。技术，按其内容分为硬件技术和软件技术两类。硬件技术是指物化了一定实践经验和科学原理在内的生产工具和其他物质装备，软件技术是指制造、运转或者操纵硬件技术的方法诀窍、工艺流程和劳动技能。因此，作为生产力系统相对独立因素的，只是软件生产技术。

科学技术是现代生产力系统中占首位的决定因素，是第一生产力。在当代已经改变了过去那种由经济的发展推动着自然科学的发展及其在生产中的应用的情况，而往往是科学技术的发展带动着经济的前进。这里最突出的例子就是20世纪四五十年代开始的新技术革命，已经并且将要带来世界性的社会生产力的重大质变，不仅如此，它还将促进产业结构的调整，使大量的新产业、新的经济部门不断涌现。

7. 生产信息

它是对生产过程中各因素的特征、相互间的组合状况以及运动变化的客观描述和经过传递以后的再现。生产活动作为一个动态系统是人流、物质流、能量流、信息流所组成的。信息流反映人流、物质流和能量流的状态，并通过信息指令，使它们不至于偏离既定的目标。随着生产发展到现阶段，信息在生产力中的作用愈加突出、愈加重要。在现代的社会化大生产中，劳动不断地走向智力化，产品中注入越来越多的智力因素；信息的收集、传输、反馈和处理，对于生产的高效率，对于生产力的提高，有着越来越重要的意义。这主要是通过科学技术信息和管理信息的作用而表现出来的。可以说，在现代化大生产中，科学技术信息和管理信息是劳动者把生产力因素连接起来的重要转换渠道。

8. 生产管理

它是对生产过程的一种自觉控制的活动。在手工工具时代，生产管理是和劳动活动直接结合在一起的，进入普通机器时代以后，生产管理才作为相对独立的生产力因素而存在。智能机器体系时代的生产管理不仅内容更加丰富，而且作用也更为突出。现代生产管理就是要充分发挥人的主体作用，实现生产力系统中各因素的合理组合和协调运行，扩大生产力系统中人、财、物的作用，同时增加人与人、人与物的组合的生产效益、经济效益和社会效益。

9. 现代教育

教育是人类的一种自觉的培训活动，是按照一定的目的，从德、智、体、美等方面对人的发展施加影响的一种有计划、有步骤的活动。通过教育，提高人的素质，为科学兴旺、技术发展提供人才基础，为科学转化为生产力提供动力源泉。因为劳动者是生产力的主体，培养人才的数量和质量，直接关系到生产力发展的速度、水平和性质。教育是潜在的生产力，昨天的教育就是今天的生产力，今天的教育就是明天的生产力。

三、生产力的系统结构及运动

生产力系统除了有它的构成要素以外，还有把这些要素联结起来的组合形式，或者叫系统结构。

从内容上来说，可以从不同侧面来研究生产力系统的结构。比如质态量态组合结构、规模结构、布局结构、时序结构等等。质态量态组合结构是指生产力诸因素在构成生产力系统时在物质属性上互相适应、数量上互相匹比的结合方式；规模结构是指达到最佳经济效益的各种生产要素在各种经济实体中的集中程度、比例构成和各类经济结合的合理界限；布局结构是指生产力诸因素在构成生产力系统时在地域空间上的分布和关联方式；时序结构是指生产力诸因素在构成生产力系统，即进入或退出生产力运行过程时的先后顺序，从而为整个系统发挥总体功能提供条件的一种时间安排。

以上四种结构方式都是就生产力诸因素组合的某一方面的关系而言的。也就是说，生产力因素在组合成生产力系统时，除了有质态量态组合结构、规模结构、布局结构和时序结构这些单方面的结构以外，还有一种总体组合方式，或曰生产力总体结构。前四种组合方式的合理化为总体组合方式的合理化提供了一定的条件，但并不直接等于总体组合方式的合理化。这里也得服从系统论的一个基本原则：整体不等于部分的加和。因此，要使总体组合方式合理化，这就要求人们按照规律办事，对全部生产力因素，从各个方面进行统一运筹，求得最佳的总体功能和综合效益。

就我国来说，参照世界上其他一些国家的经验，生产力总体结构的合理化，一般要注意到以下几点：（1）从实际出发，充分和有效地发挥自己各方面的优长，真正做到人尽其才，地尽其利，物尽其用；（2）有利于生产力的近期发展，又能不断增强生产力发展的后劲；（3）能够促进国民经济各部门协调发展，社会资金运转顺畅，社会扩大再生产顺利进行；（4）促使国民经济持续稳定发展，经济效益不断提高，人们的生活质量（包括经济生活、生态环境）不断得到改善。

当然，生产力结构所指谓的“总体”，有大有小。具体说来，有国家生产力总体结构，一般称为宏观生产力结构；有省、市、县的生产力总体结构，一般称为中观生产力结构；还有企业生产力总体结构，一般称为微观生产力结构。

无论是宏观生产力结构、中观生产力结构、还是微观生产力结构，就其现实形态说，就是生产力系统的内在的分工、协作和管理。人们对生产力总体结构的设计和选择，所追求的就是提高生产力系统的整体性和层次的有序度，扩大生产力系统的总体功能，从而求得最大的经济效果。

生产力要素通过一定的结合方式，构成了生产力的系统结构，同时也就构成了生产力的运动。

马克思曾经概述过简单劳动过程的运行机制，以及简单劳动过程的三要素（劳动者、劳动资料、劳动对象）之间的动态联系。他写道："可见，在劳动过程中，人的活动借助劳动资料使劳动对象发生预定的变化，过程消失在产品中。它的产品是使用价值，是经过形式变化而适合人的需要的自然物质。劳动与劳动对象结合在一起。劳动对象化了，而对象被加工了。在劳动者方面曾以动的形式表现出来的东西，现在在产品方面作为静的属性，以存在的形式表现出来。"①

现代生产力是一个极其复杂的具有多层结构的超大系统。现代生产力要素是怎样结合起来并相互作用，从而形成现实的生产力运动过程的呢？在现代化大生产中，劳动主体借助于教育、科学、管理手段，提高自身的素质，并从有关职能部门得到信息（产品图纸、工艺规程、操作规程），然后，按照这些信息要求，在特定的基础设施上，用能源来发动工具（机器体系），依据信息的要求，并结合劳动者自身的经验和知识，使用工具，对原材料进行加工，信息从而借助于直接劳动者的活动，使生产力运动起来。

这里包括三步：首先，劳动者依据产品图纸、工艺及操作规程的要求进行活动；其次，他不断获取生产力运动状况的信息，与产品图纸等信息加以比较，找出偏差,并加以纠正，从而控制原材料按照预定的方式进行加工；最后，信息流所控制的物质流、能量流有序高效的运动过程消失在产品中。劳动者的劳动物化在产品上，产品按信息所规定的种类、规格、功能、式样及消耗，被生产出来。这就是生产力

① 《马克思恩格斯文集》第5卷，211页，北京：人民出版社，2009年。

要素在现代生产力系统运动过程中的动态联系。

当然，这里是就现代生产力而言的。而从历史发展过程来看，生产力因素的多少及其结合方式、运动形式都不是固定不变的。比如在原始社会中，劳动者是缺少生产经验和劳动技能的原始人，“人的最初的工具是他本身的肢体”①。随着石器、贝壳、骨器、弓箭、火、动物驯养与役使等一系列的重大发明，原始社会的生产力才有了初步的发展。

进入奴隶社会以后，劳动者已具有了一定的生产经验和技能，掌握了铁器和其他金属工具，并且出现了萌芽状态的科学技术。进入机器时代以后，劳动者已经不仅要掌握一定的生产经验和技术，而且主要的还要掌握科学知识和技术。从进入这个时代以来，构成生产力的因素和生产力的层次结构，也大大复杂化了。

这里应该强调的有以下几点：(1) 科学技术的运用在生产力中愈来愈成为关键性的因素。(2) 脑力劳动以及与此相联系的教育对生产力发展的作用愈来愈显著。(3) 社会分工与协作，以及与此相关的生产管理，对生产力发展的作用日益突出。(4) 动力、能源状况也严重制约着生产力的发展。(5) 与物资、信息交流相关的运输、通讯条件也成为生产力中不可忽视的因素。(6) 经“高级劳动”过滤的新材料、新物种等劳动对象，在生产力发展中的作用日益增大。(7) 随着生产不断向深度和广度进军，良好的生态环境、经济环境、社会环境成为生产力发展的极为重要的外在因素。

总之，生产力是一个动态的、开放的系统，它是以劳动者为主体的多种因素按照一定的层次结构组织起来的改造和保护自然，创造物质财富，历史地积累起来的社会物质力量。因此，对生产力发展的动力，必须作系统考察。

---

① 《马克思恩格斯全集》第47卷，105页，北京：人民出版社，1979年。

主体·需要·生产力*

一、人是生产力的主体

（一）人是生产力的首要因素

生产力这个概念在英国古典经济学中早已经使用了。但是古典经济学家由于被其自身的立场和认识所局限，他们总是贬低生产力中作为劳动者的人的作用，认为人只是劳动力，如同水力、蒸汽力、马力等一样，都是增加财富的手段。

与之相反，马克思认为，人不是一般的自然力，“而是一个主体，这种主体不是以纯粹自然的，自然形成的形式出现在生产过程中，而是作为支配一切自然力的那种活动出现在生产过程中。”①马克思在考察生产力时并不轻视物质对象性因素的作用，只是认为人的主体作用更为重要。

1. 人是生产力中的能动因素

生产力中包括人的因素和物的因素。就这二者的关系来说，物质对象性因素的生产效率依赖于生产过程，依赖于生产过程中活劳动的质量和数量。物质对象性因素只有被活劳动抓住，在生产过程中加以运用，才能“使它们由死复生，使它们从仅仅是可能的使用价值转化为现实的和起作用的使用价值”②。所以，必须把物质对象性因素与劳动本身，与作为劳动过程的设计者、发动者、组织者和承担者的劳动者联系起来，才能从根本上揭示和理解这些因素的形成和所具有的生

* 原文来源于陶富源主编：《现代生产力发展概论》，北京：中国展望出版社，1990年。

① 《马克思恩格斯全集》第46卷（下），113页，北京：人民出版社，1980年。

② 《马克思恩格斯文集》第5卷，214页，北京：人民出版社，2009年。

产能力的特性。换言之，物质对象性因素的基本功能是增加活劳动的生产能力，而活劳动则是决定着劳动过程中生产资料的效率。

2. 人是生产力中的发展因素

马克思在揭示剩余价值产生的源泉时发现，剩余价值的源泉虽然不能纯粹归结为生产过程中人的因素，也不能归结为物质对象性因素，而是劳动者借助于物质对象性因素所进行的劳动本身。但是，这二者的作用不是等价的。马克思认为，在生产过程中，生产资料不会创造价值，“生产资料转给产品的价值决不会大于它在劳动过程中因本身的使用价值的消灭而丧失的价值”①。而活劳动却不是这样，“当劳动通过它的有目的的形式把生产资料的价值转移到产品上并保存下来的时候，它的运动的每时每刻都形成追加的价值，形成新价值。”②从而不断增加和扩大着人类文明发展的物质基础。

总之，劳动者是生产力的首要因素。而且随着生产力在利用科学成就基础上的增长，作为生产过程主体的劳动者的作用也在不断提高，特别是劳动者的智力、知识、科学、技能技巧，在愈来愈大的程度上变成了直接的生产力。

（二）生产力是人的本质力量的对象化

从马克思主义的观点看来，人是自然、社会和人自身的主体。人的主体性，首先表现为人的实践性，而实践的最基本形式，就是物质生产劳动。

在劳动过程中，人改造了自然、社会，也改造了人自身。这就是说，人及人的世界都是与主体的能动活动相联系的自然历史过程的运行系统。

生产力是这个系统的基础和核心，生产力作为一种既得的力量，是一种客观存在，一旦形成以后，它是不以人的意志为转移，不能由人任意选择的，这是生产力的客观性方面。关于这一点，过去的经济学和哲学教科书中都谈得比较多，但对下面一点往往有所忽视，即生产力又是人的活动所创造的，是人的实践能力的结果，这就是所谓生产力的主体性方面。

① 《马克思恩格斯文集》第5卷，237页，北京：人民出版社，2009年。

② 《马克思恩格斯文集》第5卷，242页，北京：人民出版社，2009年。

马克思指出："工业的历史和工业的已经生成的对象性的存在，是一本打开了的关于人的本质力量的书，……人们至今还没有从它同人的本质的联系，而总是仅仅从外在的有用性这种关系来理解……"[①]马克思在这里所讲的"工业的历史和工业的已经产生的对象性的存在"，实质上就是后来所讲的生产力的历史和以生产资料的物的形态而存在的生产力。

因此，不仅要一般地认识到人是生产力的首要因素，而且要从整体上认识到，生产力本身就是"主体的对象化"，是对人的主体性的确证，是人的本质力量的表现。

（三）生产力是属人的社会历史力量

人是生产力的主体，不仅表现在生产力是人的本质力量的对象化，而且还表现在，这种对象化是以人的方式，即社会历史的方式进行的。这表现在以下两个方面：

第一，在共同的生产活动中，人们必须以一定的劳动方式结合起来，或是简单的协作，或是专业化分工协作，这样，才可能去改造自然。分工、协作、管理等等是生产力的组合因素，它反映了主体人之间在生产过程中的社会性联系。这种社会性联系在广度和深度上是历史地发展的，这种发展是促进生产力前进的杠杆。

第二，在个体从事某项生产活动中，也体现了个人与他人的社会历史性联系。个体用以制定劳动目的的知识和使用工具的方式方法，有相当一部分是来自前人从实践中总结出来的精神成果。个体掌握的工具也是以他所处的时代业已形成的生产力为出发点的，这种既成的生产力是前人的创造物。个体的器官和肢体是人类经长期实践改造自身的种族发育在个人身上的遗传，甚至就连一部分劳动对象也留下了前人活动的印痕。个人与他人的这种社会历史的联系都不是僵死的，个人和他人一旦形成改造生产力（也就是改造人本身）的巨大合力，从而也就参与了创造历史的宏观运动。可见，主体是个体和社会的统一，生产力是属人的社会历史地发展的物质力量。

总之，人是生产力的主体。正如马克思所说，生产力是"劳动主

---

① 《马克思恩格斯文集》第1卷，192页，北京：人民出版社，2009年。

体的生产力”[①]。换句话说，要促进生产力的发展，除了要促进生产资料的更新以外，根本的是要促进劳动主体的发展，要充分激发劳动者的主体活力。因此，对于生产力的发展，不能只讲生产资料，特别是生产工具这个客观标志，而且还要讲生产力发展的主体标志，即人的发展与进步。

马克思在谈到北美洲社会的发展时曾经说，随着美洲大陆被发现，北美就“异常迅速”地发展起来，其关键因素就在于“这些国家在开始发展的时候就拥有老的国家（指欧洲国家——引者注）的最进步的个人”[②]。我国现代化建设的实践也证明，单纯地引进技术设备，并不难，但是决不能用钱买来一个现代化，只有最大限度地调动中国人民的主体活力，在吸收国外先进东西的基础上，进行改进、开发、创新，从而靠自己的双手和智慧建设一个现代化。特别在当代这样一个世界规模的寻求高速发展的角逐和竞争中，谁的活力大，谁就可能在竞争中取胜。因此，在我们实现现代化，走向世界先进行列的伟大建设中，就更应该重视激发中国亿万人民的主体活力。这个问题解决好了，我国的现代化也就获得了真正的能源。

二、需要和利益是劳动者主体积极性的源泉

（一）积极性是劳动者主体活力的根本内容

劳动者的主体活力，是召唤到生产劳动中去的一种现实的主体能动力量。它是劳动者生命力旺盛的表征。从它的构成来说，包括三个方面，即劳动者的体力、智力和激活力。体力是主体活力的生理物质基础，智力是主体活力的知识才智基础，激活力是主体活力的精神心理基础。激活力也就是人们通常所说的积极性。这三者相互联系、相互作用,构成了主体的活力系统。

但从历史的发展来看，劳动者的体力因素在生产力发展中的相对价值在逐渐降低，而以科学技术为标志的智力因素愈来愈成为社会生产力发展的强大源泉。与这一点相联系，劳动者的积极性、主动性的

① 《马克思恩格斯全集》第46卷（上），495页，北京：人民出版社，1979年。

② 《马克思恩格斯文集》第1卷，576页，北京：人民出版社，2009年。

作用也就愈加突出，甚至达到了举足轻重的地步。

积极性作为人的一种精神状态，包括情感、情绪、意志、注意力、紧张度等等。如果人的精神处于积极状态，那就表现为精神振奋、心情愉快、热情高涨、精力充沛、注意力集中、主动性和创造性活跃等等。反之，如果没有积极性，则表现为精神不振、情绪不佳、缺乏热情、注意力分散、主动性和创造性消退等等。可见，积极性是人的能动性的一种最基本的表现形式，是人从事任何活动必不可少的前提条件。

对于劳动过程来说，生产积极性是劳动主体对劳动活动本身以肯定的形式所表现出来的一种态度，是人在生产劳动中追求自我对象化的激情和冲动。正如马克思所说，这“是人强烈追求自己的对象的本质力量”①，作为人的对象性活动的生产劳动，从最一般的意义来说，它是人的本质力量的显示和表现。因此，如果没有主体的主观追求，没有主体的激情，没有一股子干劲，一句话，没有主体的内在激活力，那么也就不能把劳动者自身所潜在的体能和智能激发出来，从而在劳动中表现为现实的发生作用的力量。也就是说，劳动者积极性的有无或大小，直接决定着劳动者的体力和智力的发挥以及发挥作用的程度。据现代行为科学研究，一个人如果积极性很高，他就可以发挥出他的80%—90%的才能；反之，如果没有积极性和主动性，那就只能发挥出他的才能的20%—30%，相差悬殊。

特别是在现代化生产条件下，发挥劳动者的主体积极性显得尤为重要。

一是因为企业中脑力劳动者的比例在不断提高。脑力劳动，主要靠运用知识和思维，而知识和思维不能像体力劳动的成果那样，用工时和定额等硬指标来加以度约和考核，这样也就在相当程度上要依靠劳动者自身的主动性、责任心。

二是在现代化生产中，传送带流水线组织形式，反映了大生产一定阶段的特点。它一方面提高了劳动生产率，保证了产品的质量，但同时又带来了工作的单调和紧张，因而这就需要劳动者激发更大的热情和表现坚强的意志。又比如，随着工业生产的高度自动化的发展，

① 《马克思恩格斯文集》第1卷，211页，北京：人民出版社，2009年。

在装配性流水线生产中，大量的操作由机械手代替，使工人从传送带的紧张劳动中解放出来，处于监视、调整和检查的岗位上，为了适应现代生产的这一要求，也需要劳动者具有更负责的态度和稳定的情绪。

三是现代科学日新月异，市场行情变化多端，在不断深化的世界性联系和激烈的竞争中，提出了众多的挑战，也提供了众多的机会，保持积极进取的精神状态，就有助于适时抓住机会，从而带来成功的希望；反之，消极被动的精神状态，就会使良机坐失，从而也就可能陷于失败的境地。

在现代化生产中，劳动者积极性的重要作用，已经被越来越多的人所认识。经济学家们呼吁，不要忽视人，要把人当成目的。认为只有尊重人、关心人，企业才会产生永久的驱动力。一些管理学家通过对管理实践的研究，也认识到，调动劳动者的积极性是企业成功的秘诀，是企业管理的核心，是一门高超的艺术。并且认为，能否掌握这门艺术是评价和考核现代企业管理人员是否称职的一个重要标准。

在资本主义企业管理的发展史上，资本家起初重视对物的管理，并用对物的管理方法来实施对人的管理，随着生产力的发展，工人在生产中的地位和作用的上升，这一套管理方法越来越不灵了，它只能引起工人的消极和懈怠，并不断激起工人的不满和反抗，这样迫使资本家不得不更换管理方式。比如，资本主义管理模式中的三个阶段（泰勒阶段、行为阶段和决策阶段）一个比一个更注意人的社会地位问题，更注意调动人的积极性。管理方式的这种改变，一方面表现了资本家千方百计地使工人为他们卖命，但另一方面也应该看到，其中透露出一种客观的趋势，即劳动者的积极性和活力的激发，已经愈来愈成为现代生产力发展的关键。

诚然，在资本主义社会中，资本家不可能“把人当成真正的人”来管理，不可能充分调动人的积极性。在社会主义社会中，情况就根本不同了。社会主义实现了生产资料公有制为主体，使劳动者成为国家和企业的主人，社会主义生产的目的是为了满足人民群众日益增长的物质和文化生活的需要。因此，社会主义制度为劳动者充分发挥积极性提供了根本的保证。相对于资本主义来说，它具有先天的优势。当然，如何把这种优势发挥出来，这就需要加以研究和按科学精神办事。

（二）激发劳动者积极性的利益机制

要发挥人的积极性，就必须研究激发劳动者积极性的利益机制。因为利益是人类行为的推动力，只有利益不同程度地实现了，人的积极性、创造性才能不同程度地迸发出来。马克思曾经指出："人们奋斗所争取的一切，都同他们的利益有关。"[①]列宁曾经援引黑格尔的话说：正是"利益推动着民族的生活"[②]。否则，离开了利益，一切就无从谈起。

这不仅对一个民族来说是这样，就是对劳动者个人来说也是真理。列宁谈到在一个农民占多数的国家里，由旧社会过渡到社会主义社会时指出，"我们不应该指望直接采用共产主义的过渡方法。必须以同农民个人利益的结合为基础"[③]。因此，列宁在总结苏联社会主义建设的经验时特别指出，"必须把国民经济的一切大部门建立在同个人利益的结合上面。共同讨论，专人负责。由于不善于实行这个原则，我们每走一步都吃到苦头"[④]。

那么为什么说，关心劳动者的利益就能激发劳动者的生产积极性呢？这是因为劳动者的利益是从劳动者的需要中引申出来的。

需要，从一般的意义来说，它表示着社会主体以及生物系统为着生存发展而发生的对外部环境的选择关系。人的需要则是人对一定客观事物需求的表现。人类在种族发展过程中，因维持生命和延续种族，形成对某些事物的天然需要，如对营养、自卫、繁殖后代的需要；在社会生活中，为了提高物质和精神生活水平，形成了高级的需要，如对社交、劳动、文化、科学、艺术、政治生活的需要。

利益和需要是相联系的概念。最简单地说，利益表现为人的需要满足的实现或维护。也就是说，利益不仅表现为人对外部环境的选择关系，而且反映着满足这种选择的目标及其价值追求。换句话说，利益是由主体的需要所引发的目标价值与现实之间的矛盾关系而得到表现的。

① 《马克思恩格斯全集》第1卷，82页，北京：人民出版社，1956年。
② 《列宁全集》第55卷，75页，北京：人民出版社，1990年。
③ 《列宁全集》第42卷，190页，北京：人民出版社，1987年。
④ 《列宁全集》第42卷，191页，北京：人民出版社，1987年。

人的需要在观念上首先表现为自我意识，需要的自我意识必然要进一步发展为需要的对象意识，并进而要发展到需要的活动意识。比如，人不仅意识到自己有吃的需要，而且还意识到，这个需要要得到满足，必须要有吃的对象——粮食，进而又意识到，必须生产粮食，这样，生产和获得粮食就成为人类的一种利益。这里有两点需要说明的。

一是并不是任何需要都会导致目标价值。在某种场合，主体的需要能自然而然地得到满足，比如，在通常情况下，人对氧气的需要就是这样，这种需要并不导致形成目标价值。

二是主体具有某种需要，并且也已经形成目标价值，但是如果由于主客观条件的限制，主体预估到无论经过怎样的努力，都不能实现目标价值，于是他也就不可能把这种目标价值作为利益去追求，当然，这样也就不会产生行动的积极性。关于这一点，西方现代行为科学曾经进行了深入的研究。

马斯洛认为，劳动者的积极性与劳动者的需要、期望、愿望及其满足程度直接相连。佛隆也认为：“人的行为的动力，取决于他本人所期望的力量。”他提出了一个著名的公式MF=EV（激发力量=效价×期望），效价即目标价值，指达到目标对于满足个体需要的价值，期望是主体对目标实现可能的预估。这个公式导出了一个真理，即主体从自我需要出发引发的目标价值愈大，估计能实现的概率愈高，那么激发力愈大，表现出来的积极性就愈大[①]。因此，通过实践活动，人们在多大程度上看到自己的需要和利益的存在，并有可能进一步实现它，人们就在多大程度上产生活动的积极性。

十一届三中全会以来，我国在城乡实行的生产责任制之所以能调动人的积极性，关键在于责、权、利的有机联系，使人们在积极活动中能够实现与其贡献相适应的利益，于是人们就越干劲越足。我们党在改革中所实施的一系列措施，在归根到底的意义上，都是为了正确调整人们的利益关系，激励人们追求正当利益的需要和动机，并把这种追求转化为对集体和社会作贡献的动力，转化为推动生产力发展的动力。

① 参见唐子畏编著：《行为科学概论》，68、70页，长沙：湖南大学出版社，1986年。

这样，人的需要和利益反映在人的意识中，首先产生对能够满足这些需要的生活资料的渴求。这种渴求“作为动力和目的”，“是生产的前提”[①]，它激发人的劳动创造热情，选择和创造劳动工具和劳动方式，实现对客观世界的改造，创造出劳动产品，通过消费满足人的需要。可以说，需要的满足过程，也就是创造生产力内在动力的过程。

这是因为被主体人创造出来的生活物品在消费过程中，不仅扬弃了客观的外在性，满足了主体原先的需要，而且更主要的，消费又开发了人的潜力，创造了人的新的素质。具有这种新素质的主体，随之也就产生了新的需要。正如马克思所说：“得到满足的第一个需要本身……又引起新的需要。”[②]这是一方面。

另一方面，消费对主体素质的提高和丰富，反过来又为生产力的发展，为新的需要的满足提供了可能，因为人本身是进行各种生产的基础。“因此，所有对人这个生产主体发生影响的情况，都会在或大或小的程度上改变人的各种职能和活动，从而也改变人作为物质财富、商品的创造者所执行的各种职能和活动。”[③]

可见，随着生产力的提高而不断发展，需要的满足，即对主体素质的开发和积极性的调动，又为促进生产力的进一步发展提供了可能。在这一过程中，抽象地说，主体的需要与满足的矛盾的不断产生和不断解决，也就构成了生产力发展的内在的永恒的动力。

三、坚持利益原则，调动劳动者的主体积极性

如何运用利益激励机制，充分调动劳动者的生产积极性，这是一个需要进一步解决的重大的现实课题。从指导思想上来说，有这样两点需要加以注意，一是坚持利益原则，不能片面地理解为坚持物质利益原则，而是要坚持包括物质的、精神的、政治等在内的综合利益原则；二是利益分配和享受要排除非劳动因素的不利干扰，要建立起人的利益与人的劳动直接联系和正比关系，或者说，要坚持利益与劳动的直联、正比原则。下面先来谈第一点。

---

① 《马克思恩格斯文集》第8卷，15页，北京：人民出版社，2009年。

② 《马克思恩格斯文集》第1卷，531页，北京：人民出版社，2009年。

③ 《马克思恩格斯全集》第26卷（I），300页，北京：人民出版社，1973年。

（一）坚持综合利益原则

在过去“左”的错误影响的时期，由于不敢承认物质利益原则，总是把物质利益和个人主义紧紧地联系在一起加以批判，因此极大地伤害了人民群众的感情，扼杀了人民群众的积极性和创造性。十一届三中全会以来，党中央号召大力发展生产力，在经济体制改革中，首先确立了人民群众的物质利益的合理地位，结果调动了人民群众的积极性，使经济获得了空前的发展。那么能否由此认为，坚持利益原则，就是坚持物质利益原则，因而只讲物质刺激，就能万事如意了呢？许多事实证明，单靠物质利益调动起来的积极性是有限的，是不能持久的。在一些企业中，由于单纯实行物质利益原则，处处以钱开路，有时不但会碰壁，而且还会产生副作用。比如，有些人就是宁可经济上受罚，也不积极工作；又比如，某些工作条件艰苦的工种，尽管岗位津贴很高，但还是人心思走。这些事实告诉人们，物质刺激不可少，但物质刺激也不是万能的。

这里说到底是涉及对人的正确理解。人固然不是没有需求的机械人，但也不是只要物质需求的“单向度”的经济人。而是一个扮演多重社会角色，具有多层需要和利益的社会人。

现代西方行为科学的代表人物之一的马斯洛提出了“需要层次论”。他认为，人的需要有五个层次，即生理需要、安全需要、社交需要、尊重的需要、自我实现的需要等。需要层次理论是行为科学的基础理论之一，马斯洛的“需要层次论”作为心理学中相对完整和详细的关于需要发展的理论，富有洞察力地揭示了人类行动的动力结构。它不但对行为科学具有重大价值，而且对于那些涉及人的行为的科学，如经济学、社会学、伦理学、教育学和哲学人类学等，也具有较大的参考价值。马斯洛的学说在某些方面是同马克思的观点相吻合的。不过，马斯洛着眼于个人的行为动机，目的在于调节个人行为；而马克思则是着眼于宏观的历史现象，把人的需要的发展同社会生产力的发展结合起来进行考察，目的在于实现社会革命的理想。

马克思主义把人的需要分为三个层次：生存需要、享受需要、发展需要。

生存的需要，是指人作为肉体的生命体，都有一个维持生命的存在和繁衍的需要，包括吃饭、穿衣、住房、交通和其他生活必需品的需要。

享受需要，指包括不属于上述生存所必需的那些使生活过得更富裕、更舒适、更丰富和更美好的东西的需要。享受的需要是在生存的需要得到基本满足以后逐渐发展起来的，这时候，人吃饭不仅是要维持生命和体力，而且要讲究美味可口，人穿衣不仅是为了遮体和保暖，而且还讲究衣料、式样、颜色、装饰，能显示自己的仪表、身份和尊严，并能满足审美的要求。

此外，人还需要一些和维持生存无关的用品，甚至奢侈品，这就从生存的需要发展到了享受的需要。享受又分为物质享受、精神享受和政治待遇的享受。物质享受，是指美好、富裕的物质生活的满足；精神享受是指认识、审美、道德、交往、社会评价等方面的精神需要的满足；政治待遇的享受，是指社会地位、权利、义务、民主等方面的政治需要的满足。

马克思认为，人还有比享受更高级的需要，这就是表现自己的生命力，发挥和发展自己的潜能，实现自我。从一般的意义来说，人把自己的潜能发挥出来，这就是“实现自我”，而实现自我的最高表现，就是“人的全面而自由的发展”。马克思主义认为，共产主义社会将出现一种新人，即潜能得到充分而自由发展的人。

就我国目前的情况来说，现在仍处于社会主义初级阶段，经过四十年来的奋斗和建设，特别是十一届三中全会以来的改革实践，我国的生产力有了很大发展，从总体上来说，基本解决了全国人民的温饱问题，基本满足了生存的需要。绝大多数人正在或将要过渡向享受需要的阶段，当然这种享受在最近的将来还不可能达到高的层次，也仅能达到小康水平。至于把自我实现作为追求目标并把它看得很重的人也有，但只是少数，当然随着经济和文化的发展，这种人会逐渐多起来。

如上所说，人的需要进入享受阶段，不仅物质需要获得了新的内容，而且精神的、政治的需要也强烈地表现出来。与这三种需要相对应，也就有了三种利益，即物质利益、政治利益和文化利益。

物质利益可以引发人们的行为动机，政治的和文化的利益也可以引发人们的行为动机。亚当·斯密早在200年前就认识到，人的行为动机并不都是经济的，还有身份、受人尊敬、尊重、道德完善、品格锻造等等方面的动机。恩格斯说得更生动：“在社会历史领域内进行活动的，是具有意识的、经过思虑或凭激情行动的、追求某种目的的人。”[①]“而直接决定激情或思虑的杠杆是各式各样的。有的可能是外界的事物，有的可能是精神方面的动机，如功名心、‘对真理和正义的热忱’、个人的憎恶,或者甚至是各种纯粹个人的怪想。”[②]恩格斯的这一段话，不用举例，任何一个普通人都是能够理解的。

既然人的利益是多方面的，而且这多重利益都可以引发人的行为动机，因此，对于生产力的发展来说，就必须兼顾劳动者多方面的需要，坚持综合利益原则，从而全方位地调动劳动者的生产积极性。

在这一方面，中外许多成功的企业家、管理学家、经济学家都进行了可贵的探索和提供了许多有益的经验。在西方，有人提出了加强企业文化建设的主张。有人认为建立“信任、微妙性与亲密感”的人际关系是企业管理成功的主要原因。还有人认为，实行“工人参与”，对于提高劳动者的积极性有重要意义。从企业微观的角度来说，这些经验都是有意义的，值得我们借鉴的。

对于我们这样一个社会主义国家来说，要调动劳动者的积极性，就必须充分保证劳动者行使当家作主的权利，要真正实现劳动者是生产单位和整个社会的主人这个社会主义的根本原则，只有这样才能体现劳动者的需要和权益。因此，要调动广大劳动者进行社会主义建设的积极性，这是一个涉及很广的、有多种因素交织其间的复杂问题。

一个社会主义国家民主建设的程度、经济关系的合理程度、思想文化发展的程度、道德和社会风尚是否良好等等，都能够在这个问题上有所反映，可以说，劳动者的积极性是整个社会关系的一个综合的、灵敏的显示仪。一般说来，社会关系中的生产关系对劳动者积极性的影响最基本、最直接。因此，研究如何发挥劳动者的社会主义积极性这个问题，必须首先将其置于生产关系以至全部社会关系的高度，从总体上加以把握。

十一届三中全会以来，我们党所领导的思想解放运动，所实施的政治进一步民主化、制度化的一系列措施，所进行的从乡村到城市的

① 《马克思恩格斯文集》第4卷，302页，北京：人民出版社，2009年。

② 《马克思恩格斯文集》第4卷，302页，北京：人民出版社，2009年。

经济体制改革，其目的都在于从思想、政治和经济等多方面改善社会关系，以激发亿万人民群众的积极性，加速我国现代化事业的发展。这是从宏观角度说的。

从企业微观角度来说，要调动劳动者的积极性，就必须坚持以人为中心来进行管理。这个管理就其指向来说，包括：劳动者的个体意识与行为；劳动者的群体意识与行为（个人和组织间的相互评价和相互作用、群体中的人际关系、信息传递方式等）；领导的意识与行为（领导者和被领导者，以及环境在内的整体）；企业的观念改变与应变行为，等等。

对劳动者管理的目的，在于调节劳动者的意识和他们之间的关系，以便为劳动者发挥生产积极性提供可能的条件。就劳动者的意识来说，其中包括劳动者的理想、人生态度、情趣、劳动动机、需要、达成目标等等。劳动者之间的关系包括这一部分工人与那一部分工人；直接操作的工人与管理人员、技术人员之间，领导者与被领导者之间，职工与企业、国家之间，企业与企业、国家之间的关系，等等。

对于劳动者个人来说，可以利用多种激励手段，从而创造一种引导劳动者努力前进的文化氛围。这些手段包括：目标激励（目标指导激励，比如争当先进生产者、操作能手等）、形象激励（通过摄影、电视等手段展现劳动者的美好形象）、内在激励（让每个劳动者从内心深处认识到自我工作的价值和自我存在的价值）、荣誉激励（满足劳动者对荣誉的追求）、兴趣激励（满足职工的多种兴趣、爱好）、物质激励（发挥工资、奖金等各种物质手段的刺激作用）[①]。

总之，只有坚持综合利益原则，运用多种手段，才能构成较为完整的动力机制，产生强大的效应力，从而大大调动劳动者的积极性。

（二）坚持利益与劳动的直联、正比原则

要很好地发挥利益激励机制对生产力发展的推动作用，一定要坚持利益与劳动的直联、正比原则。

所谓直联原则，就是必须通过劳动获得利益的原则。通俗或简单一点说，即不劳动者不得食的原则。在社会主义社会，在生产资料公有制

① 参见中国成功企业调查组（王守安执笔）：《坚持以人为中心的管理》，《社会科学战线》，1988（2）。

下，劳动者对生产资料的关系是平等的，劳动成为每个社会成员的权利和义务。正如马克思所说："平等就在于以同一尺度——劳动——来计量。"[①]然而这个原则在现实生活中并没有能得到完全的贯彻。

众所周知，每个人都有自己的需要，都有自己的利益，都会为实现自己的需要和利益而去从事活动。然而在社会主义社会中，由于阶级还存在、多种经济成分还存在，私有观念还存在，加之我国经济体制和政治体制中不少弊端还存在，不可否认，许多人会以自己的诚实劳动获得利益，但也有人企图以非法手段获得利益，或是靠关系、靠人情去得到好处等等。

为了把人们追求利益的积极性引入创造性的生产劳动，而不至于偏入旁门左道，除了要加强法制，给那些非法牟利者以惩罚以外，从坚持利益与劳动直联原则的角度来说，一定要排除各种非劳动因素的干扰。比如地位、关系、辈分、户口、所有制性质等等。假如在一个环境中，自身需要的满足不必通过劳动，最有效的手段反倒是关系、地位、投机、奉迎等等，那么在这种情况下，人的需要和利益所引发出来的功能，就不会是生产劳动的积极性，而是转化为讨人情、拉关系、捞地位、投机取巧等。比如，在晋升评级上，一般第一条规定就是参加工作时间的限制，致使论资排辈现象相当严重。这样做的结果必然会助长一些人不思进取，熬年头，混日子，从而打击了那些年富力强，工作干得多的人的积极性。又比如，在一些企业中，正式工拿钱不干事，而使用大量的临时工，这些临时工的工资待遇还大大少于不干事的所谓正式工的工资待遇。正式工的资格在这里变成了一种特权，变成了获取利益的一种"资本"。以上种种情况的存在，必然极大地影响劳动者积极性的发挥。

另外，要充分利用利益机制调动劳动者的积极性，还必须坚持利益与劳动的正比原则。所谓正比原则就是利益的获得与劳动的贡献成正比的原则。正如马克思所说："生产者的权利是同他们提供的劳动成比例的。"[②]而要这样，就必须坚持按劳分配，多劳多得。只有把劳动者所提供的劳动的数量和质量的差别与劳动者个人之间在分配和生活上的差别联系起来，才能借助劳动者对利益多少的关心，调动他们的

① 《马克思恩格斯文集》第3卷，435页，北京：人民出版社，2009年。

② 《马克思恩格斯文集》第3卷，435页，北京：人民出版社，2009年。

生产积极性，去认真进行劳动，努力学习技术，为社会作出尽可能多的贡献，从而促进生产力的发展。

过去那种大锅饭式的分配制度和铁饭碗式的用人制度之所以很难调动人的劳动积极性，就是因为劳动者的个人利益不为他付出的劳动所决定，对他个人来说，生产与不生产，生产的多与少、好与坏都是无关紧要的。劳动活动与利益享受的这种分离，必然会使劳动者不把生产看成自己的事，就会产生“我劳动多了，能摊我多少”的思想，“好坏不分，赏罚不明，干也没劲”，这就窒息了劳动者的生产积极性。在个人收入分配上的平均主义，不是鼓励先进，而是鼓励落后，不是鼓励干社会主义，而是鼓励吃社会主义，这样势必助长偷懒、消极、自私、不劳而获等等歪风邪气的滋长。

为了打破平均主义的束缚，按照改革的精神，现在不少企业实行了工资、奖金与经济效益挂钩的措施，还采取了浮动工资等多种分配形式，改变了过去吃大锅饭和鞭打快牛的状况。另外，提倡拉开个人收入之间的差距，让一部分人通过诚实劳动和合法经营先富裕起来，这对于调动劳动者的生产积极性，搞好经济，提高效益是有促进作用的。

但是在打破平均主义的同时，又产生了社会收入分配不公的问题，即某些人所得到的收入与他对社会所付出的劳动的数量和质量很不相称。其中集中表现在脑力劳动者与体力劳动者之间的收入，复杂劳动与简单劳动的报酬发生倒挂现象。有人通过调查将北京大学的教授、讲师（被调查者2368人）与北京大栅栏地区个体户各类雇工（被调查者2840人）的经济收入作一比较后发现：教授月收入为182.5元，副教授为129.5元，讲师为104.5元，而个体户雇工的月收入：饭馆大厨师为370元，百货售货员为200元，伙计为140元。这种不公平的分配现象，在当今世界各国是绝无仅有的。在美国，教授月收入8000美元—10000美元，一般工人800美元—1000美元，相差约十倍；在日本，教授月收入20万—30万日元，一般工人3万—30万日元，相差约十倍；在苏联，教授月收入600卢布—800卢布，一般工人100卢布—150卢布，相差约六倍①。在我国分配领域中，这种分配不公的问题，已经引

① 罗来勇、陈志斌：《前门外的新大亨》，《当代》，1988（4）。

起了社会的不满，是到了非解决不可的时候了。如若不然，必将危及我国教育事业和科学技术的发展，现代化建设就会有落空的危险。

在我们的现实生活中，利益享受与劳动表现相脱节现象的大量存在，除了有不正之风的干扰以外，我们民族意识中那种“不患寡而患不均”的传统观念的影响，特别是具体体制上的种种弊端，以及新中国成立以来由于对社会主义的片面认识，而产生的对于国家和集体的依赖心理，都使人们产生了只求利益满足，而不讲责任、义务的不良倾向。这一倾向危害甚大，它使我们民族怠惰，丧失活力。正如邓小平同志所告诫的，弄不好有开除球籍的危险。而要从根本上解决这个问题，只有进一步深化改革。要通过经济、政治和文化的改革，真正贯彻劳动者的综合利益原则，贯彻利益与劳动的直联、正比原则，从而实现劳动主体和利益主体的合理的优化的统一。只有亿万人民的主体积极性和主体活力激发起来了，这样，我国的现代化建设就会有无限的希望，就会获得取之不竭的力量源泉。

人口资源·计划生育·生产力*

一、人口生产与物质资料生产

（一）马克思主义关于两种生产的理论

充分发挥人在生产力发展中的主体作用，除了要善于运用利益激励机制以外，还有赖于人类自身生产的数量的适当和质量的提高。这里涉及两种生产协调发展的问题。

两种生产，一是指物质资料的生产，二是指人类自身的生产，简称人口生产。关于两种生产相互联系、相互制约的理论，是马克思科学思想体系的一个组成部分，是马克思恩格斯的一贯思想。

早在《德意志意识形态》中，他们就曾指出，"生命的生产，无论是通过劳动而达到的自己生命的生产，或是通过生育而达到的他人生命的生产"①，这两种生产同时并存，构成了人类的历史运动。如果说，当时马克思关于两种生产的理论还是处于萌芽状态的话，那么在后来的经济学著作中，这一思想则是得到了更为充分的体现。

在《强迫移民》一文中，马克思已经从两种生产的相互关系的角度，阐述了过剩人口的两种形式：生产力压迫人口，和人口压迫生产力，并把两种生产联系起来考察其对社会发展的影响②。

在《〈政治经济学批判〉导言》里，马克思进一步把物质资料的生产称为"第一种生产"，认为"在第一种生产中，生产者物化"，即作为主体的生产者，其能力的消耗或消费转移、渗透到产品中去了。

---

* 原文来源于陶富源主编：《现代生产力发展概论》，北京：中国展望出版社，1990年。

① 《马克思恩格斯文集》第1卷，532页，北京：人民出版社，2009年。

② 《马克思恩格斯全集》第8卷，618、619页，北京：人民出版社，1961年。

产品是生产者的目的与能力的“物化”形态。他把人自身的生产称为“第二种生产”，认为“在第二种生产中，生产者所创造的物人化”，即人们所创造的产品都是“以这种或那种形式从某一方面来生产人”[①]。

在《资本论》这部巨著中，马克思在第一卷分析资本主义生产过程时，就是从生产力和生产关系矛盾运动的角度，通过对劳动者与生产资料结合状况的分析，阐明了资本主义社会的人口规律——相对过剩人口规律。在第二卷分析资本主义流通过程时，又提出，一定量的生产资料必须和一定量的劳动力相适应，才能发挥最高的生产效益。而资本主义生产的无政府状态，使劳动者和生产资料结合的比例遭到破坏，造成了劳动力和资本的双重过剩。在资本主义社会中，人口生产与物质资料生产的内在矛盾，表明了资本主义生产关系与生产力发展不相适应，以及资本主义制度灭亡的必然性。

在马克思对关于两种生产的理论从政治经济学角度进行阐述的基础上，恩格斯通过对原始社会史的研究，进一步从哲学高度论述了两种生产的理论。他指出：“根据唯物主义观点，历史中的决定性因素，归根结蒂是直接生活的生产和再生产。但是，生产本身又有两种。一方面是生活资料……的生产；另一方面是人类自身的生产。”“一定历史时代和一定地区内的人们生活于其中的社会制度，受着两种生产的制约：一方面受劳动的发展阶段的制约，另一方面受家庭的发展阶段的制约。”[②]这是恩格斯关于两种生产理论的马克思主义的经典性论述。

不难看出，马克思恩格斯关于两种生产的理论，绝不是偶然的思想闪光，而是一个重要的一贯的理论观点。这一理论启迪人们，马克思恩格斯在说明历史过程的一般规律时，是从物质生产和人口生产的交互作用及其发展来揭示历史运动的根本动因的。

（二）两种生产在历史发展中的作用

两种生产作为物质生活过程的两个基本方面、基本因素，是互相联系，共同作用于历史发展的。无论失去其中任何一方，另一方也就失去了存在的条件，人类社会也就不能存在。

物质资料的生产是人类生存和发展的基础。人类为了维持生存和

① 《马克思恩格斯文集》第8卷，14页，北京：人民出版社，2009年。

② 《马克思恩格斯文集》第4卷，15、16页，北京：人民出版社，2009年。

延续后代，必须获取衣、食、住等生活资料。但是人类获得生活资料的方式和动物有本质区别。动物只是靠自然界现成的物品来维持生存和繁殖，人类的生活资料则是人利用工具，改造自然界而生产出来的。恩格斯说："人类社会和动物社会的本质区别在于，动物最多是采集，而人则能从事生产。"[①]可见，没有物质生活资料的生产，也就谈不上人类自身的生产。

但人类自身的生产也是物质资料生产和社会存在及发展的基本前提。人是社会生产和社会生活的主体。没有人类，没有人类自身的生产，人类不能延续，社会也就不能继续存在，这样，历史也就会中断。因此，"全部人类历史的第一个前提无疑是有生命的个人的存在。"[②]另外，没有人类自身生产为物质资料生产提供劳动力，物质资料生产就无法进行。斯大林说："人是社会物质生活条件的必要因素，没有一定的最低限度的人口，就不可能有任何社会物质生活。"[③]

由此可见，离开了物质生产，就谈不上有人口生产；同样，离开了人口生产，也就谈不上有物质生产。失去其中任何一方都意味着统一的社会生活过程的瓦解，意味着人类社会的不复存在。人类社会之所以能延续到今天，就是两种生产在彼此依赖，互为条件的历史进程中不断发展的结果。

诚然，在社会的发展过程中，人口生产和物质资料生产的地位和作用是历史地变化的。

在人类还刚刚从动物界脱离出来的时候，人类展开自己历史的最初阶段的生产，基本上还是"自然的"生产，就是直接采集和捕获现成的自然产品。在这种生产中，一直是凭借着个人的体力，并用集体的方式进行的。"人多力量大"，在这时，也正是在这时，才显示出它真正的含义。人类进入从事原始农业和原始畜牧业的阶段之后，也仍然在相当长的时期里，不得不继续着原来的狩猎、捕鱼和采集活动，以补原始农业和原始畜牧业生产之不足[④]。

因此，在整个原始社会的绝大部分时间里，人们主要是依靠集体

① 《马克思恩格斯文集》第10卷，412页，北京：人民出版社，2009年。

② 《马克思恩格斯文集》第1卷，519页，北京：人民出版社，2009年。

③ ［苏］斯大林：《列宁主义问题》，644页，北京：人民出版社，1964年。

④ 参见云南省编辑委员会：《民族问题五种丛书：独龙族社会历史调查》（一），106页，昆明：云南人民出版社，1981年。

的体力来获取自然的果实。按照恩格斯的观点，“劳动越不发展，劳动产品的数量、从而社会的财富越受限制，社会制度就越在较大程度上受血族关系的支配。”[①]这就是说，在人类的原始社会，人自身的生产以及由此形成的血族关系对社会具有极大的支配作用，这种情况反映到当时人的意识中，也就形成了原始艺术中普遍存在的生殖崇拜的内容。但是，原始的血缘关系，不过是人类自然状态的延续，是传统的消极的产物。

随着生产力的发展，工具、技术的进步，原始血缘关系的范围逐渐缩小并最终被超越了。由此，一夫一妻制应运而生。这里发生着物质资料生产与人类自身生产，物质的生产关系与人类的血缘亲属关系，在社会历史上的地位和作用呈反比例变化的情况。人类进入文明社会以后，物质资料的生产也就逐渐上升为社会发展的愈来愈起决定作用的主导因素。从这个时候开始，物质资料生产也就在相当大的程度上制约着人类自身生产的发展。具体地说，人口数量、素质以及婚姻、家庭、生育等等，归根到底都是由物质资料的生产水平决定的。有什么样的生产力发展水平以及与之相适应的生产关系，就有什么样类型的人口生产。

如果仅从经济发展水平与人口数量的增长关系来看，这一点是十分明显的。当前世界人口数量增长呈现两种趋势：一是人口增长缓慢，出现零增长，甚至负增长的“人口危机”；二是人口增长过快，出现所谓“人口爆炸”问题。而前一种趋向都发生在经济发达国家，第二种趋向都发生在发展中国家。再从人口状况与人均收入的比较来看，按照1980年的统计材料，人均收入在2000美元以上的国家，人口自然增长率都在10‰以下，人均收入在2000美元以下的国家，大多数的人口增长率都在20‰到30‰以上。这就说明，生产力发展水平，或经济发展水平，对人口数量的增长具有最终决定作用。当然被生产力发展水平所决定的文化生活水平、教育发展程度、医疗卫生条件、政策法令、社会意识形态、宗教信仰以及传统习惯等等，也对人口生产发生多方面的影响。

人类自身生产的增长速度也会反过来影响物质生产。不过这里需

① 《马克思恩格斯文集》第4卷，16页，北京：人民出版社，2009年。

要作具体分析。一般说来，在地广人稀，有亟待开发的资源，又有大量资金的国家和地区，人口增长快，有利于经济的更快发展。资本主义发展初期的美国、现在每平方公里平均也只有一两个人的澳大利亚和加拿大、盛产石油的几个国家都属于这一类。苏联也是这样，60年代以后，由于人口出生率显著降低，苏联始终处于劳动力短缺的状况。据70年代末估算，苏联平均每年短缺150万—200万个劳动力。这给社会和经济发展带来了一系列不利后果。因此，苏联是世界上少有的鼓励生育的国家之一。与此相反，人口稠密、耕地很少，资源一时不易开发，工业化程度很低，工业容纳劳动力的潜力不大的国家和地区，人口增加多了，快了，就会延缓和阻碍生产力的发展。

同样一个国家和地区，在生产力发展的不同阶段，人口增长对生产力发展所起的作用也是不同的。例如：美国在工业发展初期，生产力水平比较低，手工劳动仍居于主要地位，那时人口迅速增长（包括大量移民），加速了经济发展；但是近几十年来，科学技术突飞猛进，许多劳动都可以用机器代替，对于增加人口来促进经济发展，就不像过去那样迫切了。就是澳大利亚和加拿大那样地广人稀的国家，也不是简单地认为人越多越好。近年来，两国政府都支持家庭计划生育，对人口要求有更高的文化教育程度和科学技术水平。

（三）人口生产与物质资料生产必须协调

两种生产协调，这是一切社会发展的客观要求。因为两种生产之间客观上存在着一定的比例关系。如果两者的比例关系协调，就能促进生产力的发展；反之，就会影响生产力的发展和社会的进步。众所周知，劳动者是构成生产力的因素之一，而且是首要的因素。但是，劳动者只有与一定的物质条件，如资源、设备等等因素相结合，才能形成现实的生产力。为了实现这种结合，就要求劳动者的数量与生产资料的数量必须相互协调。联系人口生产来看，如果人口增长的速度，不论是快是慢，是零增长，还是负增长，只要是有利于实现劳动者数量与生产资料数量之间的协调，那么这样一种人口增长速度就是符合生产力发展要求的。

反之，如果人口增长速度是在破坏这两者之间的协调，那就不利于生产力的发展。这种不协调有两种情况：一是相对于生产资料的数量，人口增长过慢，导致劳动力的数量不足，于是造成了生产资料的闲置和浪费；二是相对于生产资料的数量，人口增长过快，而生产资料不足，则会造成劳动力的过剩，产生失业问题。这两种情况都不利于生产力的发展。

此外，要实现劳动者和生产资料的结合，还有一个人口质量与生产资料的性质相协调的问题。这一点，在现代化大生产条件下，更加突出。在技术装备现代化的生产过程中，对劳动者素质的要求日益提高，越来越需要更多的具有较高文化水平和掌握各种专门技术知识的劳动者。如果劳动者的素质与生产资料的性质不相适应，一是可能造成劳动者的结构性失业；二是可能因为某一层次的劳动力缺乏，而造成相应的劳动资料的闲置和浪费。

在现代西方发达国家所存在的结构性失业，就是在劳动者的素质适应不了生产资料的性质要求的情况下发生的。又比如，在我国，虽然劳动者人数很多，但在总体上素质不高，因而不能适应我国生产力发展的需要。

最后，还必须保持劳动者和消费者的比例协调。人作为劳动者是指人口中有劳动能力的部分，在我国通常是指男16—60岁，女15—55岁的人口。这部分人口通过与生产资料相结合，才能成为现实的劳动者。人口中除了劳动人口以外，还有非劳动人口。劳动人口和非劳动人口都是消费者，因为男女老幼、弱病残伤，都要吃穿住用，进行消费。如果生产者和消费者比例失调，一时间消费人口大量增加，就会成为社会经济不堪负担的压力，必然会导致消费基金的增加和生产基金的相应减少，这样就会影响扩大再生产。

此外，消费人口大量增加，必然会使人均占有的生产资料相对减少，人均消费水平的提高就会放慢，从而影响人口素质的提高。这两种情况，最终都必然会延缓生产力的发展。在我国人口激增已经成为生产力发展的一大严重障碍。

二、两种生产的自觉协调

（一）计划生育是经济发展的必然要求

在社会主义以前的社会，或是由于生产力发展水平极低（如原始社会），或是由于生产资料归私人所有（如奴隶社会、封建社会和资本主义社会），都不可能在全社会范围内对两种生产实行自觉的有计划的调节，在这些社会是两种生产的适应是自发地实现的。比如原始社会中食人之风的盛行，就是为了使人口生产适应物质资料生产的一种极端的表现形式。在私有制社会，特别是在它的较低级的社会形态中，人口生产的无节制所形成的高出生率，是通过阶级剥削和阶级压迫下的高死亡率来求得某种抵消的。在发达的资本主义国家，一方面由于机器大生产的长远结果，引起了人口生育的节制，同时也大大降低了人口的死亡率；另一方面，当物质生产的发展，劳动人口感到缺乏时，还可以从国外加以引进。因此，在它们那里，人口生产与物质生产的矛盾并不突出。从总体上来说，从原始社会到资本主义社会，在两种生产之间起作用的是自发的调节。

在社会主义社会，由于实现了生产资料公有制为主体，国民经济走上了自觉调节的轨道，人类有史以来第一次有可能在全社会范围内实现有规划地发展物质生产和有规划地控制人口生产，使两种生产经常协调发展，从而推动社会主义建设事业的前进。因此，计划生育是社会主义建设事业中极为重要的组成部分。社会主义社会不能不实行计划生育，道理在于，计划生育为整个国民经济的稳定发展，提供了合理规划的前提。

我国是以生产资料公有制为主体的社会主义国家，有规划按比例地发展国民经济是社会主义经济发展的必然要求。这个规律要求，必须按比例地向国民经济各部门分配人力和物力，要求每个部门的发展必须协调。因此，我们整个国家规划，不论是年度规划，还是长远规划，首先就要正确反映和解决好人口生产和物质资料生产的比例关系。正是在这个前提下，然后才有可能解决好积累和消费的比例，以及农、轻、重等比例关系。所以，计划生育是整个国民经济合理规划的一个重要条件。

再说，社会主义生产的目的，就是为了满足人民日益增长的物质文化生活的需要。这和资本主义生产的目的是根本不同的。资本主义生产是为了追逐更大的利润，聚敛更多的财富，人口增长快了，形成失业的产业后备军，造成工人的实际工资低于劳动力的价值，这对资本家个人来说不仅没有什么不好，而且有利于压低工人工资，增加剩余价值。可是在社会主义社会，要实现提高人民生活水平的目的，一方面取决于大力发展生产，另一方面也取决于要自觉调整好社会劳动者与社会消费者的适当比例，不然，生产的发展和人民生活水平的提高都会受到极大影响。在这一方面，我们走过了一条曲折的道路，付出了沉重的代价。

（二）我们的教训与成就

中华人民共和国成立之初，由于三座大山被推翻，政治制度发生了根本的变化，中国人民从此站起来了，人们沉浸在一片祥和乐观的气氛之中，认为人多是大好事，加之当时一般死亡率依然很高，公共卫生、医疗预防需要提高，政治经济又处在百废待兴时期，因而对于人口增长会成为大问题，并没有引起人们的警觉。直到1953年人口普查，数字公布出来，一批知名人士才有所反应，邵力子、刘少奇、吴景超、陈达、马寅初等人曾先后指出人口高速增长对经济发展的影响，因而建议说服群众节育，特别是马寅初先生于1955年提出了“控制人口数量，提高人口质量，合理发展生产力”的新人口论。由于政治上的原因，这个正确理论不但未被采纳，反而遭到批判。在这以后，中国人口继续无限制盲目发展。在60年代，当世界上要求控制人口增长的呼声日高的时候，我们国内却在盲目地鼓励人口增长。70年代的动乱时期，曾经有的年份人口自然增长高达2000万，人口生产的无政府状态发展到了极为严重的地步。全国人口从1949年的5.48亿（不包括港澳），到1982年增长到10.31亿。在短短的33年中，人口净增4.83亿。净增人口相当于两个苏联，四个日本，八个法国，从而引起了一系列社会问题，极大地延缓了我国生产力的发展速度。

第一，致使大批劳动力不能充分就业。这种情况“文革”以前已经存在，“文革”期间趋于严重，于是只好把广大城镇青年下放农村。

这一方面进一步加剧了农村中早已存在的沉重的人口压力，另一方面又带来了一系列新的问题。“文革”结束后，大批下放知青回城，虽然经过千方百计的努力，先后安排就了业，可是与此同时，新的待业人口又一年一年地涌现出来。

第二，虽然有大批的待业人员安排就了业，但生产的发展在实际上并没有能提供那么多的就业机会，于是三个人的工作，五个人做，企业“冗员”大量增加。据估计，在全国相当多的生产单位，这种非生产必需人员甚至占到企业全体职工的三分之一左右。于是人多效率低，加以劳动制度上还存在种种弊端，造成企业不能计划用人，择优用人，因而也就失去了某些内在动力。

第三，迫于巨大的人口压力，为了满足社会成员的最基本的生活需要，国家只得实行“广就业，低工资”的政策。在经济发展水平较低的条件下，要解决基本的温饱问题，也就不可能拉开多少个人收入的档次。这就影响了按劳分配原则的实行，致使拿钱不干事、少干事的人还相当程度地存在，劳动者的利益不能得到充分的合理的体现，也就妨碍了劳动者生产积极性的调动。

第四，劳动工具的改进是生产力发展的一个客观标志。从总的趋势来说，生产工具经过了由手工工具到机械化工具，再到自动化工具的发展过程。手工工具，技术落后，生产效率低，但能吸收大量劳动力。机械化劳动和自动化劳动，技术先进，生产效率高，但是提供的就业机会少。这样，也就产生了安排人口就业与劳动生产率提高的矛盾。而在巨大的人口压力下，在我国现阶段还不得不使城镇手工业、农村手工业和家庭副业有一个相当的发展，这也就必然迟缓了我国生产力的技术结构的改进。

第五，生产力的发展需要有足够的资金。我国资金来源主要依赖于国内的积累，国内资金又主要来自增产节约。物质的节约是一个方面，控制人口增长的节约也是不可忽视的一个重要方面。如果人口增长太快，必然影响建设资金的积累。为了保证按人口平均的消费额不低于从前，人口增长的部分，每年都要有相应的一部分国民收入来保证。有的人口学家计算过，人口增长百分之一，国民收入增长速度大体要降低百分之一；相反的，人口增长速度能在现有基础上降低百分之一，那么国民收入增长的速度也大体能提高百分之一左右。不少年来，我国人口的自然增长率，在实行计划生育以来，最低的年份也超过百分之一，而在未实行计划生育以前，有的年份人口自然增长率甚至达到百分之二以上。这些新增加的大量人口耗费了大量的资金，极大地影响了我国经济的发展。

第六，人口数量的大量增加，严重影响了我国人口质量的提高。关于这一点，留待后文作详细的说明。

总之，离开人口生产只讲物质资料生产，离开计划生育只讲经济计划，导致人口的大量膨胀，这是一个极为严重的失误。后来，通过总结教训，我国从1971年开始广泛推行计划生育政策，1973年，人口计划第一次被正式纳入国家计划，特别是十一届三中全会以来，开始在全国范围内认真总结过去的经验，提出控制人口的长远目标。凡此种种，标志着我国人口政策从内容到执行，开始进入系统化、完善化的时期。

国家统计局提供的资料表明，按1970年生育水平推算，到1988年底，全国少出生2亿多人，仅抚养费一项就为社会节约3万亿元，这相当于1985年我国国民生产总值的2.5倍。用这笔钱可以建100多个宝山钢铁总厂，如果投入教育事业，可保证1000所重点高校的正常开支50年。这个成绩是十分巨大的。

但是，也应该清醒地看到，我国计划生育工作所面临的任务还很艰巨，丝毫放松不得。

（三）计划生育工作要进一步抓紧

首先，为了在20世纪末实现小康水平，必须在2000年把人口控制在12亿左右。我国人口基数大，自然增长率稍有上升，其增长的绝对数就很大。据有关部门预测：按照目前我国人口状况、生育政策及工作水平，在1988年至1996年的8年间，平均每年要出生2200万人，1996年至2000年的5年间，平均每年要出生1800万人，13年共计要出生2.66亿人，减去其间死亡的1.06亿人，人口要净增1.6亿，到20世纪末人口将达12.4亿人。如果不采取切实控制措施，到20世纪末，人口将达到甚至超过13亿。如以20世纪末我国人口12亿为基点，每多增加1000万人，我国人均国民收入将下降10元左右。因此，如果对人口生育放松控制，也就意味着对20世纪末实现小康水平提出了更高、更新、更难的工作要求。对这一点绝不能掉以轻心。

第二，从1962年开始的我国第二个生育高峰期出生的人口，已从1984年开始逐步进入了婚育期，从而使我国在近几年面临着第三个人口生育高峰期。人口自然增长率，1984年为1.08%，1985年为1.12%，1986年明显回升为1.41%。通过1987年上半年的1%人口抽样调查和下半年的调查推算，1987年人口增长率继续回升到1.45%。面对“七五”期间人口增长率不断回升的现实，我们要大力提倡晚婚晚育，继续提倡一对夫妇生一个孩子。

第三，我国还处在社会主义初级阶段，经济文化还比较落后，旧思想的影响还严重存在。因此，要通过多方面的工作，克服旧思想的影响，逐步形成“计划生育好”“计划生育光荣”的一种社会风气。

第四，要注意克服计划生育工作中的薄弱环节。这主要表现在，有一些干部对计划生育工作的意义还认识不足，思想跟不上改革的形势，基层组织不健全，一些地方计划外生育数量不小。不少地区出现早婚早育、抢生、超生现象。目前全国出生的婴儿中，属于多胎的每年有300多万，比例达16.8%。因此，要特别注意加强基层工作，加强后进地区和薄弱环节的工作。

三、控制人口数量，提高人口素质

（一）适度人口数量的根据

人类在地球上出现到现在经历了两三百万年。从人之初，到1830年世界人口为10亿，几乎一个世纪后，到1927年才达到20亿，但到1960年，即33年后增至30亿，此后只用了14年，到1974年便上升到40亿，此后又仅过了13年，到1987年7月11日就达到了50亿。人口数量的迅猛增长，人口密度的不断提高，使人口与环境的矛盾尖锐起来，这必然导致人类生活质量的降低。

人类为了生存，必须从自然界取得各种资源。但地球上的资源毕竟是有限的。因此，人口学家认为，制定人口政策，一定要考虑到自然界所具有的支付能力，于是提出了一个关于环境的人口容量问题。有人认为环境的人口容量，就是指在一定自然资源条件下能生活的最理想人口，或适度人口。

早在20世纪初，英国经济学家坎南等人就曾提出过“适度人口”的论点。他们主张根据自然资源等因素，保持一个适当的人口数量，以维持生态系统的稳定。国际人口生态学家们进一步指出：世界对于人口的容量是指在不损害生物圈或不耗尽可合理利用的不少更新资源的条件下，世界资源在长期稳定状态下所供养的人口数。

地球上究竟能容纳多少人呢？目前说法不一。不过整个地球，或一个国家，或一个地区的适度人口数的确定，取决于地理环境、自然资源、经济发展水平等多种条件，这是无疑的。英国科学家认为，为使英国人口适度，应将英国现有的5600万人口，逐步减少到3000万；荷兰科学家提出，荷兰的适度人口只能是500万人，可是荷兰现有的人口是1350万人。关于人口适度的数字，各国尚在讨论之中，但是这个问题的提出是十分重要的，因为它提醒人们必须制止人口的无限增长，以取得最大的经济效益，从而有利于保持和发展每个国家的物质文明和精神文明。

我国人口学家根据我国今后科学技术的发展和社会经济发展的预测，根据食物、营养、土地、水、矿藏等自然资源和生态环境条件，通过现代化的计算工具，进行综合研究，认为我国的适度人口以7亿为宜。这是一个关系到子孙幸福的战略设想。

然而调查资料表明，到1989年7月，我国人口已经突破11亿大关，超过适度人口数4亿多，而且从发展趋势来看，这还不是人口增长的最高峰。

我国一向以地大物博著称，但要作具体分析。我国960万平方公里的陆地大约占世界陆地面积的7%，但人口却是世界人口总数的22.7%，许多按人口平均计算的自然资源是比较少的。我国耕地已从1949年的人均近2.7亩减少到1989年的1.4亩，只有世界人均水平的23%；人均草地4.3亩，只有世界人均量的38%；人均森林1.8亩，只有世界人均量的12%。我国农业资源后备不足，已经向我们提出了严重的挑战。现在农业生产还基本上以手工劳动为主，可是就已经感到劳动力大大超过了生产的需要，在我国农村已经形成了数量巨大的剩余劳动力。

与工业发展相联系的我国各种非更生性矿物资源在总量上虽然比

较丰富，但按人口平均计算，许多也相当贫乏，而且由于资金和技术力量不足，有些资源一时还不可能马上得到充分的开发和利用。因为工业不够发达，工业部门每年吸收新增劳动力的1/10已很吃力。可见，在我国由于人口数量的大量增加，现在已经使巨大的劳动力资源与生产资料相对不足的矛盾达到了相当尖锐的程度，也就是说，有相当大的一批劳动力不能和生产资料相结合，不能转化为现实的生产力，而且这一矛盾不是短期内能得到缓和的，因为人口控制不能像汽车那样可以搞急刹车。我们既不能脱离人口基数大、经济文化还比较落后的国情，又要考虑到社会的承受能力。

有的专家曾经预测，就算从1985年以后全部实行“一胎化”，我国人口还要再增长20年，到2005年以后才开始下降。如果从1985年开始计算，想把人口控制到7亿左右，还要经过70年的努力。更何况，从1985年到现在已经过去了4年，我们还只是提倡“一胎化”，还远远没有实现“一胎化”，而且在最近的将来也难以实现这一点。可以预见，我国人口继续增长的时间还会向后延长，人口要控制到7亿左右，还要用比70年更长的时间。

另外，有人鉴于当前计划生育工作难度较大，认为只要等将来经济发展，人口问题就自然而然地能得到解决，意思是说，现在用不着花那么大劲去抓计划生育工作。这种认识对不对呢？这里需要进行一些具体分析。诚然在世界上某些工业发达国家有过这样的事例，比如，英国1749年人口出生率为33.3‰，后来经济发展了，到1916年就自然降到了22‰；瑞典也是这样，1860年人口出生率为34.7‰，1917年自然降到了20.7‰。那么能否援引这些事实来说明，我国也可以等到经济发展以后让人口自然减少了？不能。这是因为：

第一，英国和瑞典处于人口高出生率的时期，人口的基数都比较小，而且这种高出生率正好适应了当时它们本国资本主义发展的需要，因而对于经济的发展是具有促进作用的。而在我国，情况则刚好相反。我国人口基数大，已经对生产力的发展产生了很不利的影响，所以，如果要等到经济发展以后再来控制人口，那么不仅人口问题无法解决，而且经济也不能持续顺利发展，甚至还会造成人口与经济发展的一种恶性循环，这样，后果将不堪设想。

第二，经济发展水平只有在达到一定高度以后，才会对人口增长率的下降起到促进作用。有些统计资料表明，人均国民收入达到750美元以上的国家就是如此。可是，事实也证明，在经济水平还没有达到这个高度的以前的发展，不仅不会使人口增长率下降，相反还会使人口增长率上升。从新中国成立以来走过的道路来看，就是这样。

因此，希望在经济大发展以后，我国人口问题能自然而然地解决，那也只能是在长远的将来，但远水解不了近渴，上述主张对我国来说，并没有多少现实意义。所以，当前最可行的选择，就是要把人口控制和生产力发展同步进行，使二者相互促进，逐步形成一种良性循环，逐步趋向我国的适度人口目标。

（二）只有使人口适度才能全面提高人口素质

人口素质是一国社会经济发展水平的重要标志之一，也是一国社会经济发展的重要因素之一。在社会经济发展愈来愈依赖于科学技术的当今世界，愈来愈多的国家日益重视本国人口素质的提高。控制人口数量，提高人口质量，是我国实现社会主义现代化的重要战略任务。

人口素质是一定社会中人口道德水平、文化程度和身体状况的总和。提高人口素质，就是要改善健康状况，开发人的智力，提高人的道德水平。这就需要提高人民的物质文化生活水平，提高受教育的程度。

要提高人口素质，这里就既要开源，又要节流。所谓开源，就是发展生产；所谓节流，就是控制人口适当增长。如果仅从人口生产这一方面来说，一个国家在某一时期为了扩大再生产，因此用于消费的资金比例不可能过大。在这一定的消费资金中，如果用于人口数量增长的经费多了，那么势必影响用于提高人口素质的经费。

曾经有人作过粗略的估计，一个婴儿从出生抚养到16岁，按1986年消费水平计算，在农村要花7000元，城市要花18000元，这中间还不包括16岁以后的大专教育和其他的费用。如果把过度生殖人口的这笔资金节省下来，不仅可以极大地增加生产积累，进行基本建设，而且将极大地改善人民生活，增强人体健康，来发展科学文化教育事业，进行智力开发，提高人口素质。我国的科学教育事业、文化卫生事业之所以发展十分缓慢，其中一个重要原因就是我国很大一笔新增国民收入用在了新生儿身上，拿不出更多的钱去办这些事业。

人口数量失控与人口素质提高的矛盾除了表现在经费方面以外，还表现在人的精力消耗上。抚养一个孩子与抚养多个孩子，大人所消耗的精力显然是不一样的，而人的精力是有限的，如果在抚养孩子上花的精力过多，这就必然会受到孩子的拖累，影响大人的身体健康、学习和提高，特别是对妇女来说，更是如此，这就必然影响大人的素质的提高。从孩子的角度来说，孩子多了，必然使做父母的精力分散，另外忙于生计也会少有精力顾及孩子，只好任孩子饥饿啼哭，既无充足营养，又无外界良好的环境刺激，因而代代相因，智力日退。因此，要提高全民族的科学文化水平，提高我国的人口素质，人口数量必须控制。

（三）从先天和后天两方面提高人口素质

如上所说，人口素质是一定社会中人口的道德水平、文化程度和身体状况的总和。道德水平是由一定社会的经济制度、政治制度以及处于主导地位的意识形态所决定的。文化程度是通过社会的科学文化教育而获得提高的。其指标有各级学校的入学率，人口或劳动力中受过各种教育人口的比重，科技人员在人口中的比重等。身体素质是由经济发展、生活水平以及医疗卫生、体育事业的发展所决定的。其指标有人口疾病发病率、人口死亡、人口寿命、青少年的身高体重等。就个体素质来说，道德水平、文化程度，主要是后天因素决定的，当然与先天生理素质也有联系，身体状况既取决于后天因素，也取决于先天因素，是先天和后天共同作用的结果。从总体上来说，为了提高人口素质，既要注意先天，又要注意后天。

所谓注意先天，就是要对育龄夫妇进行优生教育，采取优生措施。这是提高人口素质的一个重要前提。现代优生可分为预防性优生和进取性优生两种。所谓预防性优生，是指防止或减少有严重性和先天性疾病的个体的出生，它的实质是在出生前就消除不良遗传素质的个体。为了达到预防性优生的目的，可采取如下措施：结合计划生育工作开展遗传咨询、产前诊断及选择性流产等。这些工作的开展具有现实性和迫切性，因而能为大多数人所理解和支持。所谓进取性优生，主要是增加体力和智力优秀个体的繁衍，它的实质是扩展优良遗传素质的个体。关于这一点，一些国家的科学家正在积极探究，如何使人类具有优秀基因的个体得到大量的繁衍、如何促进人口质量的优质化，人工授精、体外受精、胚胎移植已取得初步的成果，人的无性繁殖问题也已提上日程。由于进取优生的措施不仅除科学本身还需进一步探索及在技术上需要进一步完善外，它还涉及伦理道德、传统观念、家庭婚姻等种种社会问题。鉴于这种情况，预防性优生在当前是可以而且应该着力抓好的一项重要工作。

要严格执行法律所规定的近亲（直系血亲及三代内的旁系血亲）禁止结婚，要防止发育不全、体态畸形、智力迟钝和呆傻等低能人口继续生育后代，对孕妇要进行产前遗传性疾病诊断，避免患有遗传性疾病和先天性缺陷的婴儿的出生。

据估计，全国先天低能人口约有500万，占总人口的0.5%，而在经济落后、文化不发达、交通闭塞的穷乡僻壤、山区、林区，低能人口的比例更大。另据1983年全国人口变动抽样调查对江苏省10个市县的统计表明，新生婴儿中有先天性疾病占相当数量，先天性致残儿童占残疾儿童总数的44.4%，其中先天性心脏病和先天性遗传疾病在先天残疾儿童中占了约50%，大脑发育不全、先天愚型、痴呆占先天性残疾儿童的21.4%，其他先天性疾病占28%。据世界卫生组织统计表明，近亲结婚是产生严重遗传病和先天性缺陷的一个重要原因。先天性和遗传性疾病的患病率，近亲结婚的子女比非近亲结婚的子女高150倍，近亲结婚生下后代的死亡率一般为81%，而非近亲结婚的子女死亡率一般是24%。由此可见，近亲结婚给人口质量造成的危害是触目惊心的。

所谓注意后天，其中最主要的是加强智力投资，抓好各种形式的教育，如婴儿教育，少年、青年教育，成人教育，终身教育。要采取各种措施提高人们的健康水平、思想道德水平和科学文化水平。这是提高人口素质的关键。在我国目前的人口素质中，人口文化素质太低，适应不了经济发展的需要。据1982年统计，我国成人中文盲半文盲占35%，这对经济发展极为不利。在我国一些落后地区，由于人口出生率高，不少人对孩子的养育仅仅理解为烧饭时多加一把米，至于如何给孩子以知识教育，如何提高孩子的素质，不少做父母的，或是根本没有想到，或是因孩子多而缺乏条件。

总之，人口问题是我国现代化所面临的最严峻的问题之一。控制人口数量，提高人口素质，是关系我国经济发展和社会发展全局的重要问题，一定要认真抓好。只有我们把中国人口的数量优势逐步变成素质优势，我国的现代化建设和民族的腾飞，才能获得最重要的取之不尽的人才资源。

论社会主义社会的计划生育*

计划生育是社会主义建设事业中不可缺少的极为重要的组成部分。社会主义社会不能不实行计划生育。这是新中国成立32年来，我们所取得的一条宝贵经验。

过去，有一个相当长的时间，我国流行着一种极端片面的观点，简单地认为人多力量大，人多好办事。因此，排斥计划生育工作和人口理论的研究，致使人口无计划地迅猛发展。这一事实告诉我们：搞不搞计划生育，这不是无足轻重的小事，而是一个关系我国四化建设的速度和前途，关系我们的社会主义事业和中华民族兴旺发达的大事。

现在，计划生育工作已经被越来越多的人所重视。但是，有些同志把计划生育工作看成一种“权宜之计”，认为只是解决我国当前人口过剩的一种救急办法。至于把计划生育工作作为社会主义事业中不可缺少的组成部分，作为社会主义建设理论必须研究的重要内容之一，在他们看来，总觉隔膜，似乎缺少根据。我们是不同意这种观点的。我们认为，这是当前计划生育宣传上必须解决的一大认识问题。下面想就计划生育与社会主义这两者之间的关系，谈一点粗浅的看法。

一、计划生育是国民经济稳定发展的需要

社会主义建设需要实行人口的计划生育，计划生育为整个国民经济的稳定发展，提供了前提。

我国是建立在生产资料公有制和按劳分配为主体的社会主义国家。国民经济的稳定发展是社会主义经济制度的必然要求。为了满足这个要求，就必须按比例地向国民经济各部门分配人力和物力，要求每个

---

* 原刊于《安徽人口通讯》，1982（1）。原文题目是《计划生育与社会主义》，与王俊杰共同撰写。

部门的人力和物力必须协调。因此，我们整个国家的规划，不论是年度规划还是长远规划，首先就要正确反映和解决好人口生产和物质生产的比例关系问题。在这个前提下，然后才有可能解决好积累和消费的比例，以及农、轻、重等的比例关系。所以，我们认为，计划生育是整个国民经济稳定发展的前提。

再说，社会主义生产的目的，就是为了满足人民日益增长的物质和文化的需要。人民生活水平的提高，一方面取决于生产的发展，另一方面也取决于社会劳动者和社会消费者的适当比例。如果人口出生率太高，打破了上述比例，造成社会消费人口的大量增加，这就势必影响人民生活水平得到应有的提高。

过去人口增长太多太快，已经成为我们国家的沉重包袱。一是在目前的生产条件下还不能充分就业。二是粮食增长抵不上人口的增长。1956年全国粮食总产量是3855亿斤，人均614斤。经过20多年的辛勤努力，到1976年粮食总产提高到5700亿斤。这个增长速度是相当可观的；但是由于人口增长太快，人均粮食仍只是614斤，没有得到提高。三是有限的“饭”大家分着吃，影响按劳分配原则的充分实现，妨碍人民群众积极性的调动，影响生产的发展。

所以，在对物质生产进行规划的同时，必须对人口生产实行计划，这是社会主义经济稳定发展所必然要求的。只有解决好人口生产与物质生产的比例关系问题，才能使国民经济稳步而又高速向前发展；只有这样，人民才算真正掌握了自己的命运，才能在物质生产和人口生产这两方面获得自由，从而成为恩格斯所说的“自由的人”，高尚文明的人。

二、我国计划生育取得了巨大成就

社会主义公有制的建立，保障了人民都有平等的就业机会（当前虽然有一部分人待业，但是，党和政府千方百计在创造条件，分期分批安排就业），从而也就决定了大家都有“各尽所能，按劳分配”的权利。不仅如此，劳动者在丧失劳动能力以后，还可享受退休、离休等照顾。现在农村的“五保户”，有些地方照顾得好些，有些地方照顾得还不够，那是工作上的问题。总之，不论工人、农民、文教科技人员，还是机关干部，他们的生活都将随着生产的发展，而不断得到提高。这些就为人们自觉地实行计划生育提供了物质条件。在这种情况下，过去那种“养儿防老”“多子多福”等旧意识，就能逐步得到改变。人民的共同利益产生了共同的理想：把我们的伟大祖国建设成为社会主义的现代化强国，以求人民的物质和文化生活水平的不断提高。只要我们认真做好计划生育的宣传和组织工作，广大人民群众是会从自身的根本利益出发，从有利于社会主义四化建设的大局出发，从有利于个人家庭生活的富裕出发，从而激发起实行计划生育的积极性和自觉性的。关于这一点，已为我国的计划生育工作所取得的成绩（虽然是初步的）所证明。

1970年我国人口自然增长率曾高达25.95‰。据说这还不是最高的年份，有个别年份自然增长率曾经达到33.5‰。经过全党和全国人民的努力，1980年人口自然增长率就已下降到12‰。这是一个很大的成绩。

现在，在党和政府提倡一对夫妻只生一个孩子的口号感召下，全国已领独生子女光荣证的有一千万对。可以预见，随着全党和全国人民对党中央、国务院关于进一步做好计划生育工作的指标的进一步学习、宣传、贯彻，必将有越来越多的青壮年夫妻主动去领独生子女光荣证。

有些外国人口专家，对我们在控制人口增长方面所迅速取得的上述巨大成绩，感到惊奇，感到不理解。这些专家们不了解，我国实行计划生育优于别国的最根本的一点，就是我们有优越的社会主义制度。在这个制度下，个人利益与集体利益、国家利益在根本上是一致的。人民群众一旦了解计划生育的重大意义，就会积极地响应党和政府的号召，认真地行动起来。这在资本主义国家中，是难以做到的。应该说，这也正是社会主义优越性一个方面的表现。试想，如果没有社会主义制度的保障，短期内能够把人口自然增长率下降这么多吗？

恩格斯说过：“如果说共产主义社会在将来某个时候不得不象已经对物的生产进行调整那样，同时也对人的生产进行调整，那末正是那个社会，而且只有那个社会才能毫无困难地作到这点。”①恩格斯的这段论述正确地预见到了社会主义社会实行计划生育的必要性和可能性；这种必要性和可能性，我国正在实现。

现在，计划生育工作已在我国城乡全面推开，人口猛增的情况逐步得到控制。许多青年人摆脱了“早生字”“多生子”等旧传统束缚，集中时间和精力，一心一意投身于学习和工作，这对于他们自己的成长、进步，对于推动我国的四化建设，其意义是巨大的。同时，如果提倡一对夫妇只生一个孩子，减少出生数，比如一年少生一千万（这是可能的，因为1979年就比1970年少生了一千万），就可节约抚育费200亿元。国家就可以用这笔钱，来改善人民生活，来发展科学文化教育事业，进行智力开发，提高人口质量；来增加生产积累，进行基本建设。正如周恩来所说：我们把人口发展加以控制，这对我们是有好处的，可以使国家负担减轻，积累增加，使我们国家很快富强起来。打倒“四人帮”以后，特别是党的十一届三中全会以来，全国的政治、经济形势有了根本的好转，并且越来越好。这种大好形势的出现，其原因是多方面的，应该说，在党的十一届三中全会路线指引下，计划生育工作是作出了很大贡献的。

总之，必须看到社会主义制度为计划生育工作的开展提供了多方面的有利条件；同时，计划生育的实现，对于我们建设社会主义的物质文明和精神文明，对于社会主义制度的巩固和发展发挥了巨大的推动作用，作出了多方面的贡献。

三、总结经验，继续前进

我们要充分利用社会主义制度所提供的各种优越条件，要像继续狠抓物质生产那样，进一步搞好计划生育工作

如前所说，社会主义制度为计划生育工作的开展提供了各种优越条件，但是这些优越条件能否得到充分利用，并不取决于这些条件本身，而是取决于人的因素；取决于正确发挥人的主观能动性；取决于广大农村、城镇和企事业单位，在进一步完善生产责任制的同时，完

① 《马克思恩格斯全集》第35卷，145页，北京：人民出版社，1972年。

善计划生育责任制。

新中国成立以来，我们在人口发展上犯过错误，走过弯路，这并不是社会主义制度造成的，而是我们工作中的原因，是我们在思想和工作中违反了社会主义应有的人和物生产的比例关系造成的。例如，早在20世纪50年代，我们党就曾错误地批判过要求实行计划生育的正确意见。在20世纪60年代，当世界上要求控制人口增长的呼声日高的时候，我们国内却在盲目地大量生殖人口。而在十年动乱时期，曾经有些年份每年人口自然增长高达2000多万，人口生产的无节制状态发展到了极为严重的地步。这个教训是十分深刻的。

后来，我们认识了错误，积极地改正错误，并且在克服过去错误所遗留下来的一系列困难问题，取得了显著的成绩。

但是，绝不能因此而自满、松懈。应该清醒地认识到，我们所面临的任务还是很艰巨的。首先，必须要做到，到20世纪末把人口控制在12亿以下。这就要求全体党员、团员认真执行党中央国务院的指示，并在广大群众中继续深入地开展广泛的宣传，以及做好细密切实的组织工作。旧中国是一个半殖民地半封建的社会，经济文化十分落后，封建主义思想和小生产的思想源远流长。革命胜利以后，我们在意识形态领域内进行了一系列的工作，取得了很大的成绩。但是上述旧思想是不可能一下子绝迹的，还要在各个方面表现出来。在计划生育上，“不孝有三，无后为大”“多子多福”“传宗接代”等等旧思想的影响是不能低估的。在当前，我省广大农村，由于实行各种形式的生产责任制，调动了农民群众的积极性，生产形势很好，农民收入增加。但有些思想保守的群众，认为生活好转，多生一两个孩子不愁吃穿，于是又放松节制生育。另外，由于过去长时期的无计划生育，习惯的力量也迷惑住了一些人的视线。他们在新的任务面前，怀疑甚多。例如，“人口老年化”（目前还不存在这个问题）啦，“兵源不足”啦等等。对这些认识上的问题，我们必须通过摆事实，算细账，讲道理，来求得解决。要有奖有惩，奖惩分明，在小孩入托、上学、就医以及分配住房等方面，对独生子女的优先照顾，必须认真落实，对领取了《计划生育光荣证》的夫妇双方的照顾，必须认真落实。对计划生育工作战线上的模范人物应当给予应有的赞扬和奖励。对于违反计划生育政策的少数党、团员，要给予应有批评教育和必要的纪律处分。对有意破坏计划生育工作，甚至打骂计划生育工作者的，要严加制裁。要通过多方面的工作，逐渐形成“计划生育好”“计划生育光荣”那样的社会风气。

在人口生育上，要改变几千年来的那样一种盲目状态，做到有计划，这的确是一件移风易俗的大事，是社会主义建设的重要内容。我们要坚持教育为主，思想先行，但也要辅以制定全国人口生育法规。我省也已经有了《实行计划生育若干问题暂行规定》，必须坚决执行。社会主义人口生育法规和社会主义的其他法规、条例一样，是代表人民利益和意志的。有了人口生育法，更加便于人民自觉地遵循。有了人口生育法，对于那些违反者和破坏者也有利于及时给予制止和惩处。

现在，我国人口学家经过深入研究，有些同志提出，在我国960万平方公里的土地上，生活的适量人口以7亿为宜。我们认为这是关系到子孙后代幸福的一个战略设想。如果与这一重人设想的目标相比，我们在计划生育工作方面所取得的成绩还是初步的。因此，任何骄傲、松动情绪都是要不得的。计划生育工作任重道远，所以还必须加倍努力。

另外，还应指出的，计划生育是我国人口生产的一个总原则。至于如何贯彻和落实这个原则，在人口发展的不同阶段，具具体的生育政策是变动的，不是固定不变的。这里变动的依据就是人口生产与物质生产、积累与消费、社会劳动者与社会消费者等比例的协调。为了实现这种协调，就要根据不同情况，采取不同的生育政策。比如，现在提倡一对夫妇生一个孩子，到一定时候，也可能要视情况变化，而改变这一生育政策。

地理环境在人类社会形成及早期发展中的决定作用*

一、人本身是自然界的产物

“人本身是自然界的产物”[①]，这是马克思主义的一个重要观点。这一观点为科学说明地理环境在人类社会形成和早期发展中的决定作用，提供了理论根据。

达尔文生物进化论和马克思主义人类起源论说明，人类是由古猿进化来的，社会是随着人类同时形成的。

攀树的猿群为什么要下到地上来直立行走；要学会制造工具，从事劳动，从而进化到人类社会呢？一般说来，这是环境的逼迫。那时候，地球上一些温热地带的气候，变得干寒起来，森林大批毁灭，饥饿把古猿从树上赶下来。树上的生活方式转变为地上的生活方式，促使古猿向人类转化中迈出了有决定意义的第一步[②]。

恩格斯说：“这些猿类，大概首先由于它们在攀援时手干着和脚不同的活这样一种生活方式的影响，在平地上行走时也开始摆脱用手来帮忙的习惯，越来越以直立姿势行走。由此迈出了从猿过渡到人的具有决定意义的一步。”[③]继而，为了开辟新的食物来源，经过漫长的世纪，又完成了从猿转变到人的具有决定意义的第二步，也就是人类劳

---

* 原刊于《国内哲学动态》，1980（10）。

① 《马克思恩格斯文集》第9卷，28页，北京：人民出版社，2009年。

② 在这个问题上，已有新的观点。即在生物进化史上，人类祖先之所以能进化为人类，其中一个前提条件，是作为其生物的遗传物质的变异，引起了人类祖先的生存矛盾。这个矛盾涉及两个方面：一是生物遗传物质变异了的人类祖先，二是人类祖先所生活的自然环境。这两者的相互作用导致了人的形成。在这种相互作用中，在早期，地理环境占着优势地位。在这个意义上，地理环境的决定作用，还是应该肯定的。参见《陶富源文集·第2卷·实践主导论》第五章，芜湖：安徽师范大学出版社，2016年。

③ 《马克思恩格斯文集》第9卷，550—551页，北京：人民出版社，2009年。

动的出现。劳动把人和动物最后分开了，没有劳动，也就不会有人类。所以，恩格斯说："以致我们在某种意义上不得不说：劳动创造了人本身。"[①]

在"劳动创造了人本身"这一结语前，恩格斯加了一个限制语"在某种意义上"，这并不是多余的。我体会，这个限制语指的是，由于气候的变迁，完成了从猿转化到人的第一步，即直立行走之后，在具备了这个前提的意义上，由于有了劳动的出现，也才有了人类。

因为劳动是从制造工具开始的，工具是由手制造的，而手是在直立行走后，从而与脚的分工中，解放出来的。很显然，手脚分工在前，制造工具在后。没有第一步，就不会有第二步。而且这两步的迈出都是由地理环境的变迁引起的。所以，承认地理环境在人类社会形成中的决定作用和恩格斯关于劳动创造了人的论断是完全一致的。

反过来我们也可以说，如果没有地理环境的这种变迁，引起猿群生活方式的改变，也就不会有上述两步的迈出，也就不会有人类。某些区域的古猿，只是因为生活在与原先变化不大的茂密森林中，延续到现在，虽然也发生了许多变化，但终究没有变成人类，而仍旧是类人猿。因此，从总体上看，地理环境的变迁对人类社会的产生归根到底是起了决定作用的。

二、地理环境是人类劳动形成的决定性基础

地理环境在社会早期发展阶段上的作用，也是具有决定性的。

人与动物的区别在于，动物只是本能地适应自然界；而人类能够认识和正确运用自然规律，使自然界为自己服务。但是，人类征服自然的能力是有一个历史发展过程的。在人类社会形成之初，在第一把石斧打制出来的时候，这只是标志着人类征服自然界的开始。无疑，这是一个有着伟大发展前途的开始。但就当时的现实性来说，人类的能动力量在自然界面前还是微乎其微的。用恩格斯的话说："他们还是半动物性，是野蛮的，在自然力量面前还无能为力，还不认识他们自己的力量。"[②]所以，从基本上说，人类在社会发展的早期阶段，还是

① 《马克思恩格斯文集》第9卷，550页，北京：人民出版社，2009年。

② 《马克思恩格斯文集》第9卷，186页，北京：人民出版社，2009年。

在适应自然界，受自然界的支配。这是其一。

其二，更为重要的是，人类征服自然的能力是在生产实践中形成和发展起来的。在社会发展早期，生产的类别和部门是由地理环境决定的。例如，没有森林和草原的地方，就不会产生畜牧业；没有水流、海洋和湖泊的地方，就不会产生渔业；没有适宜于农作物生长的土壤和气候，就不会产生农业。因此，在社会发展的早期阶段，人们生产什么，通过何种手段进行生产，都是由此种生产所赖以存在的地理环境直接决定的。

古代史时期，各个国家、地区在发展上的相当大的不平衡性，也是由不同的地理环境所决定的。例如，埃及的尼罗河流域、西亚的两河流域、南亚的印度河流域以及我国黄河流域，之所以会成为人类古代文明的发源地，也主要是由这些地方的地理环境决定的。又如，在与外界隔绝的情况下，游牧部落的发展往往很缓慢，而农业部落相对来说发展要快得多，这些在古代史上都是常见的现象。相对来说，农业生产比牧业生产提供的剩余产品要多些，有保障些，农产品如粮食等能久藏，而畜产品不能久藏，也就是说从事农业生产较有利于财富的积累。而一定量财富的积累，这正是文明发展的基础。由此可见，一定的地理环境对人类社会早期的发展是起决定性作用的。

三、与地理环境决定论划清界限

承认地理环境在人类社会形成和发展早期中的决定作用，是不是地理环境决定论呢？笔者认为不是的，这两者不能混为一谈。

首先，地理环境决定论认为，地理环境是通过对人的心理、气质、生理的影响，从而对社会发展起决定作用的。这一理论对批判历史神创论曾经起过某种积极作用，但这一理论毕竟是不科学的。从思路来说，它看重的是地理环境对人的心理、生理功能，而不是地理环境的经济功能。由于其思路的偏颇，所以其结论也不可能是正确的。

因此，马克思主义根本反对这种理论，认为社会发展的根本原因是社会的内部矛盾，“经济关系”是“社会历史的决定性基础”。恩格斯认为，经济关系不仅“包括生产和运输的全部技术装备”，而且“包括在经济关系中的还有这些关系赖以发展的地理基础和事实上由过去沿袭下来的先前各经济发展阶段的残余……，当然还有围绕着这一社会形式的外部环境”[①]。恩格斯的这一段论述清楚地说明，马克思主义承认地理环境对社会发展具有作用，但是又不是一般地承认这种作用，而是仅仅承认作为经济因素而存在的地理环境对社会发展的作用。上面我们正是从经济关系的角度，来肯定地理环境对社会发展早期阶段的决定作用的。

历史唯物主义认为，生产方式是社会发展的决定力量。生产方式的性质是由生产力的发展水平决定的，因此马克思主义经典作家又曾直截了当地认为，生产力是社会发展的最终决定力量。生产力包括两个方面：一是人的因素，一是物的因素。在生产力形成和发展的初期，物的因素只能直接来源于地理环境。拿驯养动物来说，作为劳动对象的野生动物和作为劳动手段，即把野生动物驯为家养动物的客观条件是大自然直接提供的。作为人的因素的劳动者的生活资料，在他们的劳动产品还不能满足自己最低限度的需要以前，其不足部分或多或少也是大自然直接提供的。

可见，在人类社会的初期，作为生产资料直接来源和人类部分生活资料直接来源的地理环境，是构成生产力的决定性因素。它对人类社会初期的发展是起了决定作用的。承认这种决定作用，这和地理环境决定论离开经济关系讲地理环境决定社会的发展，是风马牛不相及的。

我们在承认地理环境对社会发展早期的决定作用的同时，也承认随着生产实践的发展，人类的主观能动作用不断得到增强，地理环境在生产力中的决定作用会逐渐丧失，降为生产力中一个经常的必要的因素，继续发挥作用。人类借助于地理环境，不断创造出新的生产资料，这样，劳动者就逐渐上升为生产力的主体。顺便提及的是，生产力中人的因素包括两个方面，一是劳动者的体力，二是劳动者的智力。与体力相联系的是一定限度的人口的增殖。与智力相联系的是科学技术水平的提高。特别在大工业出现以后，科学技术对生产力的发展，则愈来愈具有决定性的意义。所以，构成生产力的诸因素在生产力中的地位，是随着生产力的发展而变动的，如果看不到这种变动性也是

① 《马克思恩格斯文集》第10卷，667页，北京：人民出版社，2009年。

不对的。历史上的地理学派就是看不到这种变动性，这也是地理学派在理论上的又一根本缺陷。

综上所述，如实肯定地理环境在人类社会形成和早期发展阶段的决定作用，这不仅不是地理环境决定论，而且恰恰是从根本上坚持了人类与自然界的辩证统一，坚持了自然辩证法与历史辩证法的有机联系，是彻底贯彻历史唯物论。这样，对批判在人类起源上的神创论和人类历史发展不平衡问题上的人种优劣论都是有重要意义的。

马克思主义地理环境作用观浅析*

长期以来，我们重视了对地理学派地理环境作用观的批判，可对马克思主义的地理环境作用观，却缺乏深入具体的研究。因此，过去对地理学派的批判，往往不能击中其要害，有时甚至还在方法论上重复了地理学派的某些错误。那么什么是马克思主义的地理环境作用观呢?为了回答这个问题，有必要对它的内容进行较为深入的研究。对此，本文从以下四个方面来谈一些看法，以求教于学术界。

一、地理环境是生产力的一个要素

地理环境作为生产力的一个要素，构成了它与人类社会的内在统一。在这个统一体中，地理环境是通过生产力对社会发生作用的。

马克思主义认为，“人本身是自然界的产物，是在自己所处的环境中并且和这个环境一起发展起来的”[①]。坚持人类社会与自然环境的辩证统一，这是马克思主义关于人和自然相互关系的一个根本思想，也是我们研究地理环境作用的基本出发点。

如何理解这种统一呢？马克思认为，人对自然的关系并不首先是“理论的关系”、“观念”的关系[②]。马克思所理解的人和自然界的统一，从根本上说，是在承认人是自然界的一部分这个前提下的，以人类实践为基础的统一。

一方面，人是自然界的一部分，人“作为有生命的自然存在物”，具有自然力和生命力，他需要在他之外的自然界。如果他不参加自然界的运动，那么他就不能存在。另一方面，“人不仅仅是自然存在物，

* 原刊于《青海社会科学》，1995（3）。

① 《马克思恩格斯文集》第9卷，28、29页，北京：人民出版社，2009年。

② 参见《马克思恩格斯全集》第19卷，406页，北京：人民出版社，1963年。

而且是人的自然存在物”[①]。人能借助于自然条件，改造成历史地创造出来的条件。

所以，人与自然的统一，根本上是通过社会形式，通过人的社会历史活动所实现的统一。马克思明确指出，人对自然的关系，首先是实践的即以活动为基础的关系。因此，研究自然界，首先应该研究同人的实践相联系的自然界，必须在实践中，特别是生产实践中来探求地理环境对社会的作用。

生产实践，“首先是人和自然之间的过程”[②]。这一过程的进行必须依赖于自然界或地理环境。马克思指出：“没有自然界，没有感性的外部世界，工人什么也不能创造。它是工人的劳动得以实现、工人的劳动在其中活动，工人的劳动从中生产出自己的产品的材料。”[③]

马克思在这里所讲的“进行生产的材料”，就是后来在《资本论》第1卷第5章中所具体展开的，包括劳动对象和劳动资料在内的生产资料。生产资料是生产力的要素之一，它的获得方式不管是直接的或间接的，归根到底，都是来源于自然界。因此，在这个意义上可以说，不同的地理环境也就给予了人们以发展生产力的不同影响。马克思指出，是自然条件的“差异性和它的自然产品的多样性，形成社会分工的自然基础”[④]。恩格斯也是把地理环境包括在经济关系中的，认为它是决定劳动生产力的因素之一。

总之，正如普列汉诺夫所指出的：“据马克思的意见，地理环境是通过在一定地方、在一定生产力的基础上发生的生产关系来影响人的。”[⑤]

以生产力为中介来说明地理环境对社会发展的作用，这就深刻揭示了社会和自然在生产实践基础上的内在统一。这种内在统一也就构成了社会历史的“现实基础”[⑥]。马克思主义的历史唯物主义就是以承认社会历史的这个“现实基础”为前提的。这也是唯物史观与以往一

① 参见《马克思恩格斯文集》第1卷，209、211页，北京：人民出版社，2009年。

② 《马克思恩格斯文集》第5卷，207页，北京：人民出版社，2009年。

③ ［德］马克思：《1844年经济学哲学手稿》，53页，北京：人民出版社，2000年。

④ 《马克思恩格斯文集》第5卷，587页，北京：人民出版社，2009年。

⑤ ［俄］普列汉诺夫：《马克思主义的基本问题》，张仲实译，33页，北京：生活·读书·新知三联书店，1959年。

⑥ 参见《马克思恩格斯全集》第3卷，43—44页，北京：人民出版社，1960年。

切旧的历史观的根本分歧之所在。

在很长的历史时期中，占着统治地位的唯心主义，总是把神意，或是英雄人物的意志，或是把人的所谓先天本性，诸如自由精神、爱之类，说成社会历史的基础。在与唯心史观的斗争中，旧唯物主义所拿出来的稍微系统的理论武器，要算是地理环境决定论了。可是这个理论是建立在自然主义基础之上的，所以这个理论不能战胜唯心史观。不仅如此，而且它的后继者还与唯心主义走到一起去了。近代历史上出现的地理社会学和地缘政治学，就是其典型的代表。可见，过去的一切历史观都不懂得从人类的物质生活条件，从满足这些生活条件的人的物质生产出发，来研究自然与社会的关系，因而它们也就不能找到社会历史的现实基础。

必须看到，马克思主义关于地理环境作为生产力的一个要素，通过生产力构成其与社会的内在统一，并对社会发生作用的思想，是极为重要的。只有坚持这一思想，才能从根本上坚持历史唯物主义观点，同时，也才能从根本上认识环境保护对于人类的意义，从而懂得，保护环境就是保护生产力的发展，就是保护社会存在和进步的现实基础，也就是造福于子孙后代。因此，那种认为地理环境只是社会发展的外在条件，环境保护无关紧要的思想是不对的，有害的。

二、地理环境对生产力作用的历史性

在社会发展与相应的环境演化过程中，地理环境对社会发展的作用是随着生产力的发展而变化的。

马克思主义认为，生产力是历史地积累起来的人类进行生产活动的物质力量。这种力量是在生产过程中不断发展的。在其发展的各个阶段上，不仅构成生产力的因素会有多少之不同，而且各因素所起的作用也有大小之差别。地理环境作为生产力的一个要素，如果对其不是作抽象的规定，而是作具体的历史的分析，那么“地理环境对于社会人类的影响”也“是一种可变的量”[①]。这表现在，地理环境作为基础和前提，促进了生产力的形成和发展，生产力的发展又反转过来促

① ［俄］《普列汉诺夫哲学著作选集》第3卷，170页，北京：生活·读书·新知三联书店，1962年。

进自然资源的开发和自然力的利用。因此，在一定生产力水平上有着重大作用的某些自然条件，在另一定生产力水平上可能作用很小。相反，有一些自然条件原先只是作为潜在力量存在着，而在发展了的生产力水平上，才转化为现实的力量。

马克思曾就自然资源对于人类发展的影响，做过一个历史的说明。他指出："外界自然条件在经济上可以分为两大类：生活资料的自然富源，例如土壤的肥力，渔产丰富的水域等等；劳动资料的自然富源，如奔腾的瀑布、可以航行的河流、森林、金属、煤炭等等。在文化初期，第一类自然富源具有决定性的意义；在较高的发展阶段，第二类自然富源具有决定性的意义。"①自然力发挥作用的程度，也是和生产力发展的水平相联系的。在农业中，自然力早就被利用，成为推动农业生产发展的力量。而在工业中，自然力的大规模利用，是随着大工业的发展才出现的。"大工业——应用机器的大规模协作——第一次使自然力，即风、水、蒸气、电大规模地从属于直接的生产过程，使自然力成为社会劳动的因素。"②

生产力的发展，一方面推动了社会的运动，同时也影响着自然的演化。马克思指出，人们"周围的感性世界决不是某种开天辟地以来就直接存在的、始终如一的东西，而是工业和社会状况的产物，是历史的产物，是世世代代活动的结果"。③这种在人的干预下演化着的自然环境，又以其不断更新的面貌影响着人类的发展。这种影响有两个方面：一是经过人类改善和美化了的环境，将更有利于人类的生产和生活；二是遭到破坏的自然资源和自然生态，必然要给人类施以报复。一百多年前，恩格斯就曾指出过这一点。在今天的世界上，只管生产发展，而不顾环境保护，其结果所造成的危害是很大的，教训也是很多的。

总之，地理环境的作用是在自然规律的支配和人类活动的影响下不断变化的。通过生产力的发展，从而对演化着的地理环境的作用进行具体的历史分析，这是马克思主义地理环境作用观的又一方面的内

① 《马克思恩格斯文集》第5卷，586页，北京：人民出版社，2009年。

② ［德］马克思：《机器、自然力和科学的应用》，中国科学院自然科学史研究所译，205页，北京：人民出版社，1978年。

③ 《马克思恩格斯文集》第1卷，528页，北京：人民出版社，2009年。

容。因此，任何把地理环境的作用固定化的认识，都是错误的，形而上学的。这种认识既不利于我们对地理环境的作用进行辩证的理解，也无益于我们对地理环境的作用进行有利于人类的能动的改变。

三、地理环境作用的历史总趋势

人类社会和地理环境所构成的整体，是一个随着生产力的发展，人对自然的依赖性逐渐减少，人的社会历史独立性逐渐增强的系统。

马克思主义依据进化论的观点指出，人类是由动物进化来的，人类社会是在自然基础上发展起来的。“人的依赖关系（起初完全是自然发生的）是最初的社会形式，在这种形式下，人的生产能力只是在狭小的范围内和孤立的地点上发展着。以物的依赖性为基础的人的独立性，是第二大形式，在这种形式下，才形成普遍的社会物质变换、全面的关系、多方面的需求以及全面的能力的体系。建立在个人全面发展和他们共同的、社会的生产能力成为从属于他们的社会财富这一基础上的自由个性，是第三个阶段。”①在这里，马克思关于人类历史三个阶段划分的理论，就是以人类的社会历史独立性的发展状况为依据的。

马克思所指的人类社会的第一阶段的形式，说的就是以自然制约性为主的社会形态。这种形态起初完全是自然发生的。由于生产力的发展还处于低级水平上，所以人本身仍然被贬低为一个“自然主体”②。“他们还是半动物性，是野蛮的，在自然力量面前还无能为力，还不认识他们自己的力量。”③他们所赖以存在的共同体，其原始形式的部落体，或多少有所改变的部落体，也是“自然形成的”④。而人要从自然主体提升为社会主体，只有在生产中才能逐步实现。但是生产对土地的依赖，对人的生存的直接自然条件的依赖，决定了这一提升过程的长久和缓慢。

使人类展开自己历史的最初阶段的生产，在很多方面是“自然的”

① 《马克思恩格斯文集》第8卷，52页，北京：人民出版社，2009年。

② 参见《马克思恩格斯全集》第46卷（下），20页，北京：人民出版社，1978年。

③ 《马克思恩格斯文集》第9卷，186页，北京：人民出版社，2009年。

④ 参见《马克思恩格斯全集》第46卷（上），491页，北京：人民出版社，1979年。

生产。最早的生产就是直接采集现成的自然产品。马克思说，人类初期，是“土地（在经济学上,也包括水）最初以食物，现成的生活资料供给人类”[①]。后来，人类才在自然生产的基础上，逐渐地开始了系统的有目的的生产活动，在这个意义上，成了非自然的生产。但是从另一方面看，它在许多方面仍然是以土地为基础的生产，是被自然条件所直接决定的自然经济的生产。这表现在劳动的客观条件是依赖于自然界直接提供的，“即对土地这种最初的劳动工具、实验场和原料贮藏所的占有，不是通过劳动进行的，而是劳动的前提。……劳动的主要客观条件并不是劳动的产物，而是自然。”[②]

在人类社会的早期阶段，由于生产对于自然条件的直接依赖，所以，不同地域的作为经济因素的地理环境的差异，也就决定了这些地区生产力发展的最初的差异，从而也就引起了不同地域的人们在跨出历史进程第一步时的差异。马克思在谈到氏族公社时曾指出：“不同的共同体在各自的自然环境中，找到不同的生产资料和不同的生活资料。因此，它们的生产方式、生活方式和产品，也就各不相同。”[③]所以，研究古代文明在各个不同地区的发展，不能仅仅停止在抽象地谈论生产力的决定作用上，还必须进一步对不同地区地理环境的性质及作用进行分析。

恩格斯在论述东、西半球发展的不同道路时，也是联系东、西半球地理环境的差异来加以说明的。恩格斯指出：“随着野蛮时代的到来，我们达到了这样一个阶段，这时两大陆的自然条件上的差异，就有了意义。……由于自然条件的这种差异，两个半球上的居民，从此以后，便各自循着自己独特的道路发展，而表示各个阶段的界标在两个半球也就各不相同了。”[④]在欧亚大陆因为差不多拥有一切适于驯养、役使的动物，以及除玉蜀黍以外的众多适于种植的谷物，所以这些地区有助于畜牧业、农业、多种经营与分工交换的顺利发展。而在美洲，自然条件的较少差异和自然产品的较为单纯（从那时生产力发展水平下所能利用的角度来说，只有玉蜀黍可供种植和南部地区的羊驼可供

① 《马克思恩格斯文集》第5卷，208—209页，北京：人民出版社，2009年。

② 《马克思恩格斯全集》第46卷（上），483页，北京：人民出版社，1979年。

③ 《马克思恩格斯文集》第5卷，407页，北京：人民出版社，2009年。

④ 《马克思恩格斯文集》第4卷，35页，北京：人民出版社，2009年。

驯养），因而促使社会分工的自然基础有所不足，这就延缓了美洲社会的发展。不难看出，在人类社会早期，地理环境是有着严重的制约作用的。

那么能不能不从地理环境的差异，而从别的角度对人类社会早期不同地区生产力发展的不平衡加以说明呢？不能。因为生产过程“最初出现的只有两个因素——人和自然”[①]。所以上述不平衡，如果不从地理环境的因素去说明，那么也就只有从构成生产力的另一个因素，即人的因素去加以说明，从人种的优劣和人种的天性差别去加以说明。可是，这样一来，也就很难和唯心主义划清界限了，因为不少唯心主义者往往就是这样主张的。

上面讲的是原始社会中生产力发展的状况。不仅原始社会，就是前资本主义社会的数千年中，社会生产对自然的直接依赖性，虽然随着生产力的发展，在程度上逐渐减少，但也一直是那种生产方式的自然经济的本质特征。这种自然经济对社会普遍联系的依赖性是极小的。因此马克思曾讲道：“继续保留着自然发生的农业关系的国家中”，个人“的生产就不具有社会性质，他的劳动就不是社会劳动”[②]。

直到资本主义产生以后，随着物质生产的全面变革和发展，才“把每一生产部门脚下的自然形成的基础抽掉，并把这种生产部门的生产条件转移到它外部的普遍联系中去”[③]。这样一来，自然的、完全受自然制约的生产瓦解了，科学技术的进步和科学技术指导下的劳动协作、专业化、整体化等发展，这些社会历史因素在生产力中发挥着愈来愈巨大的作用。这就决定了人类对自然环境的直接依赖性愈来愈退居到次要的地位，人类的社会历史独立性成为社会发展的愈来愈起决定作用的因素。

当然，在归根到底的意义上，人类还是依赖于自然界的，这里所说的人类的社会历史独立性愈来愈大，并不意味着人类有一天可以离开自然条件和自然规律的制约而为所欲为，而只是说，人类能够更自觉、更积极、更主动地认识和利用自然条件和自然规律，认识和利用社会条件和社会规律，来推动社会文明的不断进步。

① 《马克思恩格斯全集》第47卷，105页，北京：人民出版社，1979年。

② 《马克思恩格斯全集》第46卷（下），471页，北京：人民出版社，1978年。

③ 参见《马克思恩格斯全集》第46卷（下），19、20页，北京：人民出版社，1978年。

四、地理环境作用的社会制约性

在“社会—环境”系统中，不同社会制度下的地理环境的作用是不同的，只有社会主义制度才开辟了有史以来人类认识和利用自然，从而造福于人类的新纪元。

就一般而言，在人类对自然界的依赖性比较大的社会形态中，社会制度对地理环境作用的影响，虽然有愈来愈增大的趋势，但在总体上还不是很突出的。可是在人类对自然界的控制力日益巨大的社会形态中，社会制度方面的因素就不容忽视了。

相比较来说，在剥削阶级占统治地位的社会中，资产阶级是拥有最强大的征服自然的手段的，但资本主义私人占有制决定了资产阶级运用这些手段也仅仅是为了获得更多的利润。自然环境在资本家眼中也只是为满足其利润增加的手段。正因为如此，所以资本家只能首先注意到生产的最近的最直接的利益。为了获得这种私利，他们对自然资源进行疯狂的掠夺，甚至不惜制造公害。为了急于击败竞争对手和牟取暴利，在资本主义世界几乎每一项最新技术都被迅速地、不顾后果地用上了。

早在一百多年前，马克思就揭露：因为资本主义生产的目的“剥夺了整个世界——人类世界和自然界——固有的价值……在私有财产和钱的统治下形成的自然观”，必然“是对自然界的真正蔑视和贬低”[①]。所以在资本主义制度下，不可能从根本上解决生产的社会化所要求的社会与自然的统一性与资本家私人占有所造成的对自然的掠夺性的矛盾，不能从根本上解决资本家的私利与社会生产的无政府所造成的环境公害之间的矛盾。在当代，生态危机的全球性，正是这个矛盾激化的表现。而要从根本上解决这些矛盾，只有经过无产阶级革命，用社会主义制度取代资本主义制度。

当然在社会主义国家中，也在相当程度上存在人类环境问题，有时甚至还比较突出。引起这些问题的根源，主要还是个人和局部的经济利益损害了社会的公共环境利益，其中也有认识方面的及具体工作方面的原因。应该说，在社会的根本制度上，社会主义国家不存在把

① 《马克思恩格斯文集》第1卷，52页，北京：人民出版社，2009年。

人和自然统一起来的障碍，不仅如此，社会主义制度还为从根本上解决人类环境问题提供了保证。因为在马克思主义看来，在实践中正确解决人与自然的关系问题，是和社会主义制度的建立，以及建立这种制度的最终目的联系在一起的。社会主义制度就是要逐步给人们带来日益美满幸福的生活。

而要实现这一目标，就必然要求在改造自然的斗争中，要坚持从自然界所提供的现实条件出发，要坚决按自然规律办事，来调节人类与环境的物质和能量交换，以求达到最佳平衡，做到物尽其用，地尽其利，利用环境，改善环境，造福人类。因此，真正实现人类与自然的自觉的完全的统一，是社会主义制度本身所必然要求的。

人自身的解放与自然界的解放是密切联系的。毛泽东曾说："社会主义不仅从旧社会解放了劳动者和生产资料，也解放了旧社会所无法利用的广大的自然界。"[①]人只有成为社会的主人，才能成为自然界的主人。按照马克思的观点，在未来的共产主义社会中，人摆脱了物质需要的束缚，自身充沛生命力量的充分发挥和完整特性的全面显现才成为"目的本身"。到那时候，自然界才不仅作为生产资料发挥作用，而且作为人类全面发展的资料最大限度地发挥作用。即自然界不仅作为物质生活资料的来源，而且作为激发人类的智慧、美感和道德的一个来源而存在着。人们在开发自然的过程中，把自己的本质对象化于自然界，人化了的自然界又将进一步促进人的一切感性和特性的解放。所以马克思认为，文化发展的水平表现为："人的本质在何种程度上对人来说成了自然，或者自然在何种程度上成为人具有的人的本质。"[②]他认为，只有共产主义社会才是"人同自然界的完成了的本质的统一"[③]。

至此，我们可以得出结论：把人类社会与地理环境如实地作为一个内在联系的整体来考察，坚持在生产力中，并通过生产力的不断发展，来揭示地理环境对于人类社会发展的作用，以及这种作用历史地变化着的内容和形式，并自觉地为实现人类和自然界真正统一的共产主义社会而斗争，这就是马克思主义地理环境作用观的基本内容。

① 《毛泽东文集》第6卷，457页，北京：人民出版社，1999年。

② 《马克思恩格斯文集》第1卷，184页，北京：人民出版社，2009年。

③ 《马克思恩格斯文集》第1卷，187页，北京：人民出版社，2009年。

地理环境与人类社会*

——与王荫庭和徐亦让先生商榷

一、问题的提出

读了王荫庭先生的《传统地理环境理论之反思》和徐亦让先生的《读〈传统地理环境理论之反思〉》（分别载《哲学研究》1990年第4和第6期，以下简称“王文”，“徐文”） 两文以后，受到很大启发，借此机会，也来谈谈对传统地理环境理论的看法，并以此与王、徐二位先生商榷。

这里所说的“传统地理环境理论”，是指20世纪30年代《苏联共产党（布）历史简明教程》中所提出的，关于地理环境对社会发展的作用的理论。依据原文，这一理论包含有三个方面的内容：

一是对地理环境的理解。它认为“地理环境”是“环绕着社会的自然界”，“是社会物质生活所必要的和经常的条件之一”。二是表述了关于地理环境对社会发展的作用性质的观点。这一理论认为，地理环境“无疑是能影响到社会的发展，加速或延缓社会发展进程。但它的影响并不是决定的影响”。于是得出结论：地理环境“不是决定社会面貌、人们社会制度性质，以及由一个制度过渡到另一个制度的主要力量”。三是关于上述观点的证明。即“因为社会的变更和发展比地理环境的变更和发展快得不可计量”。所以，地理环境这种“在数万年间几乎仍旧不变的现象，决不能成为那在几百年间就发生根本变更的现象（指社会，引者注）发展的主要原因”①。

对于传统地理环境理论的这三个方面的内容，王文、徐文展开了

---

* 原刊于《哲学研究》，1991（1）。

① 联共（布）中央特设委员会编：《苏联共产党（布）历史简明教程》，154—155页，北京：人民出版社，1954年。

各自的反思。在关于地理环境的理解上，王文、徐文都表示，地理环境是“自在自然和人化自然的统一”。但王文展开论述的实际立足点是人化自然，而徐文的实际立足点则是自在自然。由于立足点不同，因而王文、徐文关于传统地理环境理论的认识，也就各异。

王文认为：“从远古时代开始，地理环境就一直在不断地变化。……以后随着社会的发展和生产力的提高，人为因素引起的环境变化便越来越多，越来越大。”由此，王文批评传统地理环境理论关于“地理环境相对不变的说法……没有事实根据”，认为这是“对‘地理环境’概念的‘费尔巴哈式’的理解”，并进而指出，传统地理环境理论认为几乎不变的地理环境不是社会发展的主要原因，这一观点也不能成立。在王文看来，“作为社会存在和发展的‘条件’（尤其是外在条件），地理环境对社会发展在许多场合都起加速或延缓作用；作为‘前提’即‘先决条件’……作为‘基础’它还具有主导作用”。

与王文相反，徐文是在自在自然的意义上理解地理环境的。他认为地理环境的变化是指“自然界自己变化发展”，即“自然界……没有人的干预而发生的变化”。这种变化“实在是微乎其微的”。由此，徐文认为，传统地理环境理论关于地理环境几乎不变的观点，是正确的。它进而指出，相对不变的地理环境不能成为快速运动的社会变化的主要原因，这个结论也是正确的。

但是徐文在肯定传统地理环境理论的这一观点的同时，却又从这一观点有所后退，甚至自相矛盾。这表现在徐文一方面认为，地理环境不能“‘决定’社会制度的变更”；但另一方面又说，地理环境“对人类发展的‘速度’具有‘决定性意义’”。甚至还认为：“在没有一定的地理环境社会就无法存在和发展的情况下，一定的地理环境显然起着决定的作用。”在这里，徐文是越说越乱了。

根据传统地理环境理论的内容和王徐二文所作的反思，笔者认为有以下四个问题必须提出来进一步加以讨论。第一，科学的地理环境概念，其内涵到底是什么，能否把地理环境理解为自在自然，或理解为人化自然，或自在自然与人化自然的统一。第二，如何认识地理环境的变化，能否把这种变化只是理解为没有人干预的自然界自身的变化，或仅仅理解为人为因素引起的变化。第三，能否用地理环境变化速度的快或慢，来说明它对社会发展的作用性质，及究竟什么是地理环境作用性质的根据。第四，如何正确认识地理环境对社会发展的作用及其性质。下面谈谈笔者对这些问题的看法。

二、地理环境性质的二重性

任何事物都有自己的存在环境。如同银河系有银河系的存在环境，太阳系有太阳系的存在环境一样，人类社会也有自己的存在环境。这个环境也就是我们通常所说的地理环境。因此，地理环境问题也就是相对社会而言的外界环境与人类社会的关系问题。在这个意义上，传统地理环境理论把地理环境表述为“环绕着社会的自然界”，“是社会物质生活所必要的和经常的条件之一”[①]，我认为，这一规定是正确的、无可非议的。在马克思、恩格斯著作中，虽然没有使用“地理环境”这个概念，但使用了“自然环境”“外界自然条件”“自然基础”[②]等等术语，其涵义还是相同的。

那么如何理解这个作为社会存在的必要的和经常的条件之一的，环绕着社会的自然界呢？这里有两点要注意。

（一）地理环境并非等同于自在自然

关于什么是地理环境，传统地理环境理论没有进一步加以说明。但王文和徐文以传统地理环境理论所主张的地理环境相对不变这一观点为依据，合乎逻辑地指出，传统地理环境理论所理解的地理环境是脱离人干预的自然，是“原来的自然界”，或曰“自在自然”。根据这一推论，笔者认为，作这种理解的传统地理环境理论也就包含着一个悖论，即既然承认地理环境是环绕着社会的自然界，是社会存在的必要的和经常的条件之一，那么就不能同时把地理环境理解为“自在自然”。这是因为：

第一，所谓“自在自然”是指尚未进入人的认识和实践领域的自然。这个自然是无限的。现在我们虽然还不能断定在遥远的天体体系中是否存在所谓“外星人”的生存条件，但至少在太阳系内，只有地球才是人类生存和发展的摇篮。诚然，地球也是经过几十亿年的演化，

① 参见《马克思恩格斯全集》第3卷，22、24页，北京：人民出版社，1960年。

② 《马克思恩格斯全集》第23卷，390、560页，北京：人民出版社，1972年。

才为人类的出现提供了自然前提的。由此可见，作为社会存在环境的自然，不是无限的自然界，只是自然界的一个有限部分。

第二，作为社会存在环境的这一部分自然，也不是纯粹自然的。因为地理环境这个命题本身已经内在地包含了它与宇宙中其他自然物的存在环境的区别。这个区别就在于，宇宙中其他自然物的存在环境是纯粹自然的、自在的。比如太阳系作为地球的存在环境就是这样。而相对于社会而言的地理环境，它既有自然形成的一面，但又不是纯粹自然形成的，它还有被人的活动所改造和创造的一面。

因此，地理环境既是一种自然存在，同时又是一种对象性存在。它是人的感性对象，人与之作用的对象。既然地理环境是一种自然存在，那它具有自然的外在性的一面，因而它才被称为社会的自然基础；又因为地理环境是一种对象性存在，所以它又具有社会的属人性的一面，因而它也才能被作为社会的自然基础，作为社会存在的必要的和经常的条件之一。

可见，把地理环境理解为自在自然是不对的。这样一来，不仅把作为地理环境的有限自然和无限的自然界混为一谈了，而且也未把社会的存在环境和宇宙中其他自然物的存在环境在性质上加以区别。我认为，王文对传统地理环境理论把地理环境在实际上理解为“自在自然”这一点提出批评，是对的，是有道理的。因此，要坚持关于地理环境是环绕着社会的自然界，是社会的必要的和经常的条件之一的观点，就必须放弃把地理环境归结为“自在自然”这种理解。这是消除上述悖论的唯一正确途径。

（二）地理环境并非等用于人化自然

既然不能把地理环境等用于自在自然，那么，能否如王文那样，把地理环境归结为“人化自然”呢？我认为这也不妥。

第一，人化自然，在马克思的著作中指的是人在自然基础上，利用自然所改造和创造的一切符合人类本性的物质存在。如上所说，地理环境具有社会的属人性的一面，很显然，这是从根本上和基本趋势的角度说的。但就其现实情况而言，地理环境的所有构成部分并未全部进入人的认识和实践活动中，而那些尚未作为人的现实对象的部分，并不妨碍它作为地理环境的构成部分，客观上对人类发生作用。

第二，已经作为人的现实改造对象的那部分地理环境，从其结果来说，它无疑是一种人工自然物，但是这种人工自然物除了有社会的人工性的一面以外，它还和地理环境中的其他部分一样，具有自然的外在性的一面。换句话说，它不是作为社会产品的人工自然物，而是作为地理环境构成部分的人工自然物。比如，被改造的气候、被污染的空气和被造成的桌子都是人工自然物，只有前者才是作为地理环境构成因素的人工自然物，后者则不是。另外，人工自然物有两类：一是符合人类本性的，或作为人的本质力量体现的人工自然物，即人化自然物；二是违反人类本性的人工自然物，如生产中排放的有害物质。因此，如果像王文那样，把地理环境归结为人化自然，这不仅未对潜在的具有社会的人工性的那部分地理环境与现实的具有社会的人工性的那部分地理环境加以区别，而且还对两类人工自然未加区别，即把作为地理环境的人工自然物与作为社会产品的人工自然物混为一谈了。所以，这样做是不可取的。

由此可见，在科学抽象的方法论意义上，既不能把地理环境归结为“自在自然”，也不能把它归结为“人化自然”，它也不是“自在自然”与“人化自然”的统一。地理环境作为一个独立的概念，它既具有自然的外在性，又具有社会性，它是这二重属性的统一。因此，地理环境是作为社会的自然基础的自然，也可以说，它是具有社会对象性的作为社会外界条件的自然。

三、地理环境变化的两种表现

徐文认为传统地理环境理论所说的地理环境的变化，就是指没有人干预的自然界自身的变化。前文已经指出，地理环境不是脱离人干预的自在自然。因此，如果确如徐文所说，传统地理环境理论把地理环境的变化归结为自然界自己的变化发展，那么我认为，这种归结是不对的。

诚然，地理环境作为自然存在物，作为自然界的一部分，它必然要在自然界内部矛盾的推动下运动变化，它必然要服从自然界运动发展的一般规律。认识到自然界的运动变化，这并不是马克思的理论贡献，早在马克思以前，比如18世纪的唯物主义哲学家狄德罗和19世纪的德国哲学家费尔巴哈，对于自然界的自己运动就有了明确的论述[①]。可见，仅仅承认地理环境作为自然存在物参与自然界的运动变化，并没有达到历史唯物主义的高度，它还只是停留在自然唯物主义的水平上。

从历史唯物主义的观点看来，地理环境不仅作为自然存在物参与自然界的运动变化，而且更重要的它还作为对象性存在物在社会的影响下运动变化[②]。地理环境与人类社会的关系不是单向因果关系，而是互为因果关系。一方面，地理环境是影响生产力发展的一个原因，生产力的发展又是推动生产关系变革的原因。生产力与生产关系的矛盾运动又是社会发展的原因。在这里，地理环境是原因，社会发展是结果。另一方面，先进阶级的革命使社会向前发展，从而使生产关系适应生产力的性质，推动生产力的发展。生产力发展使人们对自然环境的作用加强，地理环境的面貌得到迅速改变。在这个因果链中，社会发展是原因，地理环境的变化则是结果。

可见，引起地理环境变化的原因有两个：一是自然原因；二是人为原因，即社会原因。因此，地理环境的变化也有两种，一是自然原因引起的变化，二是人为原因引起的变化。当然在实际变化过程中，这两种原因有时又是交织在一起发生作用的。

考察地理环境的变化，无疑既要考察自然原因引起的变化，也要考察人为原因引起的变化。因为这两种变化都会对人类的社会生产和生活，发生或好或坏的影响。所以，研究这两种变化的目的，都在于通过研究，自觉调节人类自身的活动，或扬利避害，或化害为利，以造福人类。

当然在人类的盲目行动导致生态环境日益恶化的今天，对于人为原因所引起的地理环境的变化，尤其要着重加以研究。不然，就有可能出现生态学家们所一再警告的那种情况：人类将自行毁灭其生存环境。对于这样一个关于人类整体利益的问题，以争取人类幸福为己任的马克思主义者显然不能无动于衷。

事实上，革命导师马克思、恩格斯在关于人的活动必须与自然界

① 参见王雨、陈基发编译：《狄德罗哲学选集》，11页，北京：中国社会出版社，1997年；［德］费尔巴哈：《费尔巴哈哲学著作选集》下卷，荣震华等译，677页，北京：商务印书馆，1984年。

② 参见《马克思恩格斯文集》第1卷，545页，北京：人民出版社，2009年。

保持和谐统一的问题上，有着一系列光辉的论述。这些论述对于解决当代环境问题，是有极为重要的指导意义的。因此，如果固守传统地理环境理论关于地理环境变化的片面观点，而置人为原因所引起的地理环境的变化于不顾，置当代严重的环境问题于不顾，这不仅在实践上是极为有害的，而且从理论上来说，也必然会削弱甚至是消解马克思主义的地理环境学说对于人类命运的巨大现实意义和价值。

四、地理环境作用性质的根据

传统地理环境理论认为，地理环境几万年间几乎不变，而社会发展迅速，说明地理环境对社会发展不起决定作用。徐文对此观点加以肯定和维护；而王文认为，地理环境的变化也很快，且越来越快，因此在王文看来，地理环境对社会发展不起决定作用的观点不能成立。

对于上述两种观点的是非，笔者在此，暂不作评，而只就他们共同使用的论证方法来谈一点看法，即能不能用地理环境变化速度的快或慢，来作为说明地理环境的作用性质的根据呢？我认为，不能。

从方法论上来说，地理环境的作用性质，对社会发展是有利还是不利，或是所谓加速或延缓作用，或是所谓的决定作用，其能够成立的根据，并不在于地理环境变化速度的快或慢，而只在于地理环境的性质满足社会发展需要的程度及其在社会发展中的作用地位。这里就涉及地理环境与社会发展的关系问题。这种关系，至少有以下三种情形：

一是不同性质的地理环境在社会发展的相同阶段上，其作用性质不同。比如，马克思指出，在人类社会形成和发展的早期阶段，不是自然环境所提供的自然产品的绝对丰富，而是自然条件的差异性和自然产品的多样性，更有利于社会的发展。他说："过于富饶的自然'使人离不开自然的手，就像小孩子离不开引带一样'。"而自然条件的差异性和自然产品的多样性，则是"形成社会分工的自然基础"[①]。在人类社会发展的这个阶段上，在形成分工的自然基础的意义上，地理环境有决定作用。

① 《马克思恩格斯文集》第5卷，587页，北京：人民出版社，2009年。

二是同一性质的地理环境在社会发展的不同阶段上，其作用性质不同。比如在文化初期，生活资料的自然富源对劳动生产率的提高有决定性的意义，而在较高的发展阶段上，劳动资料的自然富源则具有决定性的意义[①]。

三是一种地理环境原先可能有利或不利于社会发展，而在性质发生改变的情况下，其作用性质也会发生变化。“三废”污染造成环境恶化，危害社会生产和社会生活，这是反面的例子；我国三北防护林带的营造，改善了生态环境，带来了巨大的经济和社会效益，则是一个正面的典型。

总之，地理环境的性质满足社会发展需要的程度，及其在社会发展中的作用地位，决定了地理环境对社会发展的作用性质。这是研究地理环境的作用性质的一个基本原则，离开这个原则，在地理环境变化速度的快慢问题上争论不休，并企图从中引出关于地理环境的作用性质的结论，这种争论以及这种论证方法，都无助于问题的真正解决。传统地理环境理论用所谓的地理环境的相对不变与社会变化的快速，来证明地理环境对社会发展不起决定作用的观点，不仅其用来论证的前提是片面的、不正确的，而且这种论证方法本身也是不科学的，它至多只是一种现象的类比，并没有抓住地理环境与社会发展的二者关系的本质。下面我们就按上文所说的这个基本原则来考察一下地理环境对社会发展的作用性质。

五、地理环境对社会发展的作用性质

地理环境对人类有作用，这至少从古希腊思想家希波克拉底写作《论环境》一文时起，人们就已经有所认识了。从那以后，人们不仅认识到地理环境通过人的心理活动，对人的心理发生影响，而且认识到它还通过人的生理活动，对人的生理发生影响。这在18世纪法国唯物主义那里，还形成了比较完整的理论，这就是地理环境决定论。

这一理论认为，地理环境对人的心灵和肉体有决定性的作用。在它看来，地理环境能改变人们的属性，从而创造出新的个体，并通过

① 参见《马克思恩格斯文集》第5卷，586页，北京：人民出版社，2009年。

他们的活动改变历史的命运。地理环境决定论相对于唯心史观把神意或英雄人物的意志或人的先天本性说成社会历史的基础，是有一定进步意义的。可是这个理论是建立在自然主义基础上的，所以它不能科学说明社会的本质和运动规律，不能战胜唯心史观。它的后继者还与唯心主义走到一起去了。近代历史上出现的地理社会学和地缘政治学，就是其典型的代表。

马克思主义的历史唯物主义并不否认地理环境对人的心理和生理的影响，但是认为这种影响不是决定性的。其认为对人的心理和生理发生决定性影响的是人的社会物质生活条件，社会也不是以人的心理和生理为基础建立起来的，而是在一定的社会物质生活条件的基础上存在和发展的。人和社会存在的物质生活条件是由劳动创造的，而“劳动首先是人和自然之间的过程”①。所以在马克思主义看来，地理环境对社会的作用主要是通过劳动，通过生产力发生的。

因此，为了弄清地理环境对社会发展的作用，其关键是要弄清地理环境对生产力发展的作用。按照马克思主义的有关论述，归纳起来，这种作用的途径有四：第一，作为生产力主体的人最初是靠自然界所提供的“现成生活资料”②而得以生存的。在这个时期，人绝对地依赖于自然环境；第二，地理环境给人们提供了“生产出或借以生产出”自己的产品的材料”③；第三，地理环境中的一部分作为生产力的外在因素，比如温度、湿度等等，虽然“它们不直接加入劳动过程，但是没有它们，劳动过程就不能进行，或者只能不完全地进行”④；第四，地理环境中还有相当一部分因素，在生产力发展的一定阶段上作为生产力发展的潜在因素而存在，并将随着生产的发展逐步投入到生产过程中去。

地理环境通过上述途径对生产力发展的作用表现为：第一，地理环境的优劣影响生产力的发展速度。自然资源的贫乏与丰富、土壤的肥沃程度，气候的好坏等等，直接影响劳动生产率，影响生产力的发展速度。第二，地理环境影响生产力的发展方向。人们在生产发展中，

① 《马克思恩格斯文集》第5卷，207页，北京：人民出版社，2009年。
② 参见《马克思恩格斯文集》第5卷，208页，北京：人民出版社，2009年。
③ 《马克思恩格斯文集》第1卷，158页，北京：人民出版社，2009年。
④ 《马克思恩格斯文集》第5卷，211页，北京：人民出版社，2009年。

在选择花费劳动最少而获取产品最多的生产力发展方向时，必然要考虑到不同地区的自然特点。第三，地理环境影响生产力的发展布局。生产力的布局必然要根据自然条件、自然资源的地理分布和结合特点。第四，自然条件的差异性和自然产品的多样性影响生产力的结构性质和特点。自然条件的差异性和自然产品的多样性，使得不同地区的人们与自然之间的物质变换活动各具特色，从而使生产力结构各具特色，这样有利于分工和交换的发展，加速经济生活丰富多彩的行程。

那么地理环境对生产力发展的作用性质如何呢？能否如王文所言，地理环境作为构成生产力的前提和先决条件，所以地理环境对社会发展起决定作用呢？我认为，作为一个普遍性的命题，这一推论不能成立。地理环境对生产力发展的作用性质，只能放在生产力总体结构中来加以确定。

在历史发展中，构成生产力系统的因素是不断增加的，其间的相互作用也是日益复杂的。如果从生产力的形成来说，“最初出现的只有两个因素——人和自然”[①]。而人本身的存在（肉体），一开始也是一种并非由他创造的自然存在。换句话说，生产力最初是在自然基础上形成的。在这个阶段上，人绝对地依赖于自然界。然而在以后的发展中，随着人作为主体，作为生产力主体的独立性和自由度的提升，地理环境作为构成生产力的前提和先决条件愈来愈具有非决定性。劳动者作为生产的主体，他占有自然并改造自然，他把自然变成他的活动条件和改造对象。而人之所以能作为生产力的主体并以主体的身份发挥作用，除了因为人的肉体组织和“天然特性”外，主要的还在于他具有的一定的“生产技能”和他们之间的社会结合，以及能把这些因素连同劳动的自然条件一起，按照一定的方式联结起来，纳入生产过程，从而创造出满足自己需要的产品。这就是人作为生产力的主体的实现，同时这也是生产力的现实构成。

由此可见，在人类社会形成及其早期阶段以后的发展时期中，生产力作为一种与自然相对立的社会力量，它的形成和性质，既取决于作为劳动条件的地理环境，更取决于作为生产力主体的人的种种因素，其中特别重要的是取决于主体人以什么样的劳动方式，即生产力结构

---

① 《马克思恩格斯全集》第47卷，105页，北京：人民出版社，1979年。

把这些因素联结起来，调动起来，从而投入生产过程。就生产力结构与生产力要素的关系来说，生产力结构对生产力要素具有依赖性的一面，它的存在是以生产力要素的存在为前提的。但生产力结构相对于生产力要素又具有超越性的一面，生产力结构是在生产力各要素的相互联系和相互作用中形成的，因而它对生产力的每个要素都具有整体的统摄性和支配性。拿生产力结构对作为生产力要素之一的地理环境的支配作用来说，这表现在：

第一，地理环境中的哪些部分能被提升出来作为生产力的构成要素，这不仅取决于这些部分的性质，更取决于被生产力结构所决定的生产力发展水平。

第二，这些被提升出来的部分在没有投入生产过程以前，它只是一种可能的生产力因素，只有当它作为生产力结构的一个环节被调动起来，才能作为现实的生产力要素发挥作用。

不难看出，作为生产力构成要素之一的地理环境的作用，对于生产力的发展来说，显然不是决定性的，而只有作为生产力各要素相互作用的合力——生产力结构的作用，才是决定性的。当然，地理环境作为生产力的一个构成要素对合力有所贡献，它从一个方面提供了生产力发展的或大或小的可能，即提供了某种自然界限。尽管从历史发展的总趋势来说，这种自然界限会随着生产的发展越来越退缩，但永远也不会完全消除。换句话说，地理环境作为生产力发展的一种自然界限，它必然要对生产力的发展起加速或延缓作用。

历史唯物主义认为，在社会结构体系中，生产力决定生产关系，经济基础决定上层建筑，生产方式是社会存在和发展的基础，生产力与生产关系的矛盾是社会发展的根本动力。既然地理环境对生产力发展只起加速或延缓作用，不起决定作用，那么由此得出的结论必然是地理环境对社会发展不起决定作用，只起加速或延缓作用。

当然，在某种场合下，撇开生产方式对社会发展的根本作用不谈，即把生产方式作为既定前提的情况下，地理环境有其决定作用，还是应该承认的。马克思、恩格斯关于这一方面的论述，王文中引用了不少。但是王文引用这些论述是企图来证明关于地理环境对社会发展有决定作用这一所谓普遍观点，是不妥的，是违背了马克思、恩格斯原意的。

比如王文中引述了马克思关于生活资料的自然富源在文化初期具有决定性的意义，而生产资料的自然富源在较高发展阶段具有决定性意义的论述，这里的决定性意义，并不是王文所理解的，对于社会发展的决定性意义，而是如马克思自己所说的，是“撇开社会生产的形态的发展程度不说”[①]，而仅就一个特定阶段，即文化早期而言的。

又比如恩格斯关于“两大陆的自然条件上的差异”对于两大陆“自己独特的发展道路”的意义的论述，也是把“随着野蛮时代的到来”作为既定前提的。在这个前提下，恩格斯肯定了两大陆自然条件的差异对于两大陆发展道路的决定性意义，这里也是一种特指。

另外，王文还引用恩格斯在1853年6月6日致马克思的信：“不存在土地私有制，的确是了解整个东方的一把钥匙。这是东方全部政治史和宗教史的基础。但是东方各民族为什么没有达到土地私有制……呢？我认为，这主要是由于气候和土壤的性质，特别是由于大沙漠地带，……在这里，农业的第一个条件是人工灌溉，而这是村社、省或中央政府的事。”[②]我认为对恩格斯这段论述的理解，不能像王文那样，从中引出地理环境决定社会性质这一普遍性结论。决定社会性质即生产关系性质的是生产力。这里的意思是说，由于气候和土壤的性质，不宜于农业生产，决定了生产力发展的缓慢。“由于文明程度太低，幅员太大，不能产生自愿的联合”[③]，因而人工灌溉成了政府的一种职能，因而没有达到私有制。

总之，马克思、恩格斯上述关于地理环境的决定性意义的论述，都不是在社会普遍性意义上说的，而是就社会发展的早期阶段这一特定意义上而言的。王文由于混淆了这两种不同性质的意义，因而从马克思、恩格斯的上述论述中引出了地理环境对社会发展有决定作用的结论。

徐文虽然不赞成王文的这一结论，但未能揭示出王文的失足之处，所以徐文又在一定程度上重蹈了王文的覆辙。比如徐文在否定地理环境对社会制度变更不起决定作用的同时，却又承认地理环境对人类发展的速度具有决定性意义。社会发展速度和社会制度变更怎么能截然

① 参见《马克思恩格斯文集》第5卷，586页，北京：人民出版社，2009年。

② 《马克思恩格斯全集》第28卷（上），260页，北京：人民出版社，1973年。

③ 参见《马克思恩格斯全集》第9卷，145—146页，北京：人民出版社，1961年。

分开呢？人类发展的速度难道只表现为社会的量的发展，而不表现为社会的质的变更，即社会制度的变革吗？显然不是。因此，承认地理环境对社会发展速度有决定作用，也就必然包含了承认地理环境对社会制度变更有决定作用。因此，在这里，徐文并没有和王文在观点上划清界限，反而走到一起去了。

另外，王文之所以得出地理环境对社会发展起决定作用这一不正确的结论还有一个原因，那就是他只看到了地理环境作为生产力形成和社会存在的前提条件的一面，而没有看到另一面，即作为生产力主体因素的种种前提，以及把生产力因素联结起来的生产力结构的作用。如果按照王文所言，地理环境作为前提，因而对社会发展起决定作用，那么是不是也可以逻辑地推论，作为生产力主体的人的“天然特性”、“生产技能”、人的社会结合等等作为前提，也分别对社会发展起决定作用呢？很显然，这样推论和所得结论都是不科学的。

徐文对王文的上述论证方法提出批评应该说是正确的。徐文引用普列汉诺夫的论述，即要“以社会生活的综合的观点来代替社会分析的结果——因素论”，也是很有针对性的。但是徐文在引用这一论述的同时，并没有把这种综合观点具体化为用生产力结构的观点去考察地理环境对生产力发展的作用性质。由于存在这一缺陷，因而徐文在批评王文的时候，又犯了与王文相同的错误。

这表现在，徐文认为：“没有一定的地理环境社会就无法存在和发展的情况下，一定的地理环境显然起着决定作用。”如果按照徐文的这个公式：没有“什么”，社会就无法存在和发展的情况下，“什么”就显然起着决定作用，那么我们把作为生产力主体的人的“天然特性”、“生产技能”、他们的社会结合等等分别代入这个公式，不是也可以得出诸如：人的天然特性显然起着决定作用，他们的生产技能显然起着决定作用等等的结论吗？很显然，这样来论证问题及其所得结论，都是不科学的。这种不科学就在于徐文在这里运用的也是因素论的分析方法，并没有把地理环境的作用性质放到生产力总体结构中去考察。

总之，在笔者看来，传统地理环境理论关于地理环境是“环绕着社会的自然界”，“是社会物质生活的必要的和经常的条件之一”[①]，这

① 《斯大林选集》下卷，440页，北京：人民出版社，1979年。

一规定虽然有待于精确化，但还是正确的。它的关于地理环境对社会发展只起加速或延缓作用，而不起决定作用的观点，也是正确的，但缺少科学的论证。它用地理环境的相对不变和社会发展的相对迅速来证明这一观点，这种论证所用的前提和论证方法本身都是不科学的，因而必须加以纠正。

地理环境问题的反省与思考*

一、人类环境观需要来一场革命

现代环境恶化的惨痛事实，迫使人类去思索和反省这样一个尖锐的问题：过去人类对自身与自然界的相互关系的认识，有哪些不对之处，有哪些陈旧的错误的观点需要加以破除，并代之以哪些新鲜的正确的观点。在笔者看来，革除人类在环境问题上的蒙昧主义，提倡和树立科学的理性精神，进行这样一场思维方式和思维观念的革命，是解决当代环境问题的思想前提。下面择其要者谈一些看法。

（一）树立生态平衡的自觉调节者观念

在古代，人把自身看作自然的顺从者，甚至崇拜自然的威力，将其神化，对之顶礼膜拜。主张顺从自然，有其正确的一面。坚持这一面至今仍有意义。但这种自然观无疑是生产力发展极为低下的产物。就总体而言，它毕竟是片面的，不科学的。

后来生产力发展，人对自然的改造力量增强了，特别是人类进入工业社会阶段以后，人往往又以自然的主宰者、统治者自居，似乎人可以凌驾于自然之上，对自然发号施令，可以向自然无限地索取。这种征服、索取的结果，一方面给人类带来了丰富多彩的生活，但另一方面，又加剧了人与自然的矛盾，人不断遭到自然越来越大的报复。因此，这种把人视为自然的主宰的观点也是片面的、错误的。这是人类的一种妄自尊大的幼稚蒙昧的观点。

人既不应是自然的消极顺从者，也不应是自然的绝对主宰者，而

* 原文来源于国家环境保护局宣教司等编：《环境理论与实践》，北京：中国环境科学出版社，1993年。

应是人与自然关系的自觉调节者。人对自然的关系不应该是消费性的、掠夺性的，而应该是创造性的、建设性的。这样做，可能吗？是完全可能的。因为人在实践活动中，一方面造成了人与环境的矛盾，但另一方面，人又在实践活动中，形成和加深了自身对生态环境客观规律的认识，这样也就为人类自觉地、主动地、预见性地去解决面临的生态环境问题提供了可能。这就是说，人不仅必须而且可能把生态规律的客观要求和人类活动的组织原则结合起来，达到对自然与人的命运共同体的自觉调节和和谐发展的水平。

（二）树立生态平衡的技术观点

当年培根喊出“科学就是力量”这一鼓舞人心的口号时，人们还没有认识到科学技术的双重效应，即有些科学技术在工农业中的运用，在为人类造福的同时，确实又给人类带来了新的生态环境问题。那么能否像某些悲观论者所主张的，应该放弃科学，停止社会生产的发展，而回到原始的自然状态去呢？

不能。科学技术的应用有正面和负面两种效应，这样一个客观事实告诫人们，必须保持清醒的头脑，必须对科学技术的应用有所比较，有所选择，应该运用那些负面效应小或没有负面效应，能促使人与自然环境相协调的科学技术。

另外，从科学技术发展的规律和趋势看，实践活动所造成的生态环境问题，归根到底，还将通过科学技术的进步来解决。纵观历史，展望未来，科学技术对自然力的利用也经历着从低级到高级、从片面到综合的发展过程。

在漫长的历史中，实践的技术在基本上是限于对无机自然力（机械的、物理的、化学等）的片面的开发和利用。大工业所造成的生态危机往往是发源于技术发展的这种历史的局限。然而，随着无机自然力在更广、更深的程度上得到综合开发和利用，以及生命科学和生物技术的发展，从而对有机自然力的充分利用，这样必将能够逐步消除传统技术所造成的对于生态环境的破坏。

（三）树立生态平衡的经济观点

人是赤条条来到这个世界上的。人类最初是靠自然界提供的“现成的生活资料”[①]而得以生存的。而后，才逐渐开始了系统的有目的的生产活动。

人们改造自然的最初条件，生产的物质实体性因素，都是天然的或经过劳动改变了的自然物质。这是其一。其二，自然条件中的一部分因素如气候、温度、湿度等作为生产的外在因素对生产也发生着作用。以上这些作用具体表现为，地理环境的优劣影响经济发展速度，影响经济发展方向，影响经济发展布局，另外，自然条件的差异性影响经济的结构性质和特点。

同样，人们的社会生产和社会生活反过来也影响自然环境。整个再生产过程和人类生活中所产生的各种排泄物，又都要回到环境中去。人类社会同周围环境就是这样连续不断地进行物质和能量的交换。环境质量的提高必然促进经济发展，生产和经济的合理发展又必须以保护环境为前提。

反之，环境质量的下降，也必然阻碍经济的发展。在当今世界上，人与自然的物质和能量交换越来越复杂，影响越来越深远，甚至可以说，生态平衡已经成为经济平衡的物质前提和基础。可见，保护环境就是保护经济的发展。

由此，许多陈旧的观念必须加以更新。比如，片面追求经济的一时发展，而以牺牲环境为代价的观点就是错误的。又比如，国民经济总产值是用货币表现的一定时期内所生产的全部物质资料的价值，可是因环境污染所成造经济损失难道不应该从国民经济总产值中减去吗？“三废”污染使一些树木枯死、花草凋谢、水果变质、农作物减产、牲畜死亡等等，这些损失难道不可以算作国民经济总产值的负数吗？再如，如果一个国家在一年里国民经济总产值增加了10%，可是由于“三废”污染严重，使全国人口的平均健康水平、平均寿命、体力和智力水平降低了不少，那么，这是发展还是后退了呢？如此等等。如果不从环境保护与经济发展相统一的观点出发，就无法对上述问题给予科学的解答。

① 参见《马克思恩格斯文集》第5卷，208页，北京：人民出版社，2009年。

（四）树立生态平衡的人口观念

人类在地球上出现到现在经历了两三百万年。从人之初，到1830年世界人口为10亿，几乎一个世纪后，到1927年才达到20亿，但到1960年，即33年后增至30亿，此后只用了14年，至1974年便上升到10亿，此后又过了13年，到1987年7月11日就达到了50亿。人口数量的迅猛增长，人口密度的不断提高，使人口与环境的矛盾尖锐起来，这就必然导致人类生活质量的下降。于是这就提出一个关于环境的人口容量问题。

有人认为环境的人口容量，就是指在一定的自然资源条件下所能生活的最理想人口，或曰适度人口。早在20世纪初，英国经济学家坎南等人就曾提出过“适度人口”的论点。他们主张根据自然资源等因素，保持一个适当的人口数量，以维持生态系统的稳定。国际人口生态学家们进一步指出：地球对于人口的容量，是指不损害生物圈或不耗尽可合理利用的不可更新资源的条件下，世界资源在长期稳定状况下所供养的人口数。

地球上究竟能容纳多少人呢？目前说法不一。不过整个地球，或一个国家，或一个地区的适度人口数的确定，取决于地理条件、自然资源、经济发展水平等多种条件，这是无疑的。

英国科学家认为，为使英国人口适度，应将英国现有的5600万人口，逐步减少到3000万。荷兰科学家提出，荷兰的适度人口只能是500万人，可是荷兰现有的人口是1350万人。关于人口适度的数字，各国尚在讨论之中。但是这个问题的提出是十分重要的。因为它提醒人们必须制止人口的无限增长，以取得最大的经济效益，从而有利于保持和发展每个国家的物质文明和精神文明。

我国人口学家根据我国今后科学技术的发展和社会经济发展的预测，根据食物、营养、土地、水、矿藏等自然资源和生态环境条件，通过现代化的计算工具，进行综合研究，认为我国的适度人口以7亿为宜，这是一个关系子孙幸福的战略设想。

（五）树立生态平衡的全球利益观念

如上所说，当代环境问题具有全球性、普遍性，环境的恶化早已不是一国、一地的局部范围内的事，而是整个人类生存系统的恶化。因此，全世界各国人民必须联合起来，携手合作，共同进行治理，共同维护人类的生存环境。

这里包括通过国际协作，测量和研究地球环境的变化，交流有关信息，转让有关技术；相关的国家共同采取措施对某一地域、某一流域、某一海域的污染进行治理；通过国际有关组织协调和组织全球环境问题的解决，制订防治规划，采取全球性的总行动。现在世界上，有一些西方发达国家用公害转移的办法，把本国的有害物质和造成污染的工厂搬到发展中国家，这是和生态平衡的全球利益相违背的，这种损人利己的行为是绝不能允许的。

总之，当代环境问题的解决，必须首先树立全人类的生态环境意识，必须破除把人与自然对立起来的形而上学观点，代之以辩证统一的观点。

二、中国应为解决环境问题作出贡献

中国是一个发展中的社会主义大国，有960万平方公里土地和11.5亿人口。中国对全球环境问题的解决具有义不容辞的责任。对此，中国人民也能够作出自己创造性的贡献。就其主要点说来有三：

（一）坚持马克思主义的指导

我们有马克思主义的思想指导。马克思主义的唯物辩证思想，以及关于人类与自然、必然与自由、社会发展与人类进步一系列光辉论述，都是指导我们解决当代环境问题的锐利思想武器。

（二）坚持社会主义的价值

我们有优越的社会主义制度。社会主义的根本目的就是为了使人民过上幸福美满的生活，其中就包括为人民群众提供舒适、优美的生活环境。因此，坚持经济发展与环境保护的协调统一，这是社会主义的本质要求。社会主义实现了人民群众根本利益的一致，因而在环境保护问题上，它能够避免在资本主义社会中存在的剥削阶级自私的干扰。社会主义国家从人民的根本利益和长远利益出发，能把环境保护作为一项基本国策，能从国家战略上，动员和组织亿万人民群众积极投入改造和美化环境的巨大社会工程。

当然，马克思主义的指导和社会主义制度的保证也只是为进行环境保护的工作提供了思想和制度的前提。要真正做好这件事，还有赖于我们从中国的国情出发，不断通过实践进行探索和总结，走出一条具有中国特色的环境保护的路子来。

我国的环境保护，有教训，也有经验，这些都是宝贵的财富。特别应该指出的是，在现代化建设中，我们避免了世界上许多国家在经济发展的同时，环境质量成比例下降这样一种情况。在“六五”“七五”期间，我国经济实现了翻番，但环境污染并没有翻番，而且局部还有所改善。应该说这是一个了不起的成就。其中有一条基本经验就是，注意坚持了经济效益、社会效益和生态效益的统一。

（三）坚持“经济、社会、生态”三效益的统一

所谓经济效益，指人们在合理的统筹安排下，以尽可能少的劳动和物化劳动，取得尽可能多的经济收入。或者说，创造更多的物质财富。但是，这里的物质财富的创造，有一个前提。这个前提就是不能以损害公众利益，而求得个人发财致富。因此，在追求经济效益时，一定要讲究社会效益。

所谓社会效益，指对社会公众有益，能提高他们的物质和文化生活水平，使他们得到更大的幸福。但是物质财富的创造，社会公众生活水平的提高，有一个更大的前提，即人所活动、所生活的自然环境的良好。这是人的家园。如果这个家园被破坏了，人就没有出路了。因此，在追求经济效益、社会效益的同时，还一定要讲究生态效益。

所谓生态效益，指生态系统处于良性循环和各组成部分相互协调的情况下，使自然资源做到合理开发和多方面的永续利用。使人和自然做到彼此协调，从而获得自然—社会系统中，自我调节和自我控制能力的加强与环境质量的提高。

在这三种效益的关系中，生态效益是基础，经济效益是手段，社会效益是目的。没有生态效益，就不能产生或长期产生经济效益。只有在生态效益的基础上，才能最大限度地发挥经济效益。但是，如果在生产中没有经济效益，那也就谈不上实现社会效益。同样，没有经

济效益也就使生态效益的实现失去了物质手段。事实上，当代解决各种环境污染问题都逐步有了成熟的技术。但是要把这种技术运用起来，就必须有一定的经济实力来保证。在当今世界上，一些不发达国家正是苦于经济上的贫困而造成了极其严重的生态环境问题。

因此，经济效益、社会效益、生态效益三者是统一的。进行社会生产必须从这三者的统一出发。既要进行综合考察，权衡利弊得失，采取适当方案，取利避害，或化害为利。这就要求人们在改造自然的实践中，要坚持从自然界提供的现实条件出发，坚持按自然规律办事，做到物尽其用，地尽其利，利用环境，改善环境，造福人类。

环境保护·生态平衡·生产力*

一、人类与环境的交互作用

生产力的发展，不能以牺牲环境为代价，而应以保护环境为前提。生产力所表示的人对自然的关系，不应只是消费性的，而应该是创造性、建设性的，应该考虑到自然界为保持完整的平衡所需要的一切。因此，必须把生态规律的客观要求和人类活动的组织原则结合起来，达到自然界与人的系统的自觉有效控制的水平。这里先从人在自然界中的位置说起。

（一）人是自然的产物和一部分

人不是上帝的产儿，人是自然界的产物。具体地说，人是地球发展到高级阶段的产物。

现代科学表明，在太阳系内，除地球以外，是没有人类正常生活的条件的。月球是一个没有空气，没有水，没有生命的死寂星球；火星表面气压太低，只相当于地球上三十公里高空的大气密度，而且温度时常达到零下130摄氏度；金星表面大气稠密，大气压力是地球的100倍，昼夜温度都在500摄氏度左右；水星上没有空气，夜间温度160摄氏度，白天是330摄氏度。至于在太阳系的其他外行星上，因为离太阳太远，就更不具备人类生存的条件。为了开辟人类生存的宇宙空间，当然也有一些科学家提出了一些设想、计划和方案。比如苏联科学家U.扎别林和美国科学家C.萨甘提出了一个改造金星的方案，认为可以用地球上的小藻类“洒满”金星上的碳酸大气层，让它吸收碳，

* 原文来源于陶富源主编：《现代生产力发展概论》，北京：中国展望出版社，1990年。

排出自由氧，使这个行星的大气层变成和地球上一样，把这个行星表面高达500摄氏度的温室效应降低下来。苏联科学院士H.谢苗诺夫也提出了一个改造火星的计划，认为可以利用核力水解装置，把大量储藏在火星冲击土层下的固态水分解为氢和氧，使这个行星上稀薄的大气层稠密化，以适宜于呼吸。这些设想无疑表明了人类智慧的优越，但到底实现的可能性如何，现在还仍是一个谜，即使有可能性，而要使这种可能性转化为现实，无疑也只能是在遥远的将来。由此可见，迄今为止，太阳系内，只有地球才是人类生存和发展的摇篮。

然而地球也是经过几十亿年的演化，才为人类的出现创造了条件。地球本来是一个冷的均质的球体，经过长期演化，发生了物质分异，形成了地核、地幔和地壳。后来地壳逐渐加固，形成了岩石圈，并形成了原始的大气圈和水圈，在这些圈层的相互作用下，从无生命发展到生命，形成了生物圈。生命从非细胞到细胞，从原核到真核，从无性到有性，从两极到多极，从单细胞到多细胞，从水生到陆生，最后从猿发展到人。人们通常所说的人类的地理环境，就是指地球上包括岩石、水、大气、生物四个圈层。

在人类的地理环境形成的这一漫长的过程中，每一发展阶段的延续和发展，同时又为后一阶段的出现创造了条件。原始的大气圈、水圈是原生生物产生的条件。原生生物是厌氧的，但它的发展却反过来给原始大气添置了氧，形成了后来的含氧大气圈，从而为喜氧生物的产生创造了条件。原始的绿色植物是自养生物，它的存在为异养的食草性动物的产生提供了食料。食草性动物的存在，从而又为食肉性动物的产生提供了条件。人是最后发生在世界上的，是由动物发展而来，但又不同于一般的动物。如果仅从生物的食物链的结构体系看，人处于食物链的顶端，既吃植物的精华部分，又吃食草性动物，还吃食肉性动物，是最高级的消费者。这说明，自然界的长期发展，才为人类的产生准备了条件，并为它的进一步发展奠定了基础。

由此可见，人类的存在是以地理环境的存在为前提的，是先有人类产生和生活的环境的存在，然后才产生了人类。从构成上说，人体只是自然界中各种元素的特殊聚集体、能量的运载体，人类是通过同化与异化作用同自然界的其他部分进行物质和能量的交换，从而使人的生命活动始终处于与环境的矛盾统一运动中，以求得人自身的存在和发展。因此，不管人的智力、身体和社会组织进化到怎样的水平，人作为一种特殊的生命系统，总是自然生态系统的一部分，总要依赖于生态环境。

（二）人与生态环境的平衡

任何生物都有一个与环境相统一的问题，所不同的只是人与环境的统一，较其他生物与环境的统一，更具有广泛性和风险性。

生态学说明，生命系统（动物、植物、微生物和人类）和环境条件在特定的空间的组合，构成了生态系统。在生态系统中，每一种生物因子都以其特有的生态行为方式与其他生物因子发生相互联系和相互作用，形成共生、寄生、共栖、竞争、捕食等多种形式的对立统一，同时与非生物因子（土壤、阳光、水分、热量、无机盐等）彼此联结、相互作用，构成多种形式的对立统一。人作为能动的因素，他的活动既依赖于生态系统，又主动对其加以干预，这就构成了社会人因子与生态系统中各因素之间的相互作用，形成了物质、能量的相互交流、循环、制约和平衡关系。每一个生物都与其所处的生态系统中的其他生态因子发生着能量和物质的输入和输出。生态系统的物质和能量的运输循环遵循着一条大自然的法则——等量原则。就是说，对于一个生态系统，物质元素和能量的输入和输出必须相等，只有相等，生态系统才能进行正常的物质和能量的运转循环，才能保持相对稳定，这就是所谓生态平衡。生态平衡是生态系统最重要的规律和特点，是任何生物存在和发展的条件。生态平衡的破坏意味着生态环境的破坏，意味着生物系统丧失了存在和发展的客观条件。

另外，生物系统都具有开放性，即不仅在生态系统内部有物质和能量的交换，而且还参与更大的生态系统的物质和能量的交换。因此，如果在某一生态系统中的某一环节上打破了生态平衡，不仅会使该生态系统解体，而且还会产生连锁反应，对其他生态系统发生影响。比如大鱼吃小鱼，小鱼吃浮游动物，浮游动物吃浮游植物。如果浮游植物因某种病灾大量死亡，那么浮游动物的数量就会成比例地减少，影响所及，要多吃鱼，吃大鱼，也就不可能了。

由于人处于食物链的最高层，除了要呼吸新鲜空气和饮用清洁的水以外，还需要粮食、畜产品、鱼类和蔬菜（当然还有衣着、用具），所以人的生存不仅要求自身与环境的生态平衡，而且还包括森林、草地、牲畜、庄稼、鱼类等等与环境的生态平衡。这样延伸下去，可以说，人所需要的生态平衡具有普遍的、全球的性质。也就是说，对海洋、陆地、水源、空气、森林等不良影响，最终都会表现为对人类或大或小的不良影响。特别是在现代，这一点更加明显，更加引人注目。

（三）当代环境问题的严重性

造成人的生态环境恶化的原因是多方面的。归纳起来，一是天然的原因。如太阳爆发所引起的大气环流、气象、雨量、温度等变化；又如天然放电，毁灭森林；洪水为患，冲走沃土；虫害蔓延，疫病流行等等，都能引起生态环境的某些破坏。二是人为的原因。即对自然资源的不合理利用和对环境污染所导致的生态环境的破坏。

在这两个原因中，天然的原因早就有了，虽然在天然原因的作用下，自然生态环境也时有破坏，但自然生态发展的总趋势还是日趋繁荣。就是在人类出现以后，当人类的活动还处在非常狭小的范围，人对生态环境的需求和影响还小于生态环境的再生能力、供应能力时，生态系统能自发地实现平衡。另外，当局部地区的生态平衡被破坏，人类在地球上还可以采取放弃和迁移的办法，另就他处以获得自身与环境的平衡。而在现代，由于人口的急剧膨胀和人类对于自然行程干预的日益加强，环境的恶化再也不可能依靠上述途径而获得恢复了。人类的盲目活动所造成的环境恶化，已经到了令人十分担忧的程度。

森林是维护陆地生态平衡的重要因素。可是，世界性的森林危机正愈演愈烈，森林资源急剧下降。据联合国粮食组织林业司调查，在1978年底全世界的森林覆盖率尚达24.5%，人均森林蓄积量为72立方米。可是从那以后每年以一千多万公顷的速度减少。在我国多年来大力提倡植树造林，但是到1989年我国森林覆盖率也只达到12.98%，远低于世界平均水平。由于森林被破坏，现在每月有一个物种被消灭。森林的减少，加速了水土流失，导致土壤沙化。目前，拉丁美洲的1/10，亚非两洲的1/5，澳大利亚的1/4正受到沙漠的威胁。由于人类的忽视，全世界所造成的沙漠已有900多万平方公里，地球上每年要损失5万平方公里的土地。据我国有关部门统计，我国水土流失面积约占国土总面积的1/6，沙漠的危害在扩大。水土流失是一种无声无息的环境危机，失去了土地，这就意味着失去了人类的一切。

从18世纪工业革命以来，人类由农业社会跨入了使用机器劳动的工业社会阶段，由于燃烧木材、煤炭，以及20世纪20年代以来，石油和天然气的广泛使用，引起人类对空气的巨大污染。仅由于烧煤和燃油而排放到大气中的二氧化硫的数量，到60年代每年就已超过了一亿吨，从而导致了酸雨。另外，过去几十年中，空气中的二氧化碳含量在稳步上升。科学家们担心，这样发展下去会形成地球温室效应，届时，富饶的土地会变成沙漠，森林将枯萎死亡，冰川融化，海水上涨，将淹没沿海地区。

20世纪50年代到现在，又增加了农药等有机合成物质和放射性物质等新的污染源，这些都可以通过食物链而作用于人体。由于离子辐射和多种化学品的出现，增加了人体基因的变异率。有的科学家认为，变异基因正在秘密传播，目前有10%的婴儿患有遗传病。我国的北京和上海因为空气污染的危害，在近20年中，肺癌死亡率大幅增加。有人估计，在现代工业发展情况下，如不采取措施，到2000年会使所有的河水因污染而不能使用。在我国一些河流变为“死水”也早已存在，汞、酚、砷、铬及各种物质排入河流后，使鱼虾灭绝。据我国20世纪80年代初对878条河流的调查，在92806公里河道上，已有5322公里变成了“死水”。

国际上一些科学家认为，自然生态系统的“解毒”功能是很有限的。他们根据近几十年来几个发达资本主义国家产生“三废”的情况，参照今后工业发展的速度，预测说，如果不采取环境保护措施，若干年后，人类将自行毁灭其生活环境。

总之，人类环境问题具有极大的严重性，它迫使人类更深刻更全面地认识自己的生存环境与自己行为的关系，认识环境保护与社会生产力发展的关系。

二、环境保护与生产力的发展

（一）地理环境是生产力的自然基础

人是赤条条来到这个世界上的。人类最初是靠自然界提供的“现成的生活资料”[①]而得以生存的，而后，才逐渐开始了系统的有目的的生产活动，才结束了单纯依靠自然生活，转而在自然基础上开始了主要依靠自身劳动而生活的历史。因此，如果把作为劳动者的人如实地看作一种自然历史地形成的力量，那么就必须肯定，在人类早期，自然界对人的直接养育之恩。这是其一。

其二，地理环境也给人类提供了征服和改造自然的最初的条件。生产劳动首先是人和自然之间的过程，“没有自然界，没有感性的外部世界，工人什么也不能创造。它是工人的劳动得以实现、工人的劳动在其中活动，工人的劳动从中生产出和借以生产出自己的产品的材料。”[②]在生产力形成过程中，“最初出现的只有两个因素——人和自然。”[③]劳动的客观条件是依赖于自然直接提供的，“即对土地这种最初的劳动工具、实验场和原料贮藏所的占有，不是通过劳动进行的，而是劳动的前提。……劳动的主要客观条件并不是劳动的产物，而是自然。”[④]后来随着生产力的发展，人类才在自然所直接提供的生产资料的基础上，不断创造了多种多样的经劳动加工的生产资料。

生产资料是生产力的物质实体性因素，它包括劳动资料和劳动对象。劳动对象不论是天然存在的，还是经过劳动过滤过的，都是天然的或经过劳动改变了的自然物质。劳动资料中，一类是劳动工具，另一类是作为基础设施的劳动条件。其中劳动工具和部分劳动条件是经劳动加工过的自然物质，另一部分劳动条件是天然存在的自然条件。因此，总体来说，生产资料的获得方式不管是直接的还是间接的，归根到底都是来源于自然界。也就是说，地理环境中直接参与生产过程或直接作为生产过程必要条件的那些因素，是作为生产资料的来源而包括在生产力之中的。

其三，地理环境对生产力的作用，还表现在作为生产力外在因素的自然条件中的一部分，通过对生产资料和劳动者的影响，而从外部间接作用于生产力。这种作用有时可能达到相当大的程度。比如气候因素或地理位置和地形的因素对生产的类型和布局、栽培作物的品种、

① 《马克思恩格斯文集》第5卷，208、209页，北京：人民出版社，2009年。

② ［德］马克思：《1844年经济学哲学手稿》，53页，北京：人民出版社，2000年。

③ 《马克思恩格斯全集》第47卷，105页，北京：人民出版社，1979年。

④ 《马克思恩格斯全集》第46卷（上），483页，北京：人民出版社，1979年。

生产工具的类型和效率、劳动者的劳动生产率、交通运输的距离与便利与否等等，都各有程度不同的或大或小的影响。

气候对农作物栽培的影响是人所共知的，从太阳光的年辐射量来说，我国10℃以上积温在长城以北介于2000℃—3500℃之间的地区，小麦一般不能越冬，故只能种春小麦；而秦岭、淮河以南一带10℃以上积温达5000℃以上，因此，不仅可以一年两熟，有的地方甚至可以两年五熟。

气候对工业布局也有影响，如修筑水坝，必须考虑该地区的降水量和降水强度，不然则可能造成巨大损失和灾难。风向频率也是工业布局、厂址选择的重要参考资料。

地理位置也对生产力的发展具有影响。比如工厂企业建在水陆交通枢纽地区比建在交通不便的地区要有利得多。另外，地形对生产力的发展也有影响，例如我国西南高山峡谷的渡口地区，很难找到面积超过三平方公里的平坦地方，这从而也就限制了攀枝花钢铁厂的发展规模。

其四，地理环境中还有相当大的一部分因素，在生产力发展的一定阶段上是作为生产力发展的潜在因素而存在，并将随着生产力的发展逐步投入生产过程中去。如尚未开垦的荒地，尚未开发的矿藏，尚未利用的水流等等，其中有些是在目前生产力水平上可以开发而由于各种因素尚未开发的，有些则是目前生产力水平上尚无条件开发，但将来随着生产力的发展而有可能开发的。在未开发以前，它们都是作为生产力的潜在因素而存在的。

总之，地理环境是生产力的自然基础，它不仅作为生产力中物质实体性因素的来源，包含于生产力之中，而且作为外在条件间接作用于生产力，并作为生产力发展的潜在因素不断转化为现实的生产力。那么，地理环境对生产力的作用具体表现在哪些方面呢?

（二）地理环境的性质对生产力发展的作用

第一，地理环境的优劣影响生产力的发展速度。自然资源的贫乏与丰富、土壤的肥沃程度、气候的好坏等等，直接影响劳动生产率，影响生产力的发展速度。在生产的其他条件相同的情况下，自然条件的好与差，在同样时间消耗同样的劳动量，所获得的产品是很不一样的。同样种甘蔗，我国闽南和粤某些地区，因气候条件优越，亩产甘蔗可达7000—8000斤，产食糖近1000斤。因气候条件的影响，在湖南、安徽种植甘蔗，亩产不过2000—3000斤，甚至还会更少。

第二，地理环境影响生产力的发展方向。人们在生产发展中，在选择花费劳动最少而获取产品最多的生产力发展方向时，必然要考虑不同地区的自然特点。草原地带一般对发展畜牧业有利。在有利于农作物生长的土壤和气候的地方，才会有利于农业的发展。只有蕴藏矿产资源的地方，才可能发展采矿业。太平洋上的波利尼西亚没有金属矿藏，岛上的居民就只能用石器和骨器进行生产，直到欧洲人把金属制品带来以前，那里的生产力曾长期陷于停滞状态。

第三，地理环境影响生产力的发展布局。生产力的布局要根据自然条件、自然资源的地理分布和结合特点。比如发展工业，就不仅要考虑矿产资源的地区分布，研究各种资源在地域上的配合，研究各种资源同地质、地震、水文等建厂条件的配合，研究矿产资源的储量和品位，从而确定其开采价值，还要研究被这种条件所决定的其合理的开发和利用的方式、方法的可行性，要研究对自然条件进行开发的预期经济效果，及其可能引起的自然条件的反作用的生产后果进行估计。这是在进行生产力发展的布局时，必须要注意到的。

第四，自然条件的差异性影响生产力的结构性质和特点。马克思指出：自然条件的差异性与它的产品的多样性“形成社会分工的自然基础，并且通过人所处的自然环境的变化，促使他们自己的需要、能力、劳动资料和劳动方式趋于多样化”①。人类历史发展证明，对社会发展最有利的是富有差异性和自然产品多样性的温带和亚热带地区。世界古代文明多数发生在温带和亚热带，资本主义也是在这里成长起来的。

自然条件的差异性和自然产品的多样性，使得不同地区的人们与自然之间的物质变换活动各具特色，从而使生产力及其结构也各具特色。在生产力诸因素中，劳动对象具有什么特点，劳动工具和劳动者的生产技术就具有相应的特点。

为这种特点所决定，一是促进了古代氏族内部成员按年龄和随季

① 《马克思恩格斯文集》第5卷，587页，北京：人民出版社，2009年。

节而改变的劳动的自然分工。

二是形成了各个氏族、部落，以及其后的各地区、国家之间各具特点的经济生活。马克思指出："不同的共同体在各自的自然环境中，找到不同的生产资料和不同的生活资料。因此，他们的生产方式、生活方式和产品，也就各不相同。"①

恩格斯在谈到古代东西半球发展的不同道路时也指出，由于欧亚大陆差不多拥有一切适于驯养、役使的动物和众多适于种植的谷物，所以这些地区有利于畜牧业、农业、多种经营与分工的顺利发展。而在美洲，自然条件的较少差异和自然产品的较为单纯（在那时生产力水平下所能利用的角度说，只有玉蜀黍可供种植，南部地区的羊驼可供驯养），因而促进社会分工的自然基础有所不足，这就延缓了美洲社会的发展。

三是由于不同氏族、部落、民族、国家间经济生活的不同和各具特色，引起了彼此之间的产品和商品交换，从而打破了原先血缘、地域的种种界限，发展了彼此之间的相互联系，加速了生产力发展和经济生活丰富多彩的行程，促进了社会的进步和变化，以至到今天形成了全球性的世界市场和世界范围的交往。而这种由于交换形成的相互关系的产生和难易，则是依地理环境的特性为转移的。历史上，古希腊、罗马的商业发达，后来资本主义萌芽在这里的发生，除了其社会原因以外，与希腊、罗马濒临地中海，而地中海连接欧、亚、非三大洲，内海周边与岛屿之间距离不大，气候又适宜于航海等等相联系。

（三）保护环境就是保护生产力

这里所说的环境，包括天然的自然环境和人工改造的自然环境，它是自然界作用于人类的一切力量和影响的总和，也是我们进行生产和生活的最基本的物质条件。社会生产所需的原料、燃料等全部物质要素，归根到底取自自然，而整个再生产过程和人类生活中所产生的各种排泄物，又都要回到环境中去，人类社会同周围环境就是这样连续不断地进行物质交换。生产影响环境，环境反过来也影响生产。环境质量的提高必然促进生产，生产的合理发展又必须以保护环境为前

① 《马克思恩格斯文集》第5卷，407页，北京：人民出版社，2009年。

提。反之，环境质量的下降，也必然会阻碍生产力的发展。在当今世界上，人与自然的物质交换越来越复杂，影响越来越深远，甚至可以说，生态平衡已经成为经济平衡的物质前提和基础。

农业的显著特点是经济再生产与生物的自然再生产相互交织在一起。农业经济的发展必须建立在生态系统良性循环的基础上，生态环境恶化，农业是发展不了的。比如在安排作物种植时，就要考虑到增加产量与投入肥料之间的平衡。如果土地的肥力消耗，得到了应有的补偿，那么在天气不发生巨大变化的条件下，就能得到丰收。反之，就有可能逐年减产。但是，如果过度使用无机盐肥料，也会导致土壤板结，从而降低透水性、透气性，削弱微生物的活动，使土地的肥力下降。为了防止这种情况的出现，就必须增施有机肥。因此，目前世界上不少农业专家提倡用生态农业取代化学农业。

所谓生态农业，就是把农业生产建立在生态系统的物质和能量循环运转的平衡上。比如种桑树可以养蚕，蚕粪可以养鱼，鱼粪可以沉积为肥沃的塘泥，塘泥可以肥田，农作物丰收了，秸秆、边角料、人吃有余的粮食又可以发展畜牧业；人呼出二氧化碳，微生物分解有机物时产生的二氧化碳，又转过来成为森林植被和农作物的营养物质，等等。

从发展趋势看，生态农业将是未来农业经济发展的方向。另外，农业生产要发展，还必须根据生态平衡的原则，合理利用生物资源。生物资源是再生资源，而任何一种生物要得以再生，都必须保持这种生物的基本数字及一定年龄和性别的比例。无论是在森林采伐上，还是在渔业捕捞、草场放牧和有经济价值的鸟兽狩猎上等等，都必须遵循这个生态学的基本原则。不然，只顾眼前利益，不顾长远利益，那么"竭泽而渔"则无鱼，是必然的。

环境保护，对于工业生产也是极为重要的。恩格斯说过："蒸汽机的第一需要和大工业中差不多一切生产部门的主要需要，就是比较纯洁的水。"[①]可是由于水质污染不少发电厂设备堵塞，每年少发电几千万度。仅北京市由于地下水污染，硬度增加，锅炉结垢加快，煤耗提高，一年的损失就超过5000万元。又比如在第二松花江上，一些工厂

① 《马克思恩格斯文集》第9卷，612—613页，北京：人民出版社，2009年。

由上而下相连，致使一段时间，造纸厂排出的污水，堵塞、腐蚀了发电厂的设备，一年少发电9600多万度；发电厂的粉煤灰排入江中，又堵塞了化肥厂的设备，一年少产化肥3万多吨；化肥厂的含炭黑污水，又使化纤厂的印染织品变色报废。几个厂加在一起，每年的污染损失就达2000万元。

工业废气所造成的损失也是严重的。据美国85个城市的调查，每年由于空气中有害气体的侵蚀，单是住宅建筑的损失即达6亿美元，全国各类财产的损失总和估计达130亿美元。

据报载，我国每年因大气、水、固体废弃物等污染酿成的经济损失近700亿元。

噪声也造成巨大的经济损失。据估计，美国一些噪声高于85分贝的工作地，如能降低到85分贝的水平，每年即可减少损失130亿美元。环境保护与生产发展的一致性，不仅表现在保护环境是发展生产的前提和基础，而且还表现在如下一点上。马克思在分析“生产排泄物”时指出，这里，除了“正常范围的废料”以外，大部分生产排泄物是“同一个产业部门或另一个产业部门的新的生产要素”[①]。“三废”弃之是害，用之为宝。例如，有色金属冶炼厂排出的废气，含有大量的二氧化硫，可以用来生产硫黄、硫酸，如果把全国有色金属冶炼过程中放空跑掉的二氧化硫全部收集起来，等于每年多生产几十万吨硫酸。造纸厂排出的废液，可以从中大量回收本厂所必需的烧碱和其他产品。全国造纸行业每年随废水排入江河的烧碱，等于全国烧碱产量的三分之一。焦化、玻璃、塑料、炼油等工厂的废液中，含有大量的有用物质，回收起来，也是重要的化工原料。金属冶炼渣、炉渣煤灰和机械加工切削废料等，有的可以提炼多种金属，有的可以用来制作化工、轻工产品，有的可以用来生产水泥、砖瓦等建筑材料。

我国目前资源的利用率很低。拿能源来说，我国每创造1亿美元的国民生产总值消耗的能源相当于日本的6.1倍，美国的2.3倍。我国的能源利用率仅有33%，而美国、日本的能源利用率都在50%以上。这就是说，我国有相当多的能源，不但没有发挥经济效益，而且变成了“三废”贻害人间。因此，开展综合利用，做好环境保护工作，既能防

① 《马克思恩格斯文集》第7卷，94页，北京：人民出版社，2009年。

止“三废”污染，又为扩大再生产提供了新的原料资源。

三、坚持生产力发展与环境优化的协调

（一）悲观论没有根据

人类环境问题的严重性，现在已为全世界所公认。如何解决人类环境问题，人们从各自不同的世界观和知识水平上得出了不同的结论，提出了不同的主张。其中有些人哀叹，“人类正在走向地狱之门”，“人类将走向无绿色的坟墓”。他们把环境问题归罪于科学技术的发展，认为应该放弃科学，停止社会生产的发展，回到原始的自然状态。然而这种观点是不能令人赞同的。这里的关键在于，要充分认识人的自觉能动性对于解决人类环境问题的意义。人类对于生态环境的作用有不同于其他生物体的特点。某些生物会由于自身的发展而破坏自己的生存条件，并最终导致自身物种的灭绝，人类则不会导致这个结果。人在实践活动中，一方面造成了自身与环境的矛盾，另一方面又在实践活动中，形成和加深了对于生态环境客观规律的认识，这样也就为人类自觉地、主动地、预见性地去解决面临的生态环境问题提供了可能。这集中地表现在，人类能够利用自己发现和掌握的科学技术，并把科学技术不断转化为生产力，从而为合理利用自然资源，改善生态环境，实现协调发展，不断开辟新的途径。

科学技术是人类解决自身同自然环境之间矛盾的武器。有些科学技术在工农业中的应用，在为人类造福的同时，确实又给人类带来了新的生态环境问题，但是，从科学技术发展的规律和趋势看，实践活动所造成的生态环境问题归根到底还将通过科学技术的进步来解决。纵观历史，展望未来，科学技术对于自然力的利用也经历着从低级向高级、从片面到综合的发展过程。在漫长的历史中，实践的技术在基本上是限于对无机自然力（机械的、物理的、化学的等等）片面的开发和利用，大工业所造成的生态危机往往发源于技术发展的这种历史的局限。然而，随着无机自然力在更广、更深的程度上得到综合开发和利用，以及生命科学和生物技术的发展，从而对有机自然力的充分利用，这样必将能够逐步消除传统技术所造成的对生态环境的破坏。

总之，生产力的发展,科学技术的进步，必将使人类的活动越来越符合生态平衡的规律，这是不依任何人的主观意志为转移的。盲目开荒曾经给人以惩罚，从此人们懂得了要保护森林，广种草地；矿物燃料的使用给环境造成严重污染，鉴于此，现在核能被大力发展，太阳能的利用也呈现出诱人前景；化学农业有偏颇之处，生态农业便得到提倡。英国的泰晤士河曾因污染严重，奇臭无比，现经多年治理，河水变清，游鱼跳跃；中国的“三北”地区，过去风沙危害，广侵良田，建设“三北”绿色长城，防护林带工程成绩卓著，生态效益和环境效益明显好转；过去，环境污染严重的我国大城市天津，在旧城改造和综合治理中，盘旋在市区上空的“黑龙”“白龙”“红龙”“黄龙”已被降服。建成引滦入津通水工程以来，水质也达到了国家标准。

总之，人类有能力、有智慧克服环境污染及其所带来的消极作用。在这个问题上持悲观态度是没有根据的，把科学技术、生产力发展和保护环境完全对立起来的观点也是片面的，错误的。事实上，当代解决各种环境污染问题都逐步有了成熟的技术，但是要把这些技术运用起来，就必须以生产力发展所决定的一定经济实力来保证。在当今世界上，一些不发达国家正是苦于科学技术落后和经济上的贫困而造成了极其严重的生态环境问题。因此，生态环境的保护，离开科学技术和生产力的发展是不可想象的。

当然，人类保护环境的作用能否得到发挥，以及发挥得如何，这不仅取决于科学技术和生产力的发展，而且与社会制度的性质、生产体制的形式，以及人们的生活方式和国民的生态意识如何是密切联系的。限于篇幅，下面只是着重谈谈坚持生产力发展与生态环境优化的协调这一根本指导思想及其贯彻的问题。

（二）坚持经济效益、社会效益和生态效益的统一

观念上的陈旧、保守，对于人们正确认识世界和改造世界，曾经造成了极大的妨碍。在现代环境问题的解决上，也有一些陈旧的、保守的观念需要破除。

比如国民经济总产值，只算一定时期内所生产的全部物质资料的价值，而环境污染所造成的经济损失应该不应该作为负产值计算呢？如果一个国家一年里国民经济总产值增加了10%，可是由于“三废”

污染，使全国人均健康水平、平均寿命、平均体力降低了1.0%，那么这是前进了，发展了，还是后退了呢？过去，如果糟蹋了几斤粮食，人们会感到可惜，但污染了几万立方米的空气，人们却毫不痛惜。现在随着公害污染的严重，打破了仅限于吃、穿、住、用等生存需要的传统观念，人们开始认识到明媚的阳光、无毒的清水、清洁的空气也是人类生存的基本需要。一个人不吃饭，生命还可以维持不少天，可是五分钟不呼吸，就足以窒息。由此可见，树立经济效益、社会效益和生态效益相统一的观点，是多么重要。

所谓经济效益，指人们在合理的统筹安排下，以尽可能少的劳动和物化劳动，取得尽可能多的经济收入；社会效益，指全体社会成员的物质和精神的需要，得到更多的满足，生活得到更大的幸福；生态效益，指生态系统处于良性循环和各组成部分相互协调的情况下，使自然资源做到合理开发和多方面的永续利用，使人和自然彼此协调，从而获得自然与社会的系统中，自我调节和自我控制能力的加强与环境质量的提高。

在这三种效益的关系中，生态效益是基础，经济效益是手段，社会效益是目的。没有生态效益，就不能产生或长期产生经济效益，只有在生态效益的基础上，才能最大限度地发挥经济效益，但是，如果在生产中没有经济效益，那也就谈不上实现社会效益，因此，这三者的效益是统一的。进行社会生产必须从这三者的统一出发。比如，在研究某一水源的合理开发利用时，就必须考虑下面几个方面的影响：对气候、生态的影响；对人的健康的影响；对农业生产的影响；对工业生产的影响；对渔业生产的影响；对人们精神生活的影响（江河湖泊可以为人们提供休息娱乐的场所，诸如进行游泳、划船、钓鱼之类的活动）等进行综合考察，权衡利弊得失，采取适当方案，取利避害，或化害为利。这就要求人们在改造自然的实践中，坚持从自然界提供的现实条件出发，要坚持按自然规律办事，做到物尽其用，地尽其利，利用环境，改善环境，造福人类。这里包括两层意思：一是要发展生产，以数量更多、质量更好的产品和劳务，满足人民日益增长的物质和文化需要；二是要为人民提供越来越适合于工作和生活的环境条件。换句话说，也就是，要使自然界不仅作为生产资料发挥作用，而且作为人的全面发展的资料最大限度地发挥作用，即作为激发人的智慧、美感、道德的一个来源而发挥作用。从整个社会的角度说，要坚持经济效益、社会效益和生态效益的统一，必须做到：

第一，加强多学科的合作，开展综合研究。

因为上述三种效益的统一要涉及许多学科，而且对于污染的危害，对于“三废”的综合利用，有的已经弄清，有的可能还没有弄清。旧的污染解决了，随着新的工业部门和工艺流程的出现，又有可能产生新的污染。因此必须通过多学科的合作攻关，逐步掌握“三废”的特点和规律，不断提高协调生产发展和环境保护的水平。

第二，要认真实现社会和经济发展计划中关于环境保护的目标。

编制社会、经济发展计划，不仅要有经济观点，而且要有生态观点，要把环境保护纳入经济管理的轨道。

这里，我们要记取发达资本主义国家的教训。发达资本主义国家在环境问题上走了一条“先污染，后治理”的弯路，他们在吃尽了无林化和“公害危机”的种种苦头以后，在风起云涌的群众反公害斗争的冲击之下，才不得不花高昂的代价来解决环境问题。我国是社会主义国家，应当后来者居上，避免资本主义国家走过的弯路。为此，在思想上一定要纠正不重视环境保护，而片面追求产量、产值的错误倾向。

第三，要坚持以预防为主。

经验证明，造成环境污染是比较容易的，消除环境污染则要花费很大气力。因此，污染要治，但光治还不行，更重要的是要防止产生新的污染源。如果只治不防，那么即使有最先进的治污技术也是治不胜治。要防止产生新的污染源，关键在于，要把好基建这个关。对工业的发展要实行全面规划，合理布局，要做好对环境影响的调查和评价。产生污染的工厂，一定不能摆在居民稠密区、上风头、水源附近或河流上游。另外，要坚持环保工程和主体工程同时设计，同时施工，同时交付使用的原则。

第四，要合理利用自然资源。

这里涉及的问题很多。对我国来说，人口计划生育是其中极为重要的一点。在一定的生产力水平上，人类对自然资源的利用只能达到一定深度和广度，当人们还不能更深更广地利用自然资源的情况下，人口的过度繁殖超过了人们能够利用的自然资源的负荷能力，就会给生态造成压力，以至滥开滥垦，滥围滥捕，在人多，耕地少，生产水平低下的地区更是如此。因此，自觉地控制人口出生率和提高人口素质，自觉地调节自己与生态环境的关系，就成为人类发展的一个重大问题。

第五，必须克服急功近利的实用主义。

坚持经济效益、社会效益和生态效益的统一，这是以关心社会的共同利益和人民的长远利益为出发点的。许多人不具有这种博大的胸怀，他们要“实际”得多，这些人急功近利，甚至鼠目寸光，他们对环境的破坏和资源的浪费毫不痛心，对自己的利益却决不放过，由此产生了一系列短视行为：对资源进行掠夺性开发，对破坏环境的行为予以默许；只顾眼前，不计长远，吃祖宗饭，造子孙孽；这个项目能获利，我就上，这样做对企业对单位或对我个人有好处，我就这么做；我怎么排污方便，就怎么排，怎样开发方便，便怎样开发，管它开发合理不合理。总之，一切从个体本位出发，从个人私利出发，只顾一时的经济效益，而以牺牲社会效益、生态效益和长远的经济效益为前提。

对于这种急功近利的实用主义，必须坚决抵制。为此，一方面，要大力加强生态意识教育，向全民普及生态环境知识，强化公民的生态意识；另一方面，要尽快健全和坚决执行保护生态环境的法律法规，严惩破坏生态环境的行为。

我们的祖国是美丽的，天空、大地、森林、草原、悠悠的白云、荡荡的湖水、滔滔的江河、绵绵的小溪……我们的祖先就生存栖息在这块大地上。我们要爱森林、爱草原、爱天空、爱大地，只有这样，才有可能维持生态平衡，合理利用自然，以促进我国生产力的更快发展，同时为我们自己，也为子孙后代保持一个和谐优美的环境。

现代生产力包括社会科学*

一、对“科学是生产力”原理的一个误解

科学转化为直接的生产力，这是经过实践证明了的马克思主义的一个真理。但不少人把这里的科学仅仅理解为是自然科学，这是不全面的。钱学森曾经就这一点指出：“如果说科学技术是生产力，这里说的科学技术要包括社会科学。”①我认为，这是符合马克思的原意的。

马克思在分析剩余价值的来源时曾说过：“生产力的这种发展，最终总是归结为发挥作用的劳动的社会性质，归结为社会内部的分工，归结为智力劳动特别是自然科学的发展。”②马克思在这里强调了自然科学对于生产力发展的特别重要性。但是，他在指出这一点的同时，并没有否认其他智力劳动对于生产力发展的作用。这在马克思的下面一段论述中说得更加直截了当，他说：“随着大工业的发展，现实财富的创造……取决于一般的科学水平和技术进步，或者说取决于科学在生产上的应用。（这种科学，特别是自然科学以及和它有关的其他一切科学的发展，本身和物质生产的发展相适应）。”③

可见，科学在生产上的运用，主要是指自然科学，同时也包括与生产有关的其他一切科学，包括社会科学。

生产力中包括自然科学，这是由生产力和自然科学的性质决定的。生产力是人们改造、控制和改善自然的现实物质力量。自然科学是人们对自然的本质和运动规律的认识和揭示，人们掌握了自然科学就能

---

* 原刊于《安徽大学学报》（哲学社会科学版），1988（1）。

① 钱学森：《从社会科学到社会技术》，《文汇报》，1980·09·29。

② 《马克思恩格斯文集》第7卷，96页，北京：人民出版社，2009年。

③ 《马克思恩格斯文集》第8卷，195—196页，北京：人民出版社，2009年。

指导自己向生产的深度和广度进军，就能极大地提高社会生产力；近代自然科学产生以后的历史告诉我们，自然科学，特别是其基础理论的重大发现和突破，标志着人类在理论上征服自然发展到了一个新水平，它往往引起技术上的革命，从而使社会生产力发展到一个崭新的阶段。

生产力中包括社会科学，这也是由生产力和社会科学的性质决定的。

首先，生产力是一种社会物质力量，人是生产力的主体。因为“人本身是他自己的物质生产的基础，……因此，所有对人这个生产主体发生影响的情况，都会在或大或小的程度上改变人的各种职能和活动，从而也会改变人作为物质财富、商品创造者所执行的各种职能和活动”[①]。人是社会的人，对生产主体发生影响的一个重要原因是社会因素。而社会科学是以社会现象为研究对象的科学。因此，以社会科学为指导，研究对主体人发生影响的种种社会关系和社会机制，促进新人素质的培养，充分发挥主体的积极性，这是解放生产力，促进生产力发展的一个根本的方面。

其次，分工协作、组织管理是现代生产力中的组合因素，同时也是劳动者在其中从事生产的社会关系。因此，要实现合理有效的分工协作、组织管理，也必须以社会科学为指导，注意调节劳动者在社会经济中的关系，注意加强各类劳动者的社会团结，造成理解、信任、互助、协作的气氛和环境。随着生产的社会化和国际化的发展，这里就涉及人种、国籍、民族、习惯、心理、文化传统等种种因素。因此，要做好生产的分工协作、组织管理工作必须要有有关的社会科学知识。

最后，发展生产力是为人类的需要服务的。而人类的需要是多方面的，因此，每一项新技术、新工艺、新产品的运用和评价，除了经济方面的标准以外，还要有利于改善劳动条件，创造舒适的工作环境，能满足人的物质需要和美感、情怀、心境等精神方面的享受。不仅要能满足人们的眼前利益，而且要有利于人们长远利益的满足，也就是说，要充分估计到它们所带来的长期的社会后果。特别是那些影响久远，涉及面广泛的系统工程的建设，除了要进行自然科学的论证以外，

① 《马克思恩格斯全集》第26卷（Ⅰ），300页，北京：人民出版社，1973年。

还必须从经济、政治、社会、历史以及文化、心理等多个方面进行社会科学的论证。这样，才能减少盲目性，提升驾驭科学决策的自由，从而正确规划生产力发展的方向、规模、速度、布局等等。在现代生产管理中，科学决策是一个极为重要的内容。

总之，人作为生产力的主体，生产力本身通过分工协作、组织管理所体现的社会性，以及生产力所具有的社会功利性，都决定了生产力的发展不能离开社会科学的指导。社会科学在生产中指导和运用的过程，也就是社会科学转化为生产力的过程。

二、社会科学转化为生产力的途径

众所周知，自然科学转化为生产力的途径，是通过技术为中介向生产力各个构成项渗透，应用于生产，而成为直接生产力的。

社会科学是怎样转化为直接生产力的呢？社会科学是通过管理这个中介，充分发挥人的主体作用，实现生产力系统中各因素的合理组合和协调运行，而变为直接的生产力。当代社会科学不断揭示出社会生产过程的组织规律，成为生产过程中进行科学管理的不可缺少的工具。社会科学为科学管理提供科学的理论和方法，它通过对生产系统的合理组织，扩大生产系统中人、财、物等因素的作用，同时增加人与人、人与物的组合的社会生产效益、经济效益、社会效益。

劳动管理中有技术性管理和社会性管理。技术性管理是自然科学运用于劳动管理的表现，从其直接对象来说是对物的管理；社会性管理是社会科学运用于劳动管理的表现，从其直接对象来说，是对人的管理。因此，劳动管理也可以分为对物的管理和对人的管理这样两个方面。在这两者中，对人的管理是根本的，主要的方面，因为任何对物的管理总是通过人去进行，通过对人本身的管理实现的。因此，把社会科学运用于劳动管理，最根本的就是把社会科学运用于对劳动者的管理。

这个管理就其指向来说，包括：(1) 劳动者的个体意识与行为；(2) 劳动者的群体意识与行为（个人和组织间的相互评价和相互作用、群体中的人际关系、信息传递方式等）；(3) 领导的意识与行为（领导者和被领导者，以及环境在内的整体）；(4) 企业的观念改变与应变行为，等等。

对劳动者管理的目的，在于通过调节劳动者的意识和他们之间关系，以便为每个劳动者发挥生产积极性提供可能和条件。就劳动者的意识来说，其中包括劳动者的理想、人生态度、情趣、劳动动机、需要、达成目标等等。劳动者之间的关系包括这一部分工人与那一部分工人之间，直接操作的工人与管理人员、技术人员之间，领导者与被领导者之间，职工与企业、国家之间，企业与企业、国家之间的关系，等等。以上这两个方面的调节是现代化管理要注意解决的一个基本任务。在资本主义企业管理的发展史上，资本家起初重视对物的因素的管理，并用对物的管理方法来实施对人的管理。随着生产力的发展，工人在生产力中的地位和作用的上升，这一套管理方法由于不断激起工人的不满和反抗，迫使资本家不得不更换管理方式。比如，资本主义管理模式中的三个阶段（泰勒阶段，即利用劳动成效进行管理的阶段；行为阶段，即注重劳动过程进行管理的阶段和决策阶段；即注重对劳动者积极性调动的管理阶段），一个比一个更注意人的社会地位问题。在西方，有人提出了加强企业文化建设的主张，认为在企业活动中所表现出来的人的观念、人的素质以及人际关系这些文化要素是搞好企业的一个关键。注意改善工人的工作环境，推行参与管理，注意劳动群体的感情联络和协调劳资关系等等，这是资本主义企业现代管理的一个特点。但是资本家这样做的目的，只是为了使工人更好地为他们卖命，从而获取更多的利润。因此，资本主义的企业管理无论改善得怎样先进，都不可能“把人当成真正的人”来管理，这就决定了资本家所采取的这些措施的作用是有限的，只能是在某种程度和某些环节上，自觉不自觉地符合了科学的要求。

在社会主义社会中，情况就根本不同了。工人是自己企业的主人，人民群众有权参与管理的决策民主化，科学技术工作者有权参与管理的决策科学化，他们有权选举和罢免（或撤换）不称职的领导。另外，企业所实施的一切措施从规章制度到思想政治教育，都应该是为了提高工人当家作主的自觉性，发挥他们在企业中的主体作用，按照科学的要求“把人当成真正的人”来进行管理。相对于资本主义企业来说，这是社会主义企业一个极大的优势。只有在社会主义社会，才可能以马克思主义指导，运用心理学、教育学、社会学、伦理学、法学、美学和哲学等知识，根据人的思想活动的规律，人的成长的规律，人与社会相互作用的规律，培养人、教育人、激发人的积极性和无限创造力，搞好生产的组织管理，从而大规模地、强有力地实现从社会科学向直接生产力的转变。

三、社会科学对生产力发展的巨大推动作用

自然科学转化为直接的生产力，大大促进了劳动生产率的提高。马克思说："大工业把巨大的自然力和自然科学并入生产过程，必然大大提高劳动生产率。"[①]当今一些发达国家工业劳动生产力的提高，60%—80%是靠采用了新的科学技术取得的。

社会科学的物化对生产力发展的影响也是巨大的。在自然科学物化的效果指标中，实际也就包含了社会科学物化的效果。在生产活动中，社会科学的物化所表现出来的人的体力和智力的充分发挥，与技术的有效和广泛的运用是极为密切地交织在一起的。诺贝尔经济学奖金获得者西蒙·库兹涅茨指出。先进技术是容许经济增长的源泉，但它本身只是一种潜在的可能性，是一种必要的条件，而不是充分条件。如果要有效而广泛地使用技术……那就必须有制度和思想意识的调整。这就是说，先进技术必须在相应的社会、文化背景下才能充分地发生作用，而制度和思想意识的调整，只有在社会科学指导下，才可能是自觉的。

社会科学物化的效果是不能孤立地、直接准确地计算的，而且大部分后果往往是在一个相当长时期里逐渐显露的。比如，科学人生观的确立，对于人们的生产积极性的发挥将是长期的，甚至在人的整个一生中发生作用。

社会科学的物化不能准确地加以计算，并不否认这一点，即社会科学的物化，表现为创造潜力的提高和良好的社会心态气氛，并通过它表现在劳动态度和劳动组合上的努力，会取得很大效果。据现代行为科学研究，一个人如果工作积极性很高，他就可以发挥出他的百分之80%—90%的才能，反之只能发挥出他的才能的百分之20%—30%，

① 《马克思恩格斯文集》第5卷，444页，北京：人民出版社，2009年。

相差何等悬殊！特别在现代化生产条件下，企业中脑力劳动者的比例不断提高，脑力劳动主要靠运用知识和思维，而知识和思维的成果是不能像体力劳动的成果那样，用工时和定额等指标来加以度约和考核的。由此可见，运用社会科学调节劳动者的意识和他们之间的关系，促进其积极性、主动性的发挥，这是多么重要。

而且，随着自然科学和社会科学一体化趋势的加强，社会科学在现代生产管理中，通过加强决策的科学化，对生产力的发展将会发挥愈来愈大的作用。我国社会主义现代化建设中的一些重大问题，就必须依靠自然科学、社会科学和工程科学的各种专家的共同努力来研究解决。比如京津地区的国土规划、黄土高原的控制治理、黄淮平原的综合开发、长江流域经济区的合理布局、珠江三角洲的总体规划等等，不仅涉及历史造成的因素和历史形成的种种问题，而且还涉及诸如环境、人口、城镇等等许多复杂的社会问题，没有多学科的研究，没有社会科学参与决策，就会造成实际建设中的盲目性，对后代造成不可估量的损失。

又比如，现代化大生产的发展，现代自然科学运用于生产过程以后，也产生了许多新的问题，需要以社会科学为指导，通过实现管理的进一步科学化来加以解决。在现代生产中，传送带流水线组织形式，反映了大生产一定阶段的特点。它一方面提高了劳动生产率，保障了产品的质量，但同时又带来了工作的单调，工人技能发展不全面等问题。这里就提出了这样一个问题，即如何以心理学和生理学的知识为依据，机动地控制传送带的速度，合理安排作业，科学地组织操作。

再比如，随着工业生产的高度自动化的发展，在装配性流水线生产中，大量的操作由机械代替，使工人从传送带的紧张劳动中解放出来，处于监视、调整、检查的岗位上。但是这一改革又要求在新岗位上的工人，具有更高的专业训练水平，更负责的态度和稳定的情绪。为了满足现代生产的这一要求，也需要进行这一方面的社会科学研究。

此外，随着人民生活水平的提高，对产品功能的要求也就越来越丰富和多样化。一座住宅楼的建设，人们不仅要求它牢固结实，通风好，采光好，而且要求它美观大方，体现一定的风格，具有某种色彩，从设计上还要求便于儿童的活动和老人的交往等等。可见，要设计好一座住宅楼不仅要懂得建筑学，而且要懂得与建筑有关的美学、艺术知识，还要懂得一点心理学知识。

总之，随着生产的现代化，社会科学将愈来愈加速地转化为直接的生产力，成为推动生产力发展的巨大力量。

四、重视发展社会科学，加速培养社会科学人才

既然生产力包括自然科学和社会科学，因此要大力发展生产力，就不仅要重视发展自然科学，而且要重视发展社会科学，加速培养社会科学人才。

相对于发达国家，我国自然科学和社会科学的现状都是比较落后的。由于过去长期处于封闭状态，我们对当代资本主义的研究做得很不够，由于"左"的思想的束缚，我们对社会生活各方面的研究也做得很不够。社会主义的管理科学的研究长期以来几乎是个空白，社会学、心理学在十年动乱中也曾被诬为资产阶级的伪科学而遭到摧残。十一届三中全会以后，这些学科的研究才得以恢复和发展。

社会科学人才的培养过去也没有得到应有的重视。长期以来，作为社会科学人才培养的一个重要途径的大学文科，在我国高等学校结构中所占比重很低。从新中国成立到1980年全国高校毕业生中，文科学生只占10.4%，与理工科毕业生比例相差甚远。在西方一些发达国家的高校结构中，文科的比重超过理工科，一般都达到50%以上。造成社会科学落后和社会科学人才缺乏的一个重要原因是在生产的管理以至社会各方面的管理上存在着经验主义的片面性，多年来，我们忽视系统地向书本学习和接受正规教育的重要性，管理需要社会科学这一观念长期没有很好树立起来。

科学技术落后是不能实现现代化的。但是，如果自然科学上去了，社会科学的落后状况不能从根本上加以改变，那也必然要拖现代化的后腿。这样一个关系现代化大业的战略问题，一定要引起我们应有的重视。当今世界，文理相互渗透，技术与管理并重，这是一种历史趋势，是现代生产力发展的重要特点。党的第十三次全国代表大会的报告明确指出："现代科学技术和现代化管理是提高经济效益的决定性因素，是使我国经济走向新的成长阶段的主要支柱。"如何以社会科学为指导，促进我国生产管理的科学化和优化，这是我国现代化建设中，

要解决的一个重要课题。

大力发展社会科学，加速社会科学人才的培养，首先要在观念上有一个大的转变，要纠正将社会科学单纯视为上层建筑的片面认识，要确认社会科学对智力因素和非智力因素的培养和提高，通过管理而实现对生产力发展的直接推动作用，要确认现代生产力包括社会科学。

教育在科学转化为生产力中的基础作用*

要夯实社会主义现代化建设的基础，根本的就是要搞好教育。党的十三大报告中指出："从根本上说，科技的发展，经济的振兴，乃至整个社会的进步，都取决于劳动者素质的提高和大量合格人才的培养。百年大计，教育为本。必须坚持把发展教育事业放在突出的战略地位，加强智力开发。"这一论述，高瞻远瞩，极为重要。我们要在学习中认真领会其精神，并在行动中坚决地加以贯彻。这里就教育、科学与生产力发展的关系，教育在科学转化为生产力中的作用问题，谈谈自己的认识和体会。

一、教育发达是科学兴旺的基础

当今世界，现代交通和通讯事业的发展，使各国的联系愈加紧密，令人有地球缩小之感。与此同时，国际范围的经济竞争也愈加激烈。经济的竞争，主要表现为科学技术的竞争，而科学技术的竞争，主要又是教育的竞争。国与国之间的差距，主要是经济差距，实质上是科学技术的差距，而根本的差距是教育。因此，一个国家要改变经济的落后状况，步入现代化的先进行列，其关键就是要抓好教育，培养人才，促进科学技术的兴旺发达。

教育发达是科学兴旺的基础。关于什么是科学兴旺期，日本科学家汤浅光朝曾定义说：每十年一计，如果一个国家的科学成果超过全世界成果总数的25%，那么这个时期就称之为科学兴旺期。处于这个时期中的国家就可称之为科学活动中心。根据这一看法，他对科学史的材料进行统计，发现近、现代科学活动中心有如下的转移：一开始

* 原刊于《安徽师范大学学报》(人文社会科学版)，1988 (4)。

形成于意大利，从意大利（1540—1620年）→英国（1660—1750年）→法国（1760—1840年）→德国（1840—1910年）→美国（1920—）。由此可见，自意大利伟大的文艺复兴开始，人类科学活动中心已经是几经转移了。某一国家作为科学活动中心的形成和转移，这其中有政治、经济、地理等多方面的因素在发生作用。那么，科学兴旺与教育发达的关系如何呢?

为了说明这种关系，我国有人把一个国家在教育史上出现的世界公认的著名教育家相对最多的时期，称为教育发达时期。根据教育史的材料进行统计，从而发现了一个有趣的现象，即近、现代教育的发达时期，同样有如下的转移：意大利→英国→法国→德国→美国，所不同的只是，教育发达时期比科学兴旺时期更长些，而且教育发达时期要超前于科学兴旺时期，超前期平均为45年。除了法国因与英国在地理位置上邻近，受到它的巨大影响，从而使教育发达期超前于科学兴旺期6年这一特殊情况外，从总体上看，教育超前期有愈来愈缩短的趋势。比如，在意大利、英国、法国、德国和美国，这种超前时间分别是110年、47年、6年、34年和31年[①]。这一事实说明，只有教育的超前发达，才有科学的随后兴旺，而且随着历史的发展，此二者的联系愈加紧密，愈加直接。

当然，教育的超前发达是有条件的。首先，必须有经济的一定发展为教育的超前发展提供必要的物质基础，而经济进一步发展的需要又对教育的超前发展提出了迫切的要求。其次，健全教育法规，形成尊师重教的社会风气，提高教师的社会地位和生活待遇，办好师范院校，培养大批献身教育事业的合格师资等等，都是教育超前发展不可缺少的条件。

教育发达为科学兴旺提供了人才基础。科学上的发现、发明，都是与科学家、发明家的辛勤劳动分不开的。而科学家、发明家的成长，都是以受到良好的教育为前提的。科学人才的成长，不是自发的，谁也不能无师自通，不学自成。科学史证明，一个人如果不通过教育，吸收别人和前人创造的丰富知识成果，那么他就会目光狭窄，囿于所闻，不可能赶上前人，也更谈不上超过前人，做出自己的发明创造。

① 参见查有梁：《教育革命与科学革命》，《瞭望》周刊，1986（13）。

不仅如此，他还必须通过接受教育，获得正确的思想，树立宏伟的志向，不甘心平平庸庸地度过此生，确立争取成功的自信心和坚忍不拔的毅力。另外，他还必须通过接受教育，培养自己丰富的想象力、敏锐而深刻的洞察力和杰出的创造能力，从而善于选择目标，试探方案，适应情况的变化而调整措施，在困难时找到前进的道路，等等。这就是所谓德、识、才、学等诸多品质。这些品质的培养，离开教育是不可能的。至于要造就灿若群星的大批科学家，要形成捷报频传的科学兴旺时期，那就非要依赖于教育的发达不可。

拿美国来说，它原是一个后起的资本主义国家，后来逐渐赶了上来，它的工农业生产和科学技术在二次大战后迅速发展，以致60年代开始处于世界领先地位，其主要原因之一就是采取了教育先行的政策。比如高等教育，1855年美国已有大专院校150多所，到1885年猛增到500多所，培养了大批的科学技术人才，为20世纪美国的现代化准备了充分的人才资源。目前，美国青年中有40%的人是大学毕业生，全国有3000多所大学。据统计，1985年全美受过高等教育和专门训练的科学家工程师有320万人，其中40万人获有博士学位。

日本原来也是一个落后的国家，明治维新以后，为了“富国强兵”“殖产兴业”，自上而下地推行教育改革，提出了“村无不学之户，家无不学之人”的口号，并在1886年就开始实行小学义务教育。二次大战后，在经济萧条、社会混乱的情况下，仍在“牛棚教室”“露天教室”里坚持教学，提出了“只有教育才是日本的原动力”，才是日本的“未来立国之本”的主张，认为“没有先进设备可以买，没有资金可以借，但没有人才就一事无成”。日本对教育的高度重视，为战后日本经济的振兴，造成了一支实力雄厚的智力大军。日本人说：“战后日本经济迅速增长的原因，是过去几十年教育成果的积累。”

由此可见，经济要上去，科技须振兴；科技要振兴，教育必先行。因此，发展教育事业绝不是某些人的所谓“软指标”，它是现代化建设的基础事业，教育也不仅仅是关系年轻一代的事，而是联系着中华的腾飞和我们民族的未来。这里需要有一种历史的视野，一种战略的眼光。社会的发展最终取决于生产力的发展，而昨天的教育就是今天的生产力，今天的教育也就是明天的生产力。

二、教育是科学转化为生产力的动力源泉

劳动者是生产力的能动因素，这一因素由劳动者的积极性、体力和智力三个方面构成。积极性本身不是劳动力，但积极性能够调动、发挥人的劳动力，即体力和智力。劳动者积极性的激发，这是多种社会因素起作用的结果，其中教育起着极其重要的作用。劳动者的体力因素主要是通过劳动者的自然再生产，延长直接生产活动期，以增加劳动力的自然素质（体力和人数）为主的形态表现出来的。智力则是借助教育，以提高劳动力的科学技术素质为主的形态表现出来的。

从物质生产的客观趋势来看，对劳动者的要求，起先是侧重于劳动者数量的增加，后来随着社会化大生产的发展，则愈来愈侧重于劳动者智力素质的提高。这是因为在以手工劳动为基础的原始社会、奴隶社会和封建社会中，生产力的发展主要是靠增加劳动力的数量，而在现代科学技术高度发展的资本主义社会，机器代替了相当大部分的人力。因此，劳动者数量的需要退到次要地位，需要的是具有更高科学文化水平、生产技术和专业知识的劳动力。也就是说，现代化生产所需要的已经主要是劳动者的智力素质了。特别是现在，世界正面临着一个以信息化为主要标志的新技术革命的浪潮，这个浪潮加快了产业结构的调整，更加强化了人提高自身智力素质的紧迫性。据有人估计，在生产机械化的初级阶段，体力劳动与智力劳动消耗的比例为9：1；在中等机械化程度时，两者的比例为6：4；在全盘自动化情况下，两者的比例为1：9[①]。这种变化，在劳动者总数中，也通过体力劳动者比例的下降和脑力劳动者比例的上升而表现出来。例如在美国，1900年“白领工人”比“蓝领工人”少54.8%，但是到了1979年，“白领工人”反而超出“蓝领工人”13.1%。这在一些发达的资本主义国家都有类似的情况。

由此可见，社会劳动者的智力素质比过去大大提高了，社会经济的发展对劳动者智力素质的依赖性大大增强了。

劳动者的智力素质从它所包含的内容来说，分两个方面，或两个

① 徐瑞麟：《新技术革命和职工智力开发》，《北京成人教育》，1985（1）。

层次：一是经验性的知识和技能，二是科学性的知识和技能。从历史的发展来看，劳动者的智力素质经历了一个从以经验性的知识和技能为主，到逐步上升为以科学性的知识和技能为主的过程。

在原始社会中，劳动者是缺少生产经验和劳动技能的原始人，他本身的肢体是他最初的工具。随着石器、弓箭、火、动物驯养和植物栽培等一系列的重大发明，原始社会的生产力才有了一定的发展。进入奴隶社会和封建社会以后，劳动者已经具有较为丰富的生产经验和技能，掌握了铁器和其他金属工具，并且出现了萌芽状态的科学技术。但是，在这种以手工工具从事生产的阶段，范围有限的生产知识、生产经验与技能是和直接的劳动过程本身联系在一起的，是和劳动者结合在一起的。正因为这种经验性的知识和技能还没有从劳动者身上，从直接的劳动过程中分化出来而成为独立的因素，所以这种知识和技能，从总体上说并未超出制作方法的积累范围。因此，它作为生产过程的智力因素，对生产力发展的推动作用是很有限的。另外，这种经验性的知识和技能本身的性质也决定了它的传授和传递，只能是在直接的生产过程中实现，其表现形式则是“手把手”地在个体之间父子相传、师徒相传。

随着社会生产力的发展和社会生产的需要的增长，科学逐渐从生产经验中升华出来，作为“独立的因素”与直接的生产过程分离。科学是从经验发展而来，但它高于经验，高于直接的生产过程，因而能在高层次上更有效地促进生产力的发展，使巨大的自然力变成“社会的劳动的因素”。马克思说：“自然因素的应用……是同科学作为生产过程的独立因素的发展相一致的。”[①]科学通过技术向生产力的各个构成项渗透，它提高了活劳动的效能，改进了劳动工具和工艺流程，创造出新的劳动对象，不断完善劳动管理，开辟新的生产领域，提高产品质量，更新产业，降低原材料消耗和生产成本，减少基建投资，防止环境污染，保证安全生产等等。可以说，社会化的生产力基本上是依赖于科学技术的发展而发展起来的。

科学从直接生产过程中分离出来成为独立的因素，又作为强大的推动力促进生产面貌的全面变革和日新月异的变化。这种情况给劳动

① ［德］马克思：《机器、自然力和科学的应用》，中国科学院自然科学史研究所译，206页，北京：人民出版社，1978年。

者带来两个方面的影响：一是劳动者的局部的生产经验和技能，在科学面前，在巨大的自然力面前，变成了微不足道的附属品，而失去了它在过去生产中所具有的主要作用；二是，由于科学是脱离直接生产过程以后的产物，是对生产经验的升华，是认识能力发展的结果，因此，要掌握科学也得有个脱离直接生产过程的独立的学习过程，即接受教育和训练的过程。

现代教育的一个重要职能，就是使科学转化为劳动者的知识、技能和技巧，优化劳动者的智力结构和体力、思想等素质，从而促进科学技术的应用、推广和发展，促进科学转化为生产力。教育以专门知识、技能武装劳动者，可以使“简单的”劳动力，加工成“发展的”和“专门化的”劳动力；教育可以使劳动者的经验上升到科学的高度，使经验手艺型的劳动力转化为知识型的劳动力；教育可以开发人的智力，使千百年来人类实践所内在积淀在个体身上的潜能激发起来，从而成为推动生产力发展的强大动力、实际的创造力。

在现代生产中，科研人员、设计人员、工程技术人员等脑力劳动者在劳动者中的比例和作用愈来愈大。这些脑力劳动者的专门知识，不仅来自直接的生产实践，而且主要来自专门的教育和培养。另外，通过教育可以使劳动者个体的器官和肢体得到专门的训练和功能的定向发展，使之更适合于生产操作。教育还可以训练人的思维，开拓人的视野，提高人的境界，丰富人的感情，培养人的多种情趣，塑造人的品格。由此可见，教育是科学转化为生产力的动力源泉。正是在这个意义上，马克思说：“教育会生产劳动能力。”[①]

教育本身是潜在的生产力，这一真理已经为世界上愈来愈多的人所认识。大量统计研究表明，教育水平的高度与劳动生产率的提高成正比。国外有人通过计算认为：小学毕业生可提高劳动生产率43%，中学毕业生可提高108%，大学毕业生可提高300%。我国长春汽车制造厂1980年的调查也表明，工人文化程度的高低与劳动生产率成正比。具有业余大学文化程度的工人比初中以下文化程度的工人完成定额要多20%—30%，而他们的工具损耗率也要低得多。

正因为教育本身是潜在的生产力，所以世界各发达国家都十分重

① 《马克思恩格斯全集》第26卷（Ⅰ），210页，北京：人民出版社，1973年。

视通过学校教育和职业训练培养合格的劳动者。据统计，从1950年到1976年的26年中，美国、德国和日本的在校大学生人数，年平均增长率分别为14.6%、18.8%、29.2%。教育事业的发展，受教育人数的增加，极大地改变了整个劳动力的结构。据统计，在日本，1910年的劳动就业人口中，没有上过学的人占到50%，1950年以后几乎下降为零。到1970年，劳动就业人口中，受过中等和高等教育的人数已接近50%。

从上面的分析可知，教育在科学转化为生产力中的基础作用，主要表现在，科学知识和科学技术通过教育加以传授，提高了劳动者的素质，优化了整个劳动力的结构，并通过这种具有优良素质和结构的劳动者全面改善生产力的各要素及其相互组合，从而促进了生产力的发展。

三、教育在科学转化为生产力中的宏观经济效益

教育是一种智力投资，这种投资的经济效果的获得是一个长期的过程。据统计，培养一个具有中等文化科学知识的劳动者，一般需要12年左右，培养一个高级工程技术人员或管理人员，一般至少需要16年，有的甚至要20多年。但是，这样的人才一旦培养出来，一经发挥作用，教育投资的经济效果就可以大大超过任何其他投资所发挥的经济效果，可以成倍地甚至几十倍地增加物质财富。也就是说，相同的费用，用于提高劳动者的素质比单纯地增加生产设备和劳动者数量，更有利于提高劳动生产率和加速社会财富的增长。

在人类历史上，劳动生产率的提高，呈现出由慢变快的趋势。有人通过研究指出：原始社会的生产率，大约每万年提高1%—2%；从奴隶社会开始，出现了体力劳动和脑力劳动的分离，产生了脑力劳动者，但也只有少量的脑力劳动者进入生产领域。尽管如此，奴隶社会和封建社会的劳动生产率大约每百年提高近4%；在资本主义社会中，通过教育，培养了大批的脑力劳动者进入生产过程，科学技术转化成为现实的生产力，劳动生产率大约每年提高3%。可见，在现代社会中，一个国家劳动生产率的高低，在很大程度上是由教育事业的发展状况决定的。在日本，由于劳动者受教育的程度比较高，因而，从1955年到1973年，在工人人数只增加1倍的情况下，工农业生产却增长了9倍。

西欧的情况也大体相同。又比如，美国近年来农业生产每年平均增长约2%，而农业劳动力却减少了51%。这种情况的出现，主要应归功于劳动者能力的提高，即劳动投入的质量的改善，说到底应归功于教育的发展。

教育大大提高了劳动质量，使简单劳动上升为复杂劳动。在相同的时间里，复杂劳动比简单劳动所创造的价值大得多。而这种超过简单劳动的价值，正是由教育所创造的价值转移过来的。马克思说："比社会的平均劳动较高级、较复杂的劳动，是这样一种劳动力的表现，这种劳动力比普通劳动力需要较高的教育费用，它的生产要花费较多的劳动时间，因此它具有较高的价值。既然这种劳动力的价值较高，它也就表现为较高级的劳动，也就在同样长的时间内物化为较多的价值。"①

那么，如何来衡量现代教育的宏观经济效益，这种效益能否用国民收入的增长量指标来反映呢？无疑是能够的。但是，由于生产的经济效益的提高是多种因素交互作用的结果，这给教育投资的经济效果的宏观计算带来了一定的困难。因此，究竟如何进行合理计算，这是一个值得研究的问题。目前各国计算的方法虽然有所不同，但从其计算结果来看，教育投资的效益率是很高的。

美国芝加哥大学教授、1979年诺贝尔经济学奖获得者舒尔茨根据自己建立的方法进行了计算，结果表明：美国1977年教育投资在国民经济收入中作出贡献的比率是33%。据统计分析，日本战后到1960年的15年中，智力开发在经济发展中的贡献率占52%。苏联经济学家特鲁米林根据自己建立的方法进行计算的结果也表明：苏联国民收入的增长部分，大约有30%是因为学历构成的高度化造成的。进一步的统计表明，1960年每1卢布的教育投资所得的国民收入为3.28卢布，1970年为4卢布，1975年为4.13卢布。我国的科学工作者也曾进行过类似的计算，计算结果表明，在我国国民收入的总增长额中，大约有25%是由教育投资所带来的收益。

由此可见，只有发展教育，开发智力，才能促进社会生产的新飞跃。目前，全世界用于教育的开支已超过2000亿美元，在公共资金的

---

①《马克思恩格斯文集》第5卷，230页，北京：人民出版社，2009年。

支出中占第二位，仅次于军事预算。人们已经认识到，教育发展与经济发展的关系正在发生着不可忽视的变化。

过去，教育滞后于经济，被动地受经济发展的制约和影响，现在，正如联合国教科文组织的报告所指出的那样："教育在全世界的发展正倾向于先于经济发展。"东京帝国大学校长滨尾新也说过："在我们国家，不是工业和工厂首先发展，然后接着建立技术学校，而是首先建立技术学校以培养毕业生，他们的工作就是去发展工业和开办工厂。"对于发展中国家来说，具有这种战略眼光尤为重要。发展中国家面临的一个困难就是资金不足，在这种情况下，舍得还是舍不得花钱用于优先发展教育事业，这是关系这些国家的经济发展是否具有后劲，经济能否振兴的重大问题。

我国是一个发展中的国家，现在仍处在社会主义初级阶段。在这个阶段中，主要的任务是发展生产力，目标是争取到21世纪中叶，人均国民生产总值达到中等发达国家水平，人民生活比较富裕，基本实现现代化。要完成这一历史使命，靠少数人是不行的，需要大规模地培养能够坚持社会主义方向的各级各类合格人才，要有数以亿计的各行各业有文化、懂技术、业务熟练的劳动者；要有数以千万计的具有现代科学技术的技术人员和具有现代管理知识的管理人员；要有数以千万计的能够适应现代科学文化发展和新技术革命要求的各行各业的专家、学者和党政干部。因此，大力发展教育事业，成为我国现代化建设取得成功的关键。

在党的十二次全国代表大会上，把教育确定为我国社会主义建设的战略重点，这是十分正确的，具有深远意义的决定。正如邓小平同志在1985年5月召开的全国教育工作会议上所明确指出的："我国的经济，到建国一百周年时，可能接近发达国家的水平。我们这样说，根据之一，就是在这段时间里，我们完全有能力把教育搞上去，提高我国的科学技术水平，培养出数以亿计的各级各类人才。我们国家，国力的强弱，经济发展后劲的大小，越来越取决于劳动者的素质，取决于知识分子的数量和质量。一个十亿人口的大国，教育搞上去了，人才资源的优势是任何国家比不了的。有了人才优势，再加上先进的社会主义制度，我们的目标就有把握达到。"又说："现在小学一年级的娃娃，经过十几年的学校教育，将成为开创二十一世纪大业的生力军。

中央提出要以极大的努力抓教育，并且从中小学抓起，这是有战略眼光的一着。如果现在不向全党提出这样的任务，就会误大事，就要负历史的责任。”[①]

总之，发展教育事业，事关民族振兴大业。时不待我，必须只争朝夕。如果这一着抓好了，我们的社会主义现代化建设就会获得雄厚的智力资源，我们的事业就会有无限的希望。

① 《邓小平文选》第3卷，120、121页，北京：人民出版社，1993年。

发展核心竞争力与建设创新型国家*

生产力理论是马克思历史唯物主义的一个基本理论。由于受当时历史条件和无产阶级所面临的斗争任务的限制，即为了为无产阶级夺取政权提供理论说明，因而马克思论述的侧重点不是如何发展生产力，更不是社会主义制度下怎样进一步发展生产力，而是生产力的历史作用如何，并由此揭示出社会发展的客观规律性和无产阶级革命的必然性。

在当今时代条件下，我们所面临的任务是如何建设社会主义，如何进一步解放生产力和发展生产力。因此，当代中国马克思主义所侧重的不是生产力的历史作用，而是生产力发展的动力机制。由此也就形成了邓小平的科学技术是第一生产力，江泽民的代表先进生产力的发展要求和胡锦涛的科技自丰创新是国家核心竞争力等理论观点。发展核心竞争力，是我国经济建设上一个新台阶，保持可持续发展所面临的一个重要任务。为此，就必须实施建设创新型国家的战略，必须走中国特色的科技自主创新之路。

一、科技自主创新是国家核心竞争力

（一）生产力提升比财富积累更重要

生产力是社会发展的最终决定力量。在理解这个原理时，需要注意生产力与财富的关系。这里有两种情形：一是生产力增量所造成的财富积累；二是生产力提升所造成的财富积累。这两种情形相比较，前者所造成的财富在一段时间内可能大于后者，但从根本上看，后者

* 原刊于《阜阳师范学院学报》（社会科学版），2011（1）。

优于前者，比前者更强大，更有力量，更有发展前途。也就是说，社会发展归根到底取决于生产力的提升，而不取决于社会财富积累的多少。

1820年，中国国内生产总值占到全球的28.7%，比英法两国的总和还多，却无法避免八国联军野蛮入侵的屈辱。1894年中日甲午战争之前，日本的国内生产总值只占到中国的1/3。“甲午之败”成为中国近代史上极为惨痛的一页。这两场战争失败的深层原因，是以传统农业、手工业为基础的落后生产力同以先进科学技术为基础的工业生产力之间的不对称较量。

关于这一点，与马克思同时代的德国经济学家李斯特早就指出，一个国家的发展程度，主要的不是取决于它所积累的财富的多少，而是取决于它的生产力的发展程度。他说：“力量比财富更加重要，因为力量的反面——软弱无能——足以使我们所有的一切，不但使我们既得的财富难以保持……甚至我们国家的独立自主，都会落到在力量上胜过我们的那些国家的手里。”①

李斯特的这一见解是十分正确的。改革开放以来，我国也积累了越来越多的财富，我国国内生产总值已经超过日本，处于世界第二位。但这些财富主要是靠粗放式经营取得的，当然这在经济发展的一定阶段是不可避免的。现在必须利用已经取得的财富，促进生产力的提升。

李斯特关于重视生产力的发展和提升的观点，曾经给马克思以极大启发，从而成为马克思创立历史唯物主义的一个重要思想资源。诚然，李斯特的生产力理论是经济学视域，马克思的生产力理论是历史唯物主义视域。

生产力的提升主要取决于什么？对此不可一概而论。因为在历史发展的过程中，生产力因素的多少及其结合方式、运动形式都不是固定不变的。它经历了一个从简单到复杂、由低级到高级的发展过程。在不同性质的生产力系统中，不仅其构成因素的多少有区别，而且在这些构成因素中，主要因素也是变化的。比如，在生产力形成的过程中，“最初出现的只有两个因素——人和自然。”②“人的最初的工具是

① ［德］弗里德里希·李斯特：《政治经济学的国民体系》，陈万煦译，47页，北京：商务印书馆，1961年。

② 《马克思恩格斯全集》第47卷，105页，北京：人民出版社，1979年。

他本身的肢体。"[①]"劳动的主要客观条件并不是劳动的产物，而是自然。"[②]就现代生产力来说，它是一个极其复杂的具有多层次的超大系统；就其构成要素来说，已经不是传统理论所认为的"二要素"或"三要素"（人与物，或劳动者、劳动工具、劳动对象），而是"九要素"。其中包括劳动主体、工具系统、能源系统、基础设施、原材料、科学技术、生产信息、生产管理、现代教育。在这九大要素构成的生产力系统中，科学技术是主导因素或关键因素。在这个意义上说，现代科学技术是第一生产力。

（二）现代科学技术是第一生产力

1. 现代科学技术才是第一生产力

从经济角度来说，人类社会经历了渔猎社会、农业社会、工业社会和当今的知识社会。

渔猎社会是以天然物的利用为主的社会。在这个社会中，自然产品的丰富和多样是渔猎生产力发展的决定因素。

农业社会是以土地、淡水和人的体力为基本生产资源的社会。在土地和淡水比较充裕的情况下，劳动力的数量是生产力发展的决定因素（人多力量大）。

工业社会是以金属原材料、矿物能源和资本为基本生产资源的社会。在金属原材料、矿物能源能满足需要的情况下，资本是生产力发展的决定因素。

20世纪70年代以来，数字技术革命使一些发达国家由工业社会向知识社会转变。知识社会是以知识的学习、运用和创造为主要动力来推动经济全面增长的社会。因此，在知识社会，生产力发展的决定因素是科学技术。

由此可见，我们要坚持马克思主义关于社会发展的最终决定力量是生产力的理论。不坚持这个，就背离了马克思主义历史唯物主义，但在坚持这一原理时，又要与时俱进，要用人类实践的新鲜经验和富有时代内涵的新内容来丰富和发展这一理论。使这一理论更加贴近时代，贴近当代实践，贴近当代人的生活。

---

① 《马克思恩格斯全集》第47卷，105页，北京：人民出版社，1979年。

② 《马克思恩格斯全集》第46卷（上），483页，北京：人民出版社，1979年。

科学技术是第一生产力。什么样的科学技术才能充当第一生产力呢?

科学是认识世界的系统知识，技术是改造世界的工艺手段。

科学与技术的关系在人类历史上经历了这样三个阶段：一是科学从属于技术的阶段（原始社会）。劳动工具的制造意味着技术的产生，同时也孕育着科学的萌芽；但这时人们关于自然的知识仍凝结在物化的形态中，还没有从技术中分离出来。二是科学从技术中分离出来的阶段。随着脑体劳动的分工，形成了掌握工艺技术的劳动者与掌握科学的从属剥削阶级的知识分子的分离与对立。三是科学与技术融为一体的阶段。

这种融为一体的阶段又可分为两个时期。

一是以生产为先导的时期。可表示为：生产→技术→科学。生产过程本身提出要解决的技术问题，技术问题的解决推动了技术的发展，而技术的发展需要科学的支撑，于是技术的发展又要求和促进了科学的发展。这个时期从19世纪中期到20世纪中期，大约经历了100年的时间。

二是以科学为先导的时期，可表示为：科学→技术→生产。科学的发展，发现事物的属性和联系，提出应用前景，去发明相关技术，再运用于生产。这个时期从20世纪中叶开始，具体说来，是从1946年第一台计算机的发明开始。从这时起，近代科学技术才逐渐成为现代科学技术。现代科学技术才是第一生产力。

2. 现代科学技术成为第一生产力的根据

现代科学技术为什么会成为第一生产力？这里的原因主要有三。

第一，现代科学技术是解放人脑的科学技术。过去的一切科学技术及其运用，都是人的体力的解放或人手的解放来实现的，而人手的解放，是由人脑来指挥、来进行的，由于人脑的局限性也就造成了人手解放的局限性。电脑的产生也就弥补了人脑的不足，运算速度更快、运算更精确，从而使脑的解放与手的解放相适应，并相互促进。（据预测，现代第六代计算机不仅具有计算功能，还将具有思考、分析、判断和模糊信息处理的功能。）现代科学技术日益把工业社会的机械化推进到知识社会的信息化、自动化的阶段。

第二，现代科学技术是具有极大独立性的科学技术。过去的科学技术是生产的“女儿”，现代科学技术则成为生产的母亲。这是因为科学技术发展到了现代，科学实验的手段、科学推演的工具、科学设计的虚拟化等等，已经使当代科学技术相对于生产来说，有了极大的独立性、能动性，从而具有了某种先导性。比如，关于纳米技术（1/1000米叫微米，1/1000微米叫纳米，1/1000纳米叫波米），人们通过科学研究，发现纳米材料具有多种特殊性能，为获得这种性能，人们就要通过技术开发创造这种材料，然后再利用这种材料做出人们需要的产品。

第三，现代科技是综合发展的大科学技术。一般说来，科技发明可以单项突进，而科技应用则必须综合集成。现代科学技术全面发展，是科学、技术、生产结合在一起的科学技术。这三步互相渗透、同步发展。生产知识化、技术科学化、科学技术化，从而极大地缩短了从科学发现和技术发明到生产运用的周期。这个周期，18世纪为100年，19世纪为50年，一次大战前为30年，20世纪二三十年代为16年，二战后为7年，目前在一些发达国家一般为3—5年，有的先进产品一般只需1—2年，有的甚至只有几个月。

3. 现代科学技术作为第一生产力的表现

如何理解科学技术是第一生产力？这里可以讲三点：

一是现代科学技术在现代生产力系统中成为主导因素。

现代生产力=（劳动者+劳动资料+劳动对象+劳动管理）×科学技术

这个公式表明，现代科学技术在现代生产力系统中不是加数效应，而是乘数效应或倍数效应。

二是现代科学技术在现代产业结构中使技术密集型产业成为主导产业。

产业结构有三种类型：劳动密集型、资本密集型、技术密集型。一般说来，传统农业、手工业、轻工业是劳动密集型产业；重工业是资本密集型产业；信息产业是技术密集型产业。以美国为例，1988年国民生产总值中，信息产业及其附加值就已经占到国内生产总值的40%—60%。

三是现代科技进步成为经济增长的主要因素。

现代科技进步使传统生产要素（劳动力、资本和土地）的作用下降到次要地位，而使科学技术对经济增长的贡献率上升到主导的地位。

在西方发达国家，这种贡献率可以达到60%–80%.

（三）科技自主创新是综合国力的核心

由于科学技术是第一生产力，所以它是经济增长的主要因素。因而在全球化背景下，综合国力的竞争，首要的是经济的竞争，而经济的竞争，根本的是科学技术的竞争，是科技自主创新能力的竞争。

经济竞争力，对不同的国家来说，可能来自不同的方面。比如可能来自自然资源的丰富；可能来自金融资本的雄厚；也可能来自劳动力成本的低廉；也可能来自科技的创新。相比较而言，科技的自主创新才是第一竞争力，才是综合国力的核心。这是因为自然资源的深度加工、金融资本的有效利用、劳动者素质的提高和企业管理水平的提高，最终产品的升级换代，物美价廉产品的生产，都必须依据和取决于科技的自主创新。

当一个国家的人均国内生产总值达到4000—10000美元时，将是这个国家经济社会发展的重要转型期，即由低水平的生产要素作为竞争力转向依靠科学技术的自主创新作为竞争力的转型。经历这个阶段的国家和地区，比如日本、韩国以及欧洲的芬兰、爱尔兰这些后起之秀，它们由于科技教育的支持都成功地实现了这种转型。

“世界银行按人均财富计算，十大富国都是自我创新的国家，如日本、丹麦、奥地利、挪威并没有太多资源。世界上十个最贫穷的国家却拥有全球1/3到1/2的自然资源。富裕国家80%的财富来自非自然资源。”①

二、建设创新型国家提升核心竞争力

（一）建设创新型国家是我国提升核心竞争力的必然选择

为了适应时代发展的要求，2005年10月胡锦涛同志在十六届五中全会上明确地提出了建设创新型国家的重大战略思想。2006年1月他又在全国科学技术大会上提出，要坚持走中国特色自主创新之路，用

① 徐匡迪：《科学发展与我国创新战略》，《新华文摘》，2008(1)。

15年左右的时间把我国建设成创新型国家。

1. 何谓创新型国家

什么是创新型国家，一般说来，是指将科学技术创新作为国家基本战略，大幅度提高科技创新能力，从而形成强大的国家竞争优势。据专家分析，创新型国家的特征大体体现在四个方面：研发投入占GDP的比重不低于2%；科技进步对经济发展的贡献率超过70%；对外技术依存度低于30%；创新产出高，发明专利多。

目前世界上公认的创新型国家有20多个，包括美、日、芬兰、韩国。

我国为建设创新型国家，设定了四个目标：研发投入占GDP的比重从2006年年底的1.35%，争取到2020年达到2.5%；科技进步的贡献率从2006年的30%提到2020年的60%；我国对外技术依存度从2006年的50%降低到2020年的30%；专利授权和论文的引用数，要从现在的世界第20位，争取到2020年达到前5位。

有人会问，为什么这么晚才提出建设创新型国家。这是因为我国是一个科技落后国，而科学技术的发展大体要经过三个阶段：一是引进，二是模仿，三是自主创新。

这三个阶段是依次递进的，其难度愈来愈大。能不能走捷径，用引进、模仿来代替创新，或超越引进、模仿阶段，直接进入创新阶段呢？不能。

核心技术、高新技术是不可能通过引进得到的，只有依靠自主创新。

2. 自主创新才能应对"上屋抽梯"战略

西方发达国家掌握现代科学技术，但它们奉行的是一种"上屋抽梯"战略。所谓上屋抽梯，是指发达国家通过技术研发，掌握了现代科学技术，开发了高科技产品，这叫"上屋"。但它们对落后国家进行技术封锁，不与别人共享成果，不出卖，不交换。这是其一。其二，不仅搞技术封锁，而且阻碍别的国家掌握这种技术。因为技术进步是一个由低到高的渐进过程。但西方发达国家搞标准化、技术壁垒、生态标准、卫生标准等，使落后国家无法实现这样一个渐进上升的过程，这叫"抽梯"。

这就形成一种技术垄断，为什么要搞技术垄断，因为物以稀为贵，搞技术垄断是为了获取垄断利润。

20世纪80年代，日本搞了一个机电产品展览会，不懂行的中国行政官员和一般会务人员可以进去观看，但不许照相。而机电部的几位专家则被拒之门外。日本对我国的贸易实施的是“三不”战略，即能卖产品的不卖设备；能卖设备的不卖技术；能卖技术的，不卖核心技术。

冷战时期，以美国为首的17个西方国家通过“巴统”协定，限制向社会主义国家出口战略物资和高技术，列入清单的有军事武器装备、尖端技术产品和稀有物资三大类的上万种产品。

冷战结束以后，美国为首的西方32个国家又订立了新的“瓦森纳协议”，继续限制并不断强化所谓敏感技术出口。

比如“神舟六号”的逃逸塔，被认为是宇航员的“生命之塔”。对此，美国进行了全面技术封锁，俄罗斯开价2500万美元，而且只卖产品，不给技术。这样就要依赖于人，受制于人。

前些年，针对我国连续发生的美国劳拉公司和休斯公司火箭发射技术事件、以色列预警机事件、捷克维拉无源监视系统事件、美国SMIC公司对华投资建设芯片生产厂受阻事件、欧盟对华军售解禁问题等，都反映出一些西方国家已经把对华技术控制作为遏制中国崛起的一个重要手段。

20世纪60年代，为了打破美国的垄断，欧洲下决心研制自己的飞机，即使美国人极力阻挠，欧洲四国政府仍然以长达25年，先后投入250亿美元的毅力，造出了自己的空中客车，到今天已经与美国波音平分天下。

20世纪70年代（1970年8月21日）有关部门向上海下达了研制大型客机的任务。毛泽东、周总理、陈毅、叶剑英、邓小平都多次作过指示，这就是“运十”研制。经过十年时间，到1980年9月，“运十”客机首飞成功。它的性能与波音“707”是同量级。就在我们的大型客机研究胜利在望的时候，世界航空工业巨头麦道公司主动提出，愿与中国合作，制造技术上更为先进，市场前景更为广阔的“麦道80/90”客机，条件是中国停止自己的大飞机项目。当时“运十”虽然已经试飞，但有些零件还不能批量生产，有些技术性能还不够成熟。要解决这些问题还需要大量时间和经费。麦道公司慷慨的提议，令国家有关部门眼前一亮，就接受了合作计划。但合作的主导权在人家手里，只让中国生产起落架和舱门，另外，上海飞机制造厂只是组装了35架“麦道82”。“运十”下马以后，麦道的面孔变了，不但组装项目不再继续，合作条件也越来越苛刻，甚至每次谈判都要收取“技术转让费”。辩称谈判过程中要涉及向中国解释怎样制造飞机。到了90年代，有些同志仍然存在幻想，花了5年多时间，找遍数国的航空制造公司，寻求合作，最后都没有成功。50年彷徨，30年徘徊，又回到零点。2007年，我国才又启动了大飞机研发项目。

20世纪90年代中期，中国气象局曾从美国引进一台每秒700多亿次的计算机，是专为气象预报服务的。美国一开始不愿意卖，还是江泽民与克林顿在东盟会议上见面，才答应卖给我们。但是使用过程要严格接受美国的监督。这是一个大丢面子的事。后来国家发改委于1998年下达了研制3000亿次／秒的巨型计算机的任务，经过一年多时间到1999年9月研制成功。当时在投入商业运行的世界500位高性能计算机中排名第48位。现在我们已经研制出其峰值运算速度为每秒千万亿次超级计算机。

3. 自主创新才能克服“路径依赖”

如前所说，引进一流技术不可能，但引进二流技术、三流技术还是可能的。后发国家在利用后发优势的初期引进这种层次的技术、模仿这样层次的技术是必需的，也是有益的，可以节省时间，节约资源投入，避免那种白手起家，一切从头开始的情况发生。但是这种初期效应如果加以夸大，那么就会使后发国家在以技术引进为起点的整个技术进步过程中，形成路径依赖。

所谓路径依赖或路径依存，就像下象棋，你走第一步的时候，就会影响到今后的几步，所以如果一步走得不合适，那么以后的几步可能都会受到影响，而且要退回来的话，就像下象棋悔棋，付出的代价更大。就技术引进而言，引进某种产品就必须引进相关运用技术、引进维修、引进零部件。其产品稍加改进，又要跟着引进。即处于“引进—模仿—引进—模仿”的被动循环之中，而无法跃升到“引进—模仿—创新”的良性循环之中。“输血”非“造血”。那种“路径依赖”式的引进，越引进越需要继续引进，从而使造血功能越来越弱。

4. 自主创新才能防止“虚入效应”

除了“路径依赖”之外，还要注意“虚入效应”。

东道国通过吸收外国直接投资进行技术转移，是发生在跨国公司系统内部，由跨国公司主导，因而东道国会出现国外先进技术的“虚入效应”。这种技术只不过在表面上是由在东道国注册的企业掌握，而实际上其技术转让的界限、程序范围，都由处于东道国以外的投资企业的母公司严格控制着。

5. 自主创新才能避免“躯干国家”

除了“路径依赖”“虚入效应”以外，还有一个“脑国”与“躯国”的关系问题。

他可以和你合作，但由他提供技术，由你进行生产。这就产生了两个新概念，即生产的“脑国”与生产的“躯国”。生产知识、输出知识的国家是“头脑国家”，而引进知识、应用知识的国家是“躯干国家”。由于你不掌握技术，所以只能为人家打工，只是人家的生产车间。

比如，前些年，世界上每生产4台电脑，就有一台出自中国的江苏。看到这个数字，我们会感到自豪，但我们生产一台电脑只能赚10个苹果的钱。原因是利润大头被英特尔、微软公司拿去了，我们赚的只是一个简单的加工费。又比如，我国江苏生产的罗技鼠标，每只销售价约41美元，生产企业只赚到3美元；我国企业生产的DVD机，每台售价不到30美元，落入别人手中的专利费就接近10美元，生产企业的最终利润只有1美元；我国生产的电视机，纯利润已经不到10元人民币。由于缺乏核心技术，我国企业不得不将每部国产手机售价的20%、计算机售价的30%、数控机床售价的20%—40%支付给国外专利持有者[①]。

目前全世界86%的研究投入、90%以上的发明专利都掌握在发达国家手里。凭借科技优势和建立在科技优势基础上的国际规则，发达国家及其跨国公司形成了对世界市场特别是高技术市场的垄断，从中谋取大量超额利润。由于超额利润的推动，高科技领域或者说核心技术领域的竞争十分激烈。

① 程展、尚勇：《只有万分之三企业拥有自主知识产权》，《企业改革与管理》，2006（11）。

从上面的分析可知，我们要坚持科技是第一生产力，要把这一点落到实处，就必须坚持科技创新是核心竞争力。

什么是科技自主创新？有人认为，既然是“自主”，那就应当什么都自己干，完全由自己来创新，“百分之百的知识产权”。认为只有这样，才能真正体现自主创新的可贵。但这种理解是片面的。所谓自主创新，一是指原始创新，即努力获得新的科学发现、新的理论、新的方法和更多的技术发明。二是强调集成创新，使各种相关的技术有机融合，形成具有市场竞争力的产品或产业。三是强调引进先进技术的消化吸收和再创新。

（二）建设创新型国家是形成我国强大竞争优势的战略措施

科技自主创新对我国有特别重大的意义。这种意义可以表现为三点。

1. 自主创新是国家独立自主的基础

胡锦涛总书记在全国科技大会的讲话中明确指出：“一个国家只有拥有强大的自主创新能力，才能在激烈的国际竞争中把握先机。”这是基于当今国际科技和经济发展态势所作出的重要论断。一个国家有科技独立，才能有经济独立和政治独立。

邓小平说：“中国必须发展自己的高科技，在世界高科技领域占有一席之地。如果六十年代以来中国没有原子弹、氢弹，没有发射卫星，中国就不能叫有重要影响的大国，就没有现在这样的国际地位。这些东西反映一个民族的能力，也是一个民族、一个国家兴旺发达的标志。”①

从有人类以来，世界上共发生14500多次战争。战争争夺的核心是资源。如农业时代争夺土地和淡水，工业时代争夺石油和其他矿产。传统的争夺方式是占领别国领土。古代如此，现代的两次世界大战也是如此。这种野蛮方式因激起被占领国的激烈反对，在今天已经行不通了。于是，一些高明的西方战略家把眼光集中在不受各国控制的全球公共资源上。如公海、太空、南极洲、全球环境、信息空间等。

海洋是大工业时代关键性的公共资源，谁取得对海洋交通的控制

① 《邓小平文选》第3卷，297页，北京：人民出版社，1993年。

权，谁就控制了世界贸易，从而间接控制了各国拥有的核心资源。而控制海洋需要强大的海军，需要强大的海洋技术。

现代通讯技术使太空卫星通讯成为可以覆盖整个地球的信息传递纽带，于是谁控制太空，掌握太空的卫星通讯权，谁就主宰了全球神经系统，谁就控制了各国的军事、政治、情报、商业活动，从而成为地上的“天神”。美国已经用24颗同步卫星监视着全球每个角落，分辨度可以达到0.3米，且有夜视如白昼的能力，随时可以看清地面上任何一种东西。20世纪90年代以来，以美国为首发动的海湾战争、科索沃战争、阿富汗战争、伊拉克战争等，都是高科技背景下的现代战争，特别是利用信息技术的信息化战争。

在军事领域中，抢占信息优势，建立“信息伞”，侦察对方活动，攻击对方信息系统，在必要的情况下可以使对方的全部军事系统、金融财政系统、社会生产生活系统陷于瘫痪。这种信息威胁力比核威力更加有效，因为它具有成本低、破坏性巨大等特点。

中国为什么要研发北斗定位系统，说到底是为了打破美国的全球定位系统的垄断。其全称是全球卫星导航和定位系统，简称GPS，这个系统由美国政府控制和运营。一旦出现紧急情况，美国政府可以关闭GPS，仅供美军使用。中国在这一方面有教训。1996年台湾地区领导人李登辉叫嚣“中华民国在台湾”。随后中国人民解放军开展了一次大规模的军事演习，并向中国东海距台湾基隆军事基地18.5海里的地方发射了三枚导弹以示警告。第一枚准确命中目标，突然无法追踪第二、第三枚。当时中国依靠商用的美国GPS来制导，失去卫星信号会使精确度严重下降。通过这次教训，中国于2000年10月20日发射首枚“北斗”定位卫星，两个月后发射了第二颗，2003年5月发射了第三颗，2007年2月发射了第四颗，2010年8月发射了第五颗。

十年中，我国投入巨资，研制出“北斗2号”，又称“指南针”。到2020年，这套系统将拥有30至35颗卫星，能与美国的全球定位系统（GPS）相匹敌。

2. 自主创新是全面建设小康社会的关键

21世纪头二十年，我国将基本实现工业化和全面建设小康社会的目标，这是人类历史上最为艰巨和宏大的社会进步工程。经济社会结构迅速变化，各方面矛盾凸显，劳动、土地和资本等传统生产要素对经济增长的边际贡献率将出现递减趋势。也就是说，在今后十多年中，要想保持7%的经济增长率，仅仅靠传统生产要素投入的增加已经不可能了。这种不可能包括两个方面。一是随着经济规模的扩大，7%的绝对量随之扩大，传统生产要素投入的增长量是无论如何不能达到这样的增长率的。因为以传统生产要素为主的传统产业发展到一定规模有一个质上的限制。二是随着经济规模的扩大，能源资源、生态环境的压力增大，不能支持这样的增长率。

据测算，如果我们继续保持40%的投资率，要如期实现翻两番的目标，那么科技贡献率必须由现在的39%（2009年）提高到60%。

3. 自主创新是我国经济社会可持续发展的根本

我国人均自然资源相对短缺。耕地资源只有世界人均水平的1/3，淡水资源只有1/4，石油资源只有17%，天然气资源只有13%，相对充裕的煤炭资源也只占世界人均水平的42%。这说明中国绝不能走资源耗费型的发展道路。

2006年我国GDP是2.7万亿美元，占全世界GDP的5.5%，而能源消耗却占全世界的15%，钢材消耗是30%，水泥消耗是54%。牺牲子孙后代的利益，换取一时经济增长，这样的发展难以为继。

我国经济的发展是在资本大量投入的情况下拉动的经济发展，其拉动作用达到40%。这种建立在资本扩张基础上的经济也是不能持续的。据商务部的调查报告，在我国600种主要消费品中，供求基本平衡的商品只占27%，供过于求的占73%，没有供不应求的商品，单纯的资本扩张，加大投入，只会低层次重复。事实表明，无论是国际市场还是国内市场，科技含量低的产品一般都是比较容易生产的产品，因此最终都会出现供大于求的状况，很难换来应有的利益。这种经济是不可能持续发展的。

1994年美国斯坦福大学经济学家克鲁格曼曾发表一篇题为《亚洲经济之奇迹》的文章，对东南亚经济提出了警告，明确指出东南亚经济的高速增长不是建立在质量和效率提高的基础上，而是建立在资本扩张的基础上，这种经济是不能持续的。当时整个东南亚地区经济一片繁荣，被学术界称之为“东亚奇迹”，因此，许多人对克鲁格曼的警告不以为然。不幸的是，仅仅三年之后危机就爆发了。研究表明，造成这种局面的根本原因是由于这些国家核心竞争力缺失，它们无法驾驭国家经济的宏观走势，只能任其按照已有的惯性发展下去。到过东南亚一些国家的人都可以看到，这些国家的经济动力基本上都不是内生的，它们对发达国家处于严重的依赖状态，包括资本依赖、市场依赖和技术依赖。理论界将这种经济称之为“雁行经济”。西方发达国家，特别是美国是领头雁，别的国家，特别是发展中国家跟着飞，叫跟进战略。这对发展中国家会造成两种可能，一是永远落后，二是一旦发达国家的发展受阻，那么也会跟着遭受巨大损失。

三、大力发展我国的核心竞争力

科技自主创新是第一竞争力。我国是否已具有了科技自主创新并建设创新型国家的能力，在这方面还存在什么问题，应该采取什么样的对策，下面围绕这样几个问题谈几点看法。

（一）中华民族有悠久的创新传统

中国为人类文明贡献了不可缺少的许多重大发明，并在相当长的历史时期中，中国发明家引领着世界创新的潮流。从春秋到宋代，1800年间中国发明家走在世界前列。

公元前600年，古代中国人发明了液态生铁冶炼技术，用极其聪明的办法使铁矿石变成了铁水，并且直接铸成铁器。这项发明解决了困扰人类千年之久的难题，促进了世界范围金属工具和兵器的更新，使人类进入铁器时代。

公元前300年，古代中国人发明了深井钻探技术，使人类能够获取深埋于地下的财富。

中国古人发明了瓷器以取代陶器，为人类抹去了石器时代最后一道痕迹，成为我们这个星球上每个家庭必不可少的用品。

没有一个历史学家能够轻视中国古代四大发明对欧洲文化进程的深远影响。对欧洲来说，无论是地理大发现、文艺复兴，还是走出中世纪进入现代社会，中国古代发明都起着至关重要的作用。

但是，中国没有成为近代科学的故乡，中国古代发明家没有跨过近代科学这道门槛。从15世纪开始，中国明显地落后了。当世界进入蒸汽时代、电气时代之时，中国发明家没有入围。

12世纪，北宋画家张择端以高超的技艺完成了巨幅长卷《清明上河图》。当我们仔细欣赏这件稀世之宝时，会惊奇地发现，画中描绘的房屋、桥梁、船舶、车辆、日用品和生产用具，几乎和20世纪50年代中国许多地方的情景完全相同。800年间，中国人的生存方式居然没有什么变化。

1640年，中国和英国的劳动生产率相近，大约是1:1。200年后，当英国完成产业革命之时，中国和英国在1840年的劳动生产率之比为1:108。这正是鸦片战争爆发的时刻，也是中国在这场战争中失败的深层原因。在这次战争之后，中国被攻破国门，从此逐渐沦为半殖民地半封建社会。

1870年，美国庆祝独立100周年的时候，在费城举办国际博览会，有32个国家参展，当时清政府也派出了展览团。在这次博览会上，英国展出了最新的蒸汽机车，美国展出了大功率电动机和发电机，德国展出了加工枪炮的精密机床，中国展出的却是纯银打制的27套件耳挖勺和小脚绣花鞋。这是时代的差距。

（二）当代中国具备了建设创新型国家的基本条件

19世纪以来，中国开始接触西方的自然科学和工程技术。近代科学知识和产业革命中诞生的新技术逐渐进入中国。经过20世纪的风风雨雨，中国在100年里走过了西方400年的历程，由农业社会步入工业社会。对中国、对世界而言，是一件惊天动地的事。沉寂数百年之后，充满生机的中国屹立在世界的东方。跨入21世纪的时候，中国在众多领域的科技成就以及发明家们的创造性贡献，已经成为现代中国一道美丽的风景线。

我国虽然处于人均GDP为3600美元（2009）的阶段上，但科技创新综合指标已相当于国际上人均GDP为5000—6000美元的国家。

1. 科研投入加大

到2006年我国研究开发投入从1995年的348.7亿元上升到2943亿元，位居世界第五，研究开发投入占GDP的达到创纪录的1.4%，2007年已经达到1.49%；现有科技人员3500万人，居世界第一，研究开发人员达到142万，居世界第二。迅速发展的高等教育，大大提高了我国科技人力资源的供应能力。快速增长的科研投入，为自主创新奠定了坚实的物质基础。

2. 基础科学研究取得长足发展

基础科学研究已经取得长足进步。2006年，我国数学研究综合排名世界第四，化学研究综合排名居世界第六，地学和计算机科学综合排名世界第七，物理研究综合排名居世界第十，纳米科学处于世界领先水平，纳米技术专利数高居世界第三。澄江动物群与寒武纪大爆炸、碳纳米管制备、非线性光学晶体、量子信息和通讯、超强超短激光研究等一系列原始创新突破，在获得新知识、新原理、新方法等方面均有重要进展。

3. 重大科学、技术与工程取得丰硕成果

这一方面的成果不能一一列举，我们比较熟悉的有超级杂交水稻遗传基础和分子机制研究；建立了世界上最大口径大视场光学天文望远镜；实用型中低速磁悬浮列车；首座世界上最先进的圆筒形超深水海洋钻探储油平台（钻井深度12192m）；完成世界上最清晰的全月球三维数字地形图；成功研制“天河”一号千万亿次超级计算机（仅次于美国，居世界第二）；世界首个运行电压最高（2×300万千伏安）、输送能力最大、技术水平最先进的特高压交流输变电工程。

4. 科研论文、发明专利处于历史最好水平

根据世界知识产权组织的统计，2007年我国国内发明专利授权数为33410件（本国为31945件）居日本、美国、韩国、法国之后第五位。

我国科学家在国际高水平期刊——四个国际检索系统所收录的论文：①科学文献索引（SCI）；②工程索引（EI）；③会议论文索引（ISTP）；④医学文献索引（IM）上发表的论文数不断增加。（详见下表）

表1：我国论文发表对比情况

时间(年)	发表论文数(万篇)	占世界总数比重	世界排名
1996	2.7	2%	8
2006	17.2	8%	2

存在的主要差距是我国科研人员的论文被引用率还不高（2005年创新型国家的科技论文的被引用率平均每篇8次，我国仅为3.8次）。

5. 科研体制改革取得重大进展

以促进科技与经济密切结合为主要目标的科技体制改革取得重大进展：国家科技结构得到优化；市场配置科技资源的基础性作用不断增强；企业正在成为科技创新的主体。

6. 高科技产业发展较快

“根据近年《中国统计年鉴》和《中国高技术产业发展年鉴》最新提供的统计数据计算发现：1995年以来，我国高技术产业增加值的平均增长率是21.21%，发展速度较快”[①]。“2006年高技术产业增加值达9649亿元，跃居世界第三位，比2002年增长1.56倍，占GDP的比重达到4.61%。”[②]

（三）走中国特色的自主创新之路

当前，中国特色国家创新体系建设已经取得重要进展，我国科技创新能力显著提高。但应当清醒地看到，我国科技工作总体上仍以跟踪模仿为主，原创科学成就和自主创新的关键核心技术还比较少，要走出一条中国特色的科技自主创新之路，任务紧迫，责任重大。

中国特色自主创新道路的指导方针是自主创新、重点跨越、支撑发展、引领未来。

自主创新，就是从增强国家创新能力出发，加强原始创新、集成创新和引进消化吸收再创新。

在三峡工程的特大型水轮发电机组的设计制造中，通过技术引进消化吸收再创新，使我国在这方面一举跨越了与国外先进水平近30年的差距。

重点跨越，就是要坚持有所为、有所不为，选择一批具有一定基础和优势，关系国计民生的关键领域，集中力量，重点突破，实现跨越式发展。

这里是指重大专项的组织实施。实践证明，重大战略产品和工程事关国家长远战略利益。一项重大专项的成功实施，不仅能有效带动相关学科、技术和产业的发展，形成新的经济增长点，而且能充分体

① 李金华：《我国高技术产业发展值得关注的若干动向》，《新华文摘》，2007(2)。

② 参见《我国工业结构加快升级 经济发展效益提高：国有企业改革取得明显成效 竞争力进一步增强》，《光明日报》，2007·08·27。

现国家战略意愿，提高国际地位，振奋民族精神。比如，新中国成立以来的“两弹一星”“载人航天”，将要实施的“探月工程”等等，都是这类重大专项。

“1969年7月20号，美国阿波罗11号飞船成功着陆月球”，从那以后“美国一共实施了6次阿波罗载人登月”。“为了实现阿波罗登月计划，先后有2万家企业、200多所大学、80多家研究院所总共40多万人参与了这一计划”，“催生了3000多项重大科学技术专利，”“投入产出比达到1:14。”

支撑发展，就是以现实的紧迫需要出发，着力突破重大关键技术和共性技术，支持社会经济持续协调发展。

引领未来，就是着眼长远，超前部署前沿技术和基础研发，创造新的市场需求，培育新兴产业，引领未来社会经济发展。

中国科技发展之路还将在未来15年（从2006年算起，已经过去5年）内力求实现以下几个转变：

一是，在发展路径上从跟踪为主向加强自主创新转变，确立自主创新的战略基点。

二是，在创新方式从注重单项技术的研究开发向加强以重大产品和新兴产业的集成创新转变。

三是，在创新体制上从以科研院所改革为突破口向整体推进国家创新体系的建设转变，解决国家创新体系中存在的结构性机制性问题。

四是，在发展部署上从研究开发为主向科技创新与科学普及并重转变。

五是，在国际合作中，从一般性科技交流向全方位合作和主动利用全球科技资源转变。

关于体制改革的创新，关键是要使企业成为科技创新的主体。在发达国家，自主创新的主角都是企业。

要大力支持中小企业的创新。在美国80%以上新开发的技术是中小企业付诸产业化的。据统计，我国65%的发明专利是中小企业获得的，80%的新产业是由中小企业创造的。许多大企业也是由小到大发展起来的。惠普、微软、戴尔；我国的联想、海尔、华为、中兴等都是如此。

对中国的科技发展来说，可怕的不是落后，而是自甘落后，推进自主创新，是对全民族自信心的考验。无论从哪一方面看，当今中国的综合国力、科技基础都发生了翻天覆地的变化。天行健，君子以自强不息。只要我们树立自立自强的精神，拿出当年研制“两弹一星”的劲头，发扬实施载人航天工程的勇气，就一定能够大有作为，一定能够创造出无愧于时代、无愧于历史的辉煌业绩。

邓小平对《共产党宣言》基本思想的继承和发展*

自1848年2月《共产党宣言》(以下简称《宣言》)在伦敦问世以来，至今已经整整150年了。在中国，《宣言》的第一个中文全译本(1920年陈望道译)的出版，距今也已有78个春秋。在这150年中，世界面貌发生了翻天覆地的巨大变化，在这78年中，中国历史也发生了乾坤新造的根本变迁。马克思恩格斯在《宣言》中作出的科学预言，在我们这个东方国度中已经基本上变成了现实。不仅如此，在争取独立、解放和走上社会主义道路的伟大斗争中，中国人民还以毛泽东思想发扬光大了《宣言》的基本原理，并给予了创造性的发展。特别应该指出的是，今天，在改革开放和实现社会主义现代化的伟大实践中，中国人民又以邓小平理论进一步继承和发展了《宣言》的基本思想，为《宣言》增添了新的光辉。

一、"生产力是最终决定力量"是《宣言》的基本思想

《宣言》的基本思想是什么，应该说，对这个问题的理解，在我国并非是完全一致的。

比如，有人把《宣言》的基本思想理解为阶级斗争理论；有人理解为"两个必然"，即资本主义必然灭亡，社会主义必然胜利的学说；还有人把人的全面而自由的发展理解为《宣言》的基本思想，等等。在笔者看来，以上所论，指谓的都是《宣言》基本思想的部分内容，都能从《宣言》中找到文字的根据，因而从某个角度来说，都是正确的。

然而所有这些关于《宣言》基本思想的构成部分，都是以唯物史

* 原刊于《安徽师范大学学报》(哲学社会科学版)，1998(1)。

观，特别是关于生产力根本决定作用的思想为基础引申出来的。关于这一点，恩格斯曾明确指出："每一历史时代的经济生产以及必然由此产生的社会结构，是该时代政治的和精神的历史的基础；因此（从原始土地公有制解体以来）全部历史都是阶级斗争的历史，即社会发展各个阶段上被剥削阶级和剥削阶级之间、被统治阶级和统治阶级之间斗争的历史；而这个斗争现在已经达到这样一个阶段，即被剥削被压迫的阶级（无产阶级），如果不同时使整个社会永远摆脱剥削、压迫和阶级斗争，就不再能使自己从剥削它压迫它的那个阶级（资产阶级）下解放出来。"①

因此，从更全面，更根本的意义上来说，《宣言》的最基本思想只能是关于生产力是一切社会发展最根本的决定力量的思想，即恩格斯在上述论述中所说的，一切时代的政治、精神和社会结构，都最终决定于体现该时代生产力发展水平的经济生产。

如何理解恩格斯关于《宣言》基本思想的这一论断呢？我以为主要把握两点：

（一）社会主义从空想到科学的关节点

承认生产力是社会发展的最终决定力量，这是科学社会主义区别于空想社会主义的根本之点，坚持这一观点是《宣言》作为科学社会主义诞生标志的首要内涵。

16世纪以来，空想社会主义者最先揭示了资本主义的祸害。其中最杰出的代表是19世纪初叶的三大空想社会主义者圣西门、傅立叶、欧文。他们的学说在理论上的贡献有三：一是在前所未有的深度上抨击了资本主义社会的罪恶，认为资本主义是"黑白颠倒的世界"②，资本主义是"人类所建立的社会制度中最丑恶的一种"③。二是，在某种程度上揭示了造成资本主义种种罪恶的根本原因。他们突破了先前一些思想家把资本主义罪恶单纯归结为人性缺陷的认识框架，开始从生产的无政府状态和私有制方面寻找原因。他们尖锐地指出，资本主义生产的无政府状态造成了生产力的巨大浪费和无穷的灾难，"是一切灾

① 《马克思恩格斯文集》第2卷，9页，北京：人民出版社，2009年。
② ［法］圣西门：《圣西门选集》上卷，何清新译，275页，北京：商务印书馆，1962年。
③ ［法］傅里叶：《傅里叶选集》第3卷，冀甫译，59页，北京：商务印书馆，1964年。

难中最严重的灾难”[①]；还指出，私有制是资本主义一切祸害的主要根源，是“人们所犯的无数罪行和无数灾祸的原因”[②]。三是，他们指明了必须以“财产公有制”代替私有制，消灭阶级剥削和阶级压迫，消灭工农、城乡、体力劳动和脑力劳动之间的差别，建立理想的平等社会。

马克思恩格斯在《宣言》中高度评价了三大空想社会主义者的学说，认为：“这些社会主义和共产主义的著作……含有批判的成分。这些著作抨击现存社会的全部基础。因此，它们提供了启发工人觉悟的极为宝贵的材料。”[③]但同时又指出：“它们关于未来社会的积极的主张……本身还带有纯粹空想的性质。”因为他们没有，“也不可能看到无产阶级解放的物质条件。”[④]他们以为在手工劳动和工场手工业生产劳动的基础上，就可以消灭私有制和剥削阶级、剥削制度，以为平均主义的分配就是真正的平等。这种单凭主观愿望和主观意志，忽视客观物质条件和客观经济规律的观点仍然是唯心史观。以这种观点为指导，他们所进行的关于未来社会主义的美好设计必然只能是没有基础的空中楼阁。

马克思恩格斯之所以能使社会主义从空想变成科学，首先是因为他们发现了唯物史观，揭示了物质生产的发展决定社会的发展，坚持了生产力是一切社会发展最终决定力量的思想，从而和空想社会主义划清了界限。《宣言》的全部论述都是以这个思想为主线、为灵魂的，因而它成为科学社会主义诞生的标志。

（二）马克思社会理论的总根据

关于生产力最终决定作用的思想为《宣言》中所阐发的马克思社会理论的其他一系列理论观点，提供了立论的总的科学根据。

《宣言》运用生产力最终决定作用的理论去说明社会的结构、社会的历史，特别是资本主义社会的矛盾运动。它指出一切社会形态都是生产力发展到一定阶段的产物，一切社会形态都具有历史的必然性和

---

① ［法］圣西门：《圣西门选集》上卷，何清新译，75页，北京：商务印书馆，1962年。

② ［法］欧文：《欧文选集》下卷，何光来、秦果显译，13页，北京：商务印书馆，1965年。

③《马克思恩格斯文集》第2卷，63页，北京：人民出版社，2009年。

④《马克思恩格斯文集》第2卷，62、63页，北京：人民出版社，2009年。

暂时性。以生产力发展为根源的生产力与生产关系的矛盾，以及在此基础上形成的经济基础与上层建筑的矛盾，在阶级社会中集中地表现为阶级矛盾和阶级斗争。近代以来，资产阶级反对封建阶级的斗争所实现的资本主义社会对封建社会的取代，是生产力发展的客观要求。随着大工业的发展，无产阶级对资产阶级斗争的开展，资本主义社会被适合生产力发展的社会主义社会所取代，也是历史的必然。

《宣言》不仅认为无产阶级在准备社会主义革命时，需要以现代工业生产力的发展为基础，而且在社会主义革命胜利以后仍然要大力发展生产力。《宣言》在谈到无产阶级在夺取政权后的任务时明确指出："无产阶级将利用自己的政治统治，一步一步地夺取资产阶级的全部资本"，"并且尽可能快地增加生产力的总量。"①在这样的基础上，才能逐步为人的自由发展，为自由人联合体的形成开辟道路。

由此可见，无产阶级在实现其历史使命的过程中，按照《宣言》的基本思想，为了解放生产力，才要夺取政权；为了促进生产力的发展，才要变革生产关系；只有生产力发展了，才可能从根本上巩固并逐步完善社会主义政治经济制度，才能为人的自由发展提供社会物质基础。所以，确认生产力是一切社会发展的根本原因和最终动力，这是《宣言》的根本要义。只有这样认识，才算把握住了《宣言》的基本精神，也才能从根本上坚持科学社会主义。

毋庸讳言，在这样一个关系到社会主义命运的重大问题上，我们是有深刻教训的。正如邓小平所指出的："多少年来我们吃了一个大亏，社会主义改造基本完成了，还是'以阶级斗争为纲'，忽视发展生产力。"②这使我国经济发展缓慢，人民生活没有多大改善。很显然，这是违背《宣言》的基本思想的，实际是重复了空想社会主义的错误。而邓小平的理论贡献就在于，他不仅恢复了《宣言》所贯穿的唯物史观的本来面目，指出"马克思主义最注重发展生产力"③。而且以此为基础，结合社会主义实践正反两个方面的经验，提出了一系列新的理论观点，极大地丰富和发展了《宣言》的基本思想。

---

① 《马克思恩格斯文集》第2卷，62页，北京：人民出版社，2009年。

② 《邓小平文选》第3卷，141页，北京：人民出版社，1993年。

③ 《邓小平文选》第3卷，63页，北京：人民出版社，1993年。

二、邓小平丰富了《宣言》最注重发展生产力的思想

邓小平理论对《宣言》基本思想的继承、丰富和创造性的发展是多方面的。归纳起来主要有以下四点：

（一）解放和发展生产力是社会主义的本质内涵

邓小平从社会主义本质的高度，深刻说明了社会主义社会解放生产力，发展生产力的根本意义。

什么是社会主义，如何建设社会主义？这是当代社会主义理论和实践的基本问题。其中，什么是社会主义的问题更具有基础性。因为只有正确认识了什么是社会主义，才可能按社会主义的本质要求去建设社会主义。长期以来，人们往往撇开生产力发展，抽象地从社会制度特征或“制度取向”来认识社会主义。邓小平从根本上改变了这种认识社会主义的思路，而转变到从“存在根据”或“价值取向”来界定社会主义的新思路。

1992年春，邓小平在南方讲话中指出：“社会主义的本质是解放生产力，发展生产力，消灭剥削，消除两极分化，最终达到共同富裕。”①邓小平关于社会主义本质的这一论述，突出了社会主义自身存在的根据或价值目标，特别是把解放生产力、发展生产力作为社会主义本质的首要内容，这就在巩固和发展社会主义的问题上坚持了《宣言》的基本思想，同时也说明了社会主义的根本任务是解放生产力、发展生产力。换句话说，社会主义的根本任务，不是从外部赋予社会主义的，也不是一时的权宜之计，它本身就内含于社会主义的本质之中，是社会主义的本质要求。具体说来，社会主义的本质决定社会主义的根本任务；社会主义的根本任务体现社会主义的本质，它是社会主义本质的外化形式和实践层面。这是从社会主义本质的高度来规定社会主义的根本任务。

由此引出的必然结论就是要巩固和发展社会主义，就必然要把解放生产力，发展生产力作为社会主义的根本任务，否则就谈不上真正

① 《邓小平文选》第3卷，373页，北京：人民出版社，1993年。

的社会主义，就会是死路一条。因此，是否把解放生产力，发展生产力作为社会主义的根本任务，这是一个能否坚持社会主义本质，并关系到社会主义前途和命运的重大问题。应该说，在这个问题上，邓小平理论深化了《宣言》的基本思想。

（二）大力发展生产力是社会主义初级阶段的中心任务

邓小平立足于社会主义初级阶段的实际，确立了发展生产力和经济建设的中心地位。

社会主义的根本任务是发展生产力，但是在马克思、恩格斯写作《宣言》的时候，社会主义和共产主义还是同义语。当然这样说，并不是否认《宣言》中包含有后来《哥达纲领批判》中关于共产主义社会分为低级阶段（社会主义）和高级阶段（共产主义）的思想萌芽。《宣言》在论述无产阶级完成自己历史使命的过程时，就曾指明了其中所包含的互相衔接的四个步骤。

第一步，通过革命夺取政权，“就是使无产阶级上升为统治阶级，争得民主。”第二步，实现所有制的社会主义改造，即“一步一步地夺取资产阶级的全部资本，把一切生产工具集中在国家即组织成为统治阶级的无产阶级手里”。第三步，“尽可能快地增加生产力的总量”，创造“消灭……阶级对立和阶级本身存在的条件”。第四步，建立自由人联合体，即“代替那存在着阶级和阶级对立的资产阶级旧社会的，将是这样一个联合体，在那里，每个人的自由发展是一切人的自由发展的条件。”①

实际上，这第三步和第四步所分别对应的就是后来所说的社会主义阶段和共产主义阶段。《哥达纲领批判》依据生产力发展的不同水平，把共产主义社会划分为社会主义和共产主义两个阶段，这无疑是对《宣言》基本思想的坚持和创造性地运用。

然而，由于资本主义世界的矛盾中心的东移，以及与此相联系的社会主义革命中心的东移，先行走上社会主义道路的，并不是马克思恩格斯所预期的西方发达国家，而是俄国和中国等东方落后的国家。而且中国和俄国相比，则更为贫穷落后。因此，在这样一种低生产力

① 《马克思恩格斯文集》第2卷，53页，北京：人民出版社，2009年。

水平上建立的社会主义，只能是低层次的社会主义，不够格的社会主义。正是从中国生产力落后及其多层次、不平衡这个最基本、最重要的国情出发，邓小平提出了我国还处于社会主义初级阶段的理论，这一理论是对《宣言》基本思想的坚持和具体应用，同时也是对马克思主义关于社会主义发展阶段理论的丰富和发展。

在社会主义初级阶段，贫困落后所造成的社会压力是巨大的，由此所引发的矛盾也是多种多样的。因此，我们所面临的直接任务，并不是在够格的社会主义前提下，去增加生产力的总量，去为实现共产主义创造条件，而是要用一个相当长的历史时期，如列宁所说的去补生产力发展方面的课，去实现发达国家已经实现的工业化和经济的社会化、市场化、现代化，即为社会主义构筑起码的社会物质基础，从而使不够格的社会主义变成够格的社会主义。为了实现这种转变，我们尤其要把集中力量发展社会生产力摆在首位，把经济工作作为全党全国工作的中心。

有人会以为，把发展生产力作为社会主义的根本任务，与把发展生产力作为社会主义国家的中心任务，在内涵上并没有什么不同。其实，区别还是有的。具体说来，把发展生产力作为社会主义的根本任务，这是由社会主义社会的基本矛盾决定的；把发展生产力作为社会主义国家的中心任务，这是由我国社会主义初级阶段的主要矛盾决定的。当然，它们并不是互不相干的。社会主义社会一定阶段的主要矛盾是社会主义社会的基本矛盾在该阶段的表现形式和运行状态。在社会主义革命时期，社会基本矛盾集中地表现为无产阶级和资产阶级的矛盾。也就是说，阶级矛盾是社会主义革命时期的主要矛盾，解决这个主要矛盾的最终目的也是为解放生产力、发展生产力。但在这个时期中，中心任务不是经济建设，而是阶级斗争。只有在社会主义制度建立以后，在我国社会主义初级阶段，社会主义社会的基本矛盾才集中地表现为人民日益增长的物质文化需要同落后的社会生产之间的矛盾。为了解决这个主要矛盾，社会主义的根本任务就在社会主义国家的中心任务上直接体现出来了，也就实现了“中心任务”与“根本任务”的重合。可见，把发展生产力作为社会主义国家的中心任务，更加凸现了我国社会主义初级阶段发展生产力的紧迫性和极端重要性。

（三）促进生产力发展是社会主义建设一切工作的衡量标准

邓小平指出，要坚持生产力标准，在实践中开辟了中国特色社会主义建设道路。

基于对社会主义本质、社会主义根本任务，特别是我国现阶段中心任务的科学认识，邓小平认为，在社会主义建设中，检验一切工作的根本尺度和判别一切是非的根本标准，只能以促进生产力的发展来衡量。因为只有坚持生产力标准，才能在社会主义建设中坚持马克思主义的实事求是原则和实践标准。邓小平多次指出，马克思主义、毛泽东思想的精髓是实事求是。能否坚持实事求是，其衡量的标准是实践。在社会主义建设中，人们实践的结果应集中表现在生产力的发展状况上，所以，生产力标准是马克思主义的实事求是原则和实践标准在社会主义建设中的深化和具体化。或者说，坚持实事求是原则，坚持实践标准，在社会主义建设中最重要的是要坚持生产力标准。

另外，坚持生产力标准也是历史唯物主义关于上层建筑和经济基础一定要和生产力相适应的基本原理在社会主义建设中的实际运用和具体体现。因此，坚持生产力标准，才能在如何建设社会主义问题上，走出一条好路、新路。这条好路、新路，就是邓小平领导中国人民开创的有中国特色的社会主义建设道路。如果说，邓小平建设有中国特色社会主义理论是一座理论大厦，那么生产力标准就是这座大厦的一块坚实的基石。换句话说，建设有中国特色社会主义理论体系各个方面的内容，都是以生产力标准作为立论的基本理论前提。例如，关于社会主义的发展道路，其中心思想就是要从中国的实际出发，走自己的路，建设有中国特色的社会主义。所谓从实际出发，如前所说，主要就是要从中国现阶段生产力落后的实际出发。为了改变生产力的落后状态，所以要以经济建设为中心，坚持改革开放，坚持四项基本原则。改革是为了促进生产力的发展，开放也是为了促进生产力的发展。因此，改革开放的历史必然性、内容、步骤、方法、目标模式的选择、时机和力度的把握，以及用什么来衡量其中的是非得失等一系列问题，都只有依赖于生产力标准的理论，才能得到正确的说明。

（四）提出社会主义生产力发展的动力系统论

邓小平抓住当今的时代特征，系统地论述了社会主义生产力的发展动力。

如前所说，《宣言》的基本思想是关于生产力在一切社会形态中起根本的决定作用的思想。但是，由于受到当时历史条件和无产阶级所面临的斗争任务的限制，即为了为无产阶级夺取政权提供理论说明，《宣言》论述的侧重点不是生产力如何发展，更不是社会主义制度建立后怎样进一步发展，而是生产力的社会历史作用如何，并由此揭示出社会发展的客观规律性和无产阶级革命的必然性。

今天所处的时代条件和我们所要解决的任务已经和《宣言》诞生时不同了。《宣言》出版时，只有英国刚实现以蒸汽动力为标志的第一次产业革命，资本主义世界体系刚开始形成，而今已进入电子信息时代，全方位的新技术革命正方兴未艾，世界经济政治文化一体化的趋势正逐步加强，已开始进入社会主义和资本主义两种制度和平共处、协作和竞争的时代。在这样的时代条件下，我们所面临的任务是在无产阶级夺取政权以后，如何建设社会主义，如何进一步去解放生产力和发展生产力。

邓小平理论对《宣言》基本思想的一个重要贡献在于：在当今的时代条件下，把《宣言》所侧重的关于生产力的社会历史作用论的阐述，转到侧重对生产力发展的动力机制论的说明，即在《宣言》的基本思想的指导下，现实地坚持、发挥和创造性地提出了马克思主义生产力发展动力论的一系列重要的理论观点。

（1）生产力主体动力论。

认为工人、农民、知识分子是我国生产力的主体，必须坚持综合（经济的、政治的和精神的）利益激励原则，全方位地调动生产力主体的积极性，以推动我国生产力的发展。这是邓小平对列宁曾经倡导的坚持劳动者利益原则的继承和弘扬。

（2）“改革”解放生产力论。

认为为了充分调动和有效发挥生产力主体的积极性，就必须改革经济基础和上层建筑中不适应生产力发展的方面和环节。现阶段特别要改革不适应生产力发展的高度集中的僵化的体制，而代之以充满生机和活力的新体制。社会主义改革理论是邓小平对马列主义、毛泽东思想关于社会基本矛盾学说的重大发展。

（3）“开放”促进生产力论。

在经济全球化进程加快、和平发展成为时代主题，以及世界正向多极化趋势发展的条件下，社会主义国家可以通过开放，吸收和借鉴资本主义的文明成果，促进社会生产力的飞跃发展。邓小平关于开放的理论与实践，使马克思、列宁和毛泽东关于利用资本主义的肯定性成果来发展落后国家社会主义事业的设想，第一次变成了现实。

（4）科技是第一生产力论。

指出社会主义发展生产力的关键是大力发展和应用科学技术。提出科学技术是第一生产力，这是邓小平对马克思关于科学技术是生产力理论的重大发展，是在新的历史条件下，对现代生产力发展规律的深刻揭示。

（5）教育是生产力动力源泉论。

认为人才是现代生产力发展的根本，发展教育、培养人才是现代生产力发展的动力源泉。

（6）生产力发展的市场经济机制论。

强调应使市场在国家宏观调控下对社会资源配置起基础作用。社会主义市场经济理论的确立，从根本上肯定了市场在社会主义社会应有的地位。在这方面，经过列宁、斯大林和毛泽东的不断探索，到邓小平，才最终实现了对马克思经典社会主义理论的历史局限性的克服，给社会主义经济理论注入了新的内容，指明了市场经济是社会主义生产力发展的必然的经济形式。

（7）生产力发展的社会政治保证论。

认为要大力发展社会生产力，保持稳定的政治环境和社会秩序，具有极为重要的意义。为此，就必须坚持党的领导和人民民主专政，坚持物质文明和精神文明两手抓、两手都要硬的方针，排除一切破坏稳定的因素，反对资产阶级自由化，警惕国内外敌对势力的渗透、颠覆和分裂活动，要正确处理改革、发展、稳定的关系。

总之，邓小平理论和《宣言》的基本思想是一脉相承的，是对《宣言》的基本思想在新的历史条件下和在中国特色社会主义建设中的创造性运用和发展。

论生产力标准的理论根据*

党的十三大报告关于生产力标准理论问题的提出，不仅进一步明确了我国现代化建设的核心任务和改革、开放的根本目的，而且从理论上重新确认了生产力是社会发展的最终决定力量这个历史唯物主义的最基本原理。

历史唯物主义是一门关于科学历史观的学问，但是它并不神秘。它的出发点来自现实，来自民众。这个出发点是这样引发出来的：人要生存，就要生活；人要生活，就要生产，于是就要发展社会生产力。这个看来十分浅显的真理，然而在先哲们那里，恰恰是经过了许多代人的研讨、争论，直到马克思那里才最后被确认的。历史上的唯心主义，半截子唯物主义和马克思的彻底的唯物主义，也就是从这里发生分野的。

唯心主义者从思想出发，认为社会历史就是思想的历史；半截子唯物主义者费尔巴哈从生活出发，认为人有生命的肉体。因此人必须先吃饭，然后才能思想；马克思则是进一步认为，生活固然需要，但生活要依赖于生产，因而生产更为根本，发展生产力更为重要。

马克思正是从生产力出发来观察社会历史，从而揭开了历史之谜，从而创立了历史唯物主义的科学理论。对此，马克思主义认为："在人们的生产力发展的一定状况下，就会有一定的交换……和消费形式。在生产、交换和消费发展的一定阶段上，就会有相应的社会制度、相应的家庭、等级或阶级组织，一句话，就会有相应的市民社会。有一定的市民社会，就会有不过是市民社会的正式表现的相应的政治国家。"[①]因此，"人们……的生产力——就是他们的全部历史的基础。"[②]

* 原刊于《芜湖社联》，1988（3）。

① 《马克思恩格斯文集》第10卷，42、43页，北京：人民出版社，2009年。

② 《马克思恩格斯文集》第10卷，43页，北京：人民出版社，2009年。

并且随着生产力的发展，必然要引起生产关系及整个社会上层建筑的变化和变革。人类社会的历史就是生产力与生产关系、经济基础与上层建筑矛盾运动的历史。其中，生产力的发展是整个社会发展的原动力。

从生产力是社会发展的最终决定力量这个逻辑前提出发，所引出的必然结论就是，生产力是社会进步的主要标准，因而也是衡量人的社会行为是否进步的主要标准。这三者之间是密切联系的，前者依次是后者的理论前提，后者则依次是前者的逻辑表现。既然生产力是社会发展的根本动力，不言而喻，有动力才有进步。因此，衡量一个社会是否进步，及其进步程度，主要也就是要看这个社会所具有的现实生产力的大小，特别是它所能容纳生产力发展的程度的大小。

正是在这个意义上，马克思恩格斯认为，原始社会并不是人类的黄金时代；对奴隶社会也不能用道德谴责代替科学的分析，封建社会相对于奴隶社会是一个进步，资本主义相对于封建社会则是一个更大的进步。正如马克思恩格斯在《共产党宣言》中所指出的："资产阶级在它的不到一百年的阶级统治中所创造的生产力，比过去一切世代创造的全部生产力还要多，还要大。"[①]何况这还只是就资本主义生产力的早期发展而言的。列宁在领导俄国革命的过程中，继承了马、恩的上述思想，并进一步进行了概括。认为"生产力状况"是"整个社会发展的主要标准"[②]。由此列宁进而指出："无产阶级取得国家政权以后，它的最主要最根本的需要就是增加产品数量，大大提高社会生产力。"[③]

列宁在这里，把社会进步、生产力的发展和人的活动联系起来，这是完全正确的。因为，社会归根到底是人的活动的社会，社会进步归根到底是人的活动的产物。所以社会进步的主要标准，也就成为衡量人的活动进步的主要标准。换句话说，人们的活动凡是有利于生产力的发展，也就必然是有利于社会的进步；反之，凡是不利于生产力发展的，也就必然不利于社会的进步。所以，毛泽东同志指出："中国一切政党的政策及其实践在中国人民中所表现的作用的好坏、大小，归根到底，看它对于中国人民的生产力的发展是否有帮助及其帮助之

① 《马克思恩格斯文集》第2卷，36页，北京：人民出版社，2009年。

② 《列宁全集》第41卷，72页，北京：人民出版社，1986年。

③ 《列宁选集》第4卷，159页，北京：人民出版社，2012年。

大小，看它是束缚生产力的，还是解放生产力的。”[①]

因此，要坚持生产力标准，首先就必须真正弄清这一标准的理论根据。只有这样，才能从根本上提高这一标准的理论意义和由此引发的现实意义。

在过去相当长的一段时间里，我们并没有真正懂得和在实践中坚持关于生产力是最终决定力量这个历史唯物主义的基本原理，而在实际上是把生产关系当作这样的力量。不仅如此，有时还把上层建筑的某些方面当作这样的力量。其表现形式就是，忽视抓生产力发展，甚至还提出了批判所谓“唯生产力论”的主张。这一批，把历史唯物主义的基本原理批掉了，放弃了，使社会生产的发展缓慢了，甚至停滞了，结果搞得一些地方饭都吃不饱。这个教训是很深刻的。它告诉人们，只有坚持生产力标准，坚持生产力是最终决定力量的原理，才能坚持历史唯物主义和科学社会主义，才能保障社会发展的利益和人民的根本利益。

---

① 《毛泽东选集》第3卷，1079页，北京：人民出版社，1991年。

毛泽东社会基本矛盾理论及其发展*

一、毛泽东社会基本矛盾理论的创立

1. 创立的思想基础

在马克思主义哲学发展史上，毛泽东继承了马克思列宁主义关于生产力和生产关系、经济基础和上层建筑两对矛盾的思想，在此基础上，通过对中国长期革命和建设的实践经验的哲学概括和总结，形成了他的关于“社会基本矛盾”的理论。

马克思在《〈政治经济学批判〉序言》中说：“人们在自己生活的社会生产中发生一定的、必然的、不以他们的意志为转移的关系，即同他们的物质生产力的一定发展阶段相适合的生产关系。这些生产关系的总和构成社会的经济结构，即有法律的和政治的上层建筑竖立其上并有一定的社会意识形式与之相适应的现实基础。……社会的物质生产力发展到一定阶段，便同它们一直在其中运动的现存生产关系或财产关系（这只是生产关系的法律用语）发生矛盾。于是这些关系便由生产力的发展形式变成生产力的桎梏。那时社会革命的时代就到来了。随着经济基础的变更，全部庞大的上层建筑也或慢或快地发生变革。”[①]社会的三个基本层次，生产力、生产关系和上层建筑，从下往上，一个层次决定一个层次；又由上到下，一个层次反作用于一个层次。这些作用和反作用的关系，推动人类社会从低级形态向高级形态发展。马克思的这些论述已经包含了社会基本矛盾的思想，但是，还没有使用“社会基本矛盾”的概念。

列宁进一步发挥了马克思的思想，并作出了更加明确的说明。他

---

* 原刊于《芜湖师专学报》，1993（4）。

① 《马克思恩格斯文集》第2卷，519、592页，北京：人民出版社，2009年。

说："只有把社会关系归结于生产关系，把生产关系归结于生产力的水平，才能有可靠的根据把社会形态的发展看作自然历史过程。"[①]这种逐层归结，反映了生产力是社会发展的最终决定力量的思想。在这两个归结中，同样包含着两对矛盾，而且它们是推动社会发展的根本动力。但列宁也同样没有明确地提出社会基本矛盾的概念。

毛泽东继承了马克思、列宁的上述思想，从各种社会矛盾中概括出基本矛盾，并通过对社会主义社会的分析得出了如下的科学结论："在社会主义社会中，基本的矛盾仍然是生产关系和生产力之间的矛盾，上层建筑和经济基础之间的矛盾"[②]。把生产力和生产关系、经济基础和上层建筑这两个矛盾概括为贯穿一切社会的基本矛盾，这种概括本身就是对马克思主义历史观的新发展。这表现在：

第一，把生产力和生产关系、经济基础和上层建筑的矛盾概括为社会基本矛盾，这就为人们认识整个社会的基本结构提供了宏观的视角。因为这两对矛盾作为社会基本矛盾，其所涉及的三个方面概括了社会生活的基本领域，两个矛盾内在的关系和它们之间的关系，也就是社会的基本结构关系。因此，把握了社会基本矛盾，也就基本上把握了整个社会机体。

第二，把生产力和生产关系的矛盾、经济基础和上层建筑的矛盾概括为社会基本矛盾，也就是承认这两对矛盾贯穿于人类社会发展过程的始终。这样也就为认识一切社会形态（包括现阶段的社会主义社会和未来的共产主义社会）的矛盾，为在社会领域中坚持彻底的辩证法，提供了一个基本的立足点。

第三，把生产力和生产关系的矛盾、经济基础和上层建筑的矛盾概括为社会基本矛盾，这就为认识由社会基本矛盾所决定的其他一切社会矛盾，比如阶级矛盾、民族矛盾、先进与落后等矛盾提供了一个总根据、总的指导原则。

第四，把生产力和生产关系的矛盾、经济基础和上层建筑的矛盾概括为社会基本矛盾，也就揭示了一切社会形态发展的基本动力。

由此可见，毛泽东关于"社会基本矛盾"的概括是对历史唯物主义基本学说的合乎逻辑的继承和发展，在实践上和理论上都具有重大

① 《列宁选集》第1卷，8—9页，北京：人民出版社，2012年。

② 《毛泽东著作选读》下册，767页，北京：人民出版社，1986年。

意义。

2. 创立的历史进程

毛泽东在理论上的这一贡献，当然不是纯粹的逻辑操作的结果，而是在把马克思主义的普遍真理与中国革命和建设的实践相结合的过程中，长期锤炼成的哲学成果。

毛泽东同志早在1926年发表的《中国社会各阶级的分析》一文中，就运用生产力决定生产关系、经济基础决定上层建筑的原理，科学地分析了经济落后的半殖民地半封建的中国社会各阶级的经济地位，以及由这种经济地位所决定的政治态度。

毛泽东指出："在经济落后的半殖民地的中国，地主阶级和买办阶级完全是国际资产阶级的附庸，其生存和发展，是附属于帝国主义的。这些阶级代表中国最落后的和最反动的生产关系，阻碍中国生产力的发展。""工业无产阶级人数虽不多，却是中国新的生产力的代表者，是近代中国最进步的阶级，做了革命运动的领导力量。"①这里的论述表明，毛泽东这时候已经具有了关于社会基本矛盾的思想，并运用这一思想去分析敌友我这一革命的首要问题。当然这时候他还没有提出"社会基本矛盾"这一概念。

但是到1937年，毛泽东发表《矛盾论》这一重要著作时，其思想进程已经接近于这一概念的提出。在《矛盾论》中，毛泽东运用对立统一这个宇宙的根本规律的观点去观察世界，第一次提出了基本矛盾的概念。他说："事物发展过程的根本矛盾及为此根本矛盾所规定的过程的本质，非到过程完结之日，是不会消灭的。"②这里所说的"根本矛盾"，就是指贯穿事物发展过程始终的、决定其本质的"基本矛盾"。

也是在《矛盾论》中，毛泽东从彻底的唯物论和辩证法的高度论述了生产力和生产关系、经济基础和上层建筑的辩证统一关系。毛泽东指出："生产力、实践、经济基础，一般地表现为主要的决定的作用，谁不承认这一点，谁就不是唯物论者。然而，生产关系、理论、上层建筑这些方面，在一定条件之下，又转过来表现其为主要的决定作用，这也是必须承认的。当着不变更生产关系，生产力就不能发展的时候，生产关系的变更就起了主要的决定的作用。""当着政治文化等

① 《毛泽东著作选读》上册，5、9页，北京：人民出版社，1986年。
② 《毛泽东著作选读》上册，153页，北京：人民出版社，1986年。

等上层建筑阻碍着经济基础的发展的时候，对于政治上和文化上的革新就成为主要的决定的东西了。我们这样说，……不是违反唯物论，正是避免了机械唯物论，坚持了辩证唯物论。”①

毛泽东这样来论述问题，即把对生产力和生产关系、经济基础和上层建筑的辩证关系的认识与能否坚持辩证唯物主义世界观联系起来，这就表明，在毛泽东同志看来，上述两个矛盾并不是一般的矛盾，而是关于社会的根本性、整体性的矛盾。

毛泽东的这一认识在新民主主义革命胜利以后，特别是生产资料所有制的社会主义改造完成以后，更加明确起来，并具有了现实的紧迫性。毛泽东于1957年发表的《关于正确处理人民内部矛盾的问题》一文中，第一次提出了“社会基本矛盾”这一概念，并对社会主义社会基本矛盾的特点进行了科学分析，这是具有划时代意义的。

二、毛泽东社会基本矛盾理论的意义

1. 科学揭示了社会主义社会向前发展的基本动力

在国际共产主义运动史上，马克思恩格斯为无产阶级革命提供了理论指导，但他们并没有看到无产阶级革命的胜利和社会主义的实现，因而在他们的理论中，对社会主义社会的基本矛盾语焉不详。列宁领导了十月革命，创建了世界上第一个社会主义国家——苏联，但列宁逝世过早，加之当时严酷的战争和阶级斗争环境，使列宁还不可能对社会主义社会的矛盾进行系统的思索。

斯大林领导了苏联的生产资料所有制的社会主义改造，但斯大林在苏联实现农业集体化以后，就认为生产力和生产关系、经济基础和上层建筑之间没有矛盾了，完全适合了。直到他在逝世前一年所写的《苏联社会主义经济问题》，才承认还有矛盾，认为如果政策不对，调查得不好，是要出问题的。但是，正如毛泽东所指出的：“他还是没有把社会主义制度下生产关系和生产力之间的矛盾，上层建筑和经济基础之间的矛盾，当作全面性的问题提出来，他还没有认识到这些矛盾是推动社会主义社会向前发展的基本矛盾。”②

① 《毛泽东著作选读》上册，166、167页，北京：人民出版社，1986年。

② 《毛泽东选集》第5卷，85页，北京：人民出版社，1977年。

2. 科学指明了社会主义事业向前发展的基本遵循

既然斯大林没有把生产力和生产关系之间的矛盾、经济基础和上层建筑的矛盾从社会基本矛盾的高度来加以认识，也没有把它们作为社会主义社会向前发展的根本动力来加以肯定，那么也就更谈不上对社会主义社会基本矛盾的特点进行科学分析和概括。斯大林领导的苏联共产党在根本指导思想方面的这种失误，必然使人们在现实的社会矛盾面前处于盲目被动的状态，矛盾不断产生又不能主动积极地去加以解决，必然造成矛盾的累积。这种趋势在斯大林时期已经产生，在斯大林的后继者们那里不但没有能得到扭转，反而得到了进一步的强化，最终被反社会主义的势力所利用，导致了苏联社会主义制度的瓦解，这个教训是极为深刻的。

毛泽东作为一个杰出的马克思主义者，在我国生产资料所有制的社会主义改造完成以后，在刚刚进入社会主义建设阶段的初期，就以敏锐的洞察力和巨大的理论勇气，明确地肯定了社会主义社会的基本矛盾，仍然是生产力和生产关系、经济基础和上层建筑之间的矛盾。当然，基本矛盾还具体表现于各个方面，产生各种非基本矛盾。我们应该按照具体情况，继续解决这些矛盾。社会矛盾是不会完结的，我们解决社会矛盾的革命工作，一天也不能停止。毛泽东同志说："当然，在解决这些矛盾以后，又会出现新的问题。"①"矛盾不断出现，又不断解决，就是事物发展的辩证规律。"②

社会主义社会的基本矛盾的存在，这同一般人类社会是没有什么区别的，这是矛盾的普遍性。但是，它的性质却完全不同于以往的社会，这是矛盾的特殊性。毛泽东说，社会主义社会的基本矛盾"同旧社会的生产关系和生产力的矛盾、上层建筑和经济基础的矛盾，具有根本不同的性质和情况"，我国的"社会主义生产关系已经建立起来，它是和生产力的发展相适应的；但是，它还很不完善，这些不完善的方面和生产力的发展又是相矛盾的"，"除了生产关系和生产力发展的这种又相适应又相矛盾的情况以外，还有上层建筑和经济基础的又相适应又相矛盾的情况"③。

① 《毛泽东著作选读》下册，769页，北京：人民出版社，1986年。
② 《毛泽东著作选读》下册，769页，北京：人民出版社，1986年。
③ 《毛泽东著作选读》下册，768页，北京：人民出版社，1986年。

毛泽东关于社会主义社会的基本矛盾及其特点的论述，为我们党认识和解决社会主义社会的矛盾提供了根本的指导原则，为我们正在进行的社会主义改革事业和现代化建设事业指明了方向和提供了基本的理论根据。

这里可以概括为以下几点：

第一，由于社会主义社会基本矛盾的双方，相适应是基本的，社会主义生产关系能够为生产力的发展开辟广阔的道路，社会主义上层建筑能够满足社会主义经济基础的巩固和发展的需要，所以社会主义根本制度比一切剥削阶级旧制度有无比的优越性。这一点已为我国经济和社会发展所取得的巨大成就和人民生活水平的日益提高而获得不断的证明。所以，我们要坚定地维护社会主义根本制度，坚持走社会主义道路，在今天就是要坚持改革的社会主义方向。

第二，由于社会主义社会基本矛盾双方还有不适应的一面，这种不适应势必阻碍生产力的发展，所以社会主义社会又必须时时注意去消除这种不适应。因此，那种认为社会主义制度一旦建立起来，就尽善尽美的观点是违反辩证法的，也是不符合实际的；那种认为在社会主义社会中，因一些矛盾的解决，而由此一劳永逸的观点也是幼稚的、形而上学的。我们今天进行的改革就是要在坚持社会主义根本制度的前提下，改革生产关系和上层建筑中不适应生产力发展的方面，从而达到社会主义的不断自我完善、自我发展。

第三，正因为社会主义社会的基本矛盾与旧社会的基本矛盾有着根本不同的性质，所以解决的方法也不同。旧社会的基本矛盾是对抗性的，社会主义社会的基本矛盾是非对抗性的，因为社会主义社会的基本矛盾表现为人民内部在根本利益一致基础上的矛盾。这种矛盾的解决不需要也不允许用另一种社会制度代替社会主义制度的方法来解决，不需要也不允许用一个阶级推翻另一个阶级的政治大革命来解决。毛泽东同志指出："它可以经过社会主义制度本身，不断地得到解决。"[①]我们今天的改革正是遵循了毛泽东同志的这一思想，是在党和政府的领导下，有计划、有步骤、有秩序地进行的。

这里需要指出的是，社会主义社会的基本矛盾这一伟大思想在我

① 《毛泽东著作选读》下册，767页，北京：人民出版社，1986年。

国社会主义建设实践中，在相当一段时期内并没有能得到正确的坚持和运用，因而造成了经济、政治和思想文化等方面的混乱。其主要原因，是在指导思想上逐渐“左”倾，以至发动了“文化大革命”。毛泽东背离了他自己关于社会主义社会基本矛盾的性质和特点的正确观点，违反了他在50年代后半期创立社会主义社会基本矛盾学说的初衷。这是一件非常遗憾的事情。

党的十一届三中全会以后，党中央在新的历史条件下，重新肯定了毛泽东关于社会主义社会基本矛盾的理论，并把它运用于指导各方面的工作，而且在建设和改革的实践中，不断丰富和发展了这一思想。

三、毛泽东社会基本矛盾理论的当代发展

社会主义现代化建设和改革的实践经验，对于促进社会主义社会基本矛盾理论的深化、发展，概括起来主要有以下几个方面：

1. 提出了社会主义初级阶段论

邓小平在继承了毛泽东关于社会主义社会的基本矛盾与剥削阶级社会的基本矛盾有根本区别这一思想的前提下，科学分析了我国社会主义社会的基本矛盾在现阶段的基本特征，提出了我国现在还处于社会主义初级阶段的理论。这些基本特征包括两个方面：

一方面，以生产资料公有制为基础的社会主义经济制度、人民民主专政的社会主义政治制度和马克思主义在意识形态领域中的指导地位已经确立，剥削制度和剥削阶级已经消灭，国家经济实力有了巨大增长，教育科学文化事业有了相当发展。

另一方面，人口多，底子薄，人均国民生产总值还居于世界后列，生产力还处于落后状况，社会主义经济制度还不成熟、不完善，社会主义民主政治建设和社会主义精神文明建设还处于比较低的水平。所以我们今天仍处于社会主义初级阶段。认清这个国情，就为认清建设有中国特色的社会主义的任务、动力、前途和目标、步骤提供了基本的依据。

2. 提出了社会主义根本制度与具体体制的矛盾辩证论

邓小平在继承了毛泽东关于社会主义社会基本矛盾双方又相适应又相矛盾这一科学认识的前提下，提出了社会主义根本制度与生产力

发展相适应；社会主义体制，即社会主义具体制度的某些方面与生产力发展不相适应的理论。社会主义的根本制度与社会主义体制即具体制度同属于社会主义制度，但二者是有区别的。社会主义根本制度是指包含在社会主义生产关系和社会主义上层建筑中的根本关系，如生产资料公有制、生产过程中人与人之间的平等互助关系、按劳分配以及无产阶级专政等。

社会主义根本制度决定了经济基础和上层建筑的社会主义性质。社会主义具体制度是社会主义根本制度在社会生活中的具体体现，是在生产关系和上层建筑中，为了贯彻和实现社会主义根本制度而采取的各种具体的体制，是社会主义生产关系和上层建筑中非根本的关系、环节或方面。只有社会主义才能救中国，只有社会主义才能发展中国，这里的社会主义是就社会主义根本制度而言的。社会主义根本制度具有无比的优越性，为生产力的发展开辟了广阔的道路，所以，在整个社会主义历史阶段中，社会主义根本制度是适应生产力发展的。我们必须毫不动摇地坚持社会主义根本制度，绝不能像原苏联和东欧所发生的那样，借口所谓“社会改革”，改变社会主义根本制度，用资本主义根本制度取而代之。

社会主义社会基本矛盾双方除了基本适应的一面以外，还有非基本的不相适应的一面。这种非基本的不相适应的一面，是指社会主义具体制度中不适应生产力发展的关系、环节和方面。我们现在进行的改革就是要改变束缚生产力发展的经济体制、政治体制和教育、科技及文化体制，就是要解决社会主义社会基本矛盾双方的非基本的不相适应的一面。

3. 提出了社会主义改革论

邓小平在继承了毛泽东关于社会主义社会基本矛盾的非对抗性的科学论断的前提下，提出了社会主义改革是解决社会主义社会基本矛盾的根本途径的理论。

在我国社会主义制度建立后，毛泽东明确提出社会主义社会基本矛盾是非对抗性的，因而解决社会主义社会的基本矛盾不是用革命的方式，而是用民主的方式，这是十分正确的。但毛泽东没有明确把社会主义改革作为解决社会主义社会基本矛盾的基本形式或根本方法提出来，尽管在实际上他对改革也作了一些有益的探索。例如，1956年毛泽东在《论十大关系》的讲话中，提出了正确处理经济、政治、文化、民族和社会等方面的十个矛盾，其中很多方面包含改革的内容。当时，他看到了在体制上存在的权力过于集中的问题，但是，对改革探索并没有继续下去，也没有从解决社会主义社会基本矛盾的高度，形成社会主义的改革理论。

邓小平在总结我国几十年来社会主义实践经验的基础上，深刻认识到我国多少年来形成的旧的管理体制的危害性，认为它严重束缚了社会生产力的发展，妨碍了人民物质文化水平的提高。他指出："如果现在再不实行改革，我们的现代化事业和社会主义事业就会被葬送。"①"我是主张改革的，不改革就没有出路，旧的那一套经过几十年的实践证明是不成功的。过去我们搬用别国的模式，结果阻碍了生产力的发展，在思想上导致僵化，妨碍人民和基层积极性的发挥。"②邓小平把改革提到保障社会主义前途的高度来认识，这是从未有过的。不仅如此，他还提出了一个深刻的命题："改革是一场革命。"这就意味着中国的改革不是某些方面的修补，而是对中国的原有体制进行全面的、深刻的重大变革，是从根本上改革束缚生产力发展的经济体制、政治体制和教育、科技及文化等方面的体制，建立起具有中国特色的，充满生机和活力的社会主义新体制。

邓小平不仅对改革的性质、意义作了深刻的阐述，还对改革的领导、原则、目标任务等作了科学的规定，提出了比较系统的社会主义改革理论。在这一理论的指导下，我国的社会主义改革和现代化建设事业取得了举世瞩目的成就。十多年来的改革实践证明：改革作为解决社会主义社会基本矛盾的根本方法，是推动社会主义社会发展的强大动力。

① 《邓小平文选》第2卷，150页，北京：人民出版社，1994年。

② 《邓小平同志重要谈话》，33页，北京：人民出版社，1987年。

有关社会基本矛盾运动的几个问题*

一、社会基本矛盾双方相适应具有普遍性

任何一个社会形态中，生产关系与生产力之间、上层建筑与经济基础之间都存在着既相适应又相矛盾的情况。只是在不同的社会形态或在同一社会形态的不同时期中，这种又相适应又相矛盾的情况各不相同，因而解决的方法也就不同。

二、阶级社会上升时期，基本矛盾双方相适应是主要的

在阶级社会的具体社会形态的量变过程中，在这些社会形态的上升时期，生产关系和上层建筑是基本上适应生产力发展的。这种新的进步的生产关系和上层建筑是受到劳动者欢迎的。但是，这一时期的生产关系和上层建筑对于生产力的发展也还存在着某些不适应的方面，作为这种先进生产关系和上层建筑代表者的新兴剥削阶级，由于其本身阶级的局限和时代的局限，以及作为新阶级掌权而带来的统治经验的不足等原因，一般说来，它们不可能自觉地去调整生产关系和上层建筑中那些不适应的方面，甚至还会扩大、加剧这种不适应。这表现在阶级关系上，就可能导致阶级矛盾的激化，甚至还会激起人民的反抗斗争。

例如我国封建社会初期，陈胜、吴广领导的农民大起义，就是在生产关系和上层建筑基本上适应生产力发展的情况下，因新兴地主阶级扩大和加剧了生产关系和上层建筑中那些不适应生产力发展的方面，

* 原刊于《唐山师专学报》，1982（3）。

而爆发起来的。(春秋战国动乱几百年，人民盼望统一、安定，以求休养生息。秦统一中国以后，统一是实现了，可安定却没有求得。据记载秦时全国人口约计2000万，当时被征发造宫室坟墓的有150万，守南方五岭的约有50万，防北方匈奴建长城的为30万，总此庞大人数约为全国总人口的15%。秦初用民力如此巨大，人民必有内愤，加之刑罚苛暴，民怨甚多，所以大泽乡之义举，人民揭竿而起是可以想见的。)

但是，因为在这个时期中生产关系和上层建筑又是基本上适应生产力发展的，所以在这种情况下发生的人民反抗斗争，一般说来不可能提出彻底推翻这种生产关系和上层建筑的口号，在客观上也绝不可能产生出这样的一种行为结果。因此，在评价这一时期发生的人民反抗斗争时，如不进行具体分析，从而赋予它本来不可能具有的上述作用，那么这就是一种人为的拔高，是违背历史真实的。

相反，也绝不能因为这一时期的人民反抗斗争没有在口号上和行动上去反对这个社会的剥削制度，而否认它的历史作用。

如上所说，发生在这个时期的人民反抗斗争是针对生产关系包括上层建筑中，被扩大和加剧了的那些不适应生产力发展的方面的，所以，这些不适应的方面，受到人民反抗斗争的打击特别沉重。经过这样的斗争，统治阶级从维护自己的阶级利益出发，会在一定程度上吸取人民反抗斗争的教训，从而被迫对生产关系包括上层建筑中那些不适应生产力发展的方面进行某些调整，借以缓和阶级矛盾，因而也多多少少推动了生产力的发展。如果这种调整能在相当程度上使生产关系和上层建筑适应生产力的发展，那么就会使社会呈现或长或短的繁荣时期。例如我国历史上的秦末农民大起义，推翻了秦王朝，但并没有推翻地主阶级所代表的封建生产关系和上层建筑。经过秦末农民大起义以后而建立起来的西汉王朝，无论在经济上还是在政治上都是“汉承秦制”，但西汉前期统治者鉴于秦二世而亡的教训，又不得不对秦制有所损益，也就是说对秦制进行了一定的调整。(例如，刘邦入咸阳召集父老，约法三章，废秦苛法。公元前191年又除去秦始皇的“挟书律”。另外汉初统治者慎用民力，无为而治，与民休息，奖励垦荒，招集流亡，“大赦罪人”，宣布凡因饥饿穷困卖身为奴婢的人，一律解放为农民。对外与匈奴和亲，避免了大的战争，等等。)正是因为这种调整在客观上为生产力的发展创造了更为有利的条件，因而也才出现了西汉前期的繁荣局面。

顺便指出的是，我国理论界曾经就“让步政策”问题进行过长时期的讨论。我认为，所谓“让步政策”，就其反映的内容来说，就是中国的封建统治阶级慑于农民起义的威力，而被迫对生产关系包括上层建筑中，那些不适应生产力发展的部分，所施行的一种调整政策。说到底，它是中国封建社会中，农民的阶级斗争推动社会历史前进的一个重要方面的表现。

三、阶级社会没落时期的基本矛盾可作部分调整

在阶级社会的具体社会形态的量变过程中，在这些社会形态的没落时期，由于生产力的发展，生产关系和上层建筑已经由原先的基本上适应而转变为基本上不适应了。于是，这种生产关系和上层建筑遭到了劳动者愈来愈大的反对。但是在这一时期，生产关系和上层建筑对生产力的发展也还有某些适应的方面。这也就是说，从整体来看，生产关系已经腐朽了，但其中的某些方面，某些环节上还能容纳生产力的一定发展。而且在它“所能容纳的全部生产力发挥出来以前，是决不会灭亡的”[①]。这也正是历史上剥削制度在腐朽以后，还能延续相当长时期的一个重要原因。

另外，迫于人民愈来愈大的反抗斗争，反动统治阶级从维护其阶级利益出发，也会对基本不适应生产力发展的旧生产关系和上层建筑，采取一些改良、补救措施，从而在客观上使生产多少得到一些发展，使劳动人民的处境多少有所改善。正是在这个意义上，我们对历史上具有这种积极作用的变法运动和在这种运动中作出过贡献的人物（例如王安石变法），总是给予某种程度的肯定。

但是，在阶级社会的某一具体社会形态的没落时期，统治阶级所施行的改良、补救措施，其作用是极为有限的。因为这种措施并不是要从根本上去消除旧的生产关系和旧的上层建筑的腐朽性，它的作用只能是在一定程度上和一定范围内使旧生产关系的腐朽过程放慢，然

① 《马克思恩格斯文集》第2卷，592页，北京：人民出版社，2009年。

而这并不能阻止这种腐朽过程的发展。正如一个重病缠身的人，打止痛针只能使他稍减痛苦，而不能消除病根一样。如要消除病根，只有动大手术才行。而就腐朽的剥削阶级社会来说，也就是要通过社会革命，以新的社会制度去取代旧的社会制度。

四、阶级社会的基本矛盾最终通过革命来解决

在阶级社会各个具体社会形态的变革时期，就其典型表现来说，生产力和生产关系、经济基础和上层建筑的矛盾是通过劳动阶级和先进阶级发动的大规模的疾风暴雨式的群众阶级斗争来解决的。

阶级斗争的类型大致有两种，一是劳动阶级与剥削阶级之间进行的阶级斗争；二是新剥削阶级与旧剥削阶级之间进行的阶级斗争。在这两种类型的阶级斗争中，第一种是基本的、主要的。第二种类型的阶级斗争是在第一种类型的阶级斗争基础上发生的。这是因为劳动阶级作为生产力的代表者，旧剥削阶级作为旧生产关系的代表者，新剥削阶级作为新生产关系的代表者，在这三者中，以劳动者为代表的生产力的发展，决定了原先生产关系的陈旧和腐朽，以及这种生产关系代表的旧剥削阶级的没落和灭亡，决定了新的生产关系出现，为代表这种新生产关系的新的剥削阶级来到世上提供了决定性的条件。

另外，新的剥削阶级也只有依靠劳动阶级的力量，才能推翻旧的剥削阶级。恩格斯在《普鲁士"危机"》一文中曾指出："在十七世纪的英国和十八世纪的法国，甚至资产阶级的最光辉灿烂的成就都不是它自己争得的，而是平民大众，即工人和农民为它争得的。"[①]可以说，新的剥削阶级对旧的剥削阶级取得胜利的程度如何，往往取决于新的剥削阶级在斗争中对平民大众的依靠程度如何。

五、任何社会的上层建筑对经济基础都是基本适应的

在任何社会形态中，上层建筑与经济基础之间也是既相适应又相矛盾的。当上层建筑适应经济基础，对经济基础则起着维护作用；当

① 《马克思恩格斯全集》第18卷，325页，北京：人民出版社，1964年。

上层建筑不适应经济基础，对经济基础就会起损害作用。不过在任何社会形态中，上层建筑对经济基础都是基本上相适应的，都是基本起维护作用的。当然也还有某些不适应，这种不适应的方面在任何社会形态中都是可以做某些调整的。因为在任何社会中，经济基础和上层建筑都是以同一个主体为代表者的，这可谓是集二任于一身。

六、阶级社会没落时期上层建筑是经济基础的主要依靠力量

任何社会形态中，经济基础既要受到生产力的决定作用的支配，同时又要受到上层建筑的反作用的制约。

在阶级社会中，当经济基础基本上适应生产力发展的情况下，经济基础的存在和发展，主要靠的是生产力发展所造成的对它有利的决定作用。而当经济基础基本不适应生产力发展的情况下，生产力发展的要求所造成的决定作用，对这种经济基础的生存和维持来说，其性质就由原来的有利而转化为有害了。在这样的时候，这种旧经济基础的生存失去了根基，因而主要的是依靠旧上层建筑对它的保护作用。这也就是说，在经济基础开始腐朽的情况下，上层建筑对维持其存在的意义突出，而成为主要的力量了。因此，在阶级社会中，具体社会形态的没落时期，上层建筑有逐渐强化的趋势。反动统治阶级为了维护腐朽的生产关系总是千方百计地加强国家机器和思想控制，其突出的表现是拼命地扩大军队。

古罗马帝国在灭亡前夕，军队曾高达60万。塞维鲁（193—211年）皇帝在临死时叮咛儿子说："让士兵发财，其余的人可以不管。"由于上层建筑的保护，十分腐朽的生产关系会在苟延残喘中延续一个时期，但是这种头重脚轻的社会是不可能长久支撑下去的，是逃不脱最后灭亡命运的。腐朽的经济基础束缚了生产力的发展，这也就减少了国家的财源，而上层建筑的强化，特别是军队的增加，又扩大了国家的开支。这一减一增，入不敷出，结果积贫必弱，这是许多腐朽社会灭亡前的普遍现象。

七、社会主义社会基本矛盾的两大特性

社会主义社会的优越性，如果从生产关系与生产力之间、上层建筑与经济基础之间的相互关系的角度来说有以下两个方面。

第一，社会主义社会的优越性，并不表现为也不可能表现为，生产关系和生产力之间，上层建筑和经济基础之间的“完全适合”，而无矛盾。社会主义社会的生产关系与生产力之间，上层建筑与经济基础之间，同其他社会形态一样，也是存在着既相适应又相矛盾的情况。所不同的是，在旧的剥削阶级社会中，只有在这种社会的上升时期，生产关系与生产力之间的相适应才是基本方面；而在社会主义社会中，这种相适应则始终是基本方面。

第二，社会主义社会的优越性并不是在于，其自身能够调整生产关系和上层建筑中那些不适应生产力发展的方面，因为任何社会都具有一定的这种调节功能。在旧的剥削阶级社会中，这种调整往往是被迫的，其作用的范围也是很有限的，即它只能对生产关系和上层建筑中那些不适应生产力发展的方面，进行部分的枝节的调整，至于其根本性不适应的部分，只能诉诸社会革命来解决。而在社会主义社会中，由于排除了剥削阶级自私的干扰，人民群众不仅是生产力的代表者，而且是生产关系的代表者和上层建筑的主人，所以社会主义社会能比较自觉地调整生产关系和上层建筑中那些不适应的方面，因为破除了剥削阶级自私的障碍，因而自觉起来了，但是又因为认识本身造成的障碍依然存在，所以又不可能做到完全的自觉。这一点也是为我国32年来的实践所证明。

另外，在社会主义社会中，因为生产关系与生产力之间，上层建筑与经济基础之间的不相适应始终处于次要的地位。所以这种不适应是始终可以通过社会调节来求得解决的。也就是说社会主义社会不再通过“政治革命”而是通过“社会进化”过渡向共产主义社会的[①]。

正是因为上述两个方面的原因，所以社会主义制度具有无比的优越性，它为生产力的发展开辟了人类有史以来最广阔的前景。

① 参见［德］马克思：《哲学的贫困》，252页，北京：人民出版社，1955年。

但是必须指出的是，社会主义社会中的生产关系和生产力之间，上层建筑和经济基础之间的不相适应虽然是处于次要地位的方面，但是如果不注意加以调整，甚至去扩大、加剧这种不适应，也会造成生产力的巨大破坏，从而带来经济的严重困难。不过，当这种情况发生的时候，只要无产阶级执政党紧密联系人民群众，认真吸取经验教训，并按照社会基本矛盾运动的规律办事，采取正确的措施，上述困难也是一定可以克服的。

社会关系形成中主体向度的契约方式*

一、社会关系形成的主体向度

马克思在《关于费尔巴哈的提纲》第一条中，提出了自己的新唯物主义与旧唯物主义及唯心主义相区别的一个根本观点，即主张要从客体向度、主体向度及其统一去理解事物。毋庸讳言，马克思的这一主张在历史观层面并没有得到应有的贯彻。这表现在，很长一个时期以来，理论界往往是从客体向度来理解社会关系的形成，而从主体向度来对其加以理解的则甚为少见。这种状况的存在，使人们产生一种错觉，以为社会关系的形成与人无关。即认为生产力直接决定生产关系，经济基础直接决定上层建筑。这样一种理解也就逻辑地引起了一个理论上的困难。即被生产力所直接决定的生产关系，为何有时与生产力不相适应？同样，经济基础与上层建筑之间也存在这样一种情况。当然，这个问题长期以来并没有引起人们的注意。因此也就谈不上去加以深究。

实际上生产力决定生产关系，以及经济基础决定上层建筑，都不是直接决定，而是以人为中介的。既然人参与了其中，那么这样一来也就存在两种可能：一是如果人具有理性自觉，那么就可能建立与生产力相适应的生产关系，以及与经济基础相适应的上层建筑；二是如果人处于盲目状态，那么则可能建立与生产力不相适应的生产关系，以及与经济基础不相适应的上层建筑。然而，生产关系与生产力相适应，上层建筑与经济基础相适应，这是不以人的意志为转移的客观规律，从而也就最终制约着人们要改变与生产力不相适应的生产关系以

* 原刊于《哲学动态》，2013（1）。

及与经济基础不相适应的上层建筑，去建立与生产力相适应的生产关系以及与经济基础相适应的上层建筑。

因此，为了进一步准确理解马克思历史唯物主义关于社会基本矛盾的原理以及其他原理，就需要从主体向度，即从社会关系的实现方式来说明人在社会关系形成中的作用，特别是契约方式及其相关理论观点。在这一方面，郭湛先生曾率先发表过一些新颖见解。[①]对此，我是很赞赏的。在此本人不揣浅陋，在郭先生的基础上，来作一些延展性的分析和说明。

二、社会关系形成方式及其地位演化

人是生活在社会关系中的。

人的社会关系，从客体向度，即从社会关系的客观内容来说，大体可分为家庭关系、经济关系、政治关系、法律关系、宗教关系、伦理关系等。

人的社会关系，如果从主体向度，即从社会关系的形成方式来说，那么可分为强制关系、契约关系、情感关系等。

“强制、契约、情感为纽带连接起来的社会关系。”[②]通过强制方式所形成的人与人之间的关系称为强制关系。如通过暴力、法律惩治、经济制裁等所形成的侵略被侵略、掠夺被掠夺、奴役被奴役、统治被统治、惩处被惩处等关系。通过当事方订立契约所形成的人与人之间的关系称为契约关系。如社会中的合同关系。以情感为纽带所连接而成的人与人之间的关系称为情感关系。如建立在爱情基础上的婚姻关系，建立在友情基础上的朋友关系，建在在同情基础上的帮扶关系等。

上述从客体向度和主体向度所说的社会关系是相互交叉的。

一方面，同一内容的社会关系可以用不同方式来加以实现。比如，人与人之间的经济关系，在实现方式上，可以表现为是强制关系（如横征暴敛），或契约关系（如经济合同），或情感关系（如募捐、赠与）等。拿婚姻关系的实现方式来说，在历史上，有通过抢婚实现的强迫婚姻，也有通过契约实现的买卖婚姻，还有通过情感实现的恋爱婚姻。

① 郭湛：《哲学与社会》，251—256页，北京：中国人民大学出版社，2000年。

② 郭湛：《哲学与社会》，251页，北京：中国人民大学出版社，2000年。

当然，前两种婚姻形式在现代文明社会是不允许也是很少见的。

另一方面，同一方式也可以用来实现不同内容的社会关系。比如，通过强制方式实现的可以是经济关系（如经济掠夺），也可以是政治关系（如政治专政），或宗教关系（如强迫人们信奉某种宗教，甚至表现为不同教派之间的战争）。

强制、契约、情感作为社会关系的实现方式与历史唯物主义所讲的生产力决定生产关系、经济关系决定上层建筑，这二者的关系如何呢?

生产力决定生产关系、经济基础决定上层建筑，这是从客体向度，即从客观根据的角度，来说明生产关系以及上层建筑的内容。而强制、契约、情感则是从主体向度来说明，生产力如何决定生产关系，经济基础如何决定上层建筑的。比如，生产力的发展决定了生产关系的变革，这种变革可以通过强制来实现，也可以通过契约（如赎买）来实现。又比如政权的新旧更迭，既可以通过暴力革命来实现，也可以通过契约来实现政权的和平交接。诚然，后一种情形，就一个国家而言，到目前为止，还没有先例。但就局部而言并不罕见。比如在我国解放战争中，北平的和平解放、西藏的和平解放，就是如此。当然，这是以中国人民解放军的强大武力和军事上的节节胜利为背景和后盾的。

强制、契约、情感等关系，可视为强度或紧张度依次减弱的人与人之间的社会关系。就这三种关系的当事方来说，强制关系中，总有一方是被迫的，丧失选择权利的。在契约关系中，可能有一方是被迫的，但同时这又是在被迫情况下作出的一种自觉选择。比如在旧社会，穷苦人家卖儿卖女是被迫的，是无可奈何的，但这又是一种理性选择。也就是说，孩子的父母通过权衡，选择了在孩子的卖身契上签字。情感关系的双方是自愿的，即心甘情愿，发自内心的。比如，危难中主动救人是出于内在的道德情感，恋爱婚姻的缔结是发自内心的以身相许。由上可见，强制关系意味着胁迫，契约关系意味着自觉，情感关系意味着自愿。

强制、契约、情感作为社会关系的三种实现形式，也就是处理具体的人际关系的几种不同方式。这几种不同方式在社会生活中往往是相互支撑而发挥作用的。比如，在社区文明建设中搞乡规民约，这是契约。但违背契约，则被强制罚款。另外，为了使契约得以实施还要加强宣传教育，情感沟通，使人们心甘情愿地去模范遵守乡规民约。又比如婚姻关系，合乎道德的婚姻是以爱情为基础的，但结婚要领结婚证书，要举行结婚仪式，这便是契约。另外，如果违背了《婚姻法》，还要受到法律制裁，这就是强制。

当然，这里要区分两种人际关系：一是社会约束性人际关系，上面所论都属此类；二是非社会约束性人际关系，也可称为私人情感性人际关系。比如朋友之间的友情关系、熟人之间的人情关系、共玩者之间的玩伴关系等都不具有社会约束性，因而都不能、也不需要通过强制来支撑。朋友讲究的是友情，友情一旦丧失，也就不再是朋友。人情讲究的是往来。它是指熟人之间的相互效劳。今天你帮我做了一件事，我欠了你的人情，到哪一天你有事，我也帮助你，算是还了人情。大家互相尊重、互相帮助，但又互相记着账，这便是人情。熟人之间一旦来而不往，或往而不来，也就生分起来，以致人情消失。这就是古往今来不少人感叹人情冷暖的原因所在。共玩的伙伴讲究的是心情，即玩得快活。如果有一天彼此感到别扭，那么就可能散伙了事。

不难看出，只有社会约束性人际关系才需要通过强制、契约、情感三种不同方式相互支持而求得实现。当然，这三种方式的地位和作用在社会发展的不同阶段是不同的。在一定历史时期内，其一种处理人际关系的方式可能会相对突出，成为占主导地位的方式①。这种情况的存在归根到底也是由生产力的发展状况决定的。

原始社会是以血缘情感关系为主的社会。在原始社会，生产力极为低下，氏族成员以血缘情感为基础联合起来，从自然界获取维持自己生存和发展的能量。“酋长在氏族内部的权力”，也“是父亲般的、纯粹道义性质的”②。当然在原始社会中也有某些强制关系（比如，血族报仇）和契约关系为其支援。然而随着生产力和分工的发展，到原始社会末期私有制产生和阶级的分化，导致社会矛盾激化，于是原来维系社会的血缘情感方式愈来愈失去主导作用，并最终被奴隶社会的强制方式所取代。

奴隶社会是以强制关系为主的社会。在奴隶社会，不仅奴隶主对奴隶的关系是一种人身强制关系，而且在奴隶主内部的权力斗争中也

① 郭湛：《哲学与社会》，258页，北京：中国人民大学出版社，2000年。

② 《马克思恩格斯文集》第4卷，100页，北京：人民出版社，2009年。

往往采用强制方式。当然这样说，并不否认在奴隶社会中也存在着情感和契约的关系。然而随着金属工具特别是铁制农具的发明和广泛使用，劳动效率大大提高，也就使田间的集体耕作被个体生产取代成为可能，为这种前途所吸引，从而也就促使奴隶暴动和大量逃亡，并最终使占主导地位的奴隶制强制方式被稍作松动的封建制强制方式所取代。

封建社会基本上也是以强制关系为主的社会，但地主与农民租佃关系的形成和普遍化，也就意味着契约权重的增加。另外，在这种情况下领主对农奴的态度“是直接政治的，同时又有某种感情的一面”[①]。然而到封建社会后期，随着工业资本主义的萌芽及其发展，这就为佃农或农奴挣脱封建羁绊获得人身自由提供了可能。作为一种必然趋势，也就使占主导地位的封建性强制关系为资本主义契约关系所取代。

资本主义社会是以契约关系为主的社会。这是因为资本主义市场经济是契约性经济，资本主义民主政治是契约性政治，即它是经过竞选承诺与投票选举而产生的政治权力。但这种契约性经济和政治的秩序又是以资产阶级国家的暴力为保障，以自由、民主、人权所激发出来的情感为支撑的。然而资本主义社会的契约平等只是以形式上的平等去掩盖事实上的不平等。因而随着无产阶级力量的强大和主体意识的觉醒，资本主义契约关系必将为不断增进事实平等的社会主义契约关系所取代。

社会主义社会更是以契约关系为主的社会，同时也辅之以强制关系和情感关系。关于这一点，后文将作详细说明。

纵观人类历史的发展过程，在人际关系的处理上，契约方式的地位有渐次增强的趋势。如果撇开阶级统治关系，仅就日常生活中人际关系的处理而言，在社会发展中，随着人的个体地位和作用的提升，以及与这种提升相一致的个体人格和尊严的自觉，强制方式愈来愈不合时宜，愈来愈受到抵制。另外，随着人际交往范围的扩大，人们从熟人社会愈来愈多地进入陌生人社会，情感方式也愈来愈显得无力应付。相对而言，契约方式更适合于协调平等的人与人之间的关系。因

① 《马克思恩格斯全集》第42卷，84页，北京：人民出版社，1979年。

而在近代以来的社会中，它是最有作为的方式。

契约是通过约定以追求确定结果为目的的社会联系的特定形式。这种方式的特点在于它的目的性、协同性、时效性和保障条件的确定性。订立契约总是以实现某种目的为导向的。这里的目的就一般而言是契约方利益的凝聚点或交汇点所在。为了实现契约目的，契约方就必须协同履行各自的义务，为此也就必须有时序和时效，及一定保障条件的规定。不然，契约目的就不能实现，契约关系也无从建立。

三、社会契约方式的历史发展

契约现象的起源和早期形态，现已无法考证。这是因为作为契约载体的那些简单易行，且在人类早期获得广泛使用的表情、手势、口语等方式所设立的契约不可能存留下来。

在人类创出文字以前，社会至少已经历了三四百万年的演进。在这漫长的历史中，人类共同活动的需要必然会形成种种契约关系，因而必然会采用种种非文字的契约方式。当然，这种种契约方式的产生顺序也必然会像其他事物的发展一样表现为由简单到复杂的过程。为了探索契约关系发生和发展的脉络，这里需要借助横向层次考察法去补充和佐证纵向历史考察法。

所谓纵向历史考察法，即按照事物由简单到复杂的发展顺序来进行考察。然而由于某些历史环节的湮没，因而使这种考察法难以实施，于是只有求助于横向层次考察法。所谓横向层次考察法，即对现存事物的横向层次进行由低到高的考察。一般说来，在现实中，层次越低的事物在历史上越是早出的事物；相反，层次越高的事物在历史上则越是晚出的事物。因而根据这个原理，就可以从现实的横向层次联系去推断其纵向的历史联系。把这一原理运用于契约方式的考察，那么就可以从现实生活中存在的各种契约方式在空间排列上由低到高不断上升的层次联系，去推断它们在时间延续中由简到繁不断演进的历史联系。

语言是人们之间交流信息的工具，也是契约关系得以形成的媒介、载体。语言可分为自然语言和人工语言（如数学语言、计算机语言）。很显然，在现代以前，人们用于契约活动的语言只有自然语言。

人类所使用的自然语言由低到高大体可分为动作语言、口头语言、书面语言等三个层次。运用这三个层次的语言所确立的契约，由低到高也有三个层次。即动作语言契约、口头语言契约、书面语言契约。这里可分别简称“示意契约、口头契约和文字契约”[①]。“这个简到繁的历史顺序。同时也是它们在历史发展中的顺序。”[②]

示意契约，是通过表情和手势所达成的契约。因其具有简便易行的优点，所以至今在人们直接联系的范围内，还在被广泛采用。但其局限性也很明显：一是表情和手势所能容纳的信息量极为有限，因而无法用于复杂活动的协调；二是表情和手势只能在极有限的空间和时间内发挥示意功能，在涉及稍大空间和稍长时间的约定中，它们就显得无能为力。因而随着语言的产生，口头契约也就取代了示意契约的地位，成为人们订立契约的主要方式。

口头契约，是通过口头语言达成的契约，是对示意契约的口语化提升。这是因为口头契约不仅与示意契约一样简易便行，而且比示意契约能承载较为丰富和准确的信息。例如，我们日常生活中的“不见不散”这一口头契约，就承载了时间、地点、约见方等多方面的信息，而这是示意契约不能胜任的。但口头契约也有局限性。如在约定时，可能说者有意，而听者无心；或许口头一致，但理解各异；也许当时诺诺，却日后改口等。因此，在文字产生以后，一种新的契约形式，即文字契约也就应运而生并获得普遍采用。

文字契约，是通过文字达成的契约，是对口头契约的文书化提升。这表现为格式的规范化、内容的条款化、表达的准确化及承诺的文本化（签章）等方面。因而文字契约比口头契约更郑重、更可靠、更长久，因而也更便于核查。俗话说：“口说无凭，立字为据。”文字契约的出现克服了口头契约所难免的由于“空口无凭”而容易发生后悔或理解歧义的缺陷，使契约所规定的内容比较能够稳定地得到实现。

在我国古代最早的文书档案《尚书》中，商汤起兵伐桀时作的《汤誓》和周武王伐纣时作的《泰誓》，作为人们共同行动的誓词，显然都具有政治契约的性质。在古埃及文献中发现的3000年前新国王时

① 郭湛：《哲学与社会》，252页，北京：中国人民大学出版社，2000年。

② 郭湛：《哲学与社会》，253页，北京：中国人民大学出版社，2000年。

期某人用一头乳牛交换三斯塔特耕地的地契，以及从底比斯寺庙墙壁上看到的以象形文字刻着的公元前1295年赫梯国王哈吐什尔和埃及法老拉美西斯二世的同盟条约，都堪称文字契约悠久历史的见证。

在历史的文献中，还有原先是口头契约，后来用文字记载下来的情况。如秦末农民起义军在进军初期，楚怀王“与诸将约，先入定关中者王之”。又如刘邦生前曾与臣下相约：“非刘氏王者，共击之。”这一约定后来也就成了周勃发兵打击吕氏诸王的动员口号。这两则口头契约后来都被史书记载下来。

在上述三种契约形式中，文字契约是发展最充分、最完整的契约形式。文字契约的出现使示意契约和口头契约相形见绌。文字契约遂成为契约的代表形式。文字契约的形态表现就是合同和协定。

随着历史上契约现象的变化，与之相一致，人们的契约观念也发生着历史的演化。

四、卢梭“社会契约论”的价值分析

人们的契约关系形成于人们的协作活动中。人类最初的协作活动是原始人的劳动协作。在这种劳动协作过程中也就自发萌生了最初的契约关系。后来随着生产力和社会分工的发展，在原始社会末期有了最初的商品生产和商品交换，这就为契约关系由自发到自觉的发展提供了新的动力。在这个意义上说，商品生产发展的历史，也是契约关系发展的历史。作为其在观念上的反映，同时也是契约理念发展的历史。

西方的契约理念最早表现在古希腊哲学和罗马法中，它是那时商品经济的产物，是对维护商品交换秩序的法和道德的说明，属经济理论的范畴，因而可称之为经济契约观念。随着商品经济的发展，人身权利观念开始觉醒。为适应这种状况，于是16—18世纪古典自然法学派的思想家又将契约观念由经济观念阐发为一种社会政治观念，即所谓“社会契约论”。经济契约论的出发点是商品交易中的经济利益保障。社会契约论的出发点是社会政治生活中的人身权利保障。

从思想渊源上讲，社会契约论最初萌发于古希腊思想家伊壁鸠鲁的学说，而后经霍布斯、洛克等人的发展，由卢梭的《社会契约论》

一书推向了顶峰。

卢梭从人的本性自由这个前提出发，全面阐发了社会契约论。他说："人是生而自由的"，"这种人所共有的自由，乃是人性的产物"[①]。不过，在卢梭看来，人的自由起初只是一种"天然的自由"，即在自然状态下孤立生活的个体的自由。这样一些个人虽然是自由的却面临着各种超越个人力量的生存阻力，因此为了自保，人类就必须超越自然状态以形成一种足以克服生存阻力的合力，于是社会契约便应运而生。

卢梭认为，社会契约所解决的基本问题是如何使个体结合为群体。为此须"找出一种结合的形式，使它能以全部共同的力量来卫护和保障每个结合者的人身和财富，并且由于这一结合，而使每一个与全体相联合的个人又只不过是在服从自己本人，并且仍然像以往一样地自由。"[②]只不过这种自由也已经由以往"天然的自由"而上升到了"社会的自由"。

在卢梭看来，社会的自由是人的本性自由的一种新的实现形态。他写道："人类由于社会契约而丧失的，乃是他的天然的自由以及对于他所企图的和所能得到一切东西的那种无限权利，而他所获得的，乃是社会的自由以及对于他所享有的一切东西的所有权。"[③]卢梭认为，人们正是通过协商，制定法律，形成社会和国家，从而享有了社会的自由。在这个意义上他说："服从制定的法律才是自由。"[④]

如何评价卢梭的社会契约论呢？如果从社会关系形成的客体向度和主体向度的统一来说，卢梭的社会契约论有其不足和错误，但也有其重大价值。

其不足和错误主要有三：

第一，它只看到社会关系的一种实现方式——契约，而没有看到另外两种实现方式，即强制和情感。这是片面的。

第二，它没有看到契约只是社会关系的实现方式，而不是社会关系产生的客观根据。社会关系归根到底是被生产力所决定的。契约从根本上说是产生和服务于生产劳动基础上所形成的社会交往的需要。

① ［法］卢梭：《社会契约论》，8—9页，何兆武译，北京：商务印书馆，1980年。

② ［法］卢梭：《社会契约论》，23页，何兆武译，北京：商务印书馆，1980年。

③ ［法］卢梭：《社会契约论》，30页，何兆武译，北京：商务印书馆，1980年。

④ 北京大学哲学系外国哲学史教研室编译：《十八世纪法国哲学》，175页，北京：商务印书馆，1979年。

因而把社会契约看成人的自由本性实现的社会形式，并看成社会和国家的起源，这是不对的，是唯心主义的。与此相联系，它把国家的起源和社会的起源看作同一过程，这也不符合历史真实。人类史说明，劳动是人类的起源，即社会的起源。而国家则是人类社会发展到一定阶段的产物，特别是阶级矛盾和阶级斗争不可调和的产物。社会产生与国家形成在时间上相距几百万年之遥。可见，社会契约论国家观是一种掩盖国家阶级本质的超阶级的国家观。

第三，国家的产生，就其实现方式来说，主要是强制。即奴隶主阶级用暴力来维护自己的生活条件和统治条件，以反对作为被统治阶级的奴隶和平民，这便是国家的产生。当然国家的产生也具有某种契约性质，这表现在国家作为公共权力的社会授予与其所履行的公共职能的统一。

卢梭社会契约论的重大价值主要有三：

第一，社会契约论实际是从主体向度来说明社会关系形成和发展的内在机制问题，尽管是不自觉的，但很有意义。在马克思主义看来，人通过活动创造了社会关系，但人通过哪些方式使社会关系的创造得以实现，对此则语焉不详。应该说，社会契约论所体现的主体向度为解答这个问题提供了启示。

第二，社会契约论试图用契约理论来解释社会的形成和国家的起源，尽管夸大了契约的作用，尽管是不正确的，但它毕竟提出和阐发了社会关系实现的一种方式：契约的社会本质和作用，即通过契约方式缔结社会关系，凝聚社会力量，促进社会发展的问题，这是很有意义的。

第三，社会契约论对资本主义社会中占主导地位的契约关系的理论说明，对认识人类历史的发展和建设社会主义契约关系有启发意义。卢梭的社会契约论实质上是资产阶级共和国的抽象理论模型。在虚构的远古人类由自然状态向契约关系转变的图景中，曲折地反映了资本主义社会中人与人之间的矛盾以及为解决这些矛盾而发展起来的契约关系。虽非直接然而真实地体现了资本主义社会关系的基本格局和新兴资产阶级的利益要求。正如恩格斯所说："理性的国家、卢梭的社会契约在实践中表现为，而且也只能表现为资产阶级的民主共和国。”①然而资本主义社会并非是一个孤立自生的社会历史阶段，而是整个人类历史发展链条上的一个环节。资本主义的社会关系既是此前各种社会关系发展的必然结果，又是此后各种社会关系发展的必要前提。由于社会关系发展的这种连续性，因而反映资本主义社会关系的理论，不仅对理解资本主义社会本身有意义，而且对了解前资本主义社会关系的脉络和认识与建设后资本主义社会关系，即社会主义社会关系有启发意义。

五、契约在当代中国的社会作用

契约在当代中国的社会作用可以从以下两个方面来加以说明。

第一，契约是推动中国社会主义改革的巨大杠杆。

我们正在进行的社会主义改革，就表现形式而言，它的一个明显特征在于：普遍建立各种新的契约关系，形成合理的社会契约体系，以促进各项事业的协调发展。作为这场改革突破口的家庭联产承包责任制，就是以订立国家、集体、个人之间的生产合同为中心的。随后进行的工业体制、科技体制、文教体制、政治体制、人事制度等改革，也都是以建立、健全某种契约关系为形式的（比如，责任制）。因为无论是对内搞活，还是对外开放，既不能靠强制方式，也不能靠情感方式，而只能靠契约方式，把国内和国际有机联系起来。

人们惊奇地发现，薄薄一纸契约竟然能使原来消极懈怠的人们突然奋发起来，创造出过去难以想象的社会财富。其实这不难理解，因为在人与人之间本来就存在巨大的结合能。只是这个社会能源在很长一段时间没有能得到很好的开发。改革开放以来，正是通过契约所实现的协作很好地解决了这个问题。合理的契约使人们之间的责任和利益、权利和义务有机统一起来、明确起来，并有一定的奖励和惩罚机制为其保障，因而能够较为准确地规范人们的活动，协调人们的关系，达到契约的目的。正是契约的这种优点，使它成为推动中国社会主义改革的巨大杠杆。

① 《马克思恩格斯文集》第3卷，524页，北京：人民出版社，2009年。

需要指出的，现在有些部门和干部不懂得运用契约方式去解决人民内部的矛盾，而是滥用权力，动不动强制执行，这样不仅损害了政府形象，恶化了干群关系，而且酿成了不少悲剧，这是应该警惕的。

第二，契约是构建社会主义和谐社会的主要方式。

社会主义和谐社会是根本利益一致前提下，具体利益多样性协调发展的社会。如何实现社会主义社会中具体利益多样性的协调发展，这取决于多方面因素的综合作用。如果仅从调节方式来说，必须坚持以契约调节为主导的，法律调节和道德调节等三者的统一。

法律调节是一种禁止性的刚性调节，道德调节是一种范导性的柔性调节。如果说，法律调节是建筑堤坝以防生活之水四处泛滥，那么道德调节则是引导生活之水善向奔流。因此，在构建社会主义和谐社会的过程中，法律调节和道德调节缺一不可。但在刚性与柔性、禁止与范导之间还有广阔的空间，而这正是契约调节大有作为的领地。契约调节把刚性与柔性、禁止与范导用契约方式有机结合起来，因而能起到单纯的法律调节和单纯的道德调节所不能起的作用。

当然，契约调节在资本主义社会和社会主义社会所起的作用是不同的。在资本主义社会，契约调节是确立或稳定某种关系，是追求形式上的平等，特别是资本家对工人劳动力的购买表面上是公平交易，而实质上是以契约形式上的平等掩盖着事实上的不平等，掩盖着资本家对工人的剥削。而在社会主义社会，广大人民群众在根本利益上是一致的，只存在具体利益的差异，即大同中的小异。首先，这种差异可以通过协商，在共同利益基础上找到差异性利益的交汇处、交融点，即达成含事实上平等的契约。其次，契约一旦达成，也就成为差异性利益互动的公共机制。最后，契约的实施，也就成为互履责任并互赋利益的过程，从而产生利益的共生共赢，而这一过程也就是和谐关系生成的过程。换句话说，在社会主义社会，人们在根本利益上的一致性，即利益上的平等享有性决定了通过契约不仅能实现形式上的平等，从而维系一定的社会秩序，而且能借助这种形式，扩大共享的根本利益和增进各自的具体利益，即不断发展事实上的平等。这样一来，社会主义契约也就成为构建和谐社会的一种主要方式。

为了促进当代中国社会主义契约体系的建立和完善，从而充分发挥契约在我国社会主义改革和社会主义和谐社会建构中的巨大作用，就需要加强契约精神的培育。这种精神主要有三个方面。

一是平等精神。平等是契约的一个本质规定，从而也是契约精神的根本内容。契约的平等性主要表现为：首先，契约主体的资格平等。契约主体不是身份、等级、特权的代名词，而是单纯的契约方。其次，在缔约过程中，当事人双方或多边的地位平等。自然人之间不因职位高低而有贵贱之分；法人之间不因财产多寡或所有制性质不同而有高低之别；自然人、法人与特殊民事主体国家之间的契约活动，也不允许国家凌驾于自然人和法人之上。再次，契约内容是当事人双方或多方权利义务的对等。参与缔约的任何一方，在享受权利的同时也应承担相应的责任。也就是说，谁也不能把权势、地位等因素渗透到契约关系中，要求少履责任，而多获权利。当今遭到人们痛斥的一些单位的“霸王条款”就是这一方面的反面典型。最后，违约责任的承担和违约损失的赔偿，其所确定的唯一根据是当事人的过错程度。这对所有当事方是一视同仁的。尊重和维护契约的平等性也就体现和弘扬了契约的平等精神。

二是尚法精神。契约是作为独立、平等的主体在理性基础上所达成的一种各方权利义务一致的自由合意。这种自由合意一开始只是纸上的东西，如何使纸上的东西不致变成一纸空文，就需要内在和外在的监督。内在的监督是自律，即诚信；外在的监督是他律，主要是法律。这里先来说外在监督，特别是法律监督。监督是保障契约自由平等的签署、公平公正的实施，而对逃避责任的行为主体的揭露和处罚，以及对负责和尽责行为主体的肯定和褒奖。惩处和褒奖的依据是契约的约定和法律的规定。法律监督是最少随意性、最具公正性和权威性的监督。法律裁决最讲究证据、程序规范和法律准绳，还因为法律有强大的国家机器作后盾，法律执行是强制执行。可见，法律既是监督和保障人们履行契约责任的底线，也是防止人们逃避契约责任的最后防线。树立契约的尚法精神，也就是在缔结和履行契约的过程中，遵守国家法律，要有法律依据，要依法行事。违法的契约和逃避契约责任的行为是法律所不允许的，这种行为不仅得不到法律保护，而且还要追究当事方的法律责任。

三是守信精神。契约的缔结和履行除了要有作为外在监督的法律以外，还需要有内在监督，即上文所说的诚信或守信。守信，即重承诺、讲信誉、不食言。如古人所言，“信乃立身之本”；“一诺千金”；“言必信，信必果”。但在现代社会，守信不仅表现为一种个人修养，而且已成为社会的一种基本道德要求，成为每一个公民必须履行的社会义务。因为传统社会的熟人圈子已被打破，与陌生人共事是现代社会的普遍现象，不仅交往的范围从国内到国外在不断扩大，而且交往对象的变动性、流动性也在急速增加。适用于传统社会的“跑得了和尚跑不了庙”的说法已不再适用于当今社会。因为现在的“和尚”不仅满世界跑，而且“庙”也可以“人间蒸发”或变换招牌。所以签约方只能以对方的社会公信度作为信赖的依据。因此，守信是契约关系确立的道德基础，也是契约方履行契约责任的道德自律，是一种内在的道德守望。这样一来，守信精神就成为一个人、一个单位的成功之道，从而也成为一个人、一个单位的最大社会资源。

现代社会是密布各种契约关系的社会。在现代教育中，培养契约精神是一项重要内容。

社会生活中各种正常的契约是动态社会普遍联系之网上的纽结。契约的不断订立和不断终结，变化万千，使社会各部分之间以及人与人之间形成丰富多彩的社会联系。通过这种联系，支撑和保持社会既充满活力又安定有序地向前发展。

论社会机体的自我调节*

改革开放30多年来，不时从国外传来一种论调：中国崩溃论。之所以如此，除了危言耸听和别有用心以外，确有一些人捕捉到了中国现代化所遭遇的棘手问题和面临的巨大风险。但他们对中国共产党和中国政府化风险为机遇，化阻力为动力的能力估计不足，因而这种所谓"预言"也就一次又一次化为泡影。不仅如此，党和政府还在解决矛盾、化解风险的过程中，使中国现代化事业获得了巨大发展。这里涉及社会哲学的一个重要问题，即社会生存矛盾与社会机体自我调节，特别是社会自为调节的关系问题。为了弄清这个问题，下面先来谈谈什么是社会机体的自我调节。

一、社会机体自我调节的内涵

从系统论角度说，任何系统都有一定的调节功能，这是其自组织作用的表现。所不同的是，不同系统的自组织各有特点，因而其调节的性质也并不相同。大体说来，无机系统的自我调节是一种反馈调节；动物机体的自我调节是一种本能调节，而社会机体的自我调节则是一种人为调节。

系统的自组织是系统通过信息联系，协调内部各要素，有选择地与外界进行物质、能量和信息的交流，以达于自身有序化的过程。

无机系统的自组织，其形成的前提是引入外部的负熵，即有序信息。无机系统在对这种信息进行反馈的过程中，导致了新信息的产生、扩张，从而使无机系统自身有序化。因而无机系统的调节是一种反馈调节。

* 原刊于《高校理论战线》，2012（4）。

动物机体作为一个活的生命系统，也具有自身的自组织作用。不过，它不同于无机系统自组织的信息反馈性，而演化到了动物的本能应对性。也就是说，动物机体的自组织是动物为维护自身生存而对环境变化进行应对的本能活动。因而动物机体的自我调节是一种本能调节。

在马克思看来，人类社会也是一个活的有机体。他说，社会是“一个能够变化并且经常处于变化过程中的有机体”①。列宁也说：“辩证方法要我们把社会看做活动着和发展着的活的机体。”②人类社会作为一个活的机体与动物机体一样也有自身的自组织功能。但社会机体的自组织已从动物机体自组织的本能性，而进化到了人为性。或者说，社会机体的自我调节是一种人为调节。

这是因为社会机体不是像动物机体那样是自然形成的、定型化的，而是在人的活动中创生和不断发展的。也就是说人是社会的主体。当然，这也意味着人是社会机体自我调节的主体。所谓社会机体的自我调节，也就是作为社会主体的人通过有意识的活动为克服人类社会的生存矛盾所进行的社会关系的调整和完善。

在理解社会机体自我调节的内涵时，有这样三点须引起注意。一是社会机体的自我调节，是以一定社会机体的存在为前提的，因而它与对一定社会机体进行变革的社会革命，在涵义上是不同的。二是社会机体的自我调节，是人为调节。即它是人为着追求自己的目的，按照自己的尺度，并体现自己本质力量的调节。三是社会机体的自我调节，是一种建设性调节，是为解决社会机体的生存矛盾所进行的自我完善。

为了深化对社会机体自我调节的理解，下面就社会机体自我调节的形式，以及作为其高级形式的社会自为调节的对象和原则作如下说明。

二、社会机体自我调节的形式

社会机体的自我调节有两种形式：一是自发调节，二是自为调节。

① 《马克思恩格斯文集》第5卷，12—13页，北京：人民出版社，2009年。
② 《列宁选集》第1卷，55页，北京：人民出版社，2012年。

如前所述，社会机体的自我调节都是人为调节。因此，无论是社会自发调节，还是社会自为调节，都是人的活动调节。在这一点上，二者是共同的。其区别在于：社会自发调节是在个体自觉水平上自发形成的社会调节，社会自为调节则是在群体自觉水平上实现的社会调节。

社会自发调节可以借用“看不见手”的作用来说明。在市场上，商家客户各有打算，都具有个体自觉。这表现在市场上同类商品少，商家为多赚钱，往往贵卖惜售，而客户为少花钱，则往往贵卖少买。反之，市场上同类商品多，商家会贱卖抛售，而客户则往往贱卖多买。这样一来，也就自然形成了商品的生产与销售的大体平衡。这种平衡的形成也就是社会自发调节作用在市场经济条件下的一种具体表现。

社会自发调节的意义在于：一是，在社会发展水平低下的情况下，自发调节是维持社会稳定的基本条件。在原始社会，人类正是通过这种自发调节，联合起来从自然界获取社会生存和发展的能量。二是，在社会动荡时期，自发调节是社会生活得以维系的主要因素。社会动荡引起社会生活的无序，但社会并没有因此遭到毁灭。其原因在于社会仍有自发调节。三是，社会自发调节是社会自为调节赖以正确进行的基础。比如一个菜市场的形成与当地人口的一定聚集量和交通的便利程度关系密切。这里就存在着自发调节。政府的菜市场建设作为一种自为调节，就必须以上述自发调节所体现的必然性为阈域，不然就会劳而无功，甚至招来非议。

社会自发调节也有其局限性。这表现在：第一，盲目性。社会自发调节以个体自觉为前提，是在个体相互作用的因果链中自然形成的。其调节的指向对个体来说是盲目的，是超个体的。无论其效用如何，都是个体所必须面对和承受的。第二，低效性。在社会自发调节中，社会成员的行为约束是一种非强制性的自我约束，加之以个体自觉作为前提所形成的个体间的交互作用必然会产生无规则和内耗，从而导致低效性。第三，振荡性。社会自发调节是随时随地发生的，因而具有不稳定和振荡频率高的特点，这往往使人们心绪纷忧，无所适从。

正因为社会自发调节有其局限性，所以社会机体除了有自发调节以外，还须有自为调节。

社会自为调节有如下特点：

一是目的性。社会自为调节的目的是调节主体所自觉追求的促进社会发展和人本身发展的效果。这里包括社会的发展繁荣、稳定和谐，人民的安居乐业、丰衣足食等。

二是权威性。社会自为调节是一种以确定主体为中心的调节。这个调节主体是执政者，或执政党和政府组织，或政府主导民间参与的多元协同。这个调节主体对社会的调节具有全方位性、上下贯通性和手段的有效性。

三是高效性。社会自为调节作为一种有目的、有权威的调节，具有以社会组织形式存在的信息传输方式，包括确定的反馈渠道，因而社会自为调节的效率是很高的。

四是高风险性。这里的高风险性表现在：由于社会自为调节有一个中心，所以其影响所及是整个社会机体，因此，一旦发生误调或失调就会导致整个社会机体的紊乱。另外，阶级社会中的社会自为调节还会受到作为统治阶级的剥削阶级自私的干扰，受到统治阶级中既得利益集团的阻拦和破坏，因而增加了其难度和风险。

不过，从总体上说，社会自为调节是社会机体自我调节的高级形式和人类活动自觉性的突出表现。在人类历史上，这种自觉性经历了一个由低到高的发展过程。一般说来，社会发展程度越高，上层建筑系统越完备，社会信息量越大、信息接收和反馈系统越畅通，社会主体越自觉，社会自为调节的功能就越大，社会发展的可控性就越强；反之，其自为调节的功能就越小，社会发展的可控性就越弱。

社会主体要提高社会自为调节的自觉性，首先要准确把握社会机体自为调节的对象。

三、社会机体自为调节的对象

社会机体自为调节的对象，是就社会机体本身而言的，那些不利于其生存和发展的机制性缺陷，而不是就社会主体，特别是作为统治阶级的剥削阶级主体而言的，妨碍其利益实现的种种问题。这两种对象有时有一致性，有时可能根本对立，因而在阶级社会中，作为社会主体的剥削阶级为维护和实现其利益所实施的种种措施，可能利于社会发展，也可能危害社会发展。这里有三种比较典型的情形。

一是人为激化并不尖锐的社会矛盾，致使社会机体遭受创伤。一个社会的上升时期，社会矛盾原本不那么尖锐，但由于统治阶级骄傲自大，忘乎所以，人为地扩大和加剧这种矛盾，这就必然会激起人民群众的反抗斗争。我国封建社会前期的秦王朝，在农民起义的暴风雨中二世而亡，就是这一方面的典型[①]。

二是不当对待尖锐的社会矛盾，导致社会机体丧失生机。这里的不当对待，一是不作为，二是乱作为。唐玄宗前期励精图治，创“开元盛世”，其后期贪图享乐，荒政误国，遭“安史之乱”，百年基业与一世英名毁于一旦，这是不作为所致[②]。西汉末年，王莽称帝，大搞复古改制，开历史倒车，天下纷纷，是乱作为招祸[③]。

三是通过社会自为调节化解社会尖锐矛盾，使社会机体正常健康运转。例如，在中国封建社会中，每次大的农民起义之后，或面临严重的外患之际，有些开明的封建统治者往往会采取一些改革、改良措施，在相当程度上缓和社会冲突，避免大的社会动荡，使社会机体重新焕发生机。与以往的剥削阶级相比，资产阶级是一个更善于利用日趋完善的上层建筑来实施社会自为调节的剥削阶级。资产阶级的这种自为调节能力，导致的资本主义的超寿运转，曾一次次超越了马克思主义经典作家的预料。当然，每次调节的功效并非都是一样的。其大小往往取决于实施这种调节的力度，特别是准度。这里所谓的准度，是指调节主体对调节对象的准确把握程度。应该说，在社会机体所经历的不同社会形态、不同时期和不同阶段中，其所面临的生存矛盾是不一样的。但无论怎样千变万化，社会机体所面临的基本问题是社会

① 秦王朝所建立的社会根本制度在当时是适应生产力发展的。春秋战国动乱几百年，人民盼望统一、安定，以求休养生息。秦朝时，统一是实现了，可安定却没有求得。据记，秦时全国人口2000万，当时被征造宫室坟墓的有150万，守南方五岭的有50万，防北方匈奴建长城的有30万，总此庞大人数约占全国总人口的15%。秦滥用民力如此巨大，人民必有内愤，加之刑罚苛暴，民怨甚多，所以大泽乡义举，人民揭竿而起是可以预见的。

② 玄宗晚年，关乎国家大计的均田之法和府兵之制日趋瓦解而不事修补，中央集权的军事体制逐渐遭到削弱。天宝元年，边镇节度使增至10个，拥兵49万，仅安禄山掌握的兵力就达18万之多，而朝廷统辖的部队总共才有12万人，以致“安史之乱”，国本动摇，元气大伤。

③ 王莽是我国历史上一个失败的改革家。他敏锐地发现了当时的社会弊端，找到了矛盾的症结，即土地兼并与奴婢问题。但他所采取的措施，即规定天下之田为“王田”，把全国土地收归国有；改奴婢为“私属”，也就是把私家奴婢充作官家奴婢，因而都不得买卖，这在私有制的封建社会是根本行不通的。另外，他在币制、官制、郡县地名及行政区划等方面也屡作变动，毫无章法，结果使社会经济恶化，阶级矛盾更趋尖锐。

发展的动力和平衡及其二者统一的问题。与此相联系，社会机体自为调节的对象应该是社会发展在动力机制、平衡机制及二者在统一上存在的缺陷。

社会发展需要激发动力。所谓激发动力，就是要通过创新动力机制，使社会每个成员或群体都能不断发挥主动性、积极性，努力从事生产劳动和其他社会活动，创造日益增多的物质财富和精神财富。这样，整个社会才能不断繁荣进步。

社会发展也需要保持平衡。所谓保持平衡，就是要通过创新平衡机制，使社会每个成员或群体都能按照一定的规范各处其位、各施其能、各得其所，使社会的经济、政治、文化等各个方面的发展都能紧密联系，相互协调。这样，整个社会才能保持有序稳定。

就社会发展来说，动力与平衡缺一不可。没有平衡为辅的动力，犹如脱缰之马，十分危险；同样，没有动力为助的平衡，恰似胯骑石马，寸步不前。因此，一个正常和健康运行的社会应该是既保持动力和活力，又保持平衡和稳定的社会。换句话说，是动力机制与平衡机制有机结合，协同作用的社会。

一个社会的动力机制之优劣，其衡量标准主要是社会资源使用的效率，特别是劳动生产率的高低。一个社会的平衡机制之优劣主要表现在社会资源分享的公平，特别是人与人之间的平等程度。因此，动力机制与平衡机制的关系，往往突出表现为效率与公平的关系[①]。

在原始社会，通行的是平均主义，虽然它在保存原始社会的人口和劳力，从而战胜恶劣的自然环境方面发挥了重要作用，但平均主义以其绝对公平的诉求伤害了社会效率，因而不利于劳动生产率的提高，不能适应原始社会末期生产力发展的要求，于是它被阶级社会的差别主义所取代。

阶级社会的差别主义不是一般的差别主义，而是以阶级剥削和阶级压迫为核心的阶级差别主义。这种阶级差别主义曾先后激发了奴隶主对奴隶、封建主对土地、资本家对资本等占有的积极性，从而促进了生产力的发展和劳动生产率的提高。特别是资产阶级利用市场机制的竞争原则，在它不到一百年的统治中，创造了比过去一切时代还要

① 李忠杰：《论社会发展的动力与平衡机制》，《中国社会科学》，2007（1）。

多、还要大的生产力[①]。但这些剥削阶级又分别以手中所掌握的奴隶主宰权、土地占有权和资本所有权压抑了广大劳动者的积极性，从而造成了严重的社会不公。于是就有了人民的反抗斗争，以至革命。为了避免革命的发生，占统治地位的剥削阶级侧重在平衡机制上进行了调整和完善，以求在资源分享上缩小阶级差别。然而这种调节既不能从根本上消灭阶级差别，也不能从根本上阻止阶级差别的扩大，因而它最终不能避免革命，不能避免剥削阶级社会被人民当家作主的社会主义社会所取代。

社会主义社会作为以往剥削阶级社会的替代物，它通过革命克服了剥削阶级社会的阶级差别，从而在争取社会公平的道路上迈出了具有历史意义的一步。然而在这一过程中，一些社会主义国家又走向了另一个极端，即否定劳动差别，实际搞的是平均主义。因而社会主义国家发展的活力机制问题在相当一个时期中并没有能得到切实解决。因此，开放搞活建设社会主义市场经济体制，也就成为中国改革的首要目标。改革开放30多年来，我国人民的自主性、创造性空前高涨，社会活力大为增强，从而使我们在经济社会发展方面取得了巨大成绩。然而在我们致力于社会动力机制建设，使社会活力得到增强的同时，社会平衡机体上的问题又开始凸现出来，也就随之出现了一系列不平衡现象。于是，建设既充满活力又有序协调的社会主义和谐社会也就成为当代中国所面临的时代课题。

要正确发挥社会自为调节的功能，除了要准确把握社会自为调节的对象以外，还必须了解社会自为调节所应坚持的原则。

四、社会机体自为调节的原则

社会自为调节必须坚持合理性、渐进性和系统性等原则。

1.合理性原则

合理性是保障人的作为正确的前提。这对保障社会自为调节的正确也是完全适用的。不然，这种自为调节就会出现偏差，甚至弄出大错。

① 参见《马克思恩格斯文集》第2卷，36页，北京：人民出版社，2009年。

那么如何判断社会自为调节的合理性呢？应该说，这是一个见仁见智的问题。为了避免主观误判和个人偏见的干扰，可以把社会机体自为调节的合理性分解为客观可行性与公众可接受性这样两个方面①。

客观可行性是指关于社会机体自为调节的方案、计划，具有主客观条件的许可性、操作的易行性和实施的效益性等。也就是说，凡具有可行性的事，只要人们愿意去做，就可以达到预期的效果。反之，如果社会自为调节的方案计划，即使人们愿意去实施，也达不到预期效果，那它在客观上就是不可行、不合理的。这里的可行与不可行、合理与不合理，归根到底取决于是否与规律相符合，凡符合规律的社会自为调节就是可行的、合理的。反之，则不是。这也就要求，社会自为调节要取得成功，必须从实际出发，从各国国情出发，坚持实事求是，按规律办事。这里主要是指要按社会基本矛盾运动的规律、社会发展与社会平衡相统一的规律、社会发展与人的发展相统一的规律来进行社会自为调节。

公众可接受性是指关于社会自为调节的方案计划得到涉及范围内的全体成员或绝大多数成员的认同和拥护。这意味着它在道义上获得了广泛支持，符合公共意志，也即符合公共意志所反映的公众利益。换句话说，合公益性的社会自为调节，是公众可接受的、合理的。反之，则不是。因此，社会自为调节要取得成功，必须以群众高兴不高兴、群众拥护不拥护、群众支持不支持为衡量标准。只有得到群众拥护和支持的社会自为调节才能获得巨大的力量源泉，才能保障其效力的广泛和持久。

总之，坚持社会机体自为调节的合理性也就是要坚持客观可行性与公众可接受性相统一的原则。

2. 渐进性原则

社会自为调节要获得成功，除了要坚持合理性这个前提性原则以外，还须坚持渐进性原则。即通过小步走实现大跨越，以量变的积累达于质变的实现。社会自为调节坚持渐进性原则，这是与社会自为调节的条件的创造、调节主体的经验的积累，以及受众的承受力的提高是一个渐进过程相联系的。社会自为调节贯彻渐进性原则，具体表现

① 徐梦秋、张爱华：《规范的合理性及其判定的程度与标准》，《哲学动态》，2009（9）。

为由点到面的展开、由易到难的推进，以及由弱到强的力度等三个方面。

由点到面的展开，是指在某一点或某几点上进行试验，通过试验摸索经验，进行示范，在取得经验的基础上，在成功范例的引领下，把点上的经验逐渐地有步骤地推广到面上。例如，我国的开放，先是建几个经济特区，进而沿海14个城市以及沿海、沿边开放；再进而沿江开放，并向内地不断推进。这一过程，就是由点到面的展开过程。

由易到难的推进，是指社会自为调节先从那些阻力比较小、复杂程度比较低的领域或层次开始，通过“攻易”为“克难”积累经验，积蓄力量，创造条件。中国的改革从农业体制到工业体制的经济体制改革，再到政治体制、文化体制的改革，就是遵循了由易到难的推进原则。

由弱到强的力度，这是因为社会自为调节总要触动一些人的既有利益，总会产生新的利益分化，总会产生新的不平衡，因此社会自为调节的推进总会遇到阻力。如何使自为调节的阻力最小，而取得的成效最大，这里的“力度”有一个适当把握的问题。总的原则是由弱到强，即采取若干过渡步骤，逐渐增强人们的承受力，逐步实施力度较大的措施。如中国的价格改革，从国家统一定价，到实行一段价值双轨制以建立缓冲带，再到市场定价，这里就体现了不断加强的力度。

我国的改革，从方式来说，区别于俄罗斯激进式的“休克疗法”，而坚持了渐进式的改革。这是我国改革取得巨大成效的一条基本经验。

3. 系统性原则

社会自为调节除了要坚持上述所说的合理性、渐进性原则以外，还必须坚持系统性原则。所谓系统性原则是指从系统内部各要素的整体关联性，以及系统与环境的关联性去看待和处理问题的原则。社会作为一个有机体，这就决定了社会自为调节是一个系统工程，因而必须坚持系统性原则。这里具体表现为社会自为调节的总体设计、调节主体的上下联动，以及调节措施的综合配套等三个方面。

社会自为调节，不是着眼于局部，头痛医头，脚痛医脚，而是着眼于全局，着眼于全局与局部的统一；不是着眼于眼前，而是着眼于长远，着眼于长远与眼前的统一；不是着眼于枝节、次要，而是着眼于主要，着眼主要与次要的统一。为了坚持上述统一，社会自为调节必须坚持总体设计，首先抓住那些主要的、长远的和全局性的问题，同时兼顾其他问题。要针对问题确定目标，选择方案，制订计划。有了总体设计，才能全局在胸，轻重有度，缓急有序；才能目标明确，信心坚定，措施得力。中国古代有一些社会改革之所以失败，其教训之一就是缺少总体设计，或治标不治本，或彷徨摇摆，朝令暮改。

社会自为调节是自上而下进行的，但不能只有上层的积极性，没有下层，特别是广大群众的积极性，而必须上下联动，才能形成调节的总体合力。为此，社会自为调节既要有坚强的组织领导，又要有广泛的社会动员，必须构筑自己坚实的群众基础，这样才能取得成功。中国古代的改革家往往把希望寄托在皇帝身上，皇帝一旦死去或变卦，改革也就中途而废。另外，由于缺乏一定的群众基础，改革家一旦身亡，也会出现“人亡政息”的局面，使轰轰烈烈的改革运动停顿下来。

社会自为调节，其措施必须综合配套。一是某种社会弊端，特别是那些涉及面广、影响大的社会弊端，都不是某种单一原因，而是多种原因综合作用的结果。因此要消除这种弊端也就必须采取综合措施。二是事物的利弊是相互联系的，任何一项好的改革措施也不可能有利无弊，而只能是利大弊小而已。因此，为趋利避害和扬利抑弊，即使在采取某项好的措施时，也需要有别的相关措施来加以配套。三是两极相通，在采取措施纠正一种偏向时，还要采取相关措施来防止另一种偏向的抬头。

总之，古今中外任何社会机体都会面临种种生存矛盾，特别是在当今全球化背景下，无论是发达国家，还是发展中国家都会面临前所未有的严峻挑战和巨大风险。因此，正确发挥社会自为调节的功能，特别是提升执政党和政府关于社会自为调节的能力，这在当代社会尤其显得重要。在中国，由于有中国特色社会主义的制度优势和中国共产党、中国政府在这一方面的领导优势，所以才使中国在现代化建设道路上，克服了一个又一个艰难险阻，取得了一个又一个巨大胜利。

我国现阶段社会是“不完全的社会主义”？*

前些年，由于阶级斗争年年讲、月月讲、天天讲，政治运动一个接一个，人们无形中产生我国现阶段的社会还是建立在阶级对立的基础上，还是阶级社会的观点。时至今日，这一观点还在妨碍人们去正确认识我国现阶段的阶级和阶级斗争的状况，不利于实现全国工作着重点的转移。因此，澄清这一观点，端正对我国现阶段社会性质的认识，对执行党的新时期的路线、方针和政策有重要意义。

一、我国现阶段社会不是阶级社会

要正确分析一个社会的性质，必须以历史唯物主义的基本原理为指导，从该社会的生产关系出发，并从生产关系来求得说明。马克思说：“生产关系总合起来就构成为所谓社会关系，构成为所谓社会。”① 生产关系是社会关系以及整个社会的基础，它决定了社会的性质。

奴隶社会、封建社会和资本主义社会之所以是阶级社会，就是因为构成这些社会基础的生产关系中，都具有阶级对抗的性质。这些社会都是以私有制为基础，生产资料的大部分或绝大部分被某一阶级所占有，并作为它剥削其他阶级的手段。这个阶级在经济上的统治地位，从而也就决定了它在政治上和思想上的统治地位。这种以私有制为基础，剥削阶级占统治地位的社会，就是阶级社会。而且，只要这种私有制的经济基础存在一天，阶级对抗就会存在一天，并将继续在社会的各个领域以全面的规模进行着。其发展趋势还将随着阶级斗争的发展越来越尖锐激化，直到最后采取外部冲突的形式，以一个阶级用暴

* 原刊于《菏泽师专学报》，1980（1）。文章原名为《我国现阶段社会是阶级社会吗?》，此次再版改用现名。

① 《马克思恩格斯文集》第1卷，724页，北京：人民出版社，2009年。

力推翻另一个阶级的统治而结局。

反之，如果一个社会不是以生产资料私有制为基础，而是以生产资料公有制为基础，这个社会也就从其赖以存在的经济基础内部，根除了产生阶级对抗的任何可能。这种公有制的生产关系，从而也就决定了劳动者是这个社会的主人。这种以公有制为基础，劳动者当家作主的社会，就不是阶级社会。

在我国现阶段的社会中，存在着两种公有制的形式：一是社会主义全民所有制（国家所有制），一是社会主义劳动群众集体所有制（群众合作制）。在公有制度下，生产者和生产资料、劳动成果的关系是个人、集体和国家之间的关系。这种关系在基本方面是一致的，也就是说在根本利益上是一致的。但也有某种不一致，还有矛盾。但是这种矛盾已经不包含有对抗的性质，不必采取阶级斗争的形式来解决。这是因为，在我国社会中，生产资料已不是一个阶级占有另一个阶级的劳动的手段，而是为造福于人民群众服务的。只是由于生产力发展水平的限制，在我国还存在着上述两种所有制在公有化程度上的差别，因而还存在与这种差别相联系的工农差别。但是，这种差别不会引起对立。工农联盟是我国民主革命胜利和无产阶级专政的基础，也是社会主义革命和社会主义建设取得胜利的根本保障。在我国现阶段社会中，为了建成社会主义这一共同利益，工农两个阶级相互支持，相互促进，最后必将引起工农本质差别的消失。

生产资料公有制的建立，决定了我国社会中个人消费品的分配原则："各尽所能，按需分配"。这个分配原则对旧社会中劳而不获、获而不劳的剥削制度是一次深刻的革命。这个分配原则也承认劳动者因劳动能力和赡养人口的不同，而带来的实际生活水平的差别。但是这种差别仅仅是富裕程度的差别，它绝不同于旧社会中因阶级剥削而造成的贫富的分化和对立。这种差别也必将随着社会生产力的发展而逐渐缩小，以至最终消灭。

所以我国现在的公有制生产关系本身并不产生任何阶级对抗。不仅如此，这种公有制生产关系还为消灭历史上一切阶级对抗，为最终消灭一切阶级差别开辟了道路。

社会主义生产关系的建立，已经消灭了旧社会中人剥削人的经济关系，以这种经济关系为存在条件的作为阶级的剥削阶级已经消灭了。

在全民所有制和集体所有制单位中工作和生活的剥削阶级分子，和来自其他阶级的成员一样，对生产资料和劳动成果的关系也表现为个人与集体、与国家的关系。同样是以自己的劳动为唯一尺度来获得个人的消费品。按劳分配“不承认任何阶级差别”①，它对来自不同阶级的人们是平等的。这就为把剥削阶级分子改造成为自食其力的劳动者提供了客观的可能和条件。事实也正是这样，随着我国生产资料所有制社会主义改造的完成，作为阶级的地主阶级、富农阶级、资本家阶级就已经不存在了。经过三十年来的斗争和教育，这些阶级中的绝大多数人也已经改造成为社会主义社会中自食其力的劳动者。

我们虽然还远远没有“消灭工农之间的差别，使所有的人都成为工作者”②，但是我国现在的工人阶级和农民阶级已经不是原来意义上的无产阶级和小农阶级了。工人阶级从过去的一无所有已经变成同全体人民一起占有生产资料，并且是国家的领导阶级了。农民阶级也已经从过去一家一户地单干变成了在集体所有制下从事劳动，走共同富裕道路的社会主义新型农民。工农两个阶级都在公有制下为社会主义而劳动，都是社会的主人。

总之，社会主义公有制的经济基础决定了我国现阶段的社会不是一个阶级社会。这也就从根本上决定了现阶段我国社会的阶级斗争，与旧社会的阶级斗争具有完全不同的性质和情况。

在我国现阶段社会中，公有制代替了私有制，这是无产阶级消灭一切剥削阶级的历史性胜利。剩下的阶级斗争已经不是无产阶级领导的广大人民群众对剥削阶级整体的那种斗争，而只是对剥削阶级残余的斗争。这种斗争仍然是阶级斗争。但是，因为这种剥削阶级残余是在各种不同的政治经济条件下产生的，没有共同的固定的经济联系，因而处于分散的、游离的状态。所以这种斗争又是一种特殊形式的阶级斗争，是“没有剥削阶级的阶级斗争”。

这种斗争只能在一定范围内存在，已不具有全面的规模。因此，今后不需要也不应该再搞大规模的疾风暴雨式的群众阶级斗争，对极少数反社会主义分子的斗争，也只需要专政机关按照法律程序就可以妥善解决。这种阶级斗争的总形势也是在波浪式的发展中趋于缓和，

① 《马克思恩格斯文集》第3卷，435页，北京：人民出版社，2009年。

② 《列宁选集》第4卷，64页，北京：人民出版社，2012年。

直至最终结束。

二、现阶段我国社会中的以往阶级斗争的遗留

既然我国现阶段的社会不是阶级社会，那么如何解释在我们社会中还存在着阶级斗争，还会产生新的敌对分子呢？那些坚持认为我国现阶段的社会是阶级社会的人们就是这样提出问题的。

毋庸讳言，现在我国社会中还存在着剥削阶级残余，还存在阶级斗争。正如五届人大二次会议的报告所指出的："我国还有反革命分子和敌特分子，还有各种严重破坏社会主义秩序的犯罪分子和蜕化变质分子"，还有"'四人帮'的某些残余，没有改造好的极少数地主富农分子和其它剥削阶级的残余"，他们还会坚持反动立场，从事各种破坏活动和捣乱活动。除以上这类分子和残余外，剥削阶级的思想和政治影响也是一种侵袭和腐蚀社会主义的社会力量。在一定条件下，它可能带来严重的后果。另外，只要国外还存在帝国主义的威胁，国际上的阶级斗争也必然要通过国内的阶级斗争反映出来。由此可见，各种敌对分子还将长期存在，残余形态的阶级斗争还将长期存在。看不到这些，或者放弃对阶级敌人的斗争是错误的、有害的。

同时也应该看到，上述这种阶级斗争是历史上阶级斗争的遗留现象。例如在我国社会中尚存在的各种敌对分子，其中一部分就是没有改造好的老剥削阶级分子，一部分是新产生的。这些新产生的敌对分子也是我国社会中尚存在的剥削关系的残余和剥削阶级思想影响的产物。他们和老的剥削阶级分子在本质上和社会作用上是相同的。因而也应该包括在"剥削阶级残余"之列。至于我国社会中存在着的剥削阶级意识形态，这是旧社会中经济关系和被经济关系所制约的政治关系的反映。但这种旧的经济关系和政治关系被消灭以后，它具有相对的独立性，仍然还会存在一个相当时期。因此，绝不能从社会主义经济关系内部去寻找产生上述这些现象的土壤，也不能因上述现象的存在而认为我国现阶段的社会是阶级社会。

任何一个社会，在成长的一段时期内，都不可避免地会带有旧社会的残余。例如封建社会中长期存在着奴隶制的残余，资本主义社会也长期存在着封建主义残余。我们并不因此把前者看成奴隶社会，而

把后者看成封建社会。同样，不能把历史上阶级斗争的遗留现象作为我国现阶段的社会是阶级社会的论据。

我国1956年以后的历史经验表明：如果把所有制改造胜利完成以后的社会认为是阶级社会，那在理论上就会引起混乱。如果认为社会主义公有制也产生阶级对立，那么社会主义公有制和私有制有什么原则区别呢？公有制的优越性又何在呢？如果把消灭了剥削阶级的新社会说成和剥削阶级占统治地位的旧社会一样都是阶级社会，那么社会主义社会和旧社会有什么原则区别呢？社会主义的优越性又何在呢？这不是对科学社会主义的整个思想体系和社会制度的公然否定吗？

不仅如此，这种理论上的混乱，还可能会导致严重的政治后果。如果把我国现阶段的社会说成阶级社会，那就会作出唯心的阶级估量，就会犯阶级斗争扩大化的错误，就会到处去寻找阶级斗争对象，就还要“大破大立”，“全面夺权”，要大搞疾风暴雨式的阶级斗争。就像“文化大革命”中所发生的情况那样，把各级人民政府当作旧政权统统打倒，把各级领导干部当成阶级斗争对象，处处揪斗，搞得天下大乱，结果使野心家、阴谋家林彪和“四人帮”得逞于一时。这一血的教训我们要永远记取。这些年的实践已充分证明：把我国现阶段的社会认为是阶级社会的观点是完全错误的、有害的。

三、我国现阶段是“不完全的社会主义”

我国现阶段的社会不是阶级社会，显而易见也不是无阶级社会，那么究竟是什么社会呢？如果抱有非此即彼那种固定的形而上学的思维方式，是回答不了这个问题的。恩格斯说，辩证法有条件地承认“非此即彼”，“又在适当的地方承认‘依此亦彼’”①。根据列宁主义的观点，我国现阶段是处于从阶级社会向无阶级社会过渡的“不完全的社会主义”时期。

马克思在1875年写的《哥达纲领批判》中，把共产主义分为两种，一种是“在自己基础上发展起来的”共产主义，一种是“从资本主义社会生长起来的”共产主义。即后来列宁称之为的共产主义社会的两

① ［德］恩格斯：《自然辩证法》，190—191页，北京：人民出版社，1971年。

个阶段——社会主义阶段和共产主义阶段。按照马克思恩格斯的设想，社会主义社会是实现了单一全民所有制、消灭了阶级和阶级差别的社会，它和共产主义社会主要区别是在于生产力发展水平不同，因而决定了社会主义社会只能实行各尽所能、按劳分配的原则，共产主义社会则是实现各尽所能、按需分配的原则。

不过，马克思恩格斯所设想的社会主义是以经济发达的资本主义国家为依据的，是从资本主义大生产占优势的社会中生长起来的。但后来社会主义却是在经济不发达的国家取得胜利。列宁把从俄国这样一个小生产占优势的社会中生长起来的社会主义称为“不完全的社会主义”。这是列宁对马克思主义的一个发展。

这种不完全的社会主义和马克思恩格斯所设想的社会主义在主要之点上是相同的：生产资料实现了社会主义公有制；实行各尽所能按劳分配的原则；剥削制度和作为阶级的剥削阶级已经消灭；劳动人民成了国家的主人。但他和马克思所设想的社会主义还有区别。两者之间一个重要区别就在于它还存在工农两个阶级，存在没有剥削阶级的阶级斗争。不完全的社会主义就是要创造条件，消灭一切阶级和阶级差别，过渡向完全的社会主义。我国现在处于列宁所曾指明的不完全的社会主义阶段上。（关于我国所处的社会主义阶段，党的十三大有了一个科学系统的概念表述和说明，即我国现在处于社会主义初级阶段。）

弄清了我国现阶段社会的这种性质，就成为正确认识我国内部阶级状况和阶级斗争形势的指导原则。就是说，既要看到我国现阶段的社会不是阶级社会，不能夸大历史上阶级斗争的遗留现象，要反对那种把阶级斗争扩大化的“左”的倾向。同时又要看到我们还处在不完全的社会主义阶段，不能无视阶级斗争的存在，要反对那种认为阶级斗争已经熄灭的右的观点。正确的态度是承认阶级斗争还没有结束，同时也承认大规模的疾风暴雨式的群众阶级斗争已经结束。

既然在生产资料所有制的社会主义改造胜利以后，阶级斗争只是一种残余形态的阶级斗争，那么阶级斗争已经不是我国社会的主要矛盾，因此在指导方针上就不能再以阶级斗争为纲，而应该在改革、健全我国政治制度和经济制度的同时，把大力发展社会生产力作为中心任务。所以党中央在揭批“四人帮”的斗争取得决定性胜利的时候，及时提出要把全党和全国工作的重点从以阶级斗争为纲，转移到四化建设上来，这是完全正确的。这一战略转移，绝不是某些人所认为的，是所谓“右了”“偏了”，不是。它是基于对我国现阶段的社会性质和阶级状况的科学分析作出的抉择，是符合社会发展的客观规律的。

我国开始实行工作重点转移的时间虽然还不长，但已经在各方面取得了许多成绩。这一事实也就说明：工作重点的转移是必要的、正确的。那些抱着我国现阶段社会是阶级社会的错误观点不放，念念不忘以阶级斗争为纲的人们，以“左”为正，视正为“右”，那就必然会对党的新时期的路线、方针和政策产生抵触情绪，他们如果在对我国现阶段的社会性质这一根本问题的认识上，再不吸取教训，就可能成为新长征路上的落伍者，甚至会成为“四人帮”极“左”路线借尸还魂的对象。这一点是必须引起高度警觉的。

总之，通过不完全的社会主义阶段，无产阶级为消灭历史上形成的一切阶级和阶级差别创造条件，马克思曾预言，“在一个既无阶级更无阶级对立的秩序里面”，不再通过“政治革命”，而是“通过社会进化、过渡向完全的社会主义社会”[①]。

① 参见［德］马克思：《哲学的贫困》，212页，北京：人民出版社，1955年。

用两点论的观点认识社会主义初级阶段*

关于社会主义初级阶段的理论，党的十三大报告进行了系统的、科学的论证和阐述。这里就坚持两点论观点认识社会主义初级阶段，谈点个人理解。

什么是社会主义初级阶段？所谓社会主义初级阶段，也就是指我国的社会主义也处于贫穷落后为特征的不发达阶段。党的十三大报告指出，社会主义初级阶段是“特指我国在生产力落后、商品经济不发达条件下建设社会主义所必然要经历的特定阶段”。从性质上说，“这个阶段，既不同于社会主义经济基础尚未奠定的过渡时期，又不同于已经实现社会主义现代化的阶段。”因此，所谓社会主义初级阶段，就是指我国从确立生产资料公有制的主体地位以来，建设达到中等发达国家生产力发展水平为奋斗目标的社会主义所必经的一个特殊阶段。

关于社会主义初级阶段的本质的这一规定，决定了“我国正处于社会主义初级阶段”这个科学论断，包含有两重性，就是报告中所说的两层含义：第一，我国社会已经是社会主义社会；第二，我国的社会主义社会还处在初级阶段。

这里所说的第一层含义是相对于旧中国的半殖民地半封建社会和新中国成立后的新民主主义社会而言的。承认我国已经是社会主义社会，这就要求人们不能像过去一段时期那样，对现阶段的主要矛盾和主要任务的认识还停留在过渡时期的范围。当然，更不允许搞资产阶级自由化，走资本主义的回头路。

这里所说的第二层含义是相对于社会主义比较发达的和发达的阶段而言的。就是说，我们距离建成够格的、完善的社会主义相差还远，社会主义的物质技术基础还不强大。因此，现阶段我国的社会主义建

* 原刊于《安徽日报》，1988·02·09。

设决不能急于求成，在发展规模和速度上，决不能盲目求大、求快。

关于社会主义初级阶段的两重性的理论，为我们用两点论的观点认识社会主义初级阶段的社会提供了根本的指导原则。所谓用两点论的观点认识社会主义初级阶段的社会，就是既要看到社会主义初级阶段的社会所必然具有的，并逐步得到体现的优越性和前进性的一面；同时又要看到这个社会必然存在的，并且需要经过相当长时期的努力，才能逐步克服贫困和落后性的一面。

我国人民是在一个半殖民地半封建的大国中，进行革命，建立起社会主义的。经过30多年来的社会主义的发展，我国的经济实力有了巨大增长，教育科学文化事业也有了相当发展。我们尽管犯过一些错误，但我们还是在30多年间取得了旧中国所没有取得的进步。要是没有社会主义制度的建立，这是不可想象的。当然，我们没有理由自我陶醉。由于我们的社会主义是脱胎于半殖民地半封建社会，底子薄弱，人口众多，加之“左”倾错误，使我们过去耽误了不少时间，因而我国的生产力水平还远远落后于发达的资本主义国家。生产力的落后，决定了在生产关系方面，发展社会主义公有制所必需的生产社会化程度还很低，商品经济和国内市场很不发达，自然经济和半自然经济占相当比重，社会主义经济制度还不成熟不完善；在上层建筑方面，建设高度社会主义民主政治所必需的一系列经济文化条件很不充分，封建主义、资本主义腐朽思想和小生产习惯势力在社会上还有广泛影响，并且经常侵蚀党的干部和国家公务员队伍。

报告在这里用的笔墨虽然不多，但却真实而又鲜明地勾画出了我国社会主义初级阶段所存在的突出的景象，进步与落后、发达与贫困、法治与人治、指导思想的先进与旧思想广泛影响的存在等等极不协调，然而这种两重性却又是客观地存在着。

我们所处的就是这样一个两重性的社会。我们搞的是社会主义建设，然而基本上却是从落后的生产力开始起步；我们想大踏步前进，然而道路却是那样崎岖；我们想迅速地改变旧的面貌，然而历史的包袱又是那样沉重。正是由此引起的一系列特殊问题，长期没有引起我们足够的认识，造成了理论与实际的脱节，期望与现实的反差。

在1957年之后至党的十一届三中全会的20年间，我们党在指导思想上长期存在着“左”的错误。其根本原因何在呢？就是因为在基本理论上，我们没有认识到我国社会主义社会还处在初级阶段，没有认识到消灭这个阶段中所存在的贫困和落后状况还有相当的艰巨性。所以在这个意义上可以说，社会主义初级阶段的论断，为克服“急性病”开了一剂良药，从基本理论上消除了产生“左”倾的根源，也为加速改革开放创造了条件。

当然，如果走到另一个极端，只看到我国现阶段社会主义社会中存在的贫困和落后性的一面，并把这种贫困和落后归罪于社会主义制度，从而否认社会主义制度的优越性和进步性，这也是片面的、错误的，是不符合我国社会主义初级阶段实际的，因而社会主义初级阶段理论又是排除右的错误的强大思想武器。

总之，坚持用两点论的观点认识社会主义初级阶段的社会，一方面可以使我们充分估计到前进中的困难，从而坚持量力而行的原则，避免再犯过去那种急于求成，盲目求纯的错误；另一方面，又能使我们充分估计到社会主义制度所固有的进步性、优越性和广大群众建设社会主义的积极性，从而坚定信心，努力奋斗，使社会主义事业不断向前推进。

论正确处理我国现阶段的人民内部矛盾*

今年是毛泽东《关于正确处理人民内部矛盾的问题》（以下简称《正处》）发表四十周年。

《正处》,这是一篇光辉的马克思主义文献。在这篇文献中，毛泽东提出了必须正确区分和处理社会主义社会两类不同性质的矛盾的学说，并把正确处理人民内部矛盾作为国家政治生活的主题。这是他对马克思列宁主义的一个独创性的理论贡献，同时也为社会主义建设提供了一个根本的指导思想。

这个根本的指导思想，尽管在以阶级斗争为纲的年代不时受到“左”的干扰和破坏，但它对我国的社会主义建设一直发挥着不可估量的作用。历史启示我们，对人民内部矛盾，处理得好，可以增强人民的团结，促进社会主义事业的兴旺发达；处理得不好，使矛盾激化，小事可以变成大事，甚至酿成乱子，给我们的社会稳定和社会主义事业带来不应有的损失。这个正反两个方面的经验教训，是我们必须牢牢记取的。

现在我国正处在改革开放和社会主义现代化建设的新时期，在这个新时期中，我国的人民内部矛盾也具有了先前所没有的一些新的内容和若干新的特点。因此，以毛泽东关于正确处理人民内部矛盾的理论为指导，研究我国现阶段人民内部矛盾的新内容和新特点，以便找到解决矛盾的方法，这是团结广大人民群众，走中国特色社会主义道路，实现社会主义现代化所必然要求的；同时，这也是对《正处》发表四十周年的最好纪念。为此，首先必须对正确处理我国现阶段人民内部矛盾的特殊重大意义要有一个正确认识。

① 原刊于《安徽教育学院学报》，1997（2）。

一、正确处理我国现阶段人民内部矛盾的重大意义

我国现阶段，总的说来，处于社会主义初级阶段，这是一个通过改革开放和现代化建设，逐步摆脱落后和不发达状态，实现由农业国向工业国转变，由自然经济半自然经济向商品市场经济转变的历史时期。就目前世纪之交的相当一段时期来说，关键是要实现经济体制从传统的计划经济体制向社会主义市场经济体制转变，并相应地对政治体制进行改革。这是中国近代史上最深刻的社会转变时期，随着经济结构、产业结构、生产方式、生活方式，以及社会观念和人们心理的变迁，必然引发大量的人际关系矛盾，特别是人民内部矛盾。因此，正确处理好我国现阶段的人民内部矛盾，对我国的改革开放和现代化建设的胜利进行，有着巨大的意义。

第一，正确处理我国现阶段的人民内部矛盾，是实现我国经济、社会发展宏伟目标的关键。

“发展是硬道理。”邓小平提出我国实现现代化的三步设想，在前两步已经提前实现的基础上，党的十四届五中全会通过的决议，又及时制定了国民经济和社会发展的“九五”规划和2010年的远景目标。实现这一跨世纪的宏伟目标，关键是要正确处理好人民内部矛盾，调动一切积极因素，化消极因素为积极因素，发挥亿万人民群众的积极性，尽可能减少原来意义上的各种“现代化痛楚”和“发展性危机”，使我国经济和社会实现持续、稳定和快速的发展。

人民群众是社会主义现代化建设的主体，是生产力中最活跃的因素，社会主义现代化建设靠的就是广大人民群众的劳动和创造。我们党和政府的一切政策是否正确，就要看这种政策是否代表了人民的利益，是否能调动人民群众的积极性。人民群众的积极性调动起来了，各项政策才能发挥更大作用，科学技术和物质投入才能取得更好效果。

十一届三中全会以来我国改革开放和现代化建设的实践说明，人民群众的积极性是全部问题的核心。因此，要实现我国经济和社会发展的宏伟目标，必须继续抓住正确处理人民内部矛盾，调动人民群众的积极性这个关键，采取符合生产力需要的正确措施和政策，使社会生产力有一个新的解放和更大的发展。

第二，正确处理我国现阶段的人民内部矛盾是保持社会稳定的基础。

“稳定压倒一切。”保持社会稳定，是推进改革开放和现代化建设的基本条件。

要保持社会稳定，除了要严厉打击国内外各种敌对势力的破坏活动以外，主要的和基本的是要正确处理人民内部矛盾。人民占人口的绝大多数，正确处理人民内部矛盾，使人民群众安居乐业，社会也就从根本上稳定了。另外，正确处理好人民内部矛盾，获得了人民群众的拥护和支持，才能对国内外敌人的破坏活动进行坚决有效的打击；反之，如果人民内部矛盾，特别是那些带有普遍性、全局性的人民内部矛盾得不到正确处理，人民的切身利益受到损害，那就不仅会影响社会稳定，而且还会给国内外敌人以各种可乘之机。

改革开放以来，我国的社会面貌发生了巨大变化，人民生活也有了很大提高，从而有力地保证了全国大局的稳定，这是应该肯定的。但是也应该看到，在我国这种特定的社会转型时期，尚存在不少不稳定因素，对此，决不可疏忽大意。总之，正确处理人民内部矛盾，保持社会稳定，这既是我们党在新时期工作总部署中的一个重要方面，也是完成新时期各项任务的基本条件。

第三，正确处理我国现阶段的人民内部矛盾是巩固党的领导和社会主义制度的保障。

我国改革开放和现代化建设的胜利，关键在党。我们党是无产阶级执政党，我们的政府是人民的政府，为人民服务，为人民谋利益是我们党和政府的根本宗旨。人民群众是我们党的依靠力量，是我国政府深厚的群众基础。正确处理人民内部矛盾，赢得人民群众的信任和拥护，我们党的执政地位就巩固，社会主义现代化建设就能顺利进行；如果不能正确处理人民内部矛盾，不能正确处理党和群众的矛盾，失去人民群众，执政的基础就会动摇，社会主义就会被断送。因此，党和人民的关系问题，始终是关系党和国家命运和前途的重大问题。

我们党同人民的关系一直是密切的，对人民切身利益的许多问题一直是十分关心的。广大人民群众拥护党，拥护社会主义，为我国的社会主义革命和建设作出了重大贡献，我们党在长期的革命和建设中，同人民群众建立的血肉联系，我们应该保持和珍惜。我们必须对我们党内存在的违背和损害人民群众切身利益的官僚主义、不正之风以及以权谋私等腐败现象，进行坚决的不懈的斗争。对于这一点，我们必须有清醒的认识。东欧剧变的一个重要原因就是这些国家的共产党和政府对关系人民切身利益的许多问题没有能正确解决，脱离了人民群众。这个教训是十分深刻的。

总之，重视和处理好我国现阶段的人民内部矛盾，这是摆在我们面前的一个重大政治任务。我们必须从事关改革、发展、稳定的大局和社会主义事业命运的政治高度来认识和处理我国现阶段的人民内部矛盾。

二、我国现阶段人民内部矛盾的新内容和新特点

我国现阶段的人民内部矛盾，是指在向社会主义市场经济转变条件下，我国社会主义现代化建设进程中的人民内部矛盾。它既不是传统计划经济体制下的人民内部矛盾，也不是社会主义市场经济体制已经成熟建成条件下的人民内部矛盾；既不是过去经济普遍贫困状态下的人民内部矛盾，也不是进入发达、富裕状况下的人民内部矛盾。这就是研究我国现阶段人民内部矛盾的基本出发点。

（一）我国现阶段人民内部矛盾的新内容

从内容上来说，我国现阶段的人民内部矛盾与1956年生产资料所有制改造完成时，以及改革开放以前相比有很大的不同。这种不同主要表现在以下三个方面。

1. 原先有些矛盾已获解决

时经40年，原来的人民内部矛盾有的已经解决了，不存在了。比如，工人阶级和其他劳动人民与民族资产阶级之间的矛盾，以及民族资产阶级内部的矛盾就已经不存在了。因为经过对资本主义工商业的社会主义改造和对广大资本主义工商业者的长期的成功的社会主义教育，原来意义上的民族资产阶级已经不存在了。

2. 原先有些矛盾已含崭新内容

有些人民内部矛盾虽然还存在，但是在我国现阶段具有了新的或完全新的内容。比如，中央与地方的矛盾在旧的经济体制下是纯粹行

政上的管理与被管理、服从与被服从的矛盾。为了调动地方政府的积极性，十多年来，中央进行了放权让利的改革。这一改革符合市场经济发展的要求，促进了各地区经济的发展。但与此同时，地方保护主义有所抬头，上有政策，下有对策的情况时有发生，中央政府对各地的控制力、干预力有所削弱。

近些年来，采取了一些措施来加强中央的权威，但在建立和健全社会主义市场经济体制的过程中，如何合理界定中央与地方的权力，处理好两者的关系，既保证中央在维护政令统一和解决全局性社会发展问题上能力的加强，又能极大地调动地方政府的积极性，仍将是一个需要解决的重要课题。

3. 新的矛盾大量产生

我国现阶段还产生了许多新的和相对过去获得显性化的人民内部矛盾，比如，随着比较单一的公有制经济向以公有制为主体的多种经济成分的转变，由较为单一的按劳分配形式向以按劳分配为主体的多种分配形式的转变，也就产生了公有制经济从业人员与个体经济从业人员、私营经济从业人员、“三资”经济从业人员之间的矛盾，产生了各种经济成分内部的人际关系矛盾。比如国有企业在向现代企业转变的过程中，扩大经营者自主权与保障广大职工民主权利和经济利益的矛盾，私营企业中雇主与工人的矛盾等等。在市场经济条件下，由于社会分工和拥有的资金、资源、信息、技术、管理水平以及拥有的自然和社会条件等方面的不同，也就产生了不同地区、不同利益群体、不同个人之间的许多矛盾。这些矛盾在当前比较突出的有以下几种。

（1）城乡社会成员之间的矛盾。改革开放以来，城乡居民的个人收入都有大幅度的提高，但其间的绝对差距在拉大，矛盾已相当突出。1990—1994年期间，城乡居民收入之比（以农民收入为1）已由2:1，扩大到2.6:1。尤其令人担忧的是，目前我国对农业投入不力，农产品成本上升过快，对农民乱摊派等问题还未得到完全解决。因此，城乡居民间经济利益上的矛盾还有扩大之势。

（2）东部沿海发达地区与中、西部欠发达地区成员间的矛盾。据统计，目前我国东部与中西部地区间的国民生产总值、技术水平以及人均收入的差距也在扩大。从东部和中部、西部农民人均年收入来看，1990年差距是1.38:1和1.63:1，到1994年扩大为1.49:1和1.89:1。这种情况的存在，势必引起落后地区成员心理上的失衡，并在相当程度上影响我国整体发展战略的实现。

（3）不同行业间成员的矛盾。目前少数行业职工的工资收入大大高于其他行业职工的工资收入，已引起社会上许多人的不满。比如，一些流通领域的公司、商业性金融机构、非流通领域的垄断性行业的企业职工要比其他行业的企业职工收入高几倍，甚至更多。而这些行业的效益之所以较高，并不是完全靠本行业内部职工的劳动，而是因为他们占有其他一些行业无法比拟的特殊条件。这种情况的存在是不正常的，它已成为我国人民内部矛盾中不可忽视的一个重要方面。

（4）部分社会成员间收入差距扩大的矛盾。据国家统计局抽样调查城乡10万户收入，运用国际通用的衡量收入差距的方法，将家庭按年收入高低分为五等，各占20%，然后计算他们的收入差距。1978年最高20%家庭年收入是最低20%家庭年收入的1.8倍。到1994年已扩大到3倍；农村1978年最高20%家庭年收入是最低20%家庭年收入的2.9倍，到1994年扩大到6.6倍；如果把城镇最高的20%家庭年收入与农村最低的20%家庭年收入比较，差距为13倍。目前在我国，绝大多数成员还在为实现小康而奋斗的时候，已出现了少数百万、千万乃至亿万富翁。现在广大人民群众对于那些主要靠钻体制漏洞、偷税漏税、走私欺诈、贪污受贿、侵吞公有财产而成为暴发户的人，深恶痛绝。这已构成我国人民内部矛盾的一个新的“热点”。

（二）我国现阶段人民内部矛盾的新特点

我国现阶段的人民内部矛盾，在总体上，虽然仍然是根本利益一致基础上的矛盾，但确实比以前更加错综复杂，从而具有了一些新的特点。这些特点表现在：

1. 各种人民内部矛盾特有的丛集性

如前所说，今天的中国正在实现一场自古以来最有意义的从旧质向新质的飞跃。这个飞跃不仅要把发达国家较长的现代化历程压缩在较短的时间内进行，追赶发达国家已经达到的目标，而且要适应发达国家当前发展的趋势，实现后来居上，并超越现代化的西方模式。这就使得社会发展的“历时态”中的种种矛盾，在当代中国“共时态”化了，因而这些矛盾表现在人民内部就显得很为集中、复杂。

另外，中国现代化建设又伴随着社会的旧的运行体制向新的运行体制的转换。而新旧体制的转换，从某种意义上说，也就是人们的社会生活轨道的转换。因此，每一项体制改革（比如就业、工资、物价、住房等）都会涉及广大的人群，乃至全体社会成员。所以，体制改革所引发的人民内部矛盾往往带有广大的群众性。于是，这就要求每一项具体体制的改革都必须要从广大人民群众的物质和心理的承受能力等实际情况出发，选择适当时机，采取过渡形式，逐步加以实行。不然就会引起群众的普遍不满。

新旧体制的转换是一个过程。在这个过程中，旧体制所造成的许多旧矛盾还会不同程度地存在，并且不可能一下子得到克服，新体制也不可能一步到位，另外它一经产生也不会十分完善。它在生长阶段的新矛盾，也往往会集中地推到人们面前。比如，随着社会主义市场体系的逐步形成，供求矛盾既对供求平衡起调节作用，但有时又引起物价的大起大落；落实了地方的自主权，但又引起了地方保护主义的抬头；人才和劳动力可以流动了，有的流向又不尽合理，如此等等。这种新旧体制转换过程中存在的矛盾相互交织、难分难解的情况，必然使各种各样的人民内部矛盾大量涌现。

在我国现阶段这种社会的转型期，由于旧的价值系统、行为规范处于解体之中而失去约束力，新的价值系统、行为规范已经孕育、诞生，但还很幼弱，还远未能对全社会发挥其约束职能。因此，价值多元、行为多轨，某种程度的无序和失范等情况的存在，也必然引发人民内部的种种矛盾。

最后，外部世界的影响，也是产生我国现阶段人民内部矛盾的一个重要原因。历史表明，对外开放是发展经济，实现社会结构现代转型的不可缺少的一环。但是，实行对外开放，又不可避免地会使境外的一些丑恶东西在我国产生不良影响，成为我国现阶段某些人民内部矛盾产生的国际诱因。

凡此种种，形成了我国现阶段人民内部矛盾特有的丛集性特点。

2. 人民物质利益矛盾超常的突出性

人民内部矛盾是人民群众在根本利益一致基础上的局部利益和具体利益上的矛盾。因此人民内部矛盾不仅是人民内部思想认识上的是非问题，而且是人民内部的利益关系和利益矛盾的问题。人们的利益除了物质的即经济的以外，还表现在政治的、文化的等多个方面。我国现阶段人民内部矛盾的一个重要特点是，人民群众在物质利益方面的矛盾特别突出，成为引发其他矛盾的主导性矛盾。这是因为：

（1）在过去“左”的错误危害的年代，人们的正当物质利益需求被当成个人主义遭到批判，人们的物质生活长期处于贫穷的状况中。改革开放以来，这种情况得到了改变。加之发育中的市场经济促进了人们的相对独立性和主体自觉性的增强，带给人们物质利益的驱动。另外，物质利益原则也被我们党确定为调动劳动者积极性的一个重要手段，鼓励一部分人和一部分地区通过诚实劳动和合法经营先富裕起来。以上种种原因在我国社会上造成了某种带普遍性的物质需求饥渴。但由于我国还处于社会主义初级阶段，生产力发展的水平还不高，物质产品还相对不足。这种情况的存在，也就必须使人民内部在物质利益上的矛盾突出化。

（2）新旧体制的转换过程，实质上是人们利益，主要是物质利益的调整过程。在这个过程中，有人可能丧失一些既得利益，有人会增加一些收益，但同时所得好处，又不可能一下子达到自己所要求和想象的程度，或者没有别人得的多。有些人在经济上明显受益了，但观念上接受不了，习惯上适应不了等等。以上种种也会造成人民内部的物质利益矛盾的突出化。

（3）在商品经济条件下，由于种种不同的原因，不同地区、不同群体、不同个人在收入差距上的相对拉大，而国家尚没有足够力量使不同地区达到相对平衡的发展，还没有能够通过税收制度对初步分配进行有足够力度的调控，并通过社会保障制度有效地进行二次分配以更好地体现社会公平，这也是人民内部物质利益矛盾突出化的一个重要原因。

（4）尤其突出的是，由于法制不健全、权力制衡和监督不力，使非法经营牟取暴利及利用权力贪污受贿，吞没国家资产的现象存在，这引起广大人民群众的普遍不满。

人民群众在局部物质利益和具体物质利益上的矛盾的突出化，如果不加规范和协调，极易造成对抗和冲突，弄不好，甚至有动摇根本利益一致的可能性，对于这一点，我们必须有清醒的认识，决不可以粗心大意。

3. 干群矛盾的特殊的关键性

在我国现阶段各式各样的人民内部矛盾中，领导和群众的矛盾处于关键地位。其他种种矛盾的处理和解决，都同这个矛盾有关。这是因为共产党是执政党，政府是共产党领导的人民政府。我们的党和政府是国家和一切社会问题的总负责。因此，我们国家的最主要的一些社会矛盾，往往通过领导和群众的矛盾直接表现出来，有些矛盾虽然并不直接表现为领导和群众的矛盾，但往往需要党和政府出面处理和解决。处理和解决得好不好，人民群众的合理要求和需要能不能通过领导者得到满足，也会引发领导和群众的矛盾。

另外，即使有些矛盾不需要党和政府直接出面处理和解决，也需要根据党和政府的方针、政策、法规、条例去加以解决。如果党和政府在这方面出现失误也会引起群众的不满。现在我们的党和政府正在领导十多亿中国人民进行一场规模空前的深刻的社会变革，其中一个重要方面就是如何适应社会主义市场经济和社会主义民主政治建设的需要，搞好中央与地方之间、各个部门之间管理权力的重新调整，搞好党政分工、政企分开，同时建立起对权力的有效制约和监督机制，克服以权谋私、钱权交易等腐败行为。以上这些都是改革开放和现代化建设取得胜利的必然要求，也是影响我们的党和政府与群众关系的一些亟待解决的极为突出的问题。

一般说来，领导和群众的矛盾是非对抗性矛盾。但是，当领导的重大决策失误损害人民群众的根本利益，当领导严重的官僚主义危害群众的正当利益要求，当领导中的变质分子侵吞人民财产，当群众提出不合理要求，受到坏人的挑拨起来闹事时，如果领导处理不及时、不果断、不正确，就会使矛盾激化，甚至出现对抗。

三、正确处理我国现阶段人民内部矛盾的思路和方法

如上所说，我国现阶段的人民内部矛盾多种多样，错综复杂。能否正确加以处理，关系重大。那么，如何去正确处理我国现阶段的人民内部矛盾呢？就其主要点而言：

（一）牢牢把握解决人民内部矛盾的主动权

这里是指我国党和政府应牢牢掌握处理我国现阶段人民内部矛盾的主动权。

我们的党和政府是解决人民内部矛盾的主体。换句话说，解决人民内部矛盾，这是党和政府的义不容辞的谁也不能替代的职责。而要成功地履行这种职责，就必须牢牢掌握处理人民内部矛盾的主动权。

首先，对我国现阶段的人民内部矛盾，特别是关系改革开放和现代化全局的人民内部矛盾必须有一个清醒的深刻的认识，要坚持实事求是，群众路线，承认矛盾，分析矛盾，不仅要看到人民群众在根本利益上的一致性，而且要正视人民内部在具体利益和局部利益上的对立和冲突，不然就会犯大的错误。

其次，要注意发现和解决那些潜在的、可能导致社会不稳定的人民内部矛盾。比如，官僚主义、不正之风、分配不公、农民负担过重、城镇待业下岗人员的生活困难、贫困地区人口的脱贫，以及东部与中西部发展不平衡等问题。

再次，矛盾一旦发生，在处理上要及时，方法要得当、稳妥，防止延误时机，防止问题成堆，防止矛盾激化。

最后，党和政府要继续加强廉政建设，现在最主要的是要建立一套完整的强有力的监督机制。要保持和优化党和政府的良好形象，提高执政本领，提高对整个社会的整合力度，强化执政权威。

（二）正确掌握解决人民矛盾的原则和方法

解决我国现阶段人民内部矛盾的总原则是“三个有利于”和社会稳定，最根本的方法是深化改革，加快发展。

正如邓小平所指出的，中国解决所有问题的关键是要靠自己的发展。把我国的经济尽快搞上去，这是我们能够正确调整、处理好人民内部矛盾的根本前提。因为生产力发展了，“蛋糕”做得大了些，并尽可能做到合理的分配，这样，需求饥渴与产品相对不足这一矛盾就会得到缓解，先富后富的矛盾也会逐步走向解决，由物质利益矛盾所引发的其他类型的人民内部矛盾的解决也就获得愈来愈充分的物质保障。

另外，我国现阶段的人民内部矛盾，主要是改革中的矛盾，发展中的矛盾，这些矛盾也只有通过进一步的改革和发展来解决。比如，通过改革，竞争起来了，克服了过去那种“干好干坏一个样，干不干一个样”的弊端。但不平等竞争又引起了分配不公的新弊端。而这一新弊端的克服，不是回到过去，而是继续向前走，即通过深化改革，建立和完善社会主义市场经济体系去加以实现。

（三）依法解决人民内部矛盾

要加速法制建设，要用法律手段去解决大量的人民内部矛盾。

人民内部不是那种假定的人人都能“同志式协作”的理想境界，而是存在利益的多样性，并导致种种利益对立和冲突的现实世界。因此，以法治国，不仅包括用法律手段去对付人民的敌人，也包括用法律手段去规范人民自己的行为，包括经济行为、政治行为和其他社会行为，以保障和扩大人民群众参与经济、政治和社会生活的权利。社会主义市场经济实质上是社会主义法制经济，社会主义民主政治是社会主义的法律化、制度化的民主政治。我们要按照社会主义市场经济和社会主义民主政治建设的需要，善于把正确的理论和政策法制化,运用法律去实施。目前，我国的法制建设有两件事要继续做好。一是要进一步建立和完善各种法律，二是要保证现有法律的实施。

（四）注重利益关系调节

要通过利益关系的调整来化解各种经济矛盾。

利益关系的调整有两种手段。一是法律（经济法）调节，即利用法律手段保护公民和其他利益主体的正当权益不受侵犯，对于侵权行为予以制裁。这在前文已经说过了。二是经济调节，是指运用经济手段，诸如价格、税收、工资、奖金、补贴及经济制裁等手段，对国家、集体、个人三者利益关系，对不同社会群体之间的利益关系和群体内部个人之间的利益关系进行协调，以求统筹兼顾。

就协调的指向来说，包括现实协调和发展协调两个方面。就是说，国家政权要运用多种方式，既对现有利益格局进行协调平衡，又在社会发展过程中保证全体人民利益的共同实现，达到共同富裕，从而保证利益发展的整体均衡。

（五）加强思想政治工作

要通过加强社会主义精神文明建设，做好深入细致的思想政治工作，来化解人民内部矛盾。

首先，要坚持以培养“四有”新人为中心的社会主义精神文明建设。人的素质和境界提高了，全体人民在共同的理想、信念和追求下团结起来，人民内部的许多矛盾就不会发生，发生了也不难解决。其次，要坚持正确的舆论导向，大力宣传邓小平中国特色的社会主义建设理论，为现实问题的解决，为人们弄清实际工作和生活中的是非，发挥指导、疏导作用。最后，要通过正确的思想政治工作，沟通思想，交流感情，化解和缓解人民内部矛盾。

总之，我国现阶段的人民内部矛盾，一般说来，是前进中的矛盾，发展中的矛盾。在这个过程中，伴随着人们之间利益和权力的调整，虽然会发生致富或先或后，得益或大或小，甚至会触动一些人的既得利益，但是从总体上来说，不仅不会损害而且会不断增进人民的根本利益。正是有了这个基础，因而在局部的、具体的、暂时的利益差别和利益得失上的人民内部矛盾，虽然复杂，但不可怕，只要采取正确的措施，也不难解决。正是在这些矛盾的不断产生和不断解决的过程中，使我国的改革开放和现代化建设的顺利进行获得了最广大的群众基础和强大的推动力量。

苏联东欧国家物价改革的经验教训*

物价问题是一个十分敏感的问题。史料证明，古今中外，任何国度、任何政府、任何政党都无法超脱于物价问题之外。国民党反动政权是在物价狂升乱涨中于1949年垮台的。新中国成立初期，我们的经济也是在制止通货膨胀以后进入正常轨道的。西方国家政府换届，各派候选人也要为物价问题或指责、或许愿，而争闹不休。苏联东欧国家也视物价改革为整个经济改革的关键，不过在他们那里，物价改革至今峰回路转，道路曲折。可见，物价问题是一个世界性的重大问题，物价改革也是当今社会主义各国深化改革的一个极为突出的问题。

在物价改革方面，我国和苏联东欧各国的国情有所不同，但社会制度相同，所有制形式相近，原有经济体制和价格体制的模式相似，旧体制所存在的弊端是相同的，在物价改革中所遇到的困难和问题也有惊人的相似之处。因此，彼此之间有许多值得相互学习和借鉴的地方。苏联东欧国家从大体相近的传统价格模式出发，进行了持续近二三十年的价格改革，从不同角度提供了丰富的经验和教训，我们应当结合自己国家的理论和实践，进行比较借鉴，以推进和深化我国的价格改革。

一、50年代中期前传统的苏联价格体制模式

50年代中期前，苏联实行高度集中的计划经济体制，作为这种体制的一个组成部分和实施的重要杠杆，苏联在经济建设中逐渐形成了高度集中的计划价格体制，亦称传统计划价格体制。这个体制曾经发挥过重要作用。

* 原文来源于刊万永光、王文生主编：《物价·改革·前景》，北京：中国展望出版社，1989年。

（一）传统价格体制的历史作用

在这种价格体制下，价格的形成、价格的形式和管理制度都是有计划地规定的。在以生产资料公有制为基础的苏联国民经济中，计划价格仍然是商品价值的货币表现，价值仍然是价格的一般基础，但价格不再是自发形成的，而是政府机关从实现社会经济发展战略和对国家经济生活实行计划领导的需要出发，自觉地加以规定的。也就是说，计划价格是以价值为基础，以政策为出发点的订价制度。在苏联，除了某些农产品以外，几乎所有的批发价格和大部分零售价格，都是由政府来规定的。参与这一工作的，有国家价格委员会、联盟和加盟共和国的各部以及国家其他机构。

苏联三十年代形成的这种高度集中的计划价格体制，在一定的历史时期曾起过积极的作用。苏联当时处于资本主义的包围之中，要争取时间在短期内迅速加强自己的经济实力和国防能力，同时，苏联社会主义建设是在旧俄国落后的经济基础上开始起步的，面临的困难条件多，而建设的任务又极其繁重，在这种情况下，采用高度集中的计划价格体制，把大部分纯收入集中在国家手里，这有助于统一调动全国的物力、财力，用于发展国家最迫切需要的项目，对保证国民经济的发展起了重要作用。这是一。

第二，由于对物价实行集中管理，有计划地订价和调价，保证了价格的计划性和统一性，这为人民生活的稳定起了某种保证作用。同时也为建立整个国民经济的计划、核算和财务监督体制提供了统一的价值核算标准。而这些在国民经济恢复和社会主义经济的创建时期都是十分重要的。

第三，它使国家利用价格的刺激职能，即通过产品价格与价值的有计划的偏离，来调节某些产品的生产和消费。例如，为了加速国家工业化和推动技术进步，对机器设备和燃料等生产资料实行低价政策，对烟、酒和奢侈品则征收高额周转税和提高销售价格以限制其消费。

但是，这种价格体制在形成过程中，就已暴露出许多缺点和弊病，并且随着时间的推移和经济形势的变化，它的消极影响越来越明显。

（二）传统计划价格体制的消极影响

这种影响主要表现在以下几个方面。

第一，计划价格主要是依据全国的战略利益以及国家领导人对总消费与投资的方向的意见作出决定的，生产成本则往往被置于次要地位去考察。这样，商品价格不能正确反映其价值，二者的偏离往往缺乏经济依据。这种价格既不考察基本的供需平衡条件，即不与不同产品的实际成本相联系，又不反映客户的需求，因而不利于社会生产结构和消费结构的合理化。比如，苏联长期运用价格手段，从农业中抽取大量资金用于发展重工业，从而使主要农产品的征购价格根本补偿不了生产费用。1940年每公担谷物的平均征购价格为8卢布63戈比，而国营农场的生产成本却是29卢布70戈比，亏损率达71%。集体农庄的谷物亏损率更高，因为其生产成本高于国营农场。畜牧业的亏损更加严重，1952年征购价格与生产成本之比：牛肉为5%，猪肉为6%，牛奶为22%。这就严重伤害了农民的生产积极性，于是农业生产滞后，长期以来成为困扰苏联国民经济发展的一个“瓶颈”。

第二，物价管理权过分集中于中央机关，使价格体制缺乏必要的灵活性。计划价格的确定，照例要经过一个艰巨、复杂的资料收集与计算过程。这里的一个致命弱点是难以收集精确资料，难以反映不断变化的市场行情。因为社会产品成千上万，加上各种规格几十万之多，另外，大城市与中小城市及农村、沿海与内陆、边疆与内地，产品的生产和需求有许多特殊情况，难以在价格上得到体现。中央价格管理机关远离生产单位和消费单位，无法掌握千变万化的产品生产和消费情况，制定的价格往往缺乏根据，加上采取长期稳定的方针，结果使价格长期呆滞，缺乏灵活性，起不到经济调节杠杆的作用。至于生产成本和生产率的日常变化也要经过相当长的时间才能发现，然后再采取对策。这样一来，全国生产与交换免不了都会受到严重的不利影响。

第三，物价实行高度集中的管理，阻碍了企业竞争和不利于调动企业的生产积极性。在苏联高度集中的计划管理体制下，企业生产上所需要的物资由国家调拨；企业生产什么产品，以及生产多少，由国家计划规定；企业生产出来的产品，由国家物资部门和商业部门包销，价格由国家规定。企业的权限很小，在物价确定上根本无权。

以个人消费品的零售价格为例，50年代中期在国营商业和合作社商业的商品销售总额中，由机关确定价格的产品占90%以上，由加盟共和国和地方政府确定价格的产品不超过10%，而企业则根本无权确定零售价格①。在确定批发价格方面，权限更为集中，几乎完全控制在中央手里。由于既不能及时和准确掌握生产成本的动态，也不能准确了解和预测各种产品的供求状况，这样，价格就难以反映价值和实际的供求关系，使企业之间在物质利益上出现严重苦乐不均的现象，从而大大挫伤了它们改善经营管理的积极性和主动性。

（三）传统价格体制形成的原因

苏联这种高度集中的计划价格体制之所以产生，这在很大程度上是因为，苏联在建设社会主义过程中，没有前人的经验可以借鉴，只能在实践中加以探索和创造。其次，在理论观点方面，把马克思主义创始人关于社会主义社会的设想机械搬用了。马克思曾经设想过，在新的制度下，整个社会生产可以像一个大工厂那样，由一个中心来集中指挥，由一个中心来分配一切资金、劳动力和物质资源。马克思恩格斯也曾设想过，一旦社会占有了生产资料，商品生产和市场关系就将被消除。当时苏联在探索计划管理的过程中，没有实事求是地从自己的国情出发，从而对社会主义制度下的商品生产、价值规律，以及与此相联系的市场机制缺乏应有的认识。这种指导思想上的偏差，导致苏联在制定价格体制时，往往强调要根据社会的政治、经济任务和政策，而忽视价值规律的作用。否认价值规律的客观性，人为地、畸形地使价格长期偏离价值，这是苏联高度集中的计划价格体制产生弊端的症结所在。

总之，苏联高度集中的价格体制模式，是在一定历史条件下形成的，曾经发挥过重要作用，但存在不少弊端，它不可能适用于苏联各个时期，同样也不适用于所有社会主义国家。

然而在第二次世界大战结束后，所有东欧国家毫无例外地以苏联为榜样，建立起了高度集中的经济管理体制和计划价格体制。这一方面是由于苏联价格模式对各个新生的社会主义国家来说是仅有的经验，

① 参见［苏］什·图列茨基：《苏联计划价格形成概论》，63页，北京：经济出版社，1959年。

人们对列宁缔造的苏联共产党和第一个社会主义国家无比崇敬，加之斯大林把苏联模式神圣化，把它和马克思主义、社会主义制度完全等同起来，并采用大党主义和大国主义的态度，要求各国仿效。另一方面，是由于各国在革命战争年代大多也实行过高度集中的领导方式，这方面的经验影响到社会主义经济管理体制和价格体制的建立。

另外，各国在建国初期也都面临着苏俄初期所曾面临的状况，需要集中力量恢复经济，进行社会主义改造，开展社会主义建设。然而东欧各国在社会主义建设中取得了重大胜利的同时，照搬照抄苏联模式所产生的消极弊病也显得越来越严重。

在这种情况下，改革这种传统的计划价格模式已经成为不可避免的趋势。于是，探索适合本国国情的经济体制和价格体制，也就成为各社会主义国家所面临的重大历史课题。南斯拉夫是最早与苏联模式决裂的国家，它对建立新的价格体系进行了可贵的探索。50年代中期以来，波兰、匈牙利、捷克、保加利亚、罗马尼亚，以及苏联本身，都对原先高度集中的计划价格体制，进行了不同程度的改革，在这过程中经历了不同的曲折，也产生了不同的效果。造成这种状况的一个重要原因，是苏联和东欧各国对于价格改革的理论指导上存在着认识上的种种差异。

二、苏联东欧各国价格改革指导思想的比较

价格体制的形成和变动，取决于各国的社会历史条件和基本国情，取决于指导整个经济改革的一整套理论观点，其中关系最直接的，当然还是作为指导思想的价格理论。一般说来，决定和影响价格政策和制度形成的价格理论，包括价值规律理论、价格形成理论和价格职能理论。在这些方面，可以把苏联和南斯拉夫看成对立的“两极”，而匈牙利则居中间。

苏联价格改革自60年代中期起步后，一直到80年代中期，长期徘徊，难以深化，一个重要原因是价格理论陈旧。苏联在对价值规律的认识上，有一个从根本否认，到有限度的承认，再到社会主义商品货币关系“新内容论”的发展过程。

苏联最初断言：“价值范畴完全不适用于苏联经济。”认为商品、

价值等范畴是旧社会制度的产物，随着公有制和无产阶级专政的建立，它必然要退出历史舞台。后来，承认社会主义条件下存在着商品生产，但又认为生产资料不是商品。与此同时，否认价值规律的客观性，认为在社会主义条件下，价值规律“被改造”了，作用范围已被大大限制，对生产不起调节作用。不久后，又批判了这种改造论。进入70年代，苏联开始提出社会主义“计划性”是价值规律内在规定的“新内容”的论点[①]。这一理论的优点在于，不再把商品关系看成社会主义的“异己”，而是认为社会主义生产关系赋予价值规律以新的“社会内容”，从而，使其能够服从并服务于计划经济。这就为在社会主义经济中利用商品货币关系，提供了一定的理论根据。

但是，这种“新内容论”，只强调社会主义商品货币关系的“特殊性”，而否认或低估商品货币关系所固有的“一般性”。这就导致否认价值规律的自发作用，从而否定市场调节的作用。鲁缅采夫说：“在社会主义制度下，市场不是物质资料的社会生产、分配和消费的自发调节者。市场在全国范围内得到有计划的调节。”[②]科涅克进一步表述：“社会主义市场的发展，市场容量的扩大，购买需求和商品供给的数量和结构的变化，即市场状况的变化基本上是有计划地进行的。”[③]在价格职能理论上，苏联所强调的是它的核算职能、积累和分配职能，以及刺激职能，同时又有限度地承认了价格对生产的调节职能。

苏共二十七大以后，这种情况有所改变，一些经济学家敢于在一定程度上肯定市场调节的作用，而且苏共二十七大以后所采取的一些措施，逻辑上也内含着对这种市场调节作用的承认。但是，迄今为止，还没有产生一种适应改革发展要求的、完整而又系统的商品经济理论。

南斯拉夫则不同，他们从工人自治的实践出发，冲破了苏联在三十年代形成的传统观点，一直主张社会主义自治商品生产理论。这一理论比较充分地承认，联合劳动组织作为独立商品生产者的地位，比较重视市场调节的作用，强调商品经济规律是由自治生产关系本身的性质所决定的，是“自治发展的条件和基础”。强调价值规律是社会主

① 参见［苏］马拉菲耶夫：《社会主义制度下的商品生产理论今昔》，马文奇、伍柏麟译，158页，北京：中国财政经济出版社，1979年。

② ［苏］鲁缅采夫：《政治经济学》下册，刘家辉等译，208页，北京：高等教育出版社，1984年。

③ 转引自荣敬本等：《社会主义经济模式问题论著选辑》，375页，北京：人民出版社，1983年。

义经济占统治地位的根本规律。因此，这一理论对市场体系的发育和市场机制的健全起了很好的作用。

但是，这一理论在一定程度上，把马克思恩格斯对私有制条件下“商品生产一般”的概括，不加限制地推及社会主义商品生产，这是片面的。南斯拉夫有的经济学家认为，社会主义唯一可以接受的模型，是自由竞争的模型。因此，这一理论对价值规律的自发作用估计过高。在价值规律和市场规律的运用上，只强调让它自由发挥作用，忽视了在社会计划规定的基本比例和经济法律的范围内发挥作用。长期以来，社会计划只带有一般化的决议和建议的性质，导致社会经济生活中一度出现某种无政府状态。经济增长速度大减，甚至在60年代下半期出现了自治以来从未有过的停滞现象。后来，虽然认识到这一问题，但又一度企图借助自治协议和社会契约来“彻底克服”市场的自发性，行政干预倾向一度重新抬头。这说明南斯拉夫的自治商品理论尚不成熟。南斯拉夫在价格改革中出现的问题，不能说与此无关。

匈牙利是继南斯拉夫之后成为根本改变传统价格体制的又一国家。在价格改革的指导思想上，它既不同于苏联，也不同于南斯拉夫。其基本特点是坚持有计划的商品生产理论，主张把国民经济有计划的集中管理和运用市场调节有机地结合起来。匈牙利认为，在特定条件下，尽管指令性计划有利于宏观控制，但它限制了商品货币关系和市场机制的作用。市场是商品经济的产物，凡存在商品货币关系的地方，就有市场。在经济改革中，匈牙利提出，利用商品关系和市场机制，可以发挥企业的首创精神，促使并强迫它们合理选择和使用各种资源，以满足购买者的要求，并使企业产生改进生产方式和产品的新要求。利用市场机制使社会主义计划经济增加灵活性，提高效能，促使生产和需求之间产生有利的相互影响。市场机制对编制计划和监督计划执行能发挥积极作用；市场机制调节微观经济过程，其效能高于中央计划调节。总之，他们认为，在生产力发展的一定阶段，“在广阔的范围内利用市场机制仍然是客观的必然。”[①]

但匈牙利又反对整个国民经济由市场机制来调节，而是主张把计划与市场结合起来，坚持把计划放在首位。卡达尔曾明确指出：“集中

① 转引自周新城：《匈牙利经济体制研究》，33页，福州：福建科学技术出版社，1984年。

计划工作今后仍将起着首要的作用。”①匈牙利《关于经济体制改革的指导原则》中也指出：“以生产资料公有制为基础的社会主义计划经济制度，使社会有可能最有效地使用和发挥其力量的源泉，以日益满足其需求。经济体制改革的目的，是把这一可能性更好地变为现实性，提高社会主义经济有计划的集中领导及其整个活动的效能，发挥社会主义计划经济的优越性。”“把国民经济有计划的中央管理和商品关系、市场的积极作用有机地联系起来。”②

但是，匈牙利在改革中，至今未能找到计划机制与市场机制相结合的“最佳点”。匈牙利理论界一度倾向于以计划机制引导不完全的市场经济，否定市场社会主义的理论，不赞成以市场经济作为改革的目标模式。后来，某些经济学家又一再肯定搞市场经济的必要性，反对国家过多干预。如何解决计划与市场的有机统一问题，匈牙利在理论上和实践上都还在继续探索。

三、苏联东欧各国价格改革模式的选择

与指导价格改革的理论“分野”相对应，苏联东欧各国对价格改革模式的选择也各不相同。一是“苏式”，即苏联、捷克斯洛伐克、民主德国以计划价格为主的管理体制；二是“南式”，即南斯拉夫以市场价格为主的价格体制；三是“匈式”，即匈牙利实行的混合价格制度。下面分别作一些具体说明。

（一）“苏式”以计划价格为主的管理体制

苏联主张市场价格由计划直接决定，把市场机制看作计划调节的“检验器”，排除任何自发的市场机制。比如对农产品，国家下达指令性计划收购，收购价由国家统一规定。农业企业在完成农产品年度交售计划并且交售额超过前五年平均交售额的情况下，谷物的收购价提高100%，实行加价奖励。不过苏联也正在研究对整个价格体系进行有计划的改革，在价格方面，积极扩大合同价和限价，逐步做到优质优

① 《匈牙利工人党第九次代表大会》俄文版，47页。

② 王兴斌主编：《1847—1985国际共产主义的实践和理论》，565页，济南：山东人民出版社，1986年。

价，以便能有效地实行经济核算，使其成为推行经济和社会政策的积极手段。

为此，在价格体系方面，他们设想，要对批发价格、收购价格、零售价格和各种收费进行总体上的根本改革。同时，还要有计划地实行国内价格和国际价格挂钩。在价格体制方面，今后苏联将采用三种价格形式：集中制定的价格，合同价格，企业自行批准的价格。苏联虽然没有具体说明三种价格形式的比例，但是从今后的发展趋势看，高度集权的固定价格体制将会有所改变，有所松动，集中规定的价格的比重将会有所降低，合同价和企业自主批准的价格的作用范围将会逐渐扩大。

估计苏联价格放开将是一个漫长的过程。这是因为苏联在价格改革的指导思想上，即商品生产理论方面尚未取得突破性进展。与此相联系，整个价格改革的设想，还没有脱出完善计划性或提高计划价格科学性的单一轨道。这表现在它对有计划的价格形成的科学根据，作了大量的新探索，但对如何更好地发挥价值规律的调节作用，却较少新意。对市场调节在价格改革中应有的地位，则更少论及。所以可以说，苏联的价格体制改革，从目前来看，它所追求的模式仍然是以保持计划价格为主的管理体制。

（二）“南式”以市场价格为主的价格体制

与苏联价格体制改革的模式不同，南斯拉夫实行的是以市场价格为主的价格体制。南斯拉夫的价格管理体制从1952年开始改革，到70年代末，通过了一系列法律，建立了新的价格制度。新价格制度的原则，主要是强调市场的充分作用和市场统一、市场监督、社会契约的作用。

在价格形成理论上，确定了以下四条标准：①国内市场的供求关系；②世界价格的影响；③平均劳动生产率的变化和生产资金合理使用的考量；④社会总收入的分配要与该部门的劳动生产率、资金的使用效果和总的社会劳动生产率相适应，使各部门的经营条件相同。作为补充标准，同时强调价格对社会生产力和生活费用变化的影响。

这些标准在价值基础上，突出供求关系的作用和国内价格与国际价格的衔接。由此可见，改革后南斯拉夫的价格形成原则发生了根本的变化。那种机械地按成本加一定利润的订价方法只占很小比重，绝大多数产品都是根据市场供求关系和产品的使用效益订价。这对于发挥市场机制的作用，推动企业改善经营管理，提高生产效率和产品质量无疑会起很大的作用。

但是与此同时，也出现了某些产品价格严重违反价格政策，市场出现紊乱和明显影响人民生活的情况。为了对价格实行直接监督，1972年南斯拉夫又通过了《价格社会监督法》，以充分发挥社会契约和自治协议的作用，同时使社会政治公共机关保留在必要时对价格直接进行控制的权利，从而进一步完善新价格体制。农产品价格基本上由买卖双方根据市场供求状况协商确定，但对小麦、玉米、肉类、油料实行收购的最低保证价格，使生产者不必担心产品销路。目前大约有70%的农产品价格有最低保证价格。同时，也注意对农产品价格的社会监督。直接方面，是要通过价格登记，掌握对物价的国家控制权，通过冻结物价进行行政干预。间接方面，是通过各种经济杠杆和补贴来影响农产品的价格。

在工业品方面，大致有五种价格：①自由定价的，占工业总产品的33%。如食品、糖果、酒类、装饰品等等。②在同行业共同协议基础上的自由定价，占20%。如纺织品、皮革、家具、橡胶制品等。③必须签订自治协议，共同订价，报联邦价格局批准的价格，占17%。如汽车、农具、化工产品等。④由生产者、消费者和联邦三方面签订社会协议，作出规定，根据国际市场的变化可在一定范围内自己调整的价格，占20%。如冶金、黑色冶金产品。⑤联邦控制的价格，占10%左右。如烟草、石油制品等。

（三）“匈式”混合价格体制

匈牙利实行的是混合价格体制。此种价格类型实行集中与分散相结合的原则。一方面，坚持计划决定经济发展的主要方向和主要比例，为市场机制规定运行的框架；另一方面，给市场机制以广阔的活动余地。所以，匈牙利通过取消指令性计划，实行指导性计划，把国家的计划领导和市场的积极作用结合起来。其特色在于，它既不实行完全的自由竞争市场，也不主张计划机关干预一切商品价格的形成，而是实行混合价格制度。只对一些商品价格的形成进行干预，而对大部分商品价格由市场机制自由形成。按商品品种的不同，分别采取固定价格、协议价格和自由价格的体制。①固定价格，它的确定和调整直接由国家决定。它主要涉及基本原料、主要消费品和服务行业的价格。②协议价格，其特点是受国家的限制，又有一定的活动余地。有些产品国家规定最高限价，在限价以下，企业对这些产品的价格可以灵活掌握。有些产品由国家规定价格的上限和下限，在此范围内，企业有权使这些产品的价格上下浮动。协议价格主要涉及建筑行业、部分原料和消费品。③自由价格，它由企业和个体经营者自定，也可以通过协议确定。它主要涉及机械产品、电子产品、奢侈品和服装等。

匈牙利从1979年起，普遍采用“竞争性”的价格制度，就是使产品价格逐步做到能真实地反映经济成果，改变过去由国家向消费者和工人提供大量补贴，造成价格和世界市场脱节的现象。这一变化需要相当长的过渡时期。为了保证人民的生活稳定，目前匈牙利对价格，特别是与人民生活有关的消费品价格的控制，还是比较严格的，即使是“自由价格”也不是完全自由的，自由价格的产品要提价，必须事先提出申请。国家物资价格局如果认为提价理由不充分，有权予以否决。

（四）三种价格制度的趋势分析

从上面的叙述可知，目前苏联东欧各国无论是采用何种价格改革模式，都同时存在三种价格形式，即国家定价（或称官定价格），指导价（或称浮动价、协议价、合同价格）和自由价格。在每个国家的现行价格体制中，三种价格形式的比例不同，但三种形式的并存将会持续很长时间。

从发展趋势来说，苏联的价格改革，将是在国家定价的基础上，逐渐扩大指导价和自由价的范围，至于能否在将来某个时候导致根本模式的变化，现在还很难断定。南斯拉夫的价格改革的进一步完善，将是在自由价格的基础上，采取措施，加强对价格关系的社会协调和价格的社会监督。作为以国家定价为主的苏联价格模式和以自由价格为主的南斯拉夫价格模式，现在都有某种从两极逐渐向中间趋同的现象。作为实行混合价格体制的匈牙利，在某种意义上正是上述两极在中间的结合。但是匈牙利如何解决好价格管理中的集中与分散的关系，如何适当控制自由市场原则对价格形成的影响程度，如何适当把握国内价格与国际市场挂钩的程度等等问题，还需要对价格制度和政策进一步进行探索和完善。

目前在苏联和东欧国家，对以计划价格为主的管理体制，对以市场价格为主的管理体制和混合价格体制还有不同的认识。一般地说，仍然坚持以国家计划价格作为改革的目标模式的主张，已不多见。认识上的分歧和理论上的争论主要表现在，是坚持把混合价格形式作为价格改革的方向，还是自由价格形式作为改革的方向。

赞成自由价格的人认为，这种价格形式和体制符合社会主义商品经济发展的要求，在商品经济中，企业只有掌握价格决策权，才能真正参加竞争。如果否认企业是价格决策的主体，就会使价格运动与企业的经济利益脱节，这是与社会主义企业作为商品生产者、经营者的性质和地位相悖的。

主张混合价格的人认为，在社会主义的商品经济中，计划与市场是内在统一的。计划机制和市场机制是有机地结合在一起的。以固定价格为主和以自由价格为主都体现不了这一要求。固定价格和自由价格在未来的价格体制中虽然仍有发挥作用的领域，但起主导作用的是各种国家指导价格。在社会主义商品经济中，价格改革的目标模式是以国家指导价为主，三种价格形式并存的模式。

看来，在价格改革中选择目标模式还有待于对这两种价格形式和价格管理体制作进一步的深入研究。选择只能在理论和实践的进一步发展中去进行。

四、苏联东欧国家价格改革的效果与问题

苏联、东欧国家由于价格改革的指导思想和选择价格改革模式方面的差异，所进行的价格改革的深度和广度的不同，以及所采取的价格改革措施在得当程度上的区别，导致了不同的效果和需要进一步加以解决的新的问题。下面仍就三个有代表性的国家，即苏联、南斯拉夫、匈牙利的物价改革来进行考察。

（一）苏联的物价改革

苏联的物价改革，重点是调整价格水平和各种产品的比价。苏联于1967、1973、1982年分别大规模地调整了工业品的批发价格。自20世纪50年代中期以来，多次大幅度地提高了农产品的收购价格，并允许农民在集体农庄市场上按自由价格出售剩余农产品。

通过这些改革措施，取得了一些积极效果。

第一，对于消除长期形成的工农产品不合理的比价，调动农民的生产积极性，发展农业生产起到了很好的作用。

第二，促进了工业的协调发展。使各类工业品的出厂价格水平趋于合理化。基本消除了亏损部门。从前许多原材料主产部门是计划亏损的，改革后都有不同程度的盈利。比如煤炭工业和铁矿石开采业，1967年价格改革前都是亏损部门，而由于实行了新价格，1967年煤炭工业结果盈利8.5%，铁矿石开采业则盈利17%[①]。另外，显著缩小了各工业部门间的盈利率差距。1967年调价前，机器制造业盈利率为30%，仪表工业的基金盈利率高达67.9%，而整个重工业部门的平均盈利率只为7.4%，与前两个部门相比相差数倍。调价后，重工业部门平均盈利率上升为14.8%，机器制造业则下降为21.1%，二者相差不到半倍[②]。这样，苏联经过多次价格调整，使价格趋于接近产品的价值（社会必要劳动消耗），这就使它能够更好地发挥核算的职能作用，为加强经济核算，改进计划工作，加强国民经济的平衡，创造了较好的核算条件。

第三，改革也加强了价格的刺激作用。苏联在价格形成方法上进行了改进，提出和实行了几种刺激技术进步的价格形成办法。比如，第一，“限定价格”。对企业的新产品规定价格的上限和下限，刺激企业去改进生产技术，降低成本。第二，“价格加成和折扣制度”。即对优质产品给予一定的价格加成，对于二级产品给予一定的价格折扣。第三，“滑动价格”。具体办法是将产品价格按时间顺序分为三级：一级为鼓励价格，即在产品生产初期，由于成本高，产品比较先进，应规定较高的价格，使生产者有较高的盈利率；二级为正常价格，即产品业已大批生产，成本降低以后，再适当降低其价格，使生产者获得

① 参见王守海：《苏联东欧国家经济体制比较》，172页，北京：中国社会科学出版社，1984年。

② 参见王守海：《苏联东欧国家经济体制比较》，172页，北京：中国社会科学出版社，1984年。

中等盈利率；三级为惩罚价格，即产品业已落后或出现了能够取代它的新产品时，就应进一步降低其价格，使企业继续生产该种产品成为无利可图。以上三种价格形成方法的推行，对于企业改进经营管理、节约活劳动和物化劳动、改进技术，提高产品质量起到了一定的作用。

但总的说来，苏联价格体制的改革同整个经济体制改革一样，基本上是着眼于方法上的完善，因而没有也不可能完全克服旧价格体制所固有的矛盾。实际上，我们在前面所列举的旧价格体制的那些弊病，在很大程度上仍然存在。尽管苏联在价格改革后非常强调发挥价格的调节和刺激作用，但由于片面强调计划价格的重要性，轻视价值规律和市场机制的作用，使得价格这一重要的经济杠杆并没有能得到很好的利用。

南斯拉夫的价格体制改革大致经历了以下三个阶段。

（二）南斯拉夫的物价改革

第一阶段（1952—1965年）实行双重价格制度，即由经济价格和行政价格组成的价格体制时期。经济价格是在符合社会计划基本比例前提下的，由供求关系自由形成的市场价格。行政价格，即由国家对某些产品所实行的规定价格。这个时期的价格体制，在发挥价值规律的作用和扩大企业订价自主权方面，确实迈出了重要步骤。但国家对价格依然保持强有力的影响。以工业品为例，国家直接或间接控制的范围1956年约为27%，1962年以前是缩小的趋势，此后又迅速扩大，1964年达到60%—70%。尽管这个阶段物价有所上升，但幅度不大。1953—1965年工业品生产价格年平均上涨2.1%，工业品零售价格年平均上涨5.8%。这种价格体制由于实行两种价格形式，其主要缺点是造成产品比价的不合理，使各部门的收入差距扩大。为了解决这个问题，南斯拉夫从1965年开始了第二阶段的价格体制改革。

第二阶段（1965—1967年）。这次改革以国际市场价格为标准，调整国内价格比例，使绝大部分商品都是根据市场供求关系和产品的使用效益订价。这样做对于发挥市场机制的作用，推动企业改进经营管理，提高生产效率和产品质量无疑会起更大的作用。但是这次改革在宏观上并没有能达到预期的效果。因为这次改革过分强调了市场对价格形成的作用，削弱了经济的计划性，因此出现了自发倾向和无政府倾向，使经济产生了紊乱和不稳定。1965年以前，南斯拉夫的经济发展是快的，1963年工业年增长尚为16%，而1965年则下降为8%，1966年为4%，1967年为零。为了为经济的稳定发展开辟道路，南斯拉夫总结了以往物价改革的经验和教训，从1967年开始进入了新价格体制的建立和发展时期。

第三阶段（1967—）。新价格体制的特点就是强调加强社会计划、社会监督、社会契约对于物价形成和物价管理的作用。但是到目前为止，这种作用发挥得尚不充分，有关的价格政策和法令还没有能得到全面正确的贯彻。企业在生产成本提高，设备利用不足的情况下，往往以提高产品价格的办法来增加收入，弥补亏损，以致价格协议也屡遭破坏。有些企业利用自治协议垄断市场，哄抬物价，加上价格监督制度尚不完善，人为地造成了某些商品的供应紧张，物价上涨。据报道，1982年上半年“在经济部门联合劳动组织的收入总计27.7%的增长额中，有96%来源于涨价，只有4%来源于产品和劳务量的增加”①。

另外，国内物价与国际市场价格“挂钩”，既是对外开放的需要，也是它的必然结果。它给企业带来的不仅是机会，而且也是压力。国内企业之间和国际市场的激烈竞争，对企业努力改善经营管理，采用新技术，降低生产成本，注意产品更新，加强其产品的竞争能力都有促进作用，这些在前文已经说过了。但同时也暴露出了不容忽视的弱点。国际市场价格是各种复杂经济结构和因素作用的结果，简单的“挂钩”只能使本国经济置于世界经济的直接影响下。实践证明，自从内外价格“挂钩”后，南斯拉夫受世界经济的影响剧增，特别是当今西方经济出现严重的“滞胀”时，南斯拉夫的通货膨胀更是有增无减。其通货膨胀率在1982年为31%，1986年上升到89%，1987年继续上升，到10月份通货膨胀率达到136%。这种情况的产生给南斯拉夫的经济生活和社会安定带来了严重的困难。

综上所述，在苏联东欧国家中，南斯拉夫价格体制改革的步伐迈得最大。这种新体制尚不成熟，特别是其重要组成部分即社会监督体系还很不健全。如何使价格既能促进企业提高经营效率，成为搞活国

① 参见王守海：《苏联东欧国家经济体制比较》，191页，北京：中国社会科学出版社，1984年。

民经济的杠杆，又能避免物价上涨的混乱，保证国民经济稳定发展，这是一个十分复杂的问题。在当前以制止通货膨胀为重点的稳定经济的斗争中，南斯拉夫在坚持自治的前提下，正积极加强对物价的直接社会监管，使价格体制臻于完善。

（三）匈牙利的物价改革

匈牙利的价格体制改革如果从1956年对农产品的收购价格进行调整算起，到目前为止也经过了三个发展阶段。

第一阶段是从1956年至1957年开始的。这个阶段主要是在农业上取消义务交售制，对谷物、甜菜等第一类主要农产品采取合同定价；对土豆、水果、家禽等第二类农产品按浮动价格收购；第三类是不签订合同的各种农产品，完全听任市场交易。从农产品的价格制度实行改革以来，逐渐改变了匈牙利农业的落后状况，使之进入了世界先进行列，人均粮食占有量已经居世界第4位。过去每年要进口几十万吨粮食，近十多年来，匈牙利的农产品出口增加了3倍多，连同食品工业的出口，占全国总出口量的1/4左右。可见，匈牙利农产品价格的改革取得了很大的成功。

价格体制改革的第二阶段是从1966年至1968年开始的。这个阶段主要是把对于农产品的价格改革转向工业品的价格改革。匈牙利在研究苏联和南斯拉夫等国经验的基础上，提出了生产成本、市场行情和国家优惠三种因素相结合的价格形成原则。这种价格形成原则的实施，对经济发展和人民生活的改善起了促进作用，1967年至1972年间，匈牙利年平均增长速度为6.2%，市场物资供应丰富，职工名义工资平均每年增长4.7 %，人民生活水平有了很大提高。

这种多因素结合的价格形成原则，集中体现了匈牙利新价格体制的特点。它表明匈牙利一方面要使价格更好地反映市场需求的变化，为充分利用市场机制创造条件，另一方面还要保持国家经济政策对价格形成的必要影响和干预，从而避免苏联和南斯拉夫的价格体制由于这两方面结合的不力而出现的矛盾。但是如何把这两种因素合理结合起来，则是一个相当复杂的任务。过分强调成本和市场行情的变化，就可能使物价过分波动，难以保证经济发展的稳定性和计划性，而过分强调国家优惠的作用就必然使价格在很大程度上背离价值，削弱甚至扭曲价格机制的调节作用。但是就实际情况来看，匈牙利在订价方面仍比较侧重国家优惠的作用，限制了成本和市场行情对价格形成的影响。为此，国家增加了对消费品价格的补贴，从1967年的84亿福林，增加到1968年的140亿福林。1969年又增加到150亿福林，到1978年已达到440亿福林，超过了国家全部流通税收入，已占消费总额的13%和国家财政收入的11%。

另外，由于匈牙利出口额占国民收入的50%，为了扩大出口，抵消国际市场与国内销售价格的差额，国家对出口实行越来越多的补贴。1972年的出口补贴为14亿福林，1973年增加到60亿福林，1974年又剧增为280亿福林。这样不仅由于补贴过多造成财政赤字，而且通过价格手段所起的市场机制的作用，也大为削弱，不利于企业提高劳动生产率和改进技术。

自从20世纪70年代末起，匈牙利经济开始走下坡路。1979—1985年国民收入年平均增长速度不到1%，1985年还出现了负增长，物价上涨幅度大，居民实际生活水平下降。匈牙利从这一实践中认识到必须改变新旧体制的交织状况，把改革进行到底。从80年代起，匈牙利的价格体制改革进入了第三阶段，即实行依据国际市场价格来制定国内价格的所谓“竞争价格”制度。这种价格制度涉及工业生产的73%，全部社会生产的40%左右。尽管这种价格制度还不完善，对这种价格制度的合理性还存在争论，但它在近几年已在促进经济结构改变、提高经济效果和恢复国民经济平衡方面起到了重大作用。

总之，通过1968年的价格改革和1980年的价格调整，以及实行“竞争价格”，匈牙利基本上摆脱了传统价格体制的束缚，正在逐步建立和完善一种有限制的市场价格制度。

五、苏联东欧国家价格改革的几点启示

苏联东欧国家价格改革的理论和实践对我们的启示是多方面的，这里着重提出以下几点：

（一）必须充分认识物价改革的必要性和艰巨性

苏联东欧国家是在经济改革的总背景下进行价格改革的。传统的

高度集中的价格体制是与高度集中的经济体制相配套，并为之服务的。经济体制改革要冲破旧的经济体制，并建立新的经济体制，都必然要碰到旧的价格体制的钳制。要在计划经济中充分运用市场机制，而市场机制要通过价格来起作用。因此，对价格体制实行改革，是经济体制改革的一个非常重要的组成部分。

苏联东欧国家在经济改革中十分重视价格改革的作用。许多经济学家认为，价格改革贯穿经济关系全部领域，并对经济体制的运转发生巨大影响。苏联国家价格委员会主席B.帕甫洛夫认为，价格改革是包括政治、经济、法律改革在内的整个改革的关节点之一①。有的苏联学者说："整个经济体制如同一辆汽车，价格体制是它的方向盘。"匈牙利的经济学家认为，价格改革是整个经济体制改革的关键。南斯拉夫的一些经济学家也认为，价格不改革，其他改革就无法进行，认为价格改革是经济改革初期的关键。我们国家经济改革的进一步深入也说明，在经济改革尤其是初期改革中，价格改革是不可取代，不可移易的，企图回避对现行价格体制的改革，肯定是行不通的。因此，必须以坚定不移的决心去搞好价格改革。

但是苏联东欧国家价格改革的实践又说明，价格改革是一个复杂的、艰巨的渐进过程，不可能一蹴而就。南斯拉夫物价改革近40年，匈牙利进行物价改革也有近20年，苏联、波兰和其他东欧国家的物价改革也进行了多年。它们对新的物价体制都进行过大量的新的探索，针对新出现的问题进行过多次的调整和完善，但都尚未取得最后的成功。

这是因为物价改革是一个新的价格体制对旧的价格体制的扬弃过程，如何克服旧体制的弊端，又如何保留旧体制的某些合理因素，这是一个需要在实践中认真加以总结的极为细致的工作；价格改革必须和其他领域的改革进行配套，它不可能孤立进行；在推进价格改革时，都面临着国内价格与国际价格的关系问题；价格改革还受到历史传统、经济发展状况、人们的利益关系和心理承受能力等方面的制约；同时还要考虑到目前市场机制还不完善、价格监督和管理的法规还不健全、干部管理水平还不适应等情况。

① 参见［苏］《真理报》，1987·08·25。

正是鉴于这些，所以苏联东欧国家的有识之士提出，在价格改革过程中，要避免将物价改革本身理想化，不能企望十全十美的物价改革方案，也不能希望有一次到位的成功改革。因此，必须以坚韧不拔的精神，通过艰苦的努力，去争取物价改革的最终胜利。

（二）必须坚持计划与市场有机结合的价格改革总方向

在社会主义市场机制的理论和实践方面，苏联坚持计划经济，实行指令性计划，以推动经济运转。在价格体制上，主要也以计划价格对经济进行调节。这种价格形式在制止通货膨胀，稳定物价，实行计划经济等方面，确有它的长处。所以今后仍然是一种必要的价格形式。但是它缺乏灵活性，给利用市场价格进行市场调节的余地很小，很容易把价格固定死，企业没有价格决定权，束缚了企业的主动精神和创造性。由于企业没有活力，在技术进步迅速，市场情况瞬息万变的条件下，无法适应经济发展的要求。结果产品花色品种少，质量差，经济效益低，消费者的需要得不到满足等弊端丛生。

南斯拉夫充分利用市场的积极作用，实行以市场价格为主的价格体制。这种价格形式能灵敏地反映市场复杂多变的供求关系，随行就市，有涨有落，有利于把生产和需求联结起来，促进竞争，推动企业不断改进技术，改善经营管理，提高经济效益。但南斯拉夫对宏观计划调节的作用和意义估计不足，忽视了集中管理的必要性，造成了地方割据，破坏了全国统一的市场。因为市场价格是通过自发形成的，在新旧经济体制转换期间，在市场机制尚未形成，特别是社会总需求不能得到有效管理的情况下，具有自发性、盲目性和波动性，还容易引起生产和流通的无政府状态，在社会总需求不平衡的情况下，部分实行市场调节价的商品，出现脱销和造成社会劳动的浪费都是不可避免的，搞得不好，还会导致物价总水平的失控，引起轮番涨价。南斯拉夫在这一方面给我们提供了丰富的经验教训。

匈牙利仍把计划放在首位，但取消了指令性计划，实行指导性计划，把国家的计划领导同市场的积极作用结合起来。在价格改革中力图比较好地去处理计划与市场的关系，以及国家集权和企业分权的关系，以求既达到宏观控制，同时又增强企业活力，在做到既保持整个经济总量的平衡，又发挥地方和局部的优越性。

苏联东欧国家物价改革的实践表明，在社会主义商品经济中，计划机制和市场机制是互为补充不可偏废的，计划价格和市场价格也是互相补充不可缺一的。从我国的实际情况来看，也已经证明，只有坚持计划与市场相结合，实行以指导性价格（浮动价格）为主，并与指令性价格和市场价格并存的价格体制，才比较有利于调动企业的主动性和积极性，又能使整个国民经济协调发展。

（三）必须处理好理顺物价与稳定物价的关系

这是推进物价改革的一个主要的难题所在。传统的计划价格体制的一个重要特点就是物价稳定。现在要改革高度集中的计划价格体制，要逐渐发挥市场价格的作用，必然会带来物价总水平的一定上涨。这是因为社会主义价格体制的改革是结构性改革，但又不是一般的结构性改革。一般的结构性价格调整是把偏低的价格调高，偏高的价格调低，从而在严格控制货币供应量的前提下，保持物价总水平的稳定。而社会主义国家的价格结构性改革，主要是要消除历史上造成的对部分重要商品的抑制性低价状态，这些抑制性低价商品大多是农、矿产品，属于基础产品。而且这些偏低的基础产品的价格同其他产品价格的不合理比价又是长期累积起来的，需要调整的产品面广，调价的幅度也较大，不能指望完全由生产后续产品的企业所消化，因而进行结构性价格改革和调整，必然要引起价格总水平的一定上升。但是，如果价格水平的变化及相应的所需货币供应量的增长，限制在对不合理价格结构进行调整的范围以内，而不加以通货膨胀的因素，那么，价格总水平的上涨幅度也不会过度。如果物价改革和通货膨胀同时发生，那么物价总水平上涨率将会进一步提高，这就会影响对不合理价格结构进行调整。因此，严格控制货币供应量和社会总需求，防止和排除通货膨胀的发生，才能保证物价改革的顺利进行和物价总水平的相对稳定。

然而“短缺”是社会主义各国长期普遍存在的社会经济现象。在短缺经济条件下，一旦政策放宽，所引发的“投资饥饿症”和“消费早熟症”，就会导致需求膨胀，市场往往为卖方市场，从而造成物价总水平的上升。为了不使居民的生活水平降低，又必须发放涨价补贴，弄不好，就会产生物价与工资竞相增长的情况。南斯拉夫、匈牙利、波兰等国在物价改革中都出现了这种情况，从而导致通货膨胀的加剧。

匈牙利1968—1970年，劳动生产率增长了8%，而工资收入却提高了15%；波兰1983—1985年，生产和供应每年只增长1.5% — 2%，而1983年工资增长了23%，物价上涨21% — 22%。1984年的比例同1983年一样；1985年工资增长15% — 16%，物价上涨也是15% — 16%，这样工资增长的部分完全被物价的上涨给冲掉了，人民的实际生活水平并没有提高，甚至还有某种程度的降低。南斯拉夫在这一方面情况也很严重，最近若干年来，通货膨胀居高不下。在总需求超过总供给，引起通货膨胀的条件下，也就无法顺利地进行价格改革。

这些国家的经验证明，改革必须给人民看得见的切实利益，否则人民就不会拥护改革。但也要注意控制基本建设投资，注意正确引导群众的消费。在每一次价格体系调整后，各种经济杠杆应配合采取反通货膨胀的措施。要注意在增加生产、降低消耗、提高质量和效益上下功夫，工资上升幅度应与劳动生产率保持合理比例，尽快改善经济结构，消除垄断性企业对价格的影响，等等。总之，要积极创造条件，逐步实现理顺价格与稳定价格的统一。

（四）坚持价格改革的坚定性与实施步骤可行性的统一

物价改革必须坚定不移地进行下去，这是苏联东欧各国在价格改革实践中所获得的一个共同认识。新旧价格制度的转换需要有一个过程，这是没有疑义的。但是这个过程也不可以拖得太长，不然就会延误时机，造成许多不必要的曲折。匈牙利的价格改革一度出现停滞的重要教训，是没有抓住有利时机，从而使有些已出台的改革措施不得不从既定原则后退了。20世纪70年代末、80年代初当匈牙利决定重新推进改革时，经济困难，人民生活水平下降，改革的难度比起当时已大得多了。物价改革必然涉及各方面的利益，任何一项改革措施都会碰到来自某些方面的压力。但是，只要是看准了的改革，就要坚决顶住各方面的压力，抓住有利的时机，迈出实质性的步伐，使改革形成不可逆转之势。

这里的所谓“看准”，就是指某项改革措施的实施，不仅是国民经济发展所必需，而且在现实实际生活中也是可行的。所谓可行，指社会具有了对这种改革的承受能力。这里可以分为三个方面。其一是政治的承受能力，这主要是指社会安定团结状况，政府和经济管理部门的行政管理工作水平和控制能力；其二是经济的承受能力，这里包括国家的财力、物力和人们的收入水平；其三是社会心理承受能力，即人们对物价问题的认识和经济生活习惯。对于任何一项价格改革措施的可行性，都可以从这样三个方面去加以考察、研究。

南斯拉夫、波兰等国在采取某些价格改革措施时，有时由于对上述诸项缺乏周密的研究，致使超过了社会的承受能力，因而引起了人民群众的不满，甚至在一段时期内出现了某种程度的混乱。鉴于此，我们从中是可以引出许多教训的。比如，物价改革的出台项目最好选在经济环境较为平稳，财政、物质比较充裕的时机；对密切关联人民生活，且供求弹性较小的商品，在职工工资没有增加的情况下，其价格要加强控制；对非动不行的产品价格，其变动应以充分的物质准备为前提，并在提价的幅度上不超过宏观控制的界限；物价调整要积小步为大步，特别是那些涉及面广的商品，一次提价不可幅度太大，以减少社会震动；要严格加强社会监督检查和市场管理，严厉打击和制裁违反国家物价纪律的集体和个人。

总之，物价改革事关人民生活、经济发展、政局安定，必须积极而又稳妥地向前推进。当然很难避免发生一些新的矛盾和问题。有时可能对引起的连锁反应估计不足，有时对改革的复杂性、艰巨性认识不够等等。在新的矛盾和问题产生以后，只要认真总结，及时加以调整，就可以避免造成大的损失，并为新的发展创造条件。

（五）物价改革必须加强领导，与其他改革有机配套

物价改革涉及面广，难度大，要搞好改革，必须加强领导。这种领导包括宣传教育，加强法制、行政干预和通过经济手段加强对物价的管理、指导、检查和监督。

匈牙利在改革初期就建立了研究群众心理和社会舆论的专门研究机构，用系统科学的调查研究方法，了解社会各阶层对于物价改革和其他各项改革措施的反应，搜集各种社会动态，分析社会心理和价值观念变化的趋势。它不仅为决策部门提供了较准确的信息，同时也为改革的宣传提供了依据。在价格改革中，各国都非常重视宣传、对话的作用，甚至举行公民投票，以取得群众对改革的理解和支持。匈南

两国为保障改革的顺利进行，都十分注意颁布和修订有关的法律。南斯拉夫有3000多项法律，其中经济方面的法规达800多项。法律一旦公布，必须严格执行，对法律的修改只能通过立法部门进行。这样，强化了改革措施的权威性、合法性，对实行新的价格制度具有重大作用。

南斯拉夫、匈牙利除了组织和发挥一些社会组织，比如生产协会和跨行业的经济协调机构对于价格的协调、监督作用以外，政府也直接出面成立一些市场监督机构，如匈牙利的物价局不仅负责监督企业违章涨价，而且还从“国家干预基金”中拨出可观的款项，作为“市场干预基金”，直接用优惠手段，干预物价涨落 。实践证明，价格越是放活，越要加强对价格的管理、指导、检查和监督，这二者是有机统一的。

另外，物价改革是整个经济体制改革的一个重要组成部分，对整个经济体制改革有促进作用，而经济体制的全面改革，特别是微观经济活力的增强，才能使价格改革的作用充分显示出来。匈牙利1968年的改革重点是全面取消指令性计划，扩大企业的自主权和相应的留利制度的实施，对于刺激企业的生产积极性和根据市场需求安排生产起了积极作用。但是由于企业不能破产，实际处于只负盈不负亏的状况，这种依赖性的存在导致企业对价格信号反应的敏捷度也就大为削弱。因此匈牙利1980年的改革把实行企业破产法作为改革深化的一个重要内容。价格改革同财政、税收、金融、计划、劳动工资等等方面的改革也有密切联系。这些改革都要依靠国家的统一领导，各方面互相配合，才能收到事半功倍之效。苏联东欧国家从自己的改革实践中，不仅认识到物价改革与经济改革必须配套进行，而且还认识到，物价改革必须有政治改革作保障，才能顺利地深入地进行。

总之，苏联东欧国家进行价格改革的理论和实践，对于我国的价格改革是有启发意义的。当然各国的价格改革都是在自己的具体国情下进行的，各有其不同的特点，因而对于苏联东欧各国价格改革的经验不能照搬。我们只有从中国的实际出发，在借鉴别国经验的基础上，走出一条中国式的价格改革道路。

社会主义市场经济的本质规定*

一、社会主义市场经济的概念形成

十一届三中全会以来，我们党坚持马克思主义基本原理同中国具体实际相结合，逐步形成和发展了建设中国特色社会主义的理论。在这个理论体系中，一个最重大的理论贡献，就是确立了社会主义市场经济理论。

早在1979年邓小平就提出了“社会主义也可以搞市场经济”的看法。1984年《中共中央关于经济体制改革的决定》提出了，社会主义经济是公有制基础上有计划的商品经济的理论。邓小平高兴地指出：“这次经济体制改革的文件好，就是解释了什么是社会主义，有些是我们老祖宗没有说过的话，有些新话。”①1987年2月邓小平针对某些同志的误解指出：“为什么一谈市场就说是资本主义，只有计划才是社会主义？计划和市场都是方法嘛。只要对发展生产力有好处，就可以利用。”②

党的十三大报告肯定了上述思想，明确指出：“社会主义经济是公有制基础上的有计划的商品经济，这是我们党对社会主义经济作出的科学概括，是对马克思主义的重大发展，是我国经济体制改革的基本理论依据。”③并认为：“新的经济运行机制，总体上来说应当是‘国家调节市场，市场引导企业’的机制。”④这在实际上已经提出了要建立有宏观控制的市场经济的目标。

---

* 原刊于《学术界》，1994（4）

① 《邓小平文选》第3卷，91页，北京：人民出版社，1993年。

② 《邓小平文选》第3卷，203页，北京：人民出版社，1993年。

③ 邓小平：《沿着中国特色的社会主义道路前进》，26页，北京：人民出版社，1987年。

④ 邓小平：《沿着中国特色的社会主义道路前进》，27页，北京：人民出版社，1987年。

1992年1月邓小平视察南方的谈话中进一步明确指出，计划经济不等于社会主义，市场经济不等于资本主义。计划和市场都是经济手段①。十四大报告在这些论断的基础上第一次提出了“社会主义市场经济”的概念。这是最重大的理论突破和发展。

当前，我们所面临的一个基本课题是如何正确地把握社会主义市场经济的基本含义，从而在实践中加速社会主义市场经济的建设。为此，下面就市场、市场经济、有控制的市场经济、社会主义市场经济等历史演化和本质特点，作一些分析和说明。

二、从市场到市场经济的历史发展

市场形成于原始社会末期。那时生产力有了一定程度的发展。在此基础上有了农业、畜牧业、手工业、商业的分工。有分工就有了交换，有了市场。

原始社会末期，奴隶社会、封建社会都有市场。但那时的市场还不能称为市场经济，或者说，只是市场经济的萌芽。因为那时的市场只是在自给自足的自然经济条件下，对劳动产品起调节余缺的作用，市场对生产本身不起支配作用。

在资本主义产生以后，才有市场经济。所谓市场经济，就是一切经济活动通过市场进行。市场成为经济运行的中心，成为联结生产、流通、分配和消费的纽带。

具体一点说，企业经营以市场需要为前提，企业经营所需的一切生产资料和劳务都是在市场上加以筹措，企业的产品都要投入市场，在市场竞争中形成商品价格。市场价格围绕着商品价值上下波动，决定企业盈亏，成为企业经营的指挥棒，成为宏观经济的自发调节者。

市场经济所固有的竞争机制、价格机制，在宏观上，它决定着资源（包括资金、技术、自然资源、劳动力等）在各个部门的配置；在微观上，它对企业具有优胜劣汰的作用；而对个人来说，它有奖勤罚懒，鼓励进取向上的作用。因此，市场经济机制具有任何其他机制所不能比拟和无法取代的强大能量。

① 邓小平：《沿着中国特色的社会主义道路前进》，27页，北京：人民出版社，1987年。

三、现代宏观调控的资本主义市场经济

资本主义市场经济有两种形态：一种是古典资本主义市场经济，即自由放任的资本主义市场经济；二是宏观调控的资本主义市场经济，即现代资本主义市场经济。

古典经济学家亚当·斯密和大卫·李嘉图都是自由放任资本主义市场经济的鼓吹者，市场万能论的信奉者。他们主张政府不必干预经济，听任市场的自发性，即价值规律这只“看不见的手”发挥作用。因此，有个说法，管得最少的政府是最好的政府。这种自由放任的市场经济理论和机制，与资本主义工业化的初期阶段是相适应的。那时的资本主义市场经济还处在相对独立的分散的点状发展阶段。

随着生产社会化程度的提高，自由放任市场经济的弊端日益暴露。因为自由放任的资本主义市场经济，单纯依靠市场的自发调节，不仅带有很大的盲目性，而且有很大的滞后性，在其调节过程中不可避免地会使大量企业倒闭破产，引起社会经济的周期波动，造成社会财富的大量浪费。

1893—1895年的大萧条就已敲响了自由放任资本主义市场经济的丧钟，及至1929—1933年的资本主义世界性经济危机的爆发，表明这种自由放任的市场经济机制，已经把资本主义引入了绝境。正是在这种情况下，为了寻找对策，英国经济学家凯恩斯提出了摒弃传统的自由放任政策，由国家积极干预经济生活的主张。也是在这一背景下，美国总统罗斯福成为第一个采取实际步骤走向宏观调控市场经济的政治家。

有控制的资本主义市场经济有两只手在发生作用，一只是看不见的手，即价值规律；另一只是看得见的手，即宏观控制。因而又有一个说法，管得最适当的政府是最好的政府。

资本主义从自由放任的市场经济到宏观调控的市场经济的过渡，经历了大半个世纪，直到第二次世界大战以后才完成。其间发生了第一次世界大战，30年代大危机，德意日法西斯上台，挑起第二次世界大战，从而给人类带来了巨大的痛苦和灾难。

在当今世界上，发达资本主义国家实行的都是有控制的资本主义

市场经济。只是由于各国政府对经济进行干预的范围、渠道、重点和方式各有侧重，因而产生了各具特色的有控制的市场经济体制。比如，美国的短期经济调节体制，德国的社会市场经济，法国的计划调节体制，英国的所有制调节体制，日本的官（政府）产（企业）协调体制，瑞典的“福利国家”体制，等等。

尽管各国的宏观调控各有特色，但通过宏观调控保护市场机制的积极作用，规范市场行为，抑制消极作用，减弱其自发性和盲目性带来的经济波动，缩小收入分配上的差距，弥补市场机制对投资大、风险大的公共设施、基础工业、科技事业所造成的缺失则是共同的。为此，就要有包括财税制度、银行制度、价格制度、国民收入再分配制度以及宏观产业政策在内的政府控制体系；就要建立包括失业保险、老年保险、医疗保险和各种社会救助在内的完善的社会保障体系；就要建立使市场经济沿着健康的轨道发展的法律、法规及监督体系。

在过去几十年中，发达资本主义吸取了社会主义国家计划经济的某些优长，从自由放任的市场经济过渡到宏观调控的市场经济，出现了“资本主义也有计划”的状况。这是资本主义市场经济发展过程中有着深远意义的重大转折，作为一个主要原因，它造成了资本主义在二战后的复兴。当然，发达资本主义国家的固有矛盾依然存在，但是在某些局部问题上确实获得了相当程度的缓和。

四、实现社会公平的社会主义市场经济

社会主义国家的计划经济体制也不是一无是处，它曾经也取得了轰动世界的成就。在这种体制下，欧洲最落后的国家之一的俄国，在短短几十年的时间里变成国民生产总值占欧洲第一位、世界第二位的国家。在这种体制下，人口众多、世界上最为落后的国家之一的中国，在“一五”期间就打下了工业化的初步基础。这些成就如此令人瞩目，以致共产主义的敌人也承认：对于这样一些民族，指令经济“可以成为一种发展技术，这些民族必须努力建立由于历史情况而未能出现的

工业社会”[①]。

传统计划经济体制在对抗国际资本主义的经济封锁和军事压力方面曾经是有效的体制。它能集中人力、物力、财力办大事，能对经济的宏观运行进行指导和规范。但这种体制随着经济建设规模的扩大，其弊端也日益暴露出来。因为无所不包的计划，是没有也是不可能有的。如果主观上硬要用计划去调节宏观和微观经济的全部运行，结果只能是越统越死，使社会主义经济丧失活力。为此，社会主义国家已经付出了沉重的代价。

正是总结了历史的经验教训，邓小平指出：“社会主义要赢得与资本主义相比较的优势，就必须大胆吸收和借鉴人类社会创造的一切文明成果，吸收和借鉴当今世界各国包括资本主义发达国家的一切反映现代社会化生产规律的先进经营方式、管理方法。”[②]有控制的市场经济体制是与现代经济、现代社会化生产发展的客观要求相符合的，是它的必然产物。

我们中国要建立的社会主义市场经济，就其含义来说，首先，它有别于自然经济，也是对以往高度集中的计划经济的一种变革；其次，它不是自由放任的市场经济，而是由国家宏观调控的市场经济；最后，它是用社会主义价值理想、基本制度和政策加以规范的市场经济。对于上述第一点，人们的认识比较一致，至于第二、第三点，认识就不那么统一了。

在我国，有些人用古典市场经济的观点来看待社会主义市场经济，以为只要引入市场机制，似乎一切问题都可以迎刃而解，而把宏观调控与市场机制对立起来，有的地方甚至还提出了政府只管税收，别的什么都不管的主张。实践已经证明，这种观点是错误的、有害的。

当然，我国由计划经济过渡到有宏观调控的市场经济，比资本主义从古典市场经济过渡到有控制的市场经济，其难度要大得多。因为我们面临着两大任务：一是要建立与市场经济相适应的现代企业制度，为此又必须改革金融体制、财税体制、计划体制、投资体制、社会保障体制，必须发育商品市场、要素市场、资金市场、劳动力市场等等；二是要实行与现代市场经济相适应的宏观调控。不管这两项任务的完

① 参见薛汉伟：《社会主义与市场经济》，《高校理论战线》，1994（2）。

② 《邓小平文选》第3卷，373页，北京：人民出版社，1993年。

成，其难度有多大，我们也绝不能再走一遍西方国家早已放弃了的自由放任市场经济的老路，不然那将会付出更大的代价。

我们要建立的不仅是有宏观调控的市场经济，而且是社会主义市场经济。这就要求按照社会主义原则规范市场经济。现在有人散布市场经济中性论，认为既然邓小平讲，资本主义也有计划，社会主义也有市场，市场经济既存在于资本主义社会，也存在于社会主义社会，因而它是一个不反映社会经济制度或生产关系性质的范畴。因此，有人主张，只提建立市场经济，不要提建立社会主义市场经济。这种观点是很不正确的。

市场作为资源配置的一种基本手段，社会主义可以利用，资本主义也可以利用，但不能由此认为市场经济是中性的。因为世界上不存在孤立于社会经济制度或生产关系之外而运行的市场经济，它不是一个超越历史的和社会的存在。在当今世界上的市场经济，不是社会主义市场经济，就是资本主义市场经济。在我国，我们必须坚持市场经济的社会主义性质。

首先，社会主义市场经济指用社会主义理想来规范的市场经济，或者说，是通过市场经济，实现社会主义理想。社会主义理想是大力发展生产力，消灭剥削，消除两极分化，最终达到共同富裕。如果不坚持这样一个社会主义的价值理想，不用这个理想去规范市场经济，那就必然会发生两极分化，贫富对立，那就不是社会主义市场经济。

其次，社会主义市场经济指同社会主义基本制度相对接的市场经济。社会主义基本制度指以公有制和按劳分配为主体的经济制度以及人民当家作主的政治制度。只有坚持社会主义基本制度，才能保证社会主义价值目标的实现，才能充分发挥市场经济的积极作用，限制其消极作用。

再次，社会主义市场经济是用社会主义政策加以规范的市场经济。为了保证社会主义价值目标的实现和有利于社会主义基本制度的巩固，就需要执行一系列两手抓的政策和其他社会主义政策。比如，既要提高效率，又要促进公平，要使广大人民群众共享经济发展的成果；既要抓经济建设，又要抓打击犯罪；既要抓物质文明建设，又要抓精神文明建设。建设市场经济不仅要把经济搞上去，而且要把人们的道德面貌、社会秩序、社会风气搞好，这才是社会主义市场经济。

最后，搞社会主义市场经济，不能受制于人，而应该是有利于增强社会主义中国的综合国力，有利于提高中国的国际地位和参与世界事务的能力。

在中国实行市场经济，这是社会主义一场新的大试验。社会主义市场经济体制的确立，将有两方面的重大意义：第一，它为结束中国几千年来缓慢发展的自然经济，迈向快速发展的现代经济，为中华民族走上振兴之路提供了动力机制；第二，它为从高度集中的僵化的社会主义经济过渡到充满生机和活力的社会主义经济，为社会主义的新发展提供了具体的途径。

中国作为一个有12亿人口的东方社会主义大国，把社会主义市场经济这条路走通了，走好了，不仅会使中国发生巨大变化，而且必将影响整个世界。

反对平均主义，坚持按劳分配*

在我国经济生活中，平均主义还有相当大的影响。原因诸多，其一是，不少人认为,平均主义可以导致共同富裕。这种认识上的混乱，严重妨碍了按劳分配原则的执行，从而压抑了人民群众的社会主义积极性，对“四化”建设危害极大。因此，从理论上揭示平均主义的反动性，坚持按劳分配，是十分必要的。

一、一种违背历史规律的空想主义

平均主义是违背历史规律的空想，社会主义共同富裕才体现了历史向前发展的方向。

最初的平均观念是在原始社会中产生的。那时生产力十分低下，决定了人们只能共同劳动、平均分配。当然这种平均，只是大体上平均，并不是后世一些人所想象的那种绝对平均。恩格斯就曾说过，在原始社会中，至多只是公社成员间的平均，而和外人并没有什么平均。

后来，生产力发展了，私有制代替了公有制，阶级剥削代替了过去的平均分配，作为“对明显的社会不平等，对富人和穷人之间、主人和奴隶之间、骄奢淫逸者和饥饿者之间的对立的自发的反应”[①]，破产的农民和手工业者继承了原始的平均观念，发展为均分一切财产的平均主义。可见，“平均主义的根源是个体农民的思想方式”[②]。

在马克思主义产生以前，平均主义可算是劳动群众反对阶级剥削的最好的思想武器了。正是在这个意义上，恩格斯指出，平均主义是

* 原刊于《唐山师专学报》，1980（4）。

① 《马克思恩格斯文集》第9卷，112页，北京：人民出版社，2009年。

② 《斯大林全集》第13卷，105页，北京：人民出版社，1956年。

小生产者阶级“革命本能的简单表现”①。可是平均主义并不能给劳动群众指出解放的道路。历史上，在平均主义旗帜下，动员和组织起来的革命斗争，一个个都遭到了失败，平均主义的社会也并没有建立起来。这是为什么呢？

这是因为平均主义是一种违背历史发展规律的空想。

平均主义者不了解，也不可能了解，人类的历史首先是生产发展的历史。生产以及随之而来的产品交换，决定了产品的分配形式。原始社会中实行的平均分配制度，以及后来它为阶级社会中的剥削制度所代替，这些都是由生产力的发展水平决定的。从历史发展的角度看，上述代替正是人类社会的一个巨大进步。恩格斯说：“我们的全部经济、政治和智力的发展，是以奴隶制既成为必要、同时又得到公认这种状况为前提的。在这个意义上，我们有理由说，没有古希腊罗马的奴隶制，就没有现代的社会主义。”②无疑，这种进步是以广大劳动人民被奴役为代价的。这种进步伴随着黑暗，伴随着骇人听闻的剥削和压迫。然而，这是人类进步所必然要经历的一段痛苦历程，是不依人的意志为转移的。列宁说，在阶级社会中，“生产力的发展……夺走了大多数人的财产，将它集中在极少数人的手中。生产力的发展正是消灭私有制，即现代社会的基础，这个发展本身就是朝着社会主义者所抱定的那个目标前进的。”③

在社会主义社会中，也是因为生产力的发展水平还不高，劳动还没有成为人们生活的第一需要，所以在个人消费品的分配方面，还只能实行按劳分配，多劳多得的原则。也就是说，在社会主义社会，还不可能消灭从旧社会遗留下来的工农差别、城乡差别、脑力劳动与体力劳动的差别，不能消灭因人们劳动能力和赡养人口的不同而带来的富裕程度的差别。要消灭这些差别，归根到底是必须大力发展社会生产力。

平均主义不是从历史发展的这种实际出发，而是从正义、良心、公正等抽象的道德原则出发，企图用挖富填贫、限富守贫的方法来消灭阶级剥削和任何社会差别，这不仅是空想的，而且是反动的。财产

① 《马克思恩格斯文集》第9卷，112页，北京：人民出版社，2009年。

② 《马克思恩格斯文集》第9卷，188页，北京：人民出版社，2009年。

③ 《列宁专题文集·论马克思主义》，54页，北京：人民出版社，2009年。

被均分，这就必然破坏了文明进一步发展的基础，把生产力硬塞到早已被它的发展所突破的平均分配的框子里去，也必然会引起生产力的倒退。其结果，不是消灭差别，也不是缩小差别，而是把历史倒退到几千年以前的野蛮社会去，一切从头开始，经过漫长而痛苦的过程，再重新出现人剥削人的制度。很明显，平均主义的性质是反动的、落后的、倒退的。

与平均主义相反，马克思主义对于人们在物质生活上的差别，不是发一通道德上的愤慨，这是再容易不过的事情；而是正确认识这种历史的必然，进行具体的分析，并指明推动这些差别走向消灭的现实道路。马克思主义认为，对于在旧社会中因剥削制度而造成的贫富对立，只有顺应生产力解放的要求，采取暴力革命的手段来加以解决；对于旧社会遗留下来的三大差别，则只有采取组织起来发展生产的途径，逐步加以解决。这个逐步消灭差别的过程，也就是广大群众逐步走向共同富裕的过程。共产党人领导无产阶级和广大群众，出生入死，艰苦奋斗，就是为了实现人类共同富裕的理想。

由此可见，平均主义和马克思主义主张的共同富裕，是分属于小资产阶级和无产阶级这两个不同的思想范畴的。平均主义违背历史发展的规律，是面向原始、落后的过去；马克思主义主张的共同富裕则是基于对历史必然性的深刻理解，是对人类未来的展望，它们是根本对立的。

二、一种导致普遍贫困的倒退主义

有人以为平均主义可以实现共同富裕，其实这是南辕北辙。平均主义只能导致普遍贫困，按劳分配才能促进共同富裕。

如果说在阶级社会中，平均主义尚有动员和组织群众反对阶级剥削这一进步性的一面，那么对消灭了阶级剥削的社会主义社会来说，它就变成了一种倒退的、破坏性的东西了。因为在社会主义社会中，推行平均主义那就只能是均分社会主义的公有财产和个人劳动致富的财产。说到底，这实际上是主张挖社会主义墙脚，鼓励不劳而获。

列宁曾经把按劳分配和生产资料公有制并列为社会主义的根本标志，指出：“人类从资本主义只能直接过渡到社会主义，即过渡到生产资料公有和按每个人的劳动量分配产品。”[①]在同一种社会主义公有制下，劳动者之间对生产资料的关系是平等的，但是因劳动者所提供的劳动的数量和质量的不同，劳动者个人在收入和生活上的差别，还是存在的。按劳分配是以承认这种差别为前提的，这样就把生产和分配联系起来了。可以借助于劳动者对物质利益的关心，调动他们的积极性，去认真进行劳动，努力学习技术，为社会作出最大贡献，从而促进生产力的发展，以便为将来实行“按需分配”创造物质条件和精神条件。所以，列宁说社会主义经济建设必须“靠个人利益，靠同个人利益的结合”，否则“就不能把千百万人引导到共产主义”[②]。

由此可见，在社会主义时期，承认因按劳分配而带来的社会成员之间富裕程度的差别，不仅是理所当然的，而且是进步的，革命的。承认差别正是为了缩小和最终消灭差别。按劳分配的原则鼓励人们积极地为社会创造财富，并求得个人生活的改善。一部分人通过诚实劳动和合法经营首先富裕起来，将带动全体人民为社会积极创造财富，从而使大家都富裕起来，这样就形成你追我赶的局面。社会财富丰富了，社会成员的共同富裕就有了物质的保障。这一点，不仅已为我国“一五”计划期间的成功经验所证明，同时也为世界上一些社会主义国家的成功经验所证明。所以，只有坚持按劳分配，才能促进共同富裕。

平均主义企图取消客观存在的人们的劳动差别，主张均分物质利益。这样，社会成员的个人消费就不为他的劳动情况所决定。对他个人来说，生产不生产，生产得多与少、好与坏，是无关紧要的。这种情况就是人们通常所说的“铁饭碗”。劳动成果和劳动者物质利益的这种分离，使劳动者不把生产看成自己的事，必然产生那种“我劳动多了，能摊我多少”的思想。“好坏不分，赏罚不明，干也没劲”，这就窒息了劳动者的生产积极性和劳动热情。而社会财富毕竟是由一个个劳动者的生产提供的，劳动者个人没有生产积极性，社会财富的来源就会逐渐枯竭，最后平均分配也因失去必需的物质基础，而无法实行。在这种情况下，由平均主义造成的生产力的大破坏，必然是社会的大倒退。可见，平均主义不是鼓励先进，而是鼓励落后，不是鼓励干社会主义，而是鼓励吃社会主义，这样势必助长偷懒、消极、自私、不

① 《列宁选集》第3卷，64页，北京：人民出版社，2012年。

② 《列宁选集》第4卷，570页，北京：人民出版社，2012年。

劳而获等歪风邪气的滋长。总之，平均主义实行的结果不是共同富裕，而只能是普遍的贫困。

“四人帮”曾经把这种平均穷和社会主义联系起来，美其名曰“穷社会主义”。斯大林说得好：“如果以为社会主义能够在贫困的基础上，在缩减个人需要和把人们的生活水平降低到穷人生活水平的基础上建成，那就愚蠢了。何况穷人自己也不愿意再做穷人，而是力求过富裕的生活的。谁需要这种所谓社会主义呢？这并不是所谓社会主义，而是对社会主义的讽刺。”[①]所以前些年，林彪“四人帮”推行的那种普遍贫困的假社会主义，遭到全国人民的反对，是理所当然的。

总之，平均主义离开生产讲分配，必然破坏生产力的发展，导致普遍的贫困。社会主义要实现的共同富裕是联系生产讲分配，必然能促进生产力的发展，使全体人民逐步过上共同富裕的生活。所以那种认为推行平均主义可以达到共同富裕的观点，在理论上是荒谬的，在实践中也是极为有害的。

三、平均主义不是共产主义

主张平均主义的人们，总以为平均主义多少具有一点共产主义因素，其实这是一种误解。共产主义不是平均主义，而是“按需分配”。“低工资多就业，三个人饭五个人吃”，这是鉴于我国一定时期的具体情况而实施的正确方针。“三个人饭五个人吃”不是把三个人的工作均分给五个人做，把工资拉平，而是要广开生产门路，创造社会财富。低工资也要贯彻按劳分配，不是搞绝对平均。所以把“低工资，多就业”，看作平均主义是错误的，把它认为是共产主义因素则更是错误的。

在将来的共产主义社会中，实行的是“按需分配”，而不是平均主义所认为的“有饭大家吃一口”。在共产主义社会中，由于生产力高度发展，社会产品极大丰富，人们才能真正过着高度富裕的生活。人们在物质生活方面的差别可以减少到最低限度，但是永远也不能完全消除。因为个人的口味和个人生活是不可能一样的，因而各人对物品的

① 《斯大林全集》第13卷，318页，北京：人民出版社，1956年。

需要在质量上和数量上也不可能是彼此一样的。恩格斯说："阿尔卑斯山居民和平原居民的生活条件总是有所不同的。"[①]如果把共产主义理解为绝对平均主义，是所谓大家穿一样的衣服，吃一样的和同等的饭食，斯大林说："那就是胡说八道，污蔑马克思主义。"[②]

新中国成立以来，陈伯达、张春桥之流曾两度（一次在"大跃进"中，一次在"文化大革命"中）煽动极"左"思潮，把平均主义冒充为社会主义加以兜售，给我国社会生产力的发展造成了极大破坏，这是我们记忆犹新的。打倒"四人帮"以后，在"四化"建设中，许多事实也已进一步说明，哪个单位仍然搞平均主义的那一套，干与不干一个样，干多干少一个样，干好干坏一个样，那么这个单位必然是生产上不去，面貌无改观，群众意见大。反之，如果哪个单位坚决克服平均主义，坚持按劳分配，那么这个单位就能调动群众的积极性，先进者会越干越有劲，后进者会越干劲越足，就会形成一马当先，万马奔腾的大好局面。这样，群众积极性调动起来了，生产上就有了根本的保障。生产上去了，对国家多作了贡献，群众生活也就相应得到了改善。两种做法，两种结果，天壤之别。

还应指出的是，平均主义之所以受到一些人欢迎，往往因为这些人自己存在个人主义。一些人的劳动态度比别人差，技术比别人低，贡献比别人小，却又想拿和别人一样多的工资、奖金，于是就只好求助于平均主义一法了。这不是个人主义，又是什么呢？

总之，是坚持按劳分配，还搞平均主义，这是一场前进还是倒退，是促进共同富裕还是导致普遍贫困，是搞真社会主义还是搞假社会主义的严重斗争。要实现四个现代化，就必须坚决反对平均主义，坚持按劳分配原则。

① 《马克思恩格斯列宁斯大林论共产主义社会》，103页，北京：人民出版社，1958年。

② 《马克思恩格斯列宁斯大林论共产主义社会》，107页，北京：人民出版社，1959年。

《马克思社会公正思想论》序*

追求和实现社会公正是当今时代的一个潮流，也是建设我国社会主义核心价值的一个根本内容。

在人类历史上，从阶级产生以来，伴随着各种阶级利益和其他多样性利益的产生、失衡和纷争的加剧，人们愈来愈响亮地呼唤着社会公正。

公正意味着在处理同样的事情时，按照同一尺度加以一视同仁地对待。实施公正的主体，这里包括个体、群体和国家，因而在这个意义上，可以把公正大体划分为个体德性的公正、群体原则的公正和国家制度的公正。国家制度的公正即国家作为社会共同体所实现的公正，这种公正也就是通常所简称的社会公正。

作为个体德性的公正，是个人在人际交往中所表现出来的一种道德操守。比如，商家的童叟无欺、师者的有教无类、判官的一断于法等等。

作为群体原则的公正，是指适用于群体内部的，为维护群体利益及其各部分和各成员基本权益的一些原则规定。群体的这些公正原则，相对于社会公正，大体可分为两类。一是作为社会公平在该群体中的具体要求和特殊体现的公正原则规定。因而这类原则所体现的公正从属于社会公正，是对社会公正的一种支撑和落实，是有利于促进社会公正发展的。二是基于群体利益的价值偏私而设立的群体公正原则。这类原则是和社会公正原则相悖的，它阻碍或妨碍社会公正的实现。例如，在阶级社会中，占人口极少数的剥削阶级所享有的公正就是以牺牲占人口绝大多数的被剥削阶级的权益为基础的。因而阶级社会在总体上是不公正的社会。于是，反对阶级剥削和压迫就成为劳动阶级

* 原文来源于汪盛玉：《马克思社会公正思想论》，芜湖：安徽师范大学出版社，2014年。

追求社会公正的一项根本任务。

所谓社会公正，指在一定历史条件下，按照统一的社会标准使所有社会成员享有同等权益、履行同等义务的制度安排。

社会公正具有历史性，即社会公正的内容，包括其标准和可实现程度，以及社会公正的实现条件，都是历史的产物。因此，在马克思主义看来，把社会公正作超时代的抽象理解，把社会公正原则赋予永恒性、神圣性的观点都是不对的、错误的。

社会公正具有普惠性。它是按照统一的社会标准使所有社会成员享有同等的权益，使社会成员普遍受益。其基本要求是每一个社会成员、每一个社会群体的尊严和利益都应该得到有效的保护。因此，马克思主义既批判那种以牺牲多数人的权益为代价而使少数人享有的公正，也批判那种把资产阶级享有的公正理解为社会公正的观点，认为这种观点具有虚假性。

社会公正具有现实性。这是社会公正与社会公正理想的一个重要区别。社会公正理想是对社会公正的一种希冀、期待和想象。社会公正作为人们的一种良好愿望从阶级产生以来就一直存在，持有这种理想的人可谓史不绝书。另外，剥削阶级统治的国家也必然要履行一定的社会公正职能。换句话说，它也要在一定程度上和一定范围内体现社会的公正性。当然，这种社会公正经常受到剥削阶级自私性的挤压和破坏，这也是不争的事实。因而剥削阶级社会的公正性尽管随着生产力的发展和社会关系的变革调整而不断获得增进，但这种社会公正性总体上还是口头上的，是残缺不全的。要使这种状况从根本上获得改变，在马克思主义看来，只有适应生产力发展的要求，通过无产阶级革命，消灭剥削制度和剥削阶级，实现人民当家作主，走社会主义道路，不断创造条件，才能实现真正的社会公正。也就是说，只有这样，才能使亿万群众在现实生活中享有公正。

从上面的论述不难看出，马克思的社会公正思想是极为丰富、深刻的，但是马克思并没有就社会公正进行集中、专门的论述，他的这些思想散见于他的各种文献之中。为了继承和弘扬马克思的社会公正思想，有必要对这一遗产进行深入挖掘、系统梳理和展开研究。汪盛玉的《马克思社会公正思想论》就是这一方面的一个研究成果。

《马克思社会公正思想论》在对大量相关文献进行深入研读的基础

上，较为全面地说明了马克思社会公正思想的理论基础、形成过程、本质内涵，以及这一思想与资本主义批判、共产主义追求和当代社会公正问题解决的关系。

该书认为：马克思社会公正思想是以历史唯物主义为理论基础的；生产力发展不足和由此所决定的自发分工、私有制和阶级的形成是社会不公产生的根本原因；社会公正发展的动力在于社会发展本身，唯有从生产力的发展去探寻动力机制的社会公正思想才具有现实性；实现社会公正是不可移易的历史趋势，人类追寻公正的过程，就是人类社会由落后到发达、由不合理到合理的长期发展过程。

该书对马克思社会公正思想的形成过程进行了探索，认为马克思作为马克思主义者的社会公正思想，有一个孕育、萌发、提出、确立的过程，即从早期的理想主义公正思想到理性主义公正思想，再到人本主义公正思想，最后形成了历史唯物主义公正思想。

该书还具体探讨了马克思社会公正思想的本质内涵，认为马克思社会公正思想是以唯物史观为理论根据、以消灭阶级为根本要求、所有人平等权利与平等义务相统一、为每个人全面自由发展创造条件的科学。该书进一步提出，马克思社会公正思想的形成过程是一个实践总结与理论批判相统一的过程。这种批判主要包括两个方面：一是对资本主义不公的批判；二是对小资产阶级公正观的批判。这种批判在本质上超越了现代西方学者对资本主义不公的批判。在此基础上，该书强调，马克思所追求的公正社会就是那消灭了阶级剥削和压迫、消灭了社会三大差别、社会财富充分涌流的共产主义社会。

这就是说，社会公正是共产主义的本质属性，公正社会实现的条件就是共产主义实现的条件。而创造这些条件是一个长期的实践过程，为此，必须以社会主义为其必经的阶段。在社会主义阶段中，要坚持按劳分配和人权保障相统一的原则，调动广大人民群众的积极性，为过渡到共产主义创造条件。该书还认为：当今中国正处于由传统社会向现代社会的转型期；在这个时期，中国取得了巨大的社会进步，但同时社会公正问题也日益凸显出来；当今世界正处于经济全球化深入发展阶段，与此相联系，全球性公正问题也愈加突出；为解决中国社会主义现代化进程中的公正问题和全球性公正问题提供理论指导，是马克思社会公正思想的当代价值所在。

以上这些观点及其论述都是很有启发意义的。综观全书，较为突出的学术价值有三：其一，立足不同版本的文献资料对马克思关于社会公正的思想进行了系统梳理，为学界推进马克思主义公平正义理论研究做了基础性的工作；其二，通过对种种非马克思主义的公正思想，特别是对西方马克思主义公正思想和西方新自由主义公正思想的比较研究，对马克思社会公正思想的本质属性和理论旨趣进行了较有深度说明，从而有助于提高人们继承和弘扬马克思社会公正思想的自觉性；其三，坚持以马克思社会公正思想为指导，对当代社会不公问题进行具体分析，探寻解决之道，从而彰显了马克思社会公正思想的当代价值。

关于马克思社会公正思想的研究不是一个轻松的选题，但盛玉博士没有畏缩，而是迎难而上，并取得了令人欣喜的成就，值得庆贺！在读博的三年中，作为她的导师，她的谦虚请教和勤奋学习的精神给我留下了深刻的印象。难能可贵的是，她通过不断论证和修改本选题，成功申报了2009年度国家社科基金项目。如今，这一成果即将出版，我为她感到高兴。同时，需要指出的是，该书还存在一些不足。比如，对现代西方学者关于马克思社会公正思想研究资料的掌握还相对欠缺；马克思恩格斯在他们的社会公正思想形成以后，还对这个理论进行了发展，书中虽有所论述，但涉及不多；此外，书中对马克思社会公正思想的理论说明还有待在今后的研究中进一步加以深化。

总之，这是一本通过作者艰辛研究而写成的，具有学术含量的著作。以上感想与盛玉共勉。是为序。

要关心人民的眼前利益*

一、人民的眼前利益与长远利益

社会主义经济工作和我们党的一切工作都是为人民服务，为人民谋利益。人民利益有眼前利益与长远利益之别。能否正确处理好这两者的关系，是一个极其重大的问题。

这里容易发生两种偏向：一是只顾眼前利益，忘记甚至损害人民的长远利益，这是一种右的偏向；二是主观上想多一些，快一些实现人民的长远利益，结果是忽视以致损害了人民的眼前利益，这是一种"左"的偏向。新中国成立以来，以上这两种偏向都曾存在过，都在不同程度上危害了我们的社会主义事业，危害了广大人民的整体利益。但是，相比来说，造成危害最大、最普遍的，还是上述"左"的偏向。这种偏向也是在一个长时期中，导致我们在经济上犯错误的一个主要原因。

概括地说，人民的眼前利益就是人民群众现实生活需要的满足及维护，人民的长远利益就是人民群众未来生活需要的满足及维护。坚持人民的眼前利益，就是要在现有条件下，通过大力发展生产，使人民的生活得到改善，坚持人民的长远利益，就是要保证生产的不断发展，以求得人民在未来逐步过上更美好更幸福的生活。

那么，人民的眼前利益与长远利益的关系究竟如何呢？

首先，从根本上说，它们是一致的，是统一于人民的整体利益的。这种一致性是通过生产这个联系环节来体现的。

我们知道消费是依赖于生产的。人民眼前利益的满足，是由已经

* 原刊于《合肥社联》，1981（10）。

达到的物质生产的条件、水平以及生产出来的生活消费品的数量决定的；人民的长远利益则是被物质生产的未来发展决定的。生产的发展取决于多种因素，既有政治思想方面的因素，也有社会经济、科学技术，以及自然条件等方面的因素，在这诸多因素中，劳动者的积极性、技术熟练程度，以及经济管理水平，对社会生产的发展有着特别重要的意义。而要造就能够掌握专业知识和现代生产技术的熟练的亿万社会主义劳动者，除了需要有精神的手段（比如科学的思想政治工作）外，还需要有物质的手段。

满足群众的眼前利益，就是调动劳动者的积极性，并使劳动者体魄健康，勤奋学习，积极钻研，努力掌握科学技术，提高劳动技能的物质手段。正是在这个意义上，马克思说："消费直接是生产。"[①]因为衣食住行用都是为了人的体力、智力的发展，都是用来生产劳动者的不同消费形式。由此可见，通过生产的发展为媒介，眼前利益与长远利益有机地结合起来了。一方面，眼前利益的满足，为长远利益的实现提供了"内在动力"；另一方面，长远利益的实现，又是眼前利益的未来表现。

其次，还应该看到，人民的眼前利益与长远利益的关系除了有根本一致性的一面外，还有对立的一面。这种对立也是通过生产这个联系环节来表现的。

马克思指出："不论生产的社会的形式如何，劳动者和生产资料始终是生产的因素。"[②]生产的发展，一般说来，是与生产资料的增长分不开的。而生产资料的增长又必须依赖于积累的增加。由于在一定时期内，已经生产出来的产品是一个定数，因此，积累和消费两者之间必然是一种此消彼长的关系。在处理这个关系时，如果积累增加过多，就必然影响消费，影响群众的眼前利益。反之，如果消费增加过多，又势必影响积累，影响扩大再生产，影响人民的长远利益。

可见，在社会主义时期，人民的眼前利益与长远利益的矛盾，就集中地表现为社会主义经济比例关系中积累和消费的矛盾。但是由于这个矛盾是统一于人民的整体利益的，所以它又是可以在社会主义制度内部，通过调节来不断求得解决的。就是说，可以根据具体情况，

① 《马克思恩格斯文集》第8卷，14页，北京：人民出版社，2009年。

② 《马克思恩格斯文集》第6卷，44页，北京：人民出版社，2009年。

找出各个时期积累和消费的合理比例，既照顾群众的眼前利益，又保证生产不断发展，人民生活逐步提高。

总之，要正确处理好人民的眼前利益与长远利益的关系，就必须要在上述两者的一致中把握对立，在对立的斗争中把握统一。在满足人民眼前利益的时候，应以不损害人民的长远利益为前提，在为实现长远利益而斗争时，又不要忘记以满足人民的眼前利益为基础。

这里必须指出的是，人民的眼前利益，与这种眼前利益的满足是有区别的。前者属于可能的范畴，后者则是属于现实的范畴。很显然，可能不等于现实。就利益的实现来说，它取决于条件。正如马克思所指出的："权利决不能超过社会的经济结构以及由经济结构制约的社会的文化发展。"[①]在向共产主义社会行进的每个时期中，人民眼前利益的满足都是相对的，都是相对于当时的社会物质生产和精神生产的条件和水平而言的。鉴于此，在现实生活中，我们又常把眼前利益区分为正当的和不正当的两种。所谓正当的眼前利益就是指在现实条件许可范围内的那些生活上的需要；所谓不正当的眼前利益，就是指超出现实可能范围以外的那些生活上的过高需求（当然，随着生产水平的提高，并不妨碍其中某些内容，由现在的不正当，而在将来变成正当的）。

很显然，如果追求这种不正当的眼前利益，则必然损害人民的长远利益。这是不允许的。特别是对于我们这样一个人口多、底子薄、生产水平还不高的国家来说，坚持这一点，就更为必要。当眼前利益与长远利益、局部利益与全局利益发生矛盾时，我们必须使眼前利益服从长远利益，局部利益服从全局利益。为此，就要教育广大干部和群众要树立无产阶级的宽广胸怀，不计较眼前得失，放眼未来，为实现四化，为实现共产主义理想，而积极工作，努力奋斗。我们要坚持反对那种只顾个人或少数人的眼前利益而不惜损害人民的整体利益和长远利益的倾向。

但是，这绝不是说，可以无视甚至损害人民的正当的眼前利益。对于人民的正当的眼前利益，我们不仅不能忽视它、损害它，而且应该十分重视它，积极维护它，并在现实条件许可的范围内，最大限度

---

① 《马克思恩格斯文集》第9卷，435页，北京：人民出版社，2009年。

地予以满足。就是对群众的某些合理要求，因条件还不充分具备，而一时不能满足或者不能完全满足的，也要耐心地向群众进行解释，把情况摆出来，把道理说清楚，以求得群众的谅解。只有这样，才能体现党的温暖，体现社会主义制度的温暖，才有助于极大地调动群众的积极性。

总结历史的经验，我们深深感到，从总体上看，对于上面所说的前一点，多年来往往是有过之，而对于后一点，则往往是很不及。我们辛辛苦苦搞了三十年的社会主义建设，一方面是取得了巨大的成绩，建立了比较完整的工业体系和国民经济体系，全国人民的生活水平比以前有了很多提高。但是，另一方面，我们也遭受过很大的挫折，犯过不少错误。错误的主要表现形态就是“左”。在这种“左”的思想指导下，重生产，轻生活；重积累，轻消费；重视重工业，轻视农业和轻工业，造成多年来国民经济比例失调，影响了人民生活的改善。

这种倾向的发生，并在长时期中没有得到及时纠正，追其原因，如果仅仅从认识上来说，至少有以下几个方面的问题，需要通过讨论，来加以澄清的。

二、关于坚持人民眼前利益的几个问题

（一）马克思主义的一个本质要求

马克思主义讲不讲人民的眼前利益？关心人民的福利是不是就是修正主义？这个问题长期没有弄清楚。

林彪、“四人帮”一伙把对人民眼前利益的关心斥之为修正主义。但在我们一些同志的头脑中，却也存在以下这样一种糊涂观念，总以为似乎只讲长远利益才是马克思主义的，如果讲眼前利益总不免有修正主义之嫌，或者至少是不那么马克思主义。

其实，这个关于人民的眼前利益与长远利益相统一的问题，在马克思主义的著作中，是一个早已解决、十分明白无误的问题。马克思恩格斯在全世界共产党人的第一个党纲、科学共产主义的第一个纲领性文件——《共产党宣言》（以下简称《宣言》）中，就已有关于这一方面的论述。《宣言》指出：“共产党人为工人阶级的最近的目的和利

益而斗争，但是他们在当前的运动中同时代表运动的未来。”[①]什么是“运动的未来”？说到底，就是指共产主义的实现，这是人民最大的长远利益之所在。什么是群众“最近的……利益”？很显然，就是指群众的眼前利益。可见，马克思主义并不是不讲人民的眼前利益，而只是反对限于群众的眼前利益，而忘记群众的长远利益。

还应指出的是，上述错误观点也是从根本上去曲解了马克思主义。马克思主义所主张的社会主义，既不是佛教的天堂、上帝的伊甸，也不是空想的“乌托邦”，不是那种要人民轻视自己现实生活需要的禁欲主义，而是科学的社会主义，实践的社会主义。也就是说，这种社会主义不仅理论上代表了群众的利益，而且更为重要的是它通过群众的行动，变为日常生活中到处可见的，为亿万群众所享受着的活生生的利益。

十月革命以后，列宁曾经指出：共产主义宣传应该为政治服务。他说：“从事国家的经济建设，收获更多的粮食，开采更多的煤炭，解决更恰当地利用这些粮食和煤炭的问题，消除饥荒，这就是我们的政治。”“应当少说空话，因为空话满足不了劳动人民的需要。”[②]只有这样做了，共产主义宣传才能获得广大群众的拥护，这也正是科学社会主义的现实性和力量之所在。由此可见，关心群众的眼前利益，这正是马克思主义本质要求。

（二）我们党的一切工作的出发点

我们党的一切工作方针，是坚持从人民的眼前利益出发，还是从所谓人民的长远利益出发？从人民的眼前利益出发是否就是缺乏无产阶级的伟大气魄？这也是长期没有弄清的问题。

对于一切革命同志来说，坚持从人民的利益出发，至少这在理论上是没有疑义的。但是若要进一步问，是从人民的眼前利益出发呢？还是从人民的长远利益出发呢？如果主张从人民的眼前利益出发，那就会有相当一部分同志持反对态度，至少会认为这是气魄不大，境界不高吧。

其实，这种责难是没有道理的。

---

① 《马克思恩格斯文集》第2卷，65页，北京：人民出版社，2009年。

② 《列宁选集》第4卷，309页，北京：人民出版社，2012年。

从历史唯物主义的观点看来，人们所从事的一切斗争，都是同利益有关的，而且首先是同眼前利益有关的。马克思恩格斯曾经说过："一切人类生存的第一个前提，也就是一切历史的第一个前提，这个前提是：人们为了能够'创造历史'，必须能够生活。但是为了生活，首先就需要吃喝住穿以及其他一些东西。"[①]人民群众是现实主义者，懂得这个普通而伟大的真理。鲁迅先生也曾说："一要生存，二要温饱，三要发展。"[②]这个一二三的顺序是不能颠倒的。因为生存、温饱属眼前利益，发展属长远利益。如果生存、温饱尚不可得，当然也就无所谓发展可言。正如无锦不能添花，无基不可筑台，其道理是一样的。

反之，如果不顾群众的眼前利益，主观上硬要从所谓长远利益出发，急于求成，到处上马，动不动就"翻番"，就"赶超"，就"大干快上"，听起来也许很动人，但实行起来却不是快慢的问题，而是爬不上去最后跌下来的问题。

无产阶级是人类历史上最伟大的一个阶级，是最有气魄的一个阶级，这个气魄就是为人类谋福利。但是同时无产阶级又是一个最讲科学精神的阶级，考虑问题，制定政策，都必须从实际出发，面对现实。也就是说，无产阶级的伟大气魄必须建立在实际的基础上，而不是挂在半空中（其实也是挂不住的）。

那种不从人民群众现实需要出发的所谓气魄，是不能称之为无产阶级气魄的，而只能是糊涂胆大、主观盲干。斯大林曾告诫说："要在政治上不犯错误"，就"应当从社会物质生活发展的现实需要出发"[③]。斯大林这里所讲的现实需要，就是指人民的眼前利益。从人民的眼前利益出发，就经济建设来说，就是要从有利于逐步提高人民的生活出发，来确定生产建设的速度、农轻重的比例、积累和消费的比例，以及处理国家、集体、个人之间的关系，等等。从人民的眼前利益出发，这不是一项任意的政策，而是历史唯物主义的基本观点所要求的，是经济发展的客观规律所决定的。

只有从人民的眼前利益出发，才能调动群众为实现长远利益而奋斗的积极性。一般说来，除一部分无产阶级先进分子，由于基于对社

① 《马克思恩格斯文集》第1卷，531页，北京：人民出版社，2009年。

② 《鲁迅全集》第3卷，36页，北京：人民文学出版社，1981年。

③ ［苏］斯大林：《列宁主义问题》，641页，北京：人民出版社，1964年。

会发展规律的深刻了解，因而能自觉地献身于人民事业外，绝大多数人民群众首先还是从能否得到直接的现实利益，来考虑问题，决定行动与否的。

有人会说，这样来认识，是不是低估了群众的觉悟了呢？不是的。群众的觉悟不是自发形成的，而是通过我们的工作启发起来的。关心群众的眼前利益就是我们党的群众工作的一项重要内容，也是启发群众觉悟的必不可少的一种重要手段。

早在第二次国内革命战争时期，毛泽东同志就曾正确指出："要得到群众的拥护么，要群众拿出他们的全力放到战线上去么？那么……就得关心群众的痛痒，就得真心实意地为群众谋利益，解决群众的生产和生活的问题，盐的问题，米的问题，房子的问题，衣的问题，生小孩子的问题，解决群众的一切问题。"①

我们的党和军队在革命战争年代正是这样做了，因而广大群众从切身的感受中真正认识到共产党是代表他们利益的，是和他们呼吸相通的，他们把革命当作自己无上光荣的旗帜，踊跃参军参战，组成了真正的铜墙铁壁，我们才得以取得了民主革命的胜利。当然，我们现在处于和平建设时期，有许多方面与过去革命战争年代是不同了，但是，关心群众的眼前利益，才能得到群众的拥护，才能调动群众的积极性，这一点是共同的。十月革命以后，列宁就曾说过："如果不提出经济要求，不直接而迅速地改变劳动群众的状况，劳动群众是永远也不会同意去考虑什么全国的共同'进步'的。"②

过去在这一方面我们也有深刻的教训。在一段时期内，我们在很大程度上忽视了群众的眼前利益，甚至把群众正当的眼前利益当成资本主义尾巴去割，当成资产阶级权利去批，这就严重挫伤了群众的积极性。直到粉碎"四人帮"，特别是党的十一届三中全会以后，党中央制定了一系列正确的方针政策，才极大地调动了广大群众的积极性。拿农村来说，推行了各种形式的生产责任制，受到广大农民的热烈欢迎，群众反映说，党中央和他们想到一块了。为什么会发生这样的变化？原因可以总结好几条，我看最根本的一条，就是农业生产责任制是从广大农民的眼前利益出发制定的，同时也为农民描绘了过上更美

① 《毛泽东选集》第1卷，138、139页，北京：人民出版社，1991年。

② 《列宁全集》第21卷，325页，北京：人民出版社，1990年。

好生活的远景。

实践是检验真理的唯一标准。从人民的眼前利益出发，听起来调门很低，但是它是切实可行的，是调动群众的积极性，加速实现长远利益所必然要求的。因此可以说，谁热衷于群众的长远利益，谁就必须热衷于群众的眼前利益，从群众的眼前利益出发，切实解决群众的实际困难，并引导群众从眼前利益的满足中，认识自己的长远利益，团结起来为实现长远利益而奋斗。

（三）坚持“眼前”与“长远”的辩证统一

有没有离开人民的眼前利益，而孤立存在的长远利益？提倡关心群众的眼前利益是不是不要发扬艰苦奋斗的精神？这也是常常使人犯糊涂的问题。

由于对上述问题缺乏正确的认识，这是一些同志忽视人民的眼前利益又一方面的原因。这些同志往往用形而上学的观点把人民的眼前利益与长远利益割裂开来，孤立看待，片面地认为人民的眼前利益放弃得越多，似乎长远利益就会实现得越快。这种观点显然是不对的。

眼前利益和长远利益是相互依存，相互转化的。今天的眼前利益，相对于昨天来说，可能就是长远利益；今天的长远利益，相对于明天来说，也可能就是眼前利益。另外，长远利益的实现是有一个过程的，从发展的角度看，眼前利益的一步步获得，这实际上也就是长远利益实现过程中的一个个具体步骤。在这个意义上可以说，长远利益是寓于眼前利益之中的，随着时间的推移，眼前利益的总和，也就是长远利益的构成。

拿实现四个现代化来说，这是全国人民的长远利益，如果每年都完成和超额完成了生产任务，使群众生活逐年有所提高，这既是群众每年眼前利益的满足，同时也是四个现代化这一长远利益在每年的部分的实现。这样，生产年年增长，生活年年提高，部分的总和就是实现四化这一长远利益的整体。我们不能设想把眼前利益与长远利益截然划分为两个不同的阶段，先是“苦战阶段”，放弃眼前利益，苦战到一定程度，然后进入“幸福阶段”，长远利益实现。如果那样做，眼前利益被否定了，那么在实际上，长远利益也就从根本上被否定了。

有人会问，提倡关心群众的眼前利益，还要不要提倡艰苦奋斗的革命精神呢？艰苦奋斗的革命精神是永远需要提倡的。但是提倡关心人民的眼前利益和提倡艰苦奋斗精神并不是绝对对立，而是辩证统一的。因为只有发扬艰苦奋斗的精神，人民生活的改善才有可能。而社会越是能为群众生活的改善创造条件，群众就越是把社会主义事业当成自己的事业，就越会激发艰苦奋斗的革命精神。所以，毛泽东同志说："我们历来提倡艰苦奋斗……也历来提倡关心群众生活。"[①]那种害怕艰苦奋斗，一味追求享受的思想固然是必须要反对的，那种只讲艰苦奋斗，不顾群众眼前利益的官僚主义态度也是要坚决反对的。

坚持人民的眼前利益与长远利益的统一，这是马克思主义一个极为重要的思想。正确处理好人民的眼前利益与长远利益的关系，这是一个关系到从整体上坚持人民利益的问题；是一个关系到用科学的见解去指导社会主义经济工作和我们党的一切工作的问题；是一个关系到充分发挥社会主义制度的优越性，并为共产主义实现创造条件的问题。我们必须花大力气去正确认识和解决这样一个重大问题。

① 《毛泽东选集》第5卷，272页，北京：人民出版社，1977年。

中国现在的历史方位与努力方向*

1840年鸦片战争以来，中国人一直在做着一个梦。即国家富强、民族振兴、人民幸福的梦。经过170多年的奋斗，特别是新中国成立以来60多年的奋斗，现代中国人比以往任何时候都更接近这个梦想的实现。这从而意味着我国正处于一个重要的战略机遇期，抓住这个机遇，实现转型升级，就可能梦想成真；不过，这同时也意味着我国正处于复杂的干扰多发期，犹如登山，越上越难，如果举措失当，也会功亏一篑。当然，对这里的难度也不能夸大其词，更不能惊慌失措。西方有些论者的"中国崩溃论"，中国某些论者的"危险边缘论"，都属不实之词，不可听信。我们认为，中国梦的实现有困难、有办法、有希望。下面就此谈以下四个方面的问题。

一、中国现在的历史方位

历史方位，是指在一定历史坐标系体系中，相关事物所处的位置。关于中国的历史方位，在社会主义坐标系体系中，它处于社会主义初级阶段；在世界现代化坐标体系中，它是一个发展中国家。把二者综合起来，可以说，中国是处于社会主义初级阶段的发展中国家。关于中国这一历史方位的确定，到目前为止仍是切合实际的，正确的。但仅仅作这样的规定，又有些不够、有些简略。我认为，中国现在的历史方位可进一步具体概括：中国是一个处于社会主义初级阶段的，由大向强，将强未强的发展中国家。

按照邓小平中国社会主义现代化三步走发展战略部署，1980—1990年，中国人的温饱问题已经解决；1990—2000年，初步小康的目

---

* 2014年安徽省哲学年会入选文章。

标也已实现；我们现在正在为达到中等发达国家，即到21世纪中叶，为把中国建设成一个富强民主文明和谐的社会主义现代化国家而奋斗。

作为这第三步的前20年，即2000—2020年的发展目标是全面建成小康社会。从党的十五大到十八大，再到十八届三中全会，关于全面建成小康社会的目标和要求，不断得到丰富和充实。十七大设想的到2020年实现人均GDP比2000年翻两番的目标，已经提前10年，即于2010年实现。也是在2010年，我国已超过日本成为世界第二大经济体。按照汇率法计算，我国GDP占到世界总量的1／10；与美国的相对差距也从2000年的8.3倍，急剧缩小到2.06倍。

2013年我国人均GDP已上升到6700美元。中国经济总量在全球经济中的比重已占到12.3%，与美国的相对差距也进一步缩小到1.79倍。

随着我国生产力、经济实力的快速发展，我国的科技实力也有了显著提高，人民生活水平、居民收入水平、社会保障水平得到了长足发展，综合国力、国际竞争力、国际影响力迈上了一个新台阶。也就是说，我国已处在一个由大向强、将强未强的历史节点上，这就是中国现在的历史方位。

这里的“大”主要是从数量或规模角度而言的庞大或巨大。即从幅员、人口，特别是经济总量来说，我国已经是一个世界性大国。但从“强”，即作为质量或内涵标识的强壮或强健角度来衡量，我国的人口素质、科技创新能力、经济发展质量，以及在国际格局中的话语权等方面，与世界强国，特别是与美国相比还存在很大差距，因而我国现在还称不上是一个世界性强国。准确地说，我国正走在建设世界性强国的道路上。

在农业发展方面，我国已成为世界主要农产品生产量第一大国，农业增长率第一大国，也是世界上目前现代农业生产要素——农用电力、农用机械、化肥、农药、现代育种等使用大国。也就是说，我国农业生产力已有了显著提高，但也应该看到，我国农业基础薄弱的局面还没有从根本上得到改变，天气状况还在很大程度上制约着我国农业的发展。

在工业发展方面，我国现在已成为世界第一大制成品出口国，第一大制造业增加值国。2010年已经打破了美国自1890年以来所占据的长达120年的世界头号工业大国的地位。2012年中国已超过美国成为世界贸易冠军。美国的外贸总额为3.83万亿美元，中国则为3.87万亿美元。但在世界工业产业链条中，除机电产业和重型机械产业以外，中国还处于中低端向中高端的提升之中，我国产品的国际知名度还比较低。也就是说，到目前为止，产业链的高端基本上还是掌握在发达国家手中。

在教育科技发展方面，我国高等教育人口已从1956年的几十万扩大到2011年的1.2亿人，从事科技工作的专业人员也从1956年的近100万，扩大到2012年的5800万，中国的发明专利申请量已经居世界第二位，国际发明专利申请量已居世界第四位，在国际学术期刊发表论文数居世界第二位，占世界总数的比重也已从2001年的4%，上升到2011年的15%，科研论文被引用次数跃居世界第六位，研究和试验经费支出占世界第二位。到目前为止，中国特色国家创新体系建设已取得重大进展，我国科技创新能力显著提高。但也应该清醒地看到，我国科技工作总体上仍以跟踪模仿为主，原创科学成就和自主创新的关键核心技术还比较少，要走出一条中国特色科技创新之路，还要付出艰苦的努力。

在国际影响力方面，中国对世界发展作出了重大贡献，被世界上越来越多的人所看重。这里的贡献可以归纳为四点。

一是增长贡献。即中国已成为世界经济增长的第一大发动机。以2012年为例，按汇率法计算，中国对世界GDP增长的贡献率为31.73%，是美国10.20%的3倍。二是贸易贡献。即中国已成为世界贸易增长的第一大引擎。以2011年为例，按汇率法计算，中国对世界贸易增长的贡献率为19.48%，是美国7.31%的2.66倍。三是减贫贡献。即中国是全球减贫的最大贡献国。1981—2005年，世界发展中国家贫困人口共减少6.56亿人，其中中国减少6.24亿人，对全球减贫的贡献率为91.5%。同期印度减贫2960万人，其贡献率为4.5%。四是发展经验贡献。这里主要是指中国没有重演西方崛起的血腥历史，而是用和平方式走近了世界文明的制高点，不仅给中国人民而且给世界人民带来了实实在在的利益。这对现代化的西方模式及其长期所占据的统治地位构成了巨大挑战，将极大地吸引广大发展中国家学习借鉴中国发展的经验。

然而毋庸讳言，到目前为止，中国对世界的贡献还不大，中国在完善全球治理体系的建设中，所提出的中国方案、贡献的中国智慧、提供的公共产品还不多，中国的国际话语权还不大，中国的国际影响力还不强[①]。

由于我国正处于由大向强、将强未强这样一个历史方位，因而实现由大到强的转型升级，也就成为我国所面临的历史难题和努力方向。

二、中国的历史难题和努力方向

为什么要把由大到强的转型升级称之为中国所面临的历史难题？这是因为由大到强，在经济上，首先是指要从人均收入的中等收入阶段进入高收入阶段。而发展中国家现代化的历史表明，在人均收入进入中等收入阶段以后，原先的发展模式已经不可持续，需要创新发展模式。这个阶段一般会持续10—15年，如果措施得力，就会从中等收入国家跃升为高收入国家，从而得以从发展中国家上升为发达国家；反之，则会陷入“中等收入陷阱”。

“中等收入陷阱”，是世界银行于2006年发表的《东亚复兴——关于经济增长的观点》的研究报告中首次提出来的。这个概念一经提出，就引起了广泛的关注。

中等收入是相对于低收入和高收入而言的。世界银行于2009年依据人均收入把世界上的国家和地区分为四类。一是人均GDP低于995美元的低收入国家和地区。二是人均GDP从996—3945美元的下中等收入国家和地区。三是人均GDP从3946—12195美元的上中等收入国家和地区。四是人均GDP在12195美元以上的高收入国家和地区[②]。按照这个分类，所谓中等收入大体是指人均GDP从1000美元到12000美元这样一个区间的收入。当然，这个分类是相对的，只能作为一种参考。因为人均收入的计算本身就是一个有待研究的问题。

中等收入陷阱是指一些国家和地区从低收入过渡到中等收入阶段以后，以往快速发展中所积累的各种矛盾会集中爆发，如果不能实现发展方式的转变，将难以产生新的增长动力，于是经济增长回落和长期停滞，从而导致社会问题突出，社会动荡。

---

① 玛雅：《道路自信——中国为什么能》，9—10页，北京：北京联合出版公司，2013年。

② 王珺：《中国经济的发展阶段，企业组织与金融体制改革》，《广东社会科学》，2012（4）。

这里的问题主要有三个方面：一是在以往的廉价劳动力优势不再以后，是否形成科技创新的新的优势；二是共享发展成果，还是导致贫富两极分化；三是有效控制金融风险，还是导致通货膨胀或通货紧缩，或债务失控。这对中等收入国家来说，都是严峻的考验。

可见，中等收入陷阱，对处于中等收入阶段的国家和地区来说，这是一个不容回避的发展风险，是一个必须认真面对的历史课题。当然是否落入中等收入陷阱，则应另当别论。即它不是必然的命运，比如日本和东亚“四小龙”就曾在发展中规避了中等收入陷阱；但它也绝非偶然的例外。比如包括巴西、阿根廷、哥伦比亚等在内的不少拉美经济体，几乎同时在20世纪六七十年代进入中等收入阶段，但经过30多年的发展，至今还没有一个进入高收入国家的行列。又比如，包括马来西亚、印尼、泰国等在内的不少亚洲经济体在许多年中也徘徊、停滞于中等收入阶段。

那么世界上不少发展中国家和地区为什么会落入中等收入陷阱呢？就表层原因来说，是其经济的内在驱动力和国际竞争力不足。在这个表层原因的后面还有一些深层原因。其中最根本的原因是国家组织力薄弱。

这些经济体的内在驱动力不足，表现为投资动力不足，或是消费动力不足，或二者兼而有之。造成投资动力不足的原因是各式各样的，归纳起来大体有二。一是资金缺乏，不能从银行获得需要的贷款，没有钱办不了事。二是投资环境不利。比如，政治不稳定、法制不健全、行政不当干预，以及基础设施落后等，都会削弱或消解投资动力。另外，造成消费动力不足的原因也是多方面的。比如，一个国家或地区的失业率过高；或收入分配不公，收入差距过大；或缺少必要的社会福利保障等，都会导致消费动力不足。总之，经济发展须有投资和消费两轮驱动，不然，就走不稳、走不快、走不远。

这些经济体的国际竞争力不足，也有两个原因。一是这些国家和地区进入中等收入阶段以后，由于劳动力和资源成本上升，价格优势不再，因而其在低端市场上，也就难以与那些仍处在低收入阶段的国家进行竞争。二是这些进入中等收入阶段的国家和地区，由于自身创新能力长期得不到提高，因而也就难以实现发展战略调整和产业结构的升级，长期处于产业链的中低端。于是在国际市场上，也就无法与处在高端的西方发达国家进行抗衡，从而导致出口受阻。不仅如此，这些国家还势必会成为西方高收入国家进行经济掠夺和转嫁危机的对象。如此一来，在低收入国家和西方发达国家的双重抵压下，中等收入国家的经济发展必然举步维艰，甚至陷入困境。

我国2001年人均GDP为1042美元，2010年达到4000美元，已进入上中等收入国家行列。2013年为6858美元。距人均12000美元的中等收入上线还有很大差距。我国面临的问题与其他发展中国家有不少相似之处，也就是说，我国也有落入中等收入陷阱的风险。那么出路何在呢？出路在于要千方百计提高我国经济的内在驱动力和国际竞争力。这里有几个方面的问题要解决好。

第一，正确处理政府与市场的关系，进一步激发市场活力。

党的十八大报告指出“经济体制改革的核心问题是处理好政府和市场的关系”[①]。这个关系有两个方面：一是要发挥市场在资源配置中的决定作用，其实质也就是让价值规律、竞争和供求规律等市场经济规律在资源配置中起决定作用；二是要加强政府对市场经济的驾驭能力。要针对市场失灵的方面，实施相应的政策、法律和行政管理，促进经济社会全面协调可持续发展，不断提高政府管理经济和促进社会发展的水平。

改革开放30多年来，随着市场化改革的不断深入，我国绝大多数领域的资源配置已基本通过市场进行。但在经济的一些环节上，政府干预过多、干预不当的情况还严重存在。这表现在从上到下各式各样的行政审批制度的设置，为着地方政绩的各种限制政策和优惠政策的实施。比如，低价供地、税收减免、财政补贴等举措，导致价格扭曲、资源低效配置，乃至产生浪费。同时这也为一些政府工作人员利用手中握有的行政审批权搞权力寻租提供了空间。现在中央提出要部分取消和简化审批事项，实行“非禁即入、非禁即行”的原则。即在没有法律明文禁止的范围内，人们可以自主择业，自主选择经济活动。这就有利于最大限度地激发广大群众的积极性，激发各类市场主体的创业、创新活力，进一步解放和发展生产力。

第二，调整经济结构，促进持续发展。

① 胡锦涛：《坚定不移沿着中国特色社会主义道路前进 为全面建成小康社会而奋斗》，20页，北京：人民出版社，2012年。

我国经济飞速发展，付出的代价也很大，从而引发和积累了一些深层矛盾，突出表现在动力结构失衡，产业结构不协调，要素利用率低下，环境损害大，空间布局不够合理等方面，因而需要通过经济结构调整来加以解决。

从动力结构看，我国经济发展的三驾马车：投资、出口、内需在匹配上很不均衡。多年来，我国经济增长形成了对国际市场的过度依赖。我国出口占总需求的比重，与世界上其他一些大国相比，要高出1—2倍，这是不可持续的。同时，投资率偏高，消费率偏低。中国的消费率从1978年的62.1%降低到2010年的47.4%，而同期投资率则从38.2%上升到48.6%。消费不足又与收入分配结构不合理相关。居民收入在国民收入分配中的比重偏低，影响了居民消费水平的提高。因此，我国经济要求得健康发展，必须实现由主要依靠投资、出口拉动，向主要依靠内需拉动转变。

从产业结构看，主要是三产发展不协调。这表现在农业基础薄弱、工业大而不强、服务业发展滞后，部分行业产能过剩。比如，2013年，我国一、二、三产业占GDP的比重分别为10%、43.9%、46.1%。第三产业首次超过第二产业，这是可喜的。不过，这也才达到一般低收入国家的水平。第三产业包括生产服务和生活服务两类。如果这两类服务不到位，那么也就对促进生产和拉动消费造成不利影响。第二产业在国内生产总值中所占比重过高，也加大了资源环境压力和就业压力，制约着国民经济总体素质的提高和经济的持续发展。

从城乡结构看，世界上所有发达经济体，都不是以农业经济为主，而是以城市经济为主。也就是说，城市经济是高收入经济体的共同特征，也是拉动经济发展的主引擎。城市经济能使各种生产要素流向城市，达到集约、规模、高效使用，从而极大地促进经济发展。因此工业化总是伴随着城镇化。据统计，发达国家城市化率一般已接近80%，人均收入达到上中等的发展中国家，城市化率也在60%以上。到2013年，我国的城镇化率才达到53.73%。这种状况也就制约着产业结构的升级，影响着国内需求的扩大。因此，加快我国的城镇化进程是经济结构调整的重要内容。

第三，提高自主创新能力，提升国际竞争力。

多年来，我国利用后发优势，极大地促进了经济增长。所谓后发优势就是利用廉价劳动力资源，引进初级和中级技术，即可缩小与发达国家的技术差距，提升劳动生产率，从而带来人均收入的增长。而且在这个阶段上，我国低附加值的低端产品的生产和出口，对发达国家也起到了不可或缺的补充作用。因为中国为他们生产的这些产品是他们不再愿意生产或已经不能生产的。另外，这些产品物美价廉，既改善了发达国家人民的生活。又有助于消解其通胀压力。可现在情况变了。中国经济发展把中国科技带动了起来，我国的科技水平与国际技术前沿的距离正在逐渐缩短。这就对发达国家长期占据的高技术产业的垄断地位构成了挑战，产生了威胁。如果说，当年的日本和东亚“四小龙”在崛起的过程中，因其处于东西方冷战的前沿位置，西方发达国家为了借力，不仅未对其打压，而且还给予种种优惠的话，那么对社会主义中国的崛起来说，则不会有这种便宜事。也就是说，以美国为首的西方发达经济体一定会制造种种借口，比如会借安全为由搞贸易保护主义，搞技术封锁，特别是限制对中国高技术产品的出口。

面对此种状况，我们别无选择，只有持续增加人力资本（教育）与科技创新（研发）的投入，增长自主创新能力和培育自主品牌，发展高科技工业，提高国际竞争力。这在高速铁路工程建设和装备研制等方面已有不少令人称道的成功例子。

需要指出的是，关于政府与市场关系的正确处理、经济结构的调整，以及创新能力的提高等，都需要多种力量，包括政府力量、企业力量和社会力量的协同作用。但其中起核心作用的只能是政府的力量，或政府的有效干预。因此，从根本上说，进入中等收入阶段的经济体能否规避中等收入陷阱，其关键在于政府能否进行有效的干预。

在这方面，日本和东亚“四小龙”提供了正面的经验。这些国家和地区的政府对促进经济发展阶段的顺利转型，保持经济持续稳定发展发挥了重大作用。与日本和东亚“四小龙”相比，拉美国家则提供了政府干预不力的反面教训。这些国家在进入中等收入阶段以后，没有根据经济发展阶段的变化和工业化进程的演进，推动发展战略和经济结构的调整，导致生产的低层次重复，经济增长乏力，贸易状况逐渐恶化；没有采取有力措施，合理调整收入分配，某种程度上放任了分配不公和收入差距扩大的趋势；没有从宏观上采取措施，控制通货膨胀和债务风险，导致宏观经济不稳，经济社会矛盾积累和激化。

总之，国家组织力薄弱所导致的政府干预不力，是拉美国家落入中等收入陷阱的一个根本原因。

现在中国也正面临着规避中等收入陷阱这一历史任务。在这过程中，中国无疑要吸取借鉴世界上一些国家和地区在这方面的经验教训，但更重要的是，要注意总结和发挥中国自己的独特优势。因为这些外来的经验教训，只有在发挥中国自身优势的基础上，才能真正变成对自己有用的东西。不仅如此，还因为中国自己的独特优势是中国自信和中国力量的根基和源泉。很显然，如果没有中国自信和中国力量，那么所谓规避中等收入陷阱，实现中国从大到强的转型升级，也就只能是说说而已。因此，科学概括和说明中国的独特优势以及以此为前提所孕育的内生新型动力，意义重大。

三、中国的独特优势及内生新型动力

中国的独特优势和内生新型动力植根于中国特色社会主义实践。这里的中国特色并非中国特异，而是对世界上一切优长的中国式社会主义的集成、创新。因此，中国的独特优势和内生新型动力是中国特色社会主义本质内涵的集中体现和表现。下面就此从五个方面来展开具体说明。

1. 人民民主法制规范下共产党领导的强大国家组织力

近代以来的政治是政党政治，即政党主导的政治。政党政治，从其实质来说，有国家型政党政治与派别型政党政治的分野。所谓国家型政党政治，即由代表广大人民利益和维护国家整体利益的政党所主导的政治；所谓派别型政党政治，是由代表家族利益，或地方利益，或集团利益等派别型政党所主导的政治。

中国的政党政治，是在人民民主法制规范下共产党领导的政治。人民民主制度规定，全国人民代表大会是国家最高权力机关；共产党的执政权来自人民的赋予；它必须在作为人民意志体现的国家宪法和法律的范围内活动；它必须接受人民的监督。在中国，人民民主制度从根本上保障了中国共产党所领导的政治是国家型政党政治，这从而与世界上那些资本主义国家的派别型政党政治从根本上划清了界限。作为一个根本原因，也使中国共产党没有像苏联、东欧社会主义国家的共产党那样蜕变为“贵族党”“特权党”，从而保持了国家型政党的本色。

中国共产党作为国家型政党，这一根本性质决定了它能够为广大人民的利益和国家的整体利益，带领、团结、组织各民主党派、各社会界别、广大人民群众，通过民主制度安排，特别是协商民主的制度安排，有序参政、议政、理政。这样既保障了共产党一党执政所具有的权威和效率，又避免一些国家一党执政的专横和腐败；既保障了共产党一党执政的开明和包容，又避免了一些国家两党或多党政治的纷争和恶斗。在这个问题上，西方主流观点脱离人民民主规范，把中国共产党的一党执政说成一党独裁，或一党专政，这实在是对中国政党政治的一种误读，是必须要予以澄清的。

诚然，人民民主法制规范下的共产党一党执政制，也是在曲折中不断总结经验而获得改进和完善的。以毛泽东为代表的中共第一代领导集体确立了人民民主法制规范下共产党一党执政的基本制度安排；以邓小平为代表的中共第二代领导集体为了防止个人专断和继承危机，进一步落实了中共中央集体领导制，逐步建立了干部任期制和接班制；以江泽民为代表的中共第三代领导集体为解决执政能力问题，进一步创新和发展了人才培养选拔和内部竞争机制；以胡锦涛为核心的中央领导集体和以习近平为总书记的中央领导集体为提升党的组织领导能力和拒腐防变能力，进一步加强了全党的统筹、协调、权力监督制衡和反腐倡廉等机制建设。

当然，到目前为止，人民民主法制规范下的共产党一党执政制还有许多不足和缺陷，还有待进一步加以发展和健全。但从总体上说，人民民主法制规范下的共产党一党执政制不仅不是我国的负资产，而且还是一笔极大的正资产，它构建了强大的国家组织力这一中国特有的政治优势。

正因为有了这个优势，才维护了全国的团结和统一，而没有像苏联那样一分为十五，像南斯拉夫那样一分为六，像捷克斯洛伐克那样一分为二；才维护了大局的稳定，而没有使敌对势力所希望的“颜色革命”在中国发生；才使大政方针的决策更有效率，也更有执行力，从而战胜了前进道路上的种种困难，用60多年走过了西方发达国家一百年，以至两三百年才走完的工业化道路。

中国共产党领导的强大国家执行力，它的杰出表现和巨大成就，已为世界上越来越多的有识之士所肯定和赞扬。这就难怪美国《纽约时报》著名专栏作家托马斯·弗里德曼在其《地球是平的》的著作中会呼吁：在21世纪，“让我们做一天中国”。其意思是说，在21世纪，美国哪怕有一天能像中国那样进行高效决策，该有多好！当然，这里表达的只是作者的一个良好愿望。

我国走过的历史启示我们：大力发挥人民民主法制规范下共产党领导的强大国家组织力这一中国的独特优势，必将从政治上保障我国能规避中等收入陷阱，实现从大到强的转型升级。在这里，对那种“多党制”的蛊惑，要有清醒认识，要坚决加以抵制。不然，不仅谈不上所谓独特优势，相反，恰是民族的灾难。因此，切不可上当受骗。

2. 放眼长远的战略规划

在国家型政党政治中，作为执政党的中国共产党，由于能化解和超越派别性利益的干扰，因而能对符合国家长远利益的问题作出规划并付诸实施。这是中国共产党领导的强大国家组织力的一个方面的重要表现。比如，毛泽东在1954年第一届人大开幕词中所提出的经过几个五年计划把中国建设成伟大国家的战略、其后邓小平提出的三步走发展战略，都是这种伟大而长远的战略。说其伟大，是指它力图改变全中国人民的命运，使国家强大起来；说其长远，是指其宏伟设想时间跨度大。比如，邓小平的三步走发展战略其时间跨度竟有70年之长。

邓小平的三步走发展战略，在中国早已家喻户晓，甚至习以为常，实际这是一件很了不得的事情。澳大利亚前总理霍华德曾认为，这是一个了不起的设计。瑞士学者胜雅律也认为：中国人善于进行长远规划，这一点西方人有所不及，应该向中国人学习。

那么在这一点上，西方人为什么会有所不及呢？在我看来，不是因为他们不聪明，而是其政党制度使然。按西方的政党制度，每4年或5年进行一次大选。通过大选，不仅可能换人，而且可能换党，因而在这种不定中，不要说搞长远规划，就是搞五年规划，也属多此一举。一届政府最多5年，第一年忙于熟悉情况，最后一年又忙于下届大选，实际能真正放手做事的也就三年左右时间。在这两年或三年中，每届现政府所热衷的既不是为前届政府的未竟之业续写辉煌，也不是为后届政府的未启之业铺路搭桥，而是短平快地创造自己的政绩。正如美国学者道格·格思里所指出的，西方国家往往无法摆脱短期思维，而且缺乏对决策后果的担当。

是囿于短期思维，还是放眼长远进行规划，这对一个国家的发展来说，事关重大。因为长远规划是一个宏伟蓝图，有了这个蓝图，就像走路有了目标和方向，就可以在思想统一和行动统一上起凝心和聚力的作用。每个社会成员对社会有了预期，就可以把个人发展目标与国家发展目标协调对接，从而在国家发展中找到自己的位置，激发自己的积极性，也使整个社会充满生机和活力。有了长远规划，就可以为一些重大问题寻找一流、长远的解决方案，而不纠缠于一时得失，不满足于权宜处置；就可以分清轻重缓急，合理利用各种资源，有步骤地开展工作。

人们往往惊叹"三北防护林建设工程"、三峡工程，以及西电东输、西气东送等大工程、大项目的成就与壮观，然而追溯起来，可以说，如果没有长远规划，这些大工程、大项目的实施，是不可想象的。

从以往的历史看，进行长远规划是我国取得巨大成就的一条基本经验。坚持运用这一基本经验，对我们提高理性自觉，通过规划统筹各种力量，提高规避中等收入陷阱的应对能力，实现从大到强的转型升级也将发挥重要作用。

诚然，在社会主义现代化建设中，共产党领导的强大国家组织力和长远的战略规划都必须通过一定的经济发展体制或模式来体现和落实。经过长期探索和实践，我国找到了实现现代化的发展模式：社会主义市场经济。这是中国的又一独特优势。

3. 社会主义市场经济的发展模式

什么是社会主义市场经济，有种观点认为，社会主义市场经济就是计划+市场的经济。这种观点早已被邓小平所否定。他说，计划不是社会主义的本质特征，资本主义也有计划。另有观点认为，社会主义市场经济，就是包括计划在内的国家宏观调控+市场的经济。这一观点也不能成立。因为现代资本主义市场经济也是进行国家宏观调控的市场经济。可见，无论是计划，或宏观调控，还是市场，都只是发展经济的手段，而不是目的。社会主义市场经济的目的，就是全中国人民的生活水准的提高。在经济生活上，就是邓小平所讲的共同富裕。简单地说，社会主义市场经济，就是用市场经济手段来提高效率，用社会主义制度来保障公平的经济。

公平是社会主义社会的本质特征，是社会主义社会区别以往剥削阶级社会，包括资本主义社会的一个根本标志。然而苏联模式的社会主义在否定阶级差别的同时，又否定了劳动差别和市场竞争原则，及其对生产力发展的推动作用。于是这种脱离生产力发展所一味追求的公平，实际搞的是平均主义，因而这种模式的社会主义也就成为没有前途的社会主义。

正是总结了这一经验教训，于是开放搞活建立市场经济，也就成为中国改革开放的首要目标。然而中国拒绝市场原教旨主义，坚持社会主义市场经济的改革方向。这样，既使中国坚持了社会主义，又克服了苏联模式的封闭、僵化，使中国社会主义成为充满生机和活力的社会主义；既发挥了市场在资源配置中第一位的作用，又避免了非洲一些国家自由市场导向的“结构调整”和俄罗斯“休克疗法”的失败，还成功抵御了国际金融危机的冲击。不仅如此，还使中国在解决矛盾、化解风险的过程中获得了巨大发展。

中国社会主义市场经济为什么能取得如此佳绩，其中一个根本原因在于，社会主义在这里不仅是价值导向，而且是体现和实现这种价值导向的制度安排和雄厚实力。中国社会主义市场经济坚持公有制为主体，多种经济成分在市场竞争中共同发展。

所谓公有制为主体，主要是指关系国家安全和国民经济命脉的基础性、战略性、前瞻性产业，包括金融、石油石化、电力、通信、运输、矿业、水的生产和供应业，及高新技术产业等，实行国有，或发挥国有资本的支撑、引导和带动作用。

社会主义市场经济体制下，国有企业和私营企业扮演着不同角色，发挥着不同作用。国有企业就像我国解放战争时期强大的野战军，在经济社会发展、民生改善和风险防控等方面起着稳定大局的作用。

也就是说，中国市场经济的宏观调控不仅与现代西方市场经济宏观调控的目的不同，而且其手段和效果也不可等量齐观。西方国家所能采用的手段，超不过财政政策和货币政策的范围。除此之外，中国政府还可以采用手中掌握的土地资源、战略资源、金融资源，以及一大批表现不俗的大型国有企业，来实现宏观调控的目标。国有企业，特别是大型国有企业也是中国经济国际竞争力的主要载体，是可以与国际知名企业一争高下的中国经济的航空母舰。

据《财富》杂志数据库2014年7月8日公布的资料，中国内地国有企业跻身世界500强的已有83家（加上香港和内地私营企业共入选91家）。内有三家跻身十强。这样中国已成为入选前十强最多的国家（美国有两家）。正因为中国有这么一大群经济航空母舰，才使中国经济保持了自主型而非依附型经济的地位，才使中国经济在世界经济海洋中破浪前进，而没有像许多发展中国家的经济那样沦为外国跨国公司的附庸和拿捏的对象。

私营企业在中国经济中就像解放战争时期的地方部队，其数量庞大，且灵活性、创新性不让其他，有的已经在国际竞争中崭露头角。中国的国有企业和私营企业之间的相互竞争、相互合作，已经形成了相互带动、共同发展的新格局。

改革开放30多年来所取得的巨大成就说明：国有经济与私营经济这两条腿在市场竞争中共同作用，比公有经济（以国有经济为主）一条腿起绝对支撑作用的苏联社会主义经济模式，私营经济一条腿起绝对支撑作用的资本主义经济模式要走得快、走得好。

可以预见，中国社会主义市场经济发展模式这一优势，对中国规避中等收入陷阱，提升中国的国际竞争力，实现由大到强的转型升级也将发挥关键作用。在这里，对私有化的喧嚣，要有鲜明的立场，要坚决予以反对。公有制为主体，这是社会主义的制度安排，是社会主义的命根子。如果把它搞丢了，中国也就没有希望了。因此，对此绝不能掉以轻心。

4. 超大型经济体的规模集成

“大”并不必然是优势。俗话说，大有大的难处。其难在构成因素多、矛盾多。如果不加组织、协调，以至杂而乱，那么大就不仅不是优势，而恰恰是劣势，是包袱。一盘散沙的旧中国就表现了这种劣势。中国共产党领导的强大国家组织力，其一个方面的表现就是实现了全国人民的大团结，实现了中国作为一个超大型经济体的规模集成，干成了一些中等发达国家不能干，或干不好的事情，从而形成了巨大的规模效应和整体竞争力。

第一，利用规模优势，经济而高效地推进全国联通的基础设施建设。

中国的高速公路网、高速铁路网、全国输电联网和“输电高速公路”、海运、港口、光缆线路等建设，都极大地节约了资源，提高了整体效率，改善了中国的投资环境，促进了各种资源的便捷流通。对此，美国前能源部长比尔·理查森颇有感触。他曾在美国《能源日报》网站上发文，抨击美国输电系统被地方利益集团分地而治，以至造成电力一地过剩而另一地不足并存的状况。他推崇中国的“输电高速公路”建设，以经济高效的方式实现电力横跨全国的远距离输送。不过，他要美国在这一点上学中国，至少在目前情况下尚无可能。

第二，利用规模优势，支撑和拉动高技术产业发展。

现代产业的发展，有两个必备条件：一要技术领先，二要有相当的国内市场规模。因为高技术产业往往也是特别费钱的产业，如果没有与一定市场规模相联系的高市场回报，特别是其成长阶段的国内高市场回报，那么它是发展不起来的。比如新加坡和我国的台湾地区，就不可能建立自己的航天工业，也不可能建立一个卫星定位导航系统。相比之下，由于中国大陆市场规模巨大，我国上述产业虽然与世界上一些先进国家相比，起步较晚，但一旦起步，发展就很快。中国的再生能源技术和产业与上述情况类似。中国现在已经成为世界上风电、太阳能发电技术的领跑者，以及太阳能电池板、风轮机的主要出口国。

第三，利用规模优势，作为提升国际竞争力的筹码。

中国市场对外资为什么具有吸引力，其中一个主要原因是中国人口多，市场规模大。这样一来，中国就可以对外资的进入设立很多特别的、在一般情况下跨国公司不能答应的条件。比如投资方向、技术转让等条件。中国高铁的跨越发展，就是利用国内市场的巨大规模，推动外方整体性、系统性的技术转让，通过再创新而实现的。不过，在这方面，我们也有不少教训，有待进一步提高理性自觉。

第四，利用规模优势，促进中国形成了世界上少有的较为完整的科技体系和产业体系。

不管是苏联、南美一些国家、西欧的中等国家、将来的印度，都不可能搞成中国如此庞大、完整的科技体系和产业体系。其原因，一是中国规模大，有这样的需要；二是人家逼的。一些世界性强国不愿看到中国强大，实行封堵，迫使中国自力更生，走自我完善之路。这样，坏事也就变成了好事，有了这样一个体系也就大不一样。犹如一块荒地，把它修整成了可排可灌的熟地，至于在上面种什么作物，如何提高产量，那就容易得多了。这个较为完整的科技体系和产业体系，就是中国学习、模仿，甚至超越世界先进技术的一个根本性基础。我国进入世界科技前列的蛟龙号潜水器深潜技术、以“天河二号”为代表的超级计算机技术、铁基高温超导技术、特高压输电技术等，就是在这个基础上发展起来的。

第五，利用规模优势，提升中国国际影响力。

如前所说，到目前为止，中国仍然是一个处于社会主义初级阶段的发展中国家，中国的人均收入还列于世界靠后位置，但中国人多体大，因而中国的崛起，既不同于19世纪人口以千万为单位计的英法德等国的崛起，也不同于20世纪人口以亿为单位计的美日的崛起，而是21世纪人口以10亿为单位计的一个超大型经济体的崛起。加之，中国在共产党领导下上下一心，举国向前，因而作为一个发展中国家，它在国际舞台上成为多极世界中重要的一极，而发挥着举足轻重的作用。

5. 长期形成的内生新型动力

中国上述独特优势的形成和彰显，在这过程中，孕育了中国勃勃的内生新型动力，即促进中国由大到强的转型升级的力量。这表现在：

第一，“东中西”互动发展的格局已初步形成。

通过西部大开发和中部崛起战略的实施，东部沿海地区在中国发展中一马当先的格局已经改变，现在中西部地区的投资增速和经济发展速度已经超过东部沿海地区，其承接东部产业转移的能力已有大幅提高，其开放型经济也已驶入快车道，而成为中国经济新的增长板块。

第二，城乡融合发展的条件已经具备。

中国的城镇化率刚刚达到世界平均水平，其上升空间很大。从中国三产的比例结构和城乡的就业结构来看，劳动的就业分布大体为，第一产业不足10%，第二产业约40%，第三产业约50%。也就是说，已有超过三亿的农村户籍人口目前在城市居住和就业，使这部人逐渐成为城镇居民，将有助于经济的稳步增长，有助于促进城乡一体化发展。

第三，综合竞争优势开始显现。

我国经济的传统优势，是劳动力和资源的廉价优势，现在这一优势已经弱化。通过加强知识产权运用和保护、健全技术创新激励机制、大力培育和引进高层次人才、创新对外投资方式、鼓励企业并购等措施，代之而起的人才、资本、技术、服务、品牌等为核心的综合优势正逐步形成。据国家统计局公布的数据，2013年规模以上工业增加值增长9.7%，其中高技术制造业增加值增长11.8%，后者高出前者2.1%。这一发展势头现在正进一步向好。2014年上半年，规模以上工业增加值增长8.8%，其中高技术制造业增加值增长12.4%，后者高出前者3.6%。

第四，经济和社会建设同时并进已初步取得成效。

过去许多年中，追求超高速经济增长，社会公共事业发展滞后。近10年，特别是近5年来，这种情况已有所改变。公共住房、医疗、低保、教育等保障体系的建设已取得阶段性成就，社会需求潜力正在得到释放。近年来，内需已成为拉动我国经济的主要动力。据统计，2014年上半年最终消费对GDP增长的贡献率为54.4%，已超过48.5%的投资贡献率5.9%。

第五，“走出去”步伐加快。

从贸易大国到投资大国，从商品输出到资本输出，是开放型经济转型升级的必由之路。为了促进这种转变，国家采取了一系列措施，支持企业加快走出去的步伐。近10年，我国对外投资以年均40%以上的速度高速增长，累计对外直接投资超过5000亿美元，现已跻身对外投资大国的行列。这一趋势的发展，必将带动中国商品输出、技术输出和劳务输出的发展，必将对我国改革开放和现代化建设产生深远影响。

总之，中国的独特优势明显，内生新型动力抢眼，以往所取得的成就举世瞩目。因此，面对内外困难和干扰，当代中国人最没有理由自卑，而应从中华民族振兴的这一根本利益出发，以宏大气魄和胆识，坚持自己的应对策略选择。

四、中国的应对策略选择

邓小平曾经说，不发展是问题，但发展起来问题可能更多。他的这一预言现在已经获得证实。比如，过去的平均穷不行，可当一部人一部分地区先富裕起来以后，又导致了贫富差距的拉大；过去工业不发展，田园风光，山清水秀，可现在工业化、城镇化的推进，又造成了环境污染，生态恶化；过去在解决温饱的时候，需求单一，满足起来相对简单，可现在生活水平提高了，需求向多样化、高档化发展，这样一来，与现实条件的矛盾突显起来，不满也就随之增加。所谓"举起筷子吃肉，放下筷子骂娘"，就是对这种状况的一种生动写照。又比如腐败问题，尽管党和政府以最坚决的方式打击腐败，但腐败依然频发。从外部因素看，当今世界正发生着前所未有的复杂变化，一方面，新兴国家和广大发展中国家群体性崛起；另一方面又充满许多不确定，存在许多威胁，既有传统威胁，也有新的威胁。崛起的中国虽然奉行的是和平发展战略，但仍然面临着美国及其盟友日本的挑衅、威胁和遏制。

面对内外种种困难和干扰，中国老百姓最担心的是"变""乱""战"。即担心出现苏联那样的"变天"，"阿拉伯之春"那样的"动乱"，以及美日把战争强加到中国人头上。怎样看待这些担心呢？这里有几个问题提出来，谈一些体会。

1. 中美可以避免重蹈老路

这里的老路，是指历史上那些世界性大国在相互关系处理上的冷战对抗冲突之路；新路，是指中国领导人所提出并得到美国总统奥巴马回应的建设新型大国关系之路，即和平发展合作之路。

中美为什么可以避免重蹈老路呢？因为：

第一，战争不解决问题。中美冲突没有赢家，只能两败俱伤。当年美苏两个超级大国，虽然冷战对峙40多年，但冷战并没有发展为热战，其原因也在这里。在现代，不要说大国之间的矛盾不能通过战争解决，就是大国与小国的矛盾也不一定能遂大国之愿，通过战争来加以解决。比如，如此强大且得到盟国支持的美国，十多年前先后入侵人口只有区区2800多万的小国阿富汗、伊拉克。在一般人看来，岂不是巨石击卵，易如反掌。然而谁曾料到，前者耗时13年，后者耗时8年，竟没有能把骨头啃下来，结果只能带着巨大伤痛和无尽烦恼卷铺盖走人。如此看来，时代真的变了，进步了。何况中国不是伊拉克、阿富汗。我想，这一点，美国人会掂量。

第二，中美关系不同于当年的美苏关系。美苏都想称霸世界，互为对手，因而在战略上，一切行动都是以制服对方为目的，又由于相互间经济联系很少，以至下起狠手来毫无顾忌。与之不同是，中国永远不称霸。中国的党和政府只想把自己的国家建设好，使中国人民过上踏实、安宁和幸福的生活，并真心希望与美国和世界其他各国共谋和平发展合作。

更为重要的是，中美利益交融不断增强。在经济上，中美经济依存度不断提升，两国经济交流合作日趋紧密，共同利益不断增多。这将推动美在对华关系上采取审慎务实的态度。在安全上，中美分别作为最大的发展中国家和最大的发达国家，在维护和促进国际与地区和平稳定，应对反恐、防核扩散，处理全球性挑战以及一些地区热点问题上，都需要相互间的合作与支持，因而中美两国可以在战略上实现互利双赢。

不过话说回来，美国作为世界上唯一的超级大国，自命不凡、高高在上久矣。因而它对中国的快速崛起，必然会感到不习惯、不舒服，甚至产生危机感。按照以往冷战思维的惯性逻辑，为了维护其霸权，美国不会容许世界上有一个国家或地区组织不听使唤，甚至与其平起平坐。不管是作为对手的苏联，还是作为盟友的七十年代风头正盛的日本，或现在的欧盟，在这一点上，美国是从不手软的。因此，对于中国的崛起，美国也决不会坐视不理。虽然其国力下降，也颇有些力不从心，但还是要在亚太地区加强军事部署，强化同盟，以及实施亚太再平衡战略。其目的倒不是挑起战争，而是对中国加以牵制防范、施压遏制。可见，要美国摆脱冷战战略，真正对中国平等相待，并不是一件容易的事，还真要假以时日。对此，中国要有战略耐心，要沉着淡定。首先，中国的相对优势在上升，美国的相对优势在下降，这是一个不争的事实，因而时间在我一边。其次，随着中国综合国力的极大提升和中国全方位外交格局的形成，任何用武力围堵中国的努力都不能得逞，都必然会失败的。再次，要坚持与美国合作共赢的战略不动摇，为新型大国关系的建构不断增加正能量，同时对美国的遏制、施压展开有理有利有节的斗争，尽量减少和排除影响中美关系健康发展的负能量。最后，也是最主要的，中国要把自己的事情做好。要坚信，在中国不断强大、足够强大之后，美国为着自己的利益，也会不得不从对中国的战略遏制转向战略接纳。在这一点上，美国人不傻。

2. 今日之中日非以往之中日

日本曾经是东方的战争策源地，是给中国人民和亚太地区人民造成深重灾难的加害国。在中国抗日战争和全世界反法西斯战争中，日本遭到惨败。但在急于开展冷战的美国的庇护下，日本的军国主义没有得到应有的清算，成为当今日本军国主义抬头的因素和土壤。日本利用美国的庇护，经过自身努力，也曾获得了世界第二大经济体的地位。但又由于它盲目迎合美国，唯美国马首是瞻，放弃了自己曾有的某些优长，又缺少对自身缺陷的正视和改革的精神，因而使20世纪六七十年代如日中天的日本经济陷入了90年代以来的长期停滞之中。原来拥有的世界第二大经济体的地位和荣耀又于2012年落入中国之手。不仅如此，到2014年，中国的经济总量已增至日本的两倍。因此，日本人担心因其国力衰退而沦为亚洲二流国家，由此国民心态普遍感到失望、迷茫和焦躁不安，甚至对中国的崛起，不甘心、不服气。于是，日本右翼势力利用这种国民情绪，大肆宣扬“中国威胁论”，煽动民族主义，并迎合和利用美国的亚太再平衡战略，否定侵略历史、扩军修宪、解禁集体自卫权，在中国东海挑起事端，企图一步步复活军国主义。美国在利用日本作为封堵中国的马前卒的同时，又自我标榜不选边站，借以从中国获得经济利益和谋取战略优势，同时又利用日本对自己的依赖，加强对日本的控制，以求一举两得。

然而今日之中国非晚清和民国时期积贫积弱之中国，今日之日本也非当年雄视亚洲之日本。对于这样一个右倾化的日本，中国必须有两手：一是对日本右翼势力的卑劣性、冒险性必须有充分认识，要切实做好应对战争偷袭和不测事件的充分准备，励精图治，强国强军，能战方能止战，不打第一枪，但绝不容许它打第二枪。以中国现在的国力军力，足以应对任何复杂局面。二是做一个负责任的大国，为地区稳定和世界和平作出自己的贡献。要联合俄罗斯、韩国、英美和东南亚各国，以至日本的和平力量，揭露日本军国主义在二战中反人类的法西斯战争罪行，来共同维护二战成果、战后秩序和国际正义；要对美国晓以利害，对日姑息养奸，战略纵容，终将祸及自身；要以中日邦交正常化的四个政治文件为基础，为重归中日友好而努力，促进日本和平力量的壮大，要结成广泛的制止日本军国主义复活的国际统一战线。

3. 制度建设可以遏制腐败

腐败的基本特点是以权谋私。即运用公权力，谋取一个家族，或一个群体，或一个党派，或官员个人之私利。

腐败在原始社会后期有了私有制和私有观念以后就产生了。估计到共产主义社会实现以前，腐败现象也难以完全绝迹。对这一点，要有充分的思想准备。

但腐败存在是一回事，腐败蔓延或腐败严重则是另一回事。这与制度安排不当，或制度安排滞后有关。

制度安排不当，表现为制度怪胎。例如，英国19世纪上半叶各级议会诸多议席甚至标价竞卖，候选人贿买选民成司空见惯。西方搞竞选民主，而竞选要有钱。政治人物接受了财团的支持，获胜后，必然要给予回报。在苏联，勃列日涅夫晚年，为了所谓"稳定"干部，把官僚阶层日益膨胀的利益固定化、制度化。这样做，所形成的也是一种制度怪胎。如此因制度安排不当所造成的腐败，其根源在制度本身，因而这类腐败可称之为制度腐败。也就是说，只有改革造成腐败的制度，才能根除这种腐败。

制度安排滞后，表现为制度漏洞。一些公职人员利用制度漏洞，钻制度的空子，以权谋私，行贿受贿，贪赃枉法。当然，制度漏洞并非必然导致腐败。因为有空子，是否钻，主要还是取决于为官者的官心如何。也就是说，这种与制度安排滞后相联系的腐败说到底是一种机会腐败。如果把权力关进制度的笼子里，机会腐败也就失去了必要的前提。

在看到腐败严重危害性的同时，也应认识到，中国的腐败主要不是制度腐败，而是与制度建设滞后相联系的机会腐败。即一些官员上任后，经不住诱惑，私欲膨胀，加之收入不高和法规监督不健全，侥幸心理作怪，结果走上了腐败之路。在经济起飞、发展是第一要务的情况下，监督一时顾不上或跟不上，这是一个过渡性、阶段性的问题。

可以预见，随着制度法规的健全、监督的到位、打击力度的加强、贪腐成本的上升，以及全体人民包括官员在内的收入的增长，特别是中国特色社会主义事业一步步走向成功等多方面因素的综合作用，必然会逐渐形成一个官员不敢腐、不能腐、不想腐的环境和氛围。

20世纪70年代的香港也曾是贪腐的重灾区，不花钱办不了事。当年的港英殖民政府成立廉政公署进行打击。香港的警察认为，这断了他们的财路，于是暴动，甚至占领廉政公署。但毕竟邪不压正，经过多年努力，终于大见成效，香港廉洁度上升至亚洲第二（新加坡第一）。

鉴于中国的腐败不是制度腐败，而是与制度建设滞后相联系的机会腐败，因而坚持和不断健全中国的现行制度，同时辅之以道德教育和引领，必定能对腐败进行有效打击和遏制。中国近年来反腐运动广泛和深入地开展，很有起色，获国内外正面评价，就是一个很好的证明。

4. 发展中的问题可以用科学发展的方式加以解决

中国现在面临的困难和干扰，大体有两类。一是中国的发展作为导因所触发的问题。上文所言的中美关系、中日关系的问题，以及与经济发展为前提的经济社会转型中腐败突出的问题，都属此类。二是中国经济社会发展进入新阶段所必然发生的问题，这类问题也可称为发展中的问题。前文所言的中等收入陷阱，就属这类问题。或者说，因为有了发展才有了这些问题。因此，在看到这些问题的同时，更为重要的是要认清这些问题的性质。即它是发展中、前进中的问题；是以取得巨大成就为前提的作为发展代价的问题；是可以利用已取得的成果，在发展中科学加以解决的问题。因为发展总要经过一个从片面到全面、从不协调到协调、从重数量到重质量、从重眼前到重长远（或曰重可持续），以及从低层次到高层次的发展过程。

就拿片面发展来说，片面发展首先是一种发展，因而它比不发展要好；其次，片面发展有欠缺，因而要从片面发展前进到全面发展。但片面发展又为前进到全面发展创造了条件和基础。可见，中国经济社会发展中的问题，并不可怕，它是必然要产生的，也是通过发挥主体能动性，完全能够加以科学解决的问题。所谓科学解决，也就是按照科学发展观所要求的，坚持以人为本，实现全面协调可持续发展。随着全党和全社会关于科学发展观的学习和践行活动的不断深入，中国经济社会发展中的问题，比如把蛋糕做大又要做好，同时还要公平分享好的问题正在逐步解决，并且已卓有成效。中东和北非一些国家之所以会发生所谓“阿拉伯之春”那样的“动乱”，其根源主要在于社会不平等的加剧。这一点，我国要引以为戒。

总之，中国普通老百姓所担心的上述三个方面的危险是存在的。因此，不能放松警惕，不仅现在不能放松，就是将来强大了，也不能放松，不能高枕无忧，而要有备无患。但上述危险，到目前为止，尚没有成为巨大的现实危险。因此，不可高估。高估了，就会影响我们对国内外形势的正确判断，由此也会付出代价，甚至沉重的代价。在新中国历史上，我们有过这一方面的教训。这是要认真汲取的。中华民族当前最根本的利益，就是要紧紧抓住这个难得的可以大有作为的战略机遇期，实现中华民族的伟大复兴。为此，我们要充分发挥自己的独特优势，以恢宏气魄，从容应对各种困难和干扰，朝着自己的既定目标，刚劲有为，稳步前进。

新技术革命与马克思主义阶级论*

第二次世界大战以来，特别是20世纪70年代以来，一个以信息技术为核心的新技术革命在世界兴起。它给发达资本主义国家的生产力带来了飞跃，同时也使这些国家的阶级关系产生了前所未有的变化。正确认识这种变化，对科学说明无产阶级和资产阶级的历史命运以及资本主义社会的未来前景具有重要意义，同时也是马克思主义者开拓新视野、发展新观念、进入新境界的必然要求。

要正确认识发达资本主义国家中阶级关系的新变化，我以为要注意以下两点：第一，要解放思想，从实际出发，按照事物的本来面目认识事物，不能把前人某些个别结论当作固定不变的教条。第二，要坚持以马克思主义的基本原理为指导，具体说来，在对发达资本主义国家阶级关系新变化的研究中，不能抓住一些片面的枝节性的东西，而否认马克思主义阶级论的普遍意义。只有坚持理论与实际相结合的原则，我们的认识才有可能沿着正确的方向前进。下面就发达资本主义国家阶级关系新变化的有关问题，谈一些看法，以求教于学术界。

一、马克思主义划分阶级的标准在信息社会依然有效

在信息社会中，经济发展的主要推动力已经不是资本的积累，而是信息技术的进步。由此引出了如下问题：信息知识是公有还是私有？它与资本的关系如何？能否认为在发达资本主义国家中，作为阶级划分的基本标志——人们对生产资料的关系的不同，已失去意义？

这样一个客观事实是存在的，即在资本主义工业发展的初期，资本是重要的。因此，为了积累资本，资本家甚至采用了种种野蛮手段。

---

* 原刊于《安徽省委党校学报》，1989（3）。

正如马克思曾经指出的，资本来到世上，每个毛孔都滴着血和肮脏的东西。资产阶级的本质就是私人占有资本，“资产阶级生存和统治的根本条件，是财富在私人手里的积累，是资本的形成和增殖；资本的条件是雇佣劳动。”①

然而在当代社会条件下，经济发展的主要推动力已经不是资本投入量的增加，而是信息技术的进步。新技术革命使“二战”后资本主义国家的科技在生产力增长中的比重，已由“一战”前的5%—20%猛增到30%—60%，仅广泛使用电子计算机一项，美国2亿人每年得以完成4000亿人的工作量，相当于全世界人口工作量的7倍。这充分说明，科学技术信息是现代化生产力中最活跃和具有决定性的因素。正因为如此，世界规模的技术贸易战、人才争夺战，烽烟不熄，愈演愈烈。

不少西方思想家看到这一变化，但是他们从中所得出的结论却是错误的。他们认为，在信息社会中，相对于资本，信息变得愈来愈重要，而信息知识是公有的，任何人都可以占有信息，这样，人人都可以拥有财富。约翰·奈斯比特认为，我们现在大量生产知识，权力的新源泉已不是掌握在少数人手中的金钱，而是掌握在大多数人手中的信息。贝尔也说，在后工业社会，私有制逐渐失去作用，理论知识正代替私有制而作为社会阶级结构形成的基础。也就是说，在他们看来，资本私有制在信息社会中对阶级结构的形成已失去意义。

其实，上述推论不能成立。

第一，信息知识本身只是一种精神财富，它只有投入生产过程，才能发挥作用，才能转化为物质财富，才具有现实意义。而这其间必然离不开一定的生产资料。在资本主义社会中，也就离不开与占有生产资料的资本家发生关系。因此，在发达资本主义国家中，信息知识在经济发展中作用的提高，虽然可以相对降低资本的作用，但并不能取代资本的作用，它不能改变资本家对生产资料的占有关系，而且它要发挥作用还不得不依赖于这种关系。

第二，所谓“知识公有”，只有从抽象意义上讲才说得通，即科学知识是人类智慧的结晶，任何人都可以学习科学知识。但如果联系资本主义社会关系的实际来进行具体分析，那么就会发现，知识并不是

① 《马克思恩格斯文集》第2卷，43页，北京：人民出版社，2009年。

公有，反倒是私有的，而且它愈来愈成为资本家吞并的对象，是资本家增殖财富的手段。

科学知识的掌握是需要花费代价的。因而谁花代价掌握了知识，知识也就成为他私人的精神财富，谁搞出了创造发明，谁就可以申请属他的专利。又因为知识运用于生产可以带来巨大利益，所以，资本家为了追求高额利润，争相把科学技术应用到生产中去，争相雇佣脑力劳动者。马克思指出："大工业……把科学作为一种独立的生产能力与劳动分离开来，并迫使科学为资本服务。"[①]知识在人类历史上第一次大规模地同社会生产和财富紧密地结合在一起。知识也就成了资产阶级的摇钱树。

在资本统治万物，利润就是一切的社会里，知识的价值就是由其利润的价值决定的。某种知识一旦不能给资本家带来利润，资本家就会毫不吝惜地把它扔到一边。在美国，失业的科学家和工程师与日俱增；近年来，博士找不到工作的，也屡见不鲜。这就是一个很好的说明。可见，那种关于谁掌握知识，谁就可以发财；人人可以掌握知识，人人都可以发财的认识是不符合实际的。

总之，在现代生产力发展的意义上，相对于资本的投入量，知识的作用愈来愈具有决定性，但生产力不能离开生产关系而孤立存在。在生产关系的意义上，在发达的资本主义国家中，知识信息是受制于资本，服务于资本的。因而不能把这二者加以混淆，并用前者去否定后者。

二、股份社会化趋势没有改变工人的雇佣地位

随着科学技术和生产力的巨大发展，资本主义生产的社会化也发展到更高的阶段。与此相适应，资本主义生产关系的各个方面也都发生了某些变化。比如，在所有制方面，股票发行向社会化方向的发展，就是这种变化的一个突出表现。如何正确认识这种变化，股份社会化的趋势是否意味着资产阶级所有制的弱化，抑或表明资产阶级资本所有制的根本改变？能否认为工人购买了本公司的小额股票也就成为与

① 《马克思恩格斯文集》第5卷，418页，北京：人民出版社，2009年。

资本家一样的股东、休戚相关的“合伙人”?

被生产力的发展所决定，资本主义生产关系从产生到现在已经进行了多次自我调整。从资本主义的个人企业到成立股份公司，又从股份公司发展到私人垄断，继而又进一步发展到国家垄断。在这一系列变化过程中，传统的个人资本主义发展到资本所有者的集体资本主义，再到私人垄断资本主义和国家垄断资本主义。这一系列调整都在一定程度上适应了生产力的发展，都是历史的一种进步。但是这些调整又只是资本占有形式的自我扬弃，并没有改变资产阶级私人占有性这一根本内容。正如恩格斯所说：“无论转化为股份公司和托拉斯，还是转化为国家财产，都没有消除生产力的资本属性。……资本家的国家，理想的总资本家。它越是把更多的生产力据为己有，就越是成为真正的总资本家，越是剥削更多的公民。……资本关系并没有被消灭，反而被推到了顶点。但是在顶点上是要发生变革的。”①

恩格斯的这一分析是正确的，其理论的预见性也令人惊叹。但是不论是恩格斯还是其后的列宁都没有料到资本主义生关系会通过自身的调整生长着非资本主义的因素。我认为股份的社会化趋势就是这样一种非资本主义因素。

70年代末80年代初，美国西欧掀起了国有企业私有化、民营化、股份分散化、社会化的潮流。在西欧，这股风最初是从英国刮起来的。撒切尔夫人1979年当选为首相时，英国为所谓“英国病”所困扰，经济严重衰退，她为扭转颓势，采取了一系列改革措施，其中之一就是把6家大企业的股票卖给职工或私人，实行所谓“民众社会主义”。

到1983年初，已卖掉40%的总资产达10亿英镑的国有化企业。目前英国职工参股形式多达大大小小4171个项目，入股人数在去年初已达150万人，全国股票持有者高达900万，占成年人口的20%，在煤气、电信等5家原国有企业中，80%以上的职工皆是本公司的股票持有者，在煤气、电信两公司职工入股率甚至高达99%和94%②。

欧洲其他一些国家，比如意大利、比利时、瑞典、德国、西班牙、法国等等也都在不同程度上仿效英国的做法。在美国，据纽约证券交易所提供的资料：1952年美国仅有60万人持有股票，占人口的4%,

① 《马克思恩格斯选集》第3卷，753页，北京：人民出版社，1995年。

② 王兵、戴正农主编：《自然辩证法教程》，376页，南京：东南大学出版社，1997年。

可是到了1980年，增加到2 980万人，达到了总人口的13%[①]。由此可见，在发达资本主义国家，股票社会化的趋势是一个带有普遍性的现象。

如何看待这一现象，恐怕不只是垄断资本加强统治的巧妙手法，不只是为了把社会上各阶层的零星的货币收集起来，以扩大垄断企业的经济实力，或是所谓麻痹和收买工人的伎俩，是为了加强对工人的控制等等。

我们要看到，股份社会化的趋势是适应生产社会化发展的需要而产生的。正是由于资本主义生产力和生产社会化的高度发展，使资本主义社会中不以资本家意志为转移地生长着非资本主义的因素。这种因素就是包括广大劳动者在内的股票持有者的“共有制”，从性质上说，它是对资产阶级资本占有制的一种变革，一种弱化。

正因为股份的社会化趋势的性质如此，所以少数富豪又总是企图通过操纵议会，控制财政预算委员会和国有企业管理当局来削弱普通劳动者对于国有企业的资本占有权。在英国等一些国家也已经出现了这样的苗头，已出售的股份正在逐渐往少数人手中集中。但是，由于各种民主势力与社会团体，尤其是工会的坚持斗争，有些国家不得不通过法律强制实行股票分散化。可以预计，随着生产社会化和工人力量的加强，在发达资本主义国家中，在资产阶级私人占有制为主的前提下，会容许这种因素的存在和一定程度的发展。因为后者的存在和发展，虽然在性质上与前者相左，但在总体效应上，后者仍然是受前者的支配，并作为前者的补充的。

因此，在发达资本主义国家中，由于股票社会化趋势而产生的“共有制”因素，对其作用也不可估计过高，至少在目前是这样。不能认为，这是当代资本主义发生了历史性的转变，即从所谓“垄断资本主义”到“资本社会主义”的转变。在阶级关系上，也不是如西方某些论者所认为的，由于工人购买了本公司的小额股票，工人也就成了资本家，而与“资本主义一体化”了。

这是因为：

第一，股票社会化在发达资本主义国家还只是一种趋势，并非真

① 参见熊映梧、孟庆琳、张艺：《对当代资本主义要再认识》，《世界经济》，1988(12)。

的已经实现了社会化。在一些国家主要是将那些不赢利的国有企业的股份出售给职工和私人。而这些国有企业在全国所有企业中占的比重是不大的。据报载，英国的国有化的工业和公共服务业，在全国这些行业中仅占16%，何况不是所有的国有企业都实行了股份社会化。

第二，在实行股份社会化的企业中，虽然工人和资本家都持有股票，且持有股票的工人人数极其广泛，但工人和资本家持有股票的数额相差极为悬殊。美国出版的《少数人的民主》一书的作者指出："约占美国人口总数千分之三的超级富豪，拥有美国公司财产的60%左右。约占全国人口总数1.6%的美国人占有美国投票总数的80%。"又据美国《幸福》杂志报道：美国五百家大公司的总经理，个人拥有100万美元以上股票的占30%，拥有50万美元以上的占45%。在美国只有10%左右的工人拥有股票，其拥有股票额也是少得可怜。因此，不能认为工人拥有小额股票，就变成和资本家一样的企业主，就摆脱了雇佣的地位。

三、"工人参与"和"福利制度"没有从根本上消除"劳资"矛盾

在新技术革命条件下，为适应生产社会化的发展，调动工人生产积极性，在发达资本主义国家中，除了在所有制方面有所调整以外，在生产关系的其他两个方面，即人们在生产中的关系和分配关系方面也进行了调整。其中突出的表现是"工人参与制"的实行和实施"福利制度"，通过收入再分配缩小差别和改善贫困。在保存生产资料资本主义占有制的前提下，生产关系其他两个方面的上述调整，其作用如何，能否实现一个公平、文明的社会，能否缓和阶级矛盾，即或从根本上消除阶级矛盾？

所谓"工人参与"，就是在一起工作的一群人定期聚会，讨论与工作有关的问题及其解决办法。它产生于50年代，现在业已成为西方发达国家一种比较普遍的企业管理形式，做法多种多样，大体可以分为三类：一是职工讨论建议制度，职工提出的建议，厂方视情况给予一定奖励；二是职工参与管理制度，即工人或他们的代表参与组织、指挥、协调或控制生产的权利；三是职工参与决策制度，即工人或工人代表有参加公司一般决策和最高决策的权利。例如美国数百家公司实

行了由中下层管理人员组成的初级董事会，法国劳资双方成立“企业管理委员会”，最突出的是德国的“共决制度”，规定有两千以上职工的企业的董事会劳资代表各半。闻名于世的日本“丰田管理方式”把“质量管理小组活动”“职工提案制度”和“同步传递系统”有机地结合成一个整体，以充分发挥职工的参与作用。

应该承认在保存私有制不变的前提下，资产阶级在一定程度上允许职工参与资本主义的企业管理，这是一个有意义的创造，体现了对资本主义生产关系的一定调整，表明了劳动者在劳动中民主权利的扩大和地位的提高。工人参与企业的某些经营活动和决策活动，既是工人运动长期斗争的胜利成果，同时也反映了新技术革命条件下，现代社会化大生产的客观要求。换句话说，由于在现代化生产过程中智力因素作用的增大，主体地位的加强，因而迫使资产阶级不得不重视发挥职工的积极性和主动性。

但是，对于“工人参与制”的作用，也不能离开生产资料资本主义私有制这个前提而理想化。毋庸讳言，在国内外都有一些论者不适当地夸大了工人参与制的作用，似乎工人一参与，也就成了与资本家一样的管理者了。然而事实绝不是这样。

第一，在发达资本主义国家，实现工人参与制的企业在数量比例上是不平衡的。据报载：在日本，几乎有二分之一的经理人独断地为自己的部门设定年度目标，而且只有18%的日本经理人会让部属参与决策的制定，工人参与只是停留在低层次上，即只有讨论建议权，而无参与决策权。

第二，在欧美发达资本主义国家的一些企业中，虽然允许工人参与决策，但是这种权利的运用只能在有利于资本增值的前提下，一定程度上维护工人的利益。

第三，工人参与可以在一定程度上缓和阶级矛盾，但不能从根本上克服这种矛盾。正如一位西方作者所指出的，企业主们所抱的希望是，工人参加管理将会影响到惊扰不安的世界，使之趋于平静；将会帮助资本主义恢复创伤并给它注进新的力量和新的精神。工人参加管理会以参与企业事务和共同承担责任的感情来取代在工业生活中表现得过于明显的冲突和破坏。正因为工人参与制可以缓和阶级矛盾，所以企业主们才对它产生这么高兴趣。

推行福利制度，在20世纪60年代后已从零星、局部的措施，发展成为一个庞大的体系并具有全社会的规模，也已从单纯的社会救济发展成为公民的一种权利。这表现在，工人工资水平大幅度提高，住房条件改善，耐用消费品普及，劳动时间缩短，医疗条件的改善，社会保险和社会福利增加，旅游、文化和娱乐事业大大发展等方面。

据欧洲经济共同体统计，1964—1971年，德国工人的实际周工资增长41%，法国增长了37%，比利时增长了42%，荷兰增长了39%，意大利增长了53%（1967—1971年）。在工资增长的同时，为了实现所谓收入均等化，推行了各种社会保险和福利补贴。据统计，70年代末80年代初，各发达国家的社会福利开支（包括公共教育费）一般占本国财政支出的一半以上，约占国内生产总值的1/5到1/6。

福利制度的推行，改善了人们的社会环境，提高了工人的物质文化水平，有利于社会的安定和经济的发展。这一事实启示人们，通过消灭私有制，发展社会生产力，可以在劳动基础上实现社会公平；不消灭私有制，通过收入再分配也可以相对缩小贫富差别，使贫困者有所改善，甚至过上比较富裕的生活。从而使劳资矛盾得到缓解。例如英国由于采取了一系列调节改革措施提高了工人待遇，使工运逐渐走向低潮，劳资纠纷大为减少。1986—1988年的罢工次数已从1979—1985年年均1693次下降到1000次以下。西方某些论者据此以为，福利制度的推行可以建立一个公平的文明的社会，工人生活水平提高了，工人阶级正在消失。

这个结论是不对的。相对于过去，工人的生活水平确实有了大幅度的提高。然而这只是问题的一个方面，还有另一个方面，即在新技术革命条件下，工人也给资本家提供了越来越多的剩余价值。

据统计，美国在1951—1979年的20年中，工业劳动生产率的提高是工人实际工资增长的1.5倍。日本在1961—1970年间，企业利润增长了18.5倍，而实际工资仅增长1.4倍。战后各主要资本主义国家的剩余价值率都呈现不断上升的趋势。例如美国的剩余价值率1950年为236.7%，1960年为249.3%，1970年为289%，1977年为325.3%。在德国，1950年的剩余价值率为181.4%，1960年为236.3%，1970年为273.9%，1982年为287.6%。

剩余价值率是劳动者受资本家剥削程度的准确表现，因此，在绝对量上，福利制度的推行大幅度地提高了工人的收入，改善了工人的生活。在相对意义上，资产阶级对工人的剥削并没有减轻，在程度上还有所加深。对于这两个方面，都不能只强调一面，而否认另一面。综合这两个方面，既要看到劳资矛盾有所缓解，但也绝对不是根本解决。

四、脑力劳动者是工人阶级的一个新阶层

在发达的资本主义国家中，由于科学技术的进步，工人逐渐摆脱了繁重的体力劳动，越来越多的人从事脑力劳动。那么能否认为无产阶级已经失去了革命动力的地位，无产阶级已经消失？

在发达的资本主义国家中，适应新的技术革命的要求，脑力劳动的人数在不断增加。在美国、德国脑力劳动者在总的就业人口中已占到一半以上。那么脑力劳动者是不是工人阶级的一部分呢？关于这一点，马克思曾经进行了肯定的回答。他说："所有以这种或那种方式参加商品生产的人，从真正的工人到（有别于资本家的）经理、工程师，都属于生产劳动者的范围。"[①]马克思还分析道，资本主义虽然把工人分离为体力劳动和智力劳动者，"但是，这一点并不妨碍物质产品是所有这些人共同劳动的产品，或者说，并不妨碍他们的共同劳动的产品体现在物质财富中；另一方面，这一分离也丝毫不妨碍：这些人中每一人对资本的关系是雇佣劳动者的关系，是在这个特定意义上的生产工人的关系。"[②]

从无产阶级产生的那一天起，它就"经历了各个不同的发展阶段"[③]。比如，18世纪后半期的蒸汽机革命，使工场手工业时代的工人为机器大工业时代的工人所取代；新的技术革命，又使19世纪末以前与繁重体力劳动相联系的体力型工人为智力型工人所取代。但是不管无产阶级经历怎样的发展阶段，只要无产阶级和资产阶级之间剥削与被剥削的关系还存在，无产阶级就不会消灭，也不会丧失其革命性。

当然，智力劳动者作为工人阶级的一个新阶层，它的思想觉悟有

① 《马克思恩格斯全集》第26卷（Ⅰ），147页，北京：人民出版社，1973年。
② 《马克思恩格斯全集》第26卷（Ⅰ），444页，北京：人民出版社，1973年。
③ 《马克思恩格斯选集》第1卷，280页，北京：人民出版社，1995年。

一个提高的过程。五六十年代,智力劳动者的生活稳定，资本家在萧条时首先解雇的是体力型工人。70年代，情况有了变化，一方面发达资本主义国家的经济陷入“滞胀”，同时智力型劳动者在就业人口中的比例愈来愈大，大大超过了体力型工人，经济衰退一来，企业主解雇工人很难不向他们开刀。

1983年日本刊物《经济学家》发表的《面临失业的欧美白领工人》一文指出：“失业之风刮到曾经是‘无风地带’的白领工人领域。”因此，白领工人对现存制度的不满有了增长。1983年，英国出版的《白领工人及其组织》一书也指出：“近几年的白领工人组织性和战斗性增长。”可见，那种认为智力劳动者会与资本主义一体化的观点，是没有根据的。

不仅如此，智力劳动者人数的增加，恰恰表明了工人阶级的素质的提高，对于工人阶级自身的发展来说，是一个有着重要意义的伟大的进步。在新技术革命条件下，由自动控制的机器体系代替一般的机器体系，工人在实际上成了机器的调节者和管理者，从而造成了使他们得以多方面发展的可能性和现实性。

另外，现代无产阶级从生产领域到管理领域的发展，及其知识化，使它不仅能够完成现代复杂的大生产，而且还能够胜任现代的社会化管理。这也就是说，现代知识化的无产阶级，不仅是一个战斗性的阶级，而且还是一个获得了现代科学文化的阶级。它无愧于是现代高度发达的生产力的代表者，是一个有着远大前途的阶级。

总之，新技术革命和现代化生产力的发展所引发的发达资本主义国家中阶级关系的新变化，需要我们认真地加以研究，要通过研究，坚持和发展马克思主义阶级论。在发达资本主义国家中，无产阶级和资产阶级还存在，阶级斗争还存在，所以马克思主义的阶级论并没有过时。但无产阶级的地位在上升，生活条件在改善，阶级斗争在缓解，而且这一总的趋势无疑还将继续下去。资产阶级为了维护本阶级的利益和资本主义制度的生存，不得不调整生产关系和阶级关系，以缓和阶级矛盾，但是这种调整又是以无产阶级地位的提高和生活条件的改善为内容，或是为代价的。尽管这种调整现在还只局限于资本主义生产方式的范围内，其作用也极为有限，但不管资产阶级意识到与否，这种调整的方向必然是走向无产阶级的彻底解放，这是不以资产阶级意志为转移的。在这种矛盾的运动中，也许终有一天会开辟出一条新的有别于暴力革命的无产阶级的解放道路。

毛泽东关于人民群众和个人历史作用的理论

人民群众是历史的创造者，这是马克思列宁主义的一个基本原理。以毛泽东为主要代表的中国共产党人，把这一基本原理运用于中国革命的实际，提出了“星火燎原”的战略思想，创立了统一战线的政治形式，形成并坚持了人民战争的战略战术，建立了人民民主制度，形成了从群众中来，到群众中去的党的群众路线，以及从认识论高度上，正确解决了功在人民，同时肯定个人作用的问题。中国革命和建设所取得的一系列胜利，都是在我们党领导下的人民事业的胜利，都是对人民创造历史这一马列主义基本原理的生动而雄辩的证明。

一、相信和组织人民群众

从1840年鸦片战争到1921年中国共产党的成立，中国一步步陷入了半殖民地半封建社会的深渊。为了拯救民族于水火，振兴中华于危难，从洪秀全到孙中山，无数志士仁人奋起、呐喊、抗争，但总是遭到失败。青年时代的毛泽东，在十月革命的影响下，运用马克思主义，总结了历史的经验教训，认定“民众的大联合”是改造社会的根本方法。从那以后，相信和依靠人民群众，这就成为毛泽东同志领导中国革命的一个根本指导思想。他经常强调：

第一，要相信人民总是要革命的。

特别是工农劳苦大众，深受“三座大山”的压迫，他们身上有着极大的革命性。

与十月革命前的俄国相比，旧中国的工人阶级人数不多，主要的群众是农民。到哪里去寻找革命的力量呢？为了解决这个问题，毛泽东同志对中国社会的各阶级进行了科学的分析，批判了那种认为中国工人阶级幼稚，农民保守、落后的右倾机会主义观点，指出“工业无产阶级人数虽不多，却是中国新的生产力的代表者，是近代中国最进步的阶级”，是“我们革命的领导力量”。“一切半无产阶级、小资产阶级，是我们最接近的朋友。”毛泽东对于农民，特别是贫农，给予极大重视，认为农民占全国人口的绝大多数，农民的力量是中国革命的主要力量，农民问题是中国革命的基本问题。他指出，贫农“是农民中极艰苦者，极易接受革命的宣传”，“需要一个变更现状的革命”[①]。

正是基于对广大群众，特别是工农群众革命性的充分估价，所以在大革命失败，开创小块红色根据地的艰难时期，毛泽东同志能够透过革命力量暂时弱小的现象，看到人民革命必将胜利的本质，从而提出了“星星之火，可以燎原”这一伟大战略思想[②]。中国革命正是这个思想的指引下，才从井冈星火逐渐燎遍全国的。

第二，要相信人民群众在本质上是最有力量的。

人民群众是人口的大多数，反动派永远只是少数。反动派的一时强大只是表面的现象，而在本质上，人民群众才是真正强大的。在土地革命战争时期，面对蒋介石疯狂的反革命围剿，毛泽东同志曾指出：“真正的铜墙铁壁……是千百万真心实意地拥护革命的群众。这是真正的铜墙铁壁，什么力量也打不破的，完全打不破的。反革命打不破我们，我们却要打破反革命。”[③]

在解放战争开始时期，毛泽东在和美国记者安娜·路易斯·斯特朗的谈话中也指出，不要被反动派的气势汹汹所吓倒，“看起来，反动派的样子是可怕的，但是实际上并没有什么了不起的力量。从长远的观点看问题，真正强大的力量不是属于反动派，而是属于人民”[④]。由此，毛泽东提出了一个著名的马克思列宁主义论断，这就是，“一切反动派都是纸老虎”。这一论断，以后迅速为客观历史进程所完全证实了。

第三，要相信最后胜利是一定属于人民的。

毛泽东根据马列主义历史唯物论的原理和人民革命斗争的丰富历史经验，对人民与反动派斗争的逻辑作出了一个极其光辉的概括。他

① 《毛泽东选集》第1卷，8、9、7页，北京：人民出版社，1991年。
② 《毛泽东选集》第1卷，97页，北京：人民出版社，1991年。
③ 《毛泽东选集》第1卷，139页，北京：人民出版社，1991年。
④ 《毛泽东选集》第4卷，1195页，北京：人民出版社，1991年。

说："帝国主义者的逻辑和人民的逻辑是这样的不同。捣乱，失败，再捣乱，再失败，直至灭亡——这就是帝国主义和世界上一切反动派对待人民事业的逻辑，他们决不会违背这个逻辑的。""斗争，失败，再斗争，再失败，直至胜利——这就是人民的逻辑，他们也是决不会违背这个逻辑的。"①中国革命就是依照这个逻辑发展的。中国人民反对帝国主义、封建主义和官僚资本主义的斗争，前后共花了一百多年时间，经过无数的失败和挫折，最终在中国大陆上把帝国主义和一切反动派送进了坟墓，从而赢得了1949年的伟大胜利。

总之，相信人民群众，就是相信革命，相信人民创造历史的力量，相信人民事业的胜利。毛泽东所揭示的从本质上认识人民力量的思想，在过去革命战争年代是，现在建设四化的新时期仍然是我们鼓舞信心，增强斗志，制胜敌人和困难的思想武器，是无产阶级的革命坚定性和革命乐观主义精神的理论基础。

人民群众是历史的创造者，但是人民群众只有在无产阶级领导下，组织起来，才能充分发挥作为历史创造者的伟大作用。毛泽东指出："中国革命如果没有无产阶级的领导，就必然不能胜利。"同时又指出，无产阶级"虽然是一个最有觉悟性最有组织性的阶级，但是如果单凭自己一个阶级的力量，是不能胜利的。而要胜利，他们就必须在各种不同的情形下团结一切可能的革命的阶级和阶层，组成革命的统一战线"②。统一战线，就是我们党把人民群众组织起来的一种政治形式，这是我们党的一个创造。

毛泽东指出，人民是一个历史的范畴。"人民这个概念在不同的国家和各个国家不同的历史时期有着不同的内容。"③在民主革命中，"工人、农民、独立劳动者、自由职业者、知识分子、民族资产阶级以及从地主阶级分裂出来的一部分开明绅士，这就是我们所说的人民大众"④。民主革命的统一战线，就是包括这些阶级、阶层在内的广泛的联盟。这个联盟是以推翻三座大山为目的的。社会主义时期，"一切赞成、拥护和参加社会主义建设事业的阶级、阶层和社会集团都属于人

① 《毛泽东选集》第4卷，1486、1487页，北京：人民出版社，1991年。

② 《毛泽东选集》第2卷，645页，北京：人民出版社，1991年。

③ 《毛泽东文集》第7卷，205页，北京：人民出版社，1999年。

④ 《毛泽东选集》第4卷，1313页，北京：人民出版社，1991年。

民的范畴”[①]。社会主义时期的统一战线是服务于社会主义建设和巩固无产阶级专政为目的的。

为了发展和扩大统一战线，毛泽东为我们党制定了放手发动群众的根本方针。提出并贯彻了以无产阶级为领导，以工农联盟为基础，团结其他劳动者的思想；实行对民族资产阶级又团结又斗争的政策；提出了无产阶级政党要实现对自己的同盟者的领导所必须具备的两个条件的思想。这两个条件：一是率领被领导者向着共同的敌人作坚决斗争并取得胜利；二是对被领导者给以物质利益，同时给予政治教育。

毛泽东批判了那种在统一战线工作中，不相信无产阶级和劳动群众的力量，只相信资产阶级力量的右倾投降主义，以及那种只相信无产阶级力量，而不相信同盟者力量的“左”倾关门主义，坚持了正确的方针，使统一战线在革命战争年代发挥了巨大的威力，从而成为革命的三大法宝之一。今天，在建设四化的新的历史条件下，学习和运用毛泽东的统一战线思想，发展为社会主义现代化服务的统一战线，仍然是我们党的一项重大的政治任务。

中国的革命是以长期的武装斗争为主要形式。但是这种武装斗争，不是那种旧式的、以单纯军事力量进行的斗争，而是人民战争。人民战争，就是在我党领导下，为了广大人民的利益，坚定地相信和依靠群众，动员和组织广大群众直接或间接参加的战争。人民战争思想是毛泽东军事思想的核心，它实质上就是我们党一贯所倡导和坚持的群众路线在战争中的具体运用。

毛泽东指出，“兵民是胜利之本”，“战争的伟力之深厚的根源，存在于民众之中”[②]。在战争中只有动员和组织广大群众直接或间接地参加战争，军队才有源源不绝的兵员和物资供应，武装斗争才能得到政治、经济、文化等各方面斗争的配合，军队才能得到人民群众各种各样的协助，军队才能在这个基础上，实行灵活机动的战略战术，才能有把握战胜敌人。同时，群众参加革命战争的过程，也就是群众教育自己、提高自己、锻炼自己的过程。毛泽东说：“战争教育了人民，人民将赢得战争，赢得和平，又赢得进步。”[③]另外，实践也证明，只有

① 《毛泽东文集》第7卷，205页，北京：人民出版社，1999年。
② 《毛泽东选集》第2卷，509、511页，北京：人民出版社，1991年。
③ 《毛泽东选集》第3卷，1031页，北京：人民出版社，1991年。

经过战争锻炼和考验的人民，也才可能在夺取革命胜利后，保持和巩固这种胜利。

毛泽东还指出，在战争胜负的许多因素中，起决定作用的是人，是人民群众。人和武器相比较，“武器是战争的重要的因素，但不是决定的因素，决定的因素是人不是物。力量对比不但是军力和经济力的对比，而且是人力和人心的对比。军力和经济力是要人去掌握的”[①]。因此，“依靠人民群众，再加上一个比较正确的领导，就可以用我们的劣势装备战胜装备优势的敌人”[②]。

正是以上述观点为依据，动员人民群众参军参战，就成为我们党在革命战争年代的一项根本任务。我军的建军宗旨，我军的三大任务（战斗队、工作队、生产队），政治工作的三大原则（官兵一致，军民一致，瓦解敌军和宽待俘虏），军内的三大民主（政治民主、经济民主、军事民主），三大纪律八项注意，等等，都是为了团结和依靠军内外广大群众去完成革命战争的任务。三种武装力量（主力兵团、地方兵团、民兵）相结合的思想，正规战和游击战相结合的思想，等等，都是为了充分发动军民群众在战争中的作用。正因为我们的军队紧紧地依靠人民，所以陷敌于灭顶之灾的人民战争海洋。未来的反侵略战争和过去我们所进行的人民解放战争相比，一定会有不少新的特点，但是，在党的领导下，充分动员和组织广大群众直接或间接地参加战争，仍然是我们取得胜利的根本保证。

二、密切联系群众，实行人民当家

人民群众是创造历史的动力，但人民群众的革命斗争并不是自发进行的。要革命必须要有一个革命的党。如果没有用马克思主义的科学理论武装起来的无产阶级政党的领导，革命就不可能取得胜利，人民也不可能得到真正的解放。

然而党的领导要正确，就必须实现党和人民的紧密结合，必须坚持群众路线。群众路线就是一切为了群众，一切依靠群众，从群众中来，到群众中去。十一届六中全会的决议指出，群众路线是毛泽东思

① 《毛泽东选集》第2卷，469页，北京：人民出版社，1991年。

② 《毛泽东选集》第5卷，119页，北京：人民出版社，1977年。

想活的灵魂的一个基本方面。

毛泽东以历史唯物主义的基本观点作指导，系统地总结了党领导群众进行革命斗争的经验教训，科学地阐明了党和群众的正确关系。他指出，党只是人民在特定历史时期完成特定任务的工具，只能代表人民的利益，全心全意地为人民服务。共产党员必须“热爱人民群众，细心地倾听群众的呼声；每到一地，就和那里的群众打成一片，不是高踞于群众之上，而是深入于群众之中；根据群众的觉悟程度，去启发和提高群众的觉悟，在群众出于内心自愿的原则之下，帮助群众逐步地组织起来，逐步地展开为当时当地内外环境所许可的一切必要的斗争”[①]。又指出：“凡属正确的任务、政策和工作作风，都是和当时当地的群众要求相适合，都是联系群众的，凡属错误的任务、政策和工作作风，都是和当时当地的群众要求不相适合，都是脱离群众的。”[②]也就是说，我们共产党人无论何时何地都要与群众息息相关，心心相连，想群众所想，急群众所急，这样我们的事业才有希望，才有前途。

党要密切联系群众，就必须坚持群众路线。认识来源于实践，群众是实践的主体。他们对客观实际最了解，对变革现状的要求反映最强烈，他们有无穷的智慧和创造力。所以，从工作方法的角度说，认识从实践中来的过程，也就是从群众中来的过程，是领导者获得认识，形成理论观点、制定路线和政策的过程。认识指导实践的过程，也就是到群众中去的过程，是领导者将形成的理论、路线和政策，宣传群众，武装群众，变为群众自觉行动的过程。毛泽东同志指出：“在我党的一切实际工作中，凡属正确的领导，必须是从群众中来，到群众中去。这就是说，将群众的意见（分散的无系统的意见）集中起来（经过研究，化为集中系统的意见），又到群众中去作宣传解释，化为群众的意见，使群众坚持下去，见之于行动，并在群众行动中考察这些意见是否正确。然后再从群众中集中起来，再到群众中坚持下去，如此无限循环，一次比一次更正确，更生动，更丰富。这就是马克思主义的认识论。”[③]把党的群众路线和马克思主义认识论相结合，这是毛泽

① 《毛泽东选集》第3卷，1095页，北京：人民出版社，1991年。

② 《毛泽东选集》第3卷，1095页，北京：人民出版社，1991年。

③ 《毛泽东选集》第3卷，899页，北京：人民出版社，1991年。

东对马克思主义建党理论的一大贡献。

为了坚持群众路线，毛泽东号召全党坚决防止和克服教条主义、经验主义、命令主义、尾巴主义、宗派主义、官僚主义等不正之风，并特别指出了命令主义和尾巴主义对革命的危害。因为命令主义“超越了群众的觉悟程度，违反了群众的自愿原则，害了急性病”，往往“以为自己了解了的东西，广大群众也和自己一样都了解了”。因此，提出的任务、政策，必定会超越客观实际，走向冒险主义。尾巴主义则是“落后于群众的觉悟程度，违反了领导群众前进一步的原则，害了慢性病。我们的同志不要以为自己还不了解的东西，群众也一概不了解。许多时候，广大群众跑到我们的前头去了，迫切地需要前进一步了，我们的同志不能做广大群众的领导者，却反映了一部分落后分子的意见，并且将这种落后分子的意见误认为广大群众的意见，做了落后分子的尾巴”[①]。因此，由他们所提出的任务、政策，必定会落后于客观实际，走向右倾机会主义。由此可见，我们的每一个同志，在任何一个工作岗位上，都不可有一刻脱离群众，都不可沾染上命令主义、尾巴主义的习气，否则，我们就无法动员群众，教育群众，也无法正确引导群众走向胜利。

密切联系群众，加强党的建设，必须发扬民主。人民民主是人民群众创造历史的马克思主义观点，在国家政治生活和社会生活中的体现。在旧中国漫长的历史上，或者是统一的专制王朝，或者是割据的军阀混战，从来都没有过民主。直到新的阶级力量出现以后，中国共产党在这块古老的土地上领导了一场伟大的革命，地平线上才出现了民主的曙光。

以毛泽东为首的老一辈无产阶级革命家所培育的，在我们党内、人民军队内和革命根据地内长期形成的民主作风和民主制度，调动了全党、全军和千百万群众的革命积极性。在革命战争的艰苦岁月里，假如没有人民群众舍生忘死地参加和支持，假如没有那样水乳交融的党群关系、干群关系、军民关系，就不可能打胜仗。没有根据地生动活泼的民主生活，就不可能粉碎敌人对根据地的包围和封锁，克服难以想象的困难；就不可能战胜国内外强大的敌人，夺取中国革命的

① 《毛泽东选集》第3卷，1095—1096页，北京：人民出版社，1991年。

胜利。

在全国胜利以后，在毛主席领导下，我们建立了人民民主专政的国家制度。坚持在人民内部实行民主，对反动派实行专政。人民民主专政的理论是马克思主义的无产阶级专政学说在中国的发展。毛泽东同志十分强调坚持人民民主的重要性，认为只有广泛的民主，才能动员群众对反动分子和破坏分子实行有效的专政和进行有效的改造，才能激发广大群众的积极性、创造性，加速社会主义建设，才能使人民真正行使国家权力，对国家政权实行有效的监督，从而使国家政权忠实维护人民的利益，充分表达人民的意志。

黄炎培先生到延安访问，谈道："'其兴也浡焉，其亡也忽焉'，一人，一家，一团体，一地方，乃至一国，不少单位都没有能跳出这个周期率的支配。"毛泽东同志回答："我们已经找到新路，我们能跳出这周期率，这条新路就是民主；只有让人民来监督政府，政府才不敢松懈；只有人人起来负责，才不会人亡政息。"①

毛泽东同志的这一见解是十分深刻的。革命胜利后，执政党的地位使我们比以往任何时候都需要民主，更需要来自群众的批评、监督。实践已经证明，任何地方一旦取消了民主，没有人敢讲真话，假话、大话和空话就会淹没和欺骗我们，没有人再提意见，阿谀逢迎、歌功颂德之风就会包围和侵蚀我们，那里的党组织就不可避免地脱离无产阶级基础，专政机关就会转而对付人民群众，少数坏人就会专横跋扈、猖獗一时。可见，社会主义民主问题，是一个关系人民政权生死存亡的问题。

社会主义民主的建设是一个长期的过程。十一届三中全会以来，我们党采取了一系列措施，使民主制度化，法律化。党中央决定把逐步建设高度民主的社会主义政治制度，作为社会主义建设的根本任务之一，这是十分正确的。

三、功在人民，正确评价个人作用

人民群众是历史的创造者这一原理，被毛泽东为代表的中国共产

① 黄大能：《忆念吾父黄炎培》，《新华文摘》，1981（5）。

党人运用于中国革命和建设事业的实际，获得了巨大的成功，但英雄创造历史的唯心史观还是时有抬头，1970年在党的九届二中全会上，为了批判陈伯达的天才史观，毛泽东重提了“是英雄创造历史，还是奴隶创造历史”这样一个老问题。对此，毛泽东的观点历来是十分鲜明的。他说：“人民，只有人民，才是创造世界历史的动力。”[①]唯恐有人误解，所以他用着重的口气，加上限制词，重复说一次，“只有人民”。

那么，承认人民群众创造历史的作用，是否也承认领袖个人的作用呢？马克思主义者从来都认为，杰出人物在历史上有重大作用，并且认为，无产阶级领袖在历史上的作用特别巨大。

毛泽东同志说：“革命和反革命阵线，都有一个做主的，都有一个指挥官。”革命的领袖就是革命的指挥官。没有指挥官千军万马就会群龙无首，就不能克敌制胜。抗日战争时期，毛泽东同志说过：要“进行历史上空前的大革命，……要自觉地造就成万数的干部，要有几百个最好的群众领袖。……党依靠着这些人而联系党员和群众，依靠着这些人对于群众的坚强领导而达到打倒敌人之目的。”[②]

中国革命的胜利，就是在以毛泽东为首的老一辈无产阶级革命家的领导下取得的。毛泽东对于中国革命的贡献是极为巨大的。邓小平同志说：“没有毛主席，至少我们中国人民还要在黑暗中摸索更长的时间。毛主席最伟大的功绩是把马列主义的原理同中国革命的实际结合起来，指出了中国夺取革命胜利的道路。”[③]所以，人民群众对于自己的领袖，总是发自内心地拥护和爱戴。正如毛泽东在《斯大林是中国人民的朋友》一文中所说的，人们拥护斯大林，“拥护他，拥护他的事业，拥护社会主义的胜利，拥护他给人类指示的方向。”[④]

那么，承认领袖人物的个人作用，与承认人民群众是历史的创造者，这两者之间矛盾不矛盾呢？是不矛盾的，是一致的。

关于这个问题，马克思主义经典作家都有一系列光辉的论述。毛泽东在这个问题上的理论贡献在于，他从群众路线的认识论的高度上，

---

① 《毛泽东选集》第3卷，1031页，北京：人民出版社，1991年。
② 《毛泽东选集》第1卷，277页，北京：人民出版社，1991年。
③ 《邓小平文选》第2卷，345页，北京：人民出版社，1994年。
④ 《毛泽东选集》第2卷，657页，北京：人民出版社，1991年。

系统地说明了领袖的作用归根结底是群众创造历史的作用的表现。

首先，领袖不是天生的，也不是自封的，而是在群众斗争中涌现出来的。毛泽东说："凡属真正团结一致，联系群众的领导骨干，必须是从群众斗争中逐渐形成，而不是脱离群众斗争所能形成的。"[①]领袖只是领导骨干中的特别优秀者，所以毛泽东这一段话对于领袖人物的产生，也是一个极好的说明。周恩来同志说，毛泽东就"是从人民当中生长出来的领袖，他是跟中国人民血肉相关的，是和中国的大地、土壤密切相关的。这就是说，在中国社会里生长的毛泽东这样一个领袖不是偶然的，而是近百年来革命运动的结晶，是中国多少年历史经验教训中产生的人民领袖"[②]。

其次，领袖人物用以指导革命的理论归根到底也是来自实践，来自群众。毛泽东指出："马克思、恩格斯、列宁、斯大林之所以能够作出他们的理论，除了他们天才的条件之外，主要的是他们亲自参加了当时的阶级斗争和科学实验的实践。"当时无产阶级的阶级斗争正处于由"破坏机器和自发斗争的时期"进到"有意识有组织的经济斗争和政治斗争的时期，由于实践，由于长期斗争的经验，经过马克思、恩格斯用科学的方法把这种经验总结起来，产生了马克思主义的理论，用以教育无产阶级"[③]。因此，如果离开了实践，离开了对无产阶级反对资产阶级的斗争经验的总结，也就不会有马克思主义的产生。毛泽东也曾多次说过，他的著作是在党和人民的集体奋斗中产生的，是付出了流血牺牲代价的。毛泽东的这一说明，是符合实际的，是科学的。

最后，领袖人物要发挥作用，必须用正确理论武装群众使之变成群众的行动。领袖"的任务在于把群众政治家的意见集中起来，加以提炼，再使之回到群众中去，为群众所接受，所实践"，"解决群众的问题，使群众得到解放和幸福"[④]。任何一种理论，如果只有领导者知道，而不被广大群众所了解和掌握，不转化为群众的自觉行动，这种理论再好也是没有意义的，哪怕是马克思列宁主义，也是没有用处的，是不会在历史发展中发挥作用的。

---

① 《毛泽东选集》第3卷，898页，北京：人民出版社，1991年。
② 《周恩来选集》上卷，332页，北京：人民出版社，1980年。
③ 《毛泽东选集》第1卷，287、288、289页，北京：人民出版社，1991年。
④ 《毛泽东选集》第3卷，866、933页，北京：人民出版社，1991年。

总之，无产阶级领袖在历史上的伟大作用，绝不是孤立于无产阶级和人民群众之外的一种什么独立作用，而是人民群众创造历史的总过程中的一个组成部分，是人民群众创造历史的作用在一个方面的表现。因此，绝不能脱离无产阶级及其政党的作用，脱离人民群众的作用，去夸大领袖的作用，把领袖神化，鼓吹个人崇拜。

从过去革命战争年代到新中国成立以后的相当长的一段时间内，我们党是能够较好地坚持既充分肯定个人的作用，又反对个人崇拜的马克思主义原则的。但随后一段时间，个人崇拜的现象滋长起来。在十年内乱中，林彪、康生、江青一伙出于不可告人的目的，又推波助澜，把个人崇拜推向极端，掀起了一个愚昧野蛮的迷信运动，严重挫伤了广大党员和人民群众的积极性和主动性，给我们党和国家造成了巨大的祸害。这一教训也从反面告诉我们，对于无产阶级执政党，对于它的领袖来说，坚持人民群众是历史创造者的原理，坚持群众路线，反对个人专断，反对个人崇拜，是多么重要啊！

历史的新的一页已经翻开了，现在我们正处在建设“四化”的新的历史时期。实现“四化”，困难是很多的，要经历更加长久的奋斗，但我们是有信心有办法去克服困难，夺取胜利的。这信心和办法就是来自强烈要求祖国兴盛起来的广大人民群众，来自坚持群众路线。

总之，毛泽东“把马克思列宁主义关于人民群众是历史的创造者的原理系统地运用在党的全部活动中，形成了党在一切工作中的群众路线，这是我们党长期在敌我力量悬殊的艰难环境里进行革命活动的无比宝贵的历史经验的总结”。“我们党要坚持革命，把社会主义事业推向前进，就必须坚持群众路线。”①

① 中共中央文献研究室编：《三中全会以来重要文献选编》下，780、781页，北京：人民出版社，1982年。